〈말씀의 길/율법서〉

창세기

말씀의 길/율법서

창세기

초판인쇄 | 2012년 8월 15일

펴낸곳 | 케노시스 영성원
경기도 군포시 둔대동 433-2
0502-111-1937
Homepage www.kenosis.or.kr
Email kenosis@hanmail.net

ISBN 978-89-955785-6-8 93230
printed in korea

정가 15,000원

말씀의 길/율법서

창세기

길 동 무

케노시스 영성원
Kenosis Spiritual House

| 말씀의 길 | 을 발간하면서

회심의 체험, 그 충격이 너무나 커서 가던 길을 포기하고 신학수업과 목회의 길에 접어든지 사십여 년, 돌이켜보면 두 '사이'에서 방황과 갈등의 시간이었습니다.

동화(童話)와 신화(神話)의 사이에서

성경에 들어있는 많은 이야기들이 교회 현장에서는 동화처럼 말해지며 믿음으로 받아들여져야 했고, 신학교에서는 신화처럼 다루면서 학문으로 대해야 했습니다. 동화와 신화, 믿음과 학문은 서로 만날 길이 없었고 양자택일의 문제가 되어야 했습니다.

목회(牧會)와 신학(神學)의 사이에서

기대를 안고 찾아간 신학교에서 해결되지 않은 동화와 신화의 사이는 목회현장에서 그대로 재현되었습니다. 학문적인 분석을 통하여 역사적인 과정을 추적하는 신학교에서 배운 여러 지식들은 목회현장에 직접 적용할 수 없었고, 결국 목회와 신학은 서로 만날 수 없는 영원한 간격이었습니다.

하나님의 말씀으로

오랜 방황과 갈등은 하나님을 향한 순례의 길을 통하여 그분을 직접 뵙고 나서야 해결되었습니다. 그 해결이란 "성경의 본문들은 하나님의 말씀으로 해석되어야 한다."는 원론적인 결론의 확인이었습니다. 결국 '해석'

이 문제였습니다. 이 해석은 하나님 체험에서 얻은 '영성' 즉 '하나님의 마음' 때문에 가능했습니다. 영성의 시각 즉 하나님의 관점에서 성경을 읽어나갈 때 성경은 전혀 다르게 보였고 지금 나에게 주시는 하나님의 말씀으로 다가왔습니다.

자기비움의 길(「하비루의 길」, 「죄인의 길」, 「비움의 길」)은 영성의 시각에서 신구약 성경과 역사를 연결지은 것입니다. 이어 출간되는 말씀의 길은 성경의 본문을 지금 나에게 주시는 하나님의 말씀으로 해석해 보려고 합니다. 편의상 「율법서」, 「역사서&예언서」, 「복음서」, 「바울서신&사도행전」 등의 큰 묶음으로 구분하여 엮었습니다.

이 글이 '사이'의 길에서 갈등하며 고민하는 이들에게 조금이나마 보탬이 된다면 더 없이 기쁘겠습니다.

길동무

CONTENTS

PART 4 〈 심판 〉

PART 5 〈 구원 〉

〈 그림 차례 〉

성경은 기독교의 경전(經典)일 뿐만 아니라 많은 사람들에게 너무나 잘 알려진 책이다. 그러나 성경을 읽다보면 무슨 뜻인지 이해되지 않을 뿐만 아니라 또 잘못 해석되는 경우가 허다하다. 평생 교회를 다니며 성경을 읽고 설교를 듣는 사람들에게는 물론이고, 심지어 설교하고 가르치는 사람들에게도 이런 문제는 쉽게 해결되지 않는다. 왜 이런 현상이 빚어질까? 또 이 문제를 어떻게 해결해야 하나? 다음과 같은 문제들을 고려해야 한다.

1. 성경은 어떤 책인가?

이 문제를 해결하기 위해서는 성경이 도대체 어떤 책인지를 먼저 이해할 필요가 있다. 성경은 독특한 책이기 때문이다. 성경의 특성을 간략히 살펴보면 다음과 같다.

첫째, 타 문화권에서 기록된 고대 문서이다.

성경은 생각보다 오래된 문서이다. 가장 늦게 기록된 신약성경이 2천여 년 전에 기록되었고, 구약성경은 이보다 훨씬 오래전(B.C. 1500~500년 경)으로 거슬러 올라간다. 현재 이스라엘이 자리 잡고 있는 팔레스틴의 히브리문화속에서 수천 년 전에 다른 언어로 기록된 성경을 오늘 우리가 읽으면서 아무런 어려움을 느끼지 않는다면 그것이 오히려 이상하다고 할 수 있다.

둘째, 오랜 구전(口傳)의 과정을 거쳤다.

고대에는 기록이 대단히 어려웠기 때문에 주로 구전에 의존해야 했다. 성경의 경우도 마찬가지인데 놀라울 정도로 긴 구전의 기간이 있었다. 율법서(창세기, 출애굽기, 레위기, 민수기, 신명기)를 비롯하여 예언서 등이 지금의 형태로 편집된 것은 B.C. 500년경이다.[1] 많은 이야기들이 초기에는 대부분 구전되어 오다가 어떤 필요성 때문에 일부가 문서화되는 중간 편집과정을 거치게 되는데, 아브라함, 이삭, 야곱 등이 살던 족장시대는 B.C. 2000년경이므로 마지막 편집까지는 1000년 이상의 구전과정을 거친 셈이다.

---

1) 이스라엘 사람들이 율법서, 예언서 등에 진지한 관심을 가지고 문서와 구전으로 전해지던 자료를 모아서 문서로 편집하고, 역사서 등을 기록하던 이 시기는 그들이 나라를 잃고 포로로 잡혀가 노예살이를 하던 시기이다. 이 시기를 포로기라고 한다.

구약성경이 지금의 형태로 문서화된 다음에도 성경에 수록된 이외의 내용들은 수백 년 동안 더 구전되다가 후대에 문서로 기록되었다.[2)]

셋째, 전승의 양식(樣式)이 발달했다.

"수백 년, 또는 천 년 이상 구전으로 전승된 자료를 어떻게 믿을 수 있는가?"라는 의문이 들 수 있다. 그런데 생각보다 놀라울 정도로 정확하게 전달되었다. 어떻게 그런 일이 가능했을까? 이스라엘의 특징 중의 하나가 신앙공동체라는 점이다. 로마제국에게 나라가 멸망당한 후 2천 년 동안 나라 없이 세계 각지를 떠돌면서도 민족과 문화, 언어를 유지할 수 있었던 것은 신앙 때문이었음은 잘 알려진 사실이다. 이스라엘 사람들은 그들에게 전해지는 신앙의 유산들을 대단히 소중하게 여기고 정확하게 보존했는데, 이는 구약의 구전시대에도 마찬가지였다.

오랜 기간의 구전 전승을 거치다보니 자연스럽게 기억과 전달에 편리하도록 내용들이 이야기, 운율(노랫말), 시 등의 형식으로 간결하면서도 재미있게 구성되었다. 이렇게 전달된 자료들은 소중하게 여겨졌기 때문에 후일 문서로 기록될 당시에도 이 구전의 양식(樣式)이 될 수 있으면 손상되지 않도록 편집을 했다. 따라서 이런 과정을 거쳐서 기록된 지금의 성경에는 고대부터 형성된 문학 양식의 특징들이 상당부분 보존되어 있다. 이런 이유로 현대에 접어들면서 이들이 남긴 문학양식을 연구하여 성경의 전승과 편집과정 등을 추적하는 학문적인 연구가 활발하게 전개되었다.[3)]

넷째, 신앙의 산물이다.

성경의 전승과정에 참여한 사람들은 수없이 많으며, 문서로 기록한 사람들도

---

2) 구전의 문서화 작업은 이스라엘 사람들이 큰 위기를 맞을 때 마다 민족의 존립을 위하여 필요성을 느꼈다. 잘 알려진 탈무드는 포로기를 맞으면서 활성화되기 시작했고, 예수님 사후 다시 나라가 로마에 멸망을 당하자 구약성경의 마지막 편집인 정경화(正經化) 작업과 더불어 전해지던 여러 구전들이 상실되는 것을 막기 위하여 문서화 작업을 했다. 이것이 미쉬나(Mishnah)이며, 탈무드(Talmud)는 율법에 대한 독특한 연구기록들이다.

3) 성경에 대한 이런 연구 방법을 역사비평이라고 한다. 역사비평에는 양식비평(문학양식 · 문체연구), 전승비평(양식의 전달과정연구), 편집비평(성경편집 과정연구), 자료비평(저자가 사용한 자료연구), 구조비평(자료의 편집구조연구) 등이 있다. 성서의 고등비평(higher criticism)이란 이런 역사비평을 말하며, 하등비평(lower criticism)이란 성경의 본문비평을 뜻한다.

그러나 이런 역사비평이 지나치게 성경의 본문을 분해, 분석하는데 치우친 나머지 정작 성경 본문이 말하려는 의도에는 관심이 등한해지고 말았다. 이에 이런 통시적(diachronic) 해석의 한계를 극복하고자 공시적(synchronic) 해석이 등장하였는데, 사회과학비평, 정경비평, 신문학비평 등은 여기에 해당된다.

최소한 수십 여 명에 이른다. 또 이들은 대부분 각기 다른 시대에 살았고 직업과 생활환경이 다양했다. 오랜 구전의 과정을 거치고 또 제 각각의 사람들이 다른 시기에 기록한 성경이 어떻게 통일성을 유지할 수 있었을까? 그 대답은 동일한 신앙의 공유(共有)에 있다. 동일한 하나님에 대한 같은 형태의 신앙이 다양성 속의 통일성과 일치를 가능하게 했다. 이를 가리켜 '영감'(靈感)에 의한 기록이라고 한다. 즉 성경은 하나님의 말씀이면서 동시에 인간에 의해 인간의 언어로 기록된 책이며, 계시와 신앙고백의 기록이다.

2. 성경, 어떻게 해석해야 하나?

앞에서 지적한 성경의 특징들을 살펴보면 다른 문화권에서 쓰인 수천 년 전의 문서를 아무런 해석없이 그대로 받아들인다는 것은 상식에 맞지 않음을 알 수 있다. 성경의 이야기들이 동화나 신화처럼 느껴지며, 앞뒤가 맞지 않는 모순으로 들리는 이유는 해석의 과정을 거치지 않을 때 나타나는 현상이다. 반드시 해석의 과정을 거쳐야만 한다.[4]

그렇다면 성경을 어떻게 해석해야 하나? 해석을 위해서는 다음의 몇 가지를 염두에 두어야 한다.

첫째, 영성으로 해석해야 한다.

성경은 전적으로 신앙공동체의 영감의 산물이므로 이를 이해하려면 그들이 가졌던 신앙의 시각에서 해석해야 한다. 이런 신앙 즉 영성(靈性)의 입장은 곧 성경 기록자의 입장에 다가가게 하므로 영성으로 해석할 때에 비로소 기록자의 입장에서 본문의 의미를 찾아내게 한다. 성경 기록자들에게는 하나님께서 주시는 성령의 도우심(영감)이 있었으므로 그들의 입장은 곧 하나님의 입장이 된다. 구약성경의 예언서에 보면 예언자들은 "나 여호와가 말하노라."라는 일인칭화법을 쓰고 있는데, 이들은 하나님의 입장에서 말하기 때문에 이런 화법을 사용할 수 있었다. 마

---

4) 해석, 주석을 뜻하는 영어의 'exegesis'는 헬라어 엑세게시스(ἐξήγησις)에서 유래하였으며 이에 해당하는 히브리어는 미스파르 (מִסְפָּר)이다. 해석학(hermeneutics)이라는 용어는 번역, 해석을 뜻하는 헬라어 헤르메네이아(ἑρμηνεία)에서 유래하였다.

5) 이에 대해서는 졸저 「비움의 길」에서 상세하게 다루었다. 여기서 말하는 영성을 본서에서는 '케노시스'라 하는데 케노시스(Κένωσις)라는 용어는 빌립보서 2:7의 '자기를 비워'(ἐκένωσεν)의 명사형이며 사전적인 의미는 '하나님의 자기 비우심'으로서 '예수님 마음'(빌립보서 2:5)이라고 할 수 있다.

찬가지로 영성에 의한 해석이 성경에 대해서 영감으로 즉 하나님의 입장에서 해석하게 한다.[5)]

둘째, 성경 본문의 상황에 대한 이해가 있어야 한다.

성경은 오래전의 독특한 문화적인 환경에서 쓰여졌다. 이런 성경의 본문(text)을 해석하려면 무엇보다도 당시의 사회적 정황(context)과 역사적 배경(background)에 대한 이해가 필요하다. 즉 본문이 기록된 삶의 자리(Sits im Leben)을 파악해야 본문의 의미를 이해하게 된다. 성경을 읽을 때는 먼저 그 본문의 상황을 염두에 두면서 읽고 해석하여 본문이 그 당시에는 무슨 뜻이었는지를 먼저 충분히 파악하고 나서 오늘에는 어떤 의미를 가지는지 생각해 보아야 한다.

우리가 잘 알고 있는 예수님의 말씀과 행동들은 당시의 유대교 상황에 대한 이해가 있어야 그 의미가 무엇인지를 알게 된다. 배경에 대한 이해가 결여되면 많은 경우 본문의 의도와는 전혀 상관없는 해석이 되는 경우가 허다하다. 현재 기독교인들이 복음서에 대하여 잘 알고 있는 것 같지만 이런 시각에서 본다면 오류의 정도는 대단히 심각하다. 따라서 배경에 대한 이해의 중요성은 아무리 강조해도 지나치지 않다.

셋째, 성경의 독특한 표현방식을 이해해야 한다.

오랜 구전과정을 거친 성경의 본문들에는 그 전승과정에서 나타난 독특한 특징이 있다. 따라서 성경을 해석하려면 이 특징을 이해할 필요가 있다. 거의 대부분의 경우 본문들은 사건의 상황에 대해 상세한 설명을 하고 있지 않는데, 그 이유는 그런 설명들을 다 암기하여 전달한다는 것은 쉽지 않기 때문이다.

예를 들자면 노아, 아브라함, 모세 등에 대하여 그들이 하나님께 부름받기 이전에 어떤 삶을 살았는지에 대하여 일언반구(一言半句)도 없다. 그러면 성경은 이에 대하여 아무 언급도 하지 않는가? 아니다. 본문을 이해하는 데에 충분할 만큼 말해 준다. 단지 말하는 방식이 다를 뿐이다. 하나님께서 그들에게 하시는 말씀 속에서 그들이 어떤 삶을 살고 있었는지를 함축, 암시, 은폐의 간접설명 방식으로 말씀하고 계신다. 따라서 이 함축, 암시, 은폐의 부분을 잘 찾아내어 해석해야 하는데, 이를 위해서는 당시의 배경에 대한 충분한 이해, 본문의 전후의 연결 관계, 성경 전체의 흐름 속에서의 본문의 위치 등이 통합적으로 파악되어야 한다.

이런 방식이 어렵게 느껴질 수도 있지만 어느 정도 익숙해지기만 하면 많은 이점이 있다. 무엇보다도 상상력을 발휘할 기회를 주며 사고의 훈련이 된다. 명확하게 설명을 해 놓으면 더 이상 그 상황에 대하여 깊이 생각할 여지가 없다. 그러나 함축과 암시는 독자로 하여금 당시의 상황을 상상화를 그리듯이 접근하게 하며, 또 함축과 암시에 담긴 깊은 의미를 되새기는 묵상을 가능하게 한다. 이런 상상력과 묵상은 똑같은 본문으로 하여금 읽을 때 마다 또 독자의 읽는 상황이 바뀔 때 마다 그 의미가 다르게 와 닿게 하여 새 술을 새 부대에 담게 한다.

바꾸어 말하면 본문에 담겨진 함축과 암시는 닫힌 읽기가 아닌 열린 읽기를 가능하게 한다. 본문에 감추어진 의미가 오늘 우리에게는 은폐되어 있지만 본문형성과정에서 구전에 참여한 사람들에게는 결코 감춰진 것이 아니었다. 오늘 성경을 말하는 사람은 함축, 암시, 은폐되어 있는 의미를 찾아내어 전달해야 한다. 이것이 곧 해석이다.

넷째, 문자/표면적인 의미에서 의도/이면적인 의미로 나아가야 한다.

독특한 배경을 가진 성경을 해석의 과정을 거치지 않고 문자적, 표면적으로 해석하면 많은 경우 본래 그 성경이 말하려고 하는 의도와는 정반대로 해석하는 경우가 허다하다. 예를 들면 구약, 특히 여호수아서를 보면 "코로 숨을 쉬는 것은 다 진멸하라."는 표현이 자주 나오고, 또 이런 명령에 따라 이스라엘 사람들이 이방인들을 다 몰살시켰다는 내용이 많이 있다. 이를 문자적으로 해석하면 큰 혼란과 오류에 빠진다. 이런 표현들은 당시에는 무슨 의미였는지, 왜 이렇게 표현하고 있는지를 묻고 그리고 본래 말하려는 의도를 찾아야 한다. 즉 표면적인 의미 뒤에 숨어있는 이면적(裏面的) 의미를 파악해야 한다. 여호수아서에 들어있는 사건들의 배경은 가나안 입주 당시이지만 역사서인 여호수아서의 기록은 천년 뒤에 나라를 잃고 전쟁포로로 잡혀간 바벨론 포로기이다. 이런 상황을 염두에 둔다면 여호수아서에서 이방인을 진멸하라는 구절은 나라가 망하고 땅을 잃은 사람들이 자기 나라를 회복하고 땅을 다시 찾으려는 간절한 염원의 표현이다.

본문의 문자 속에 함축, 암시, 은폐되어 있는 것을 찾아내어 본래 그 문자들이 말하려는 의도와 정신을 찾아내야 한다.

이런 방식을 각 본문에 맞도록 적절히 활용할 때, 고대에 문자로 기록된 성경이 읽는 사람에게 지금 나에게 주시는 하나님의 말씀으로 와 닿게 될 것이다. 이를 도형으로 다시 정리해보면 다음과 같다.

성경, 어떻게 해석해야 하나?(1)

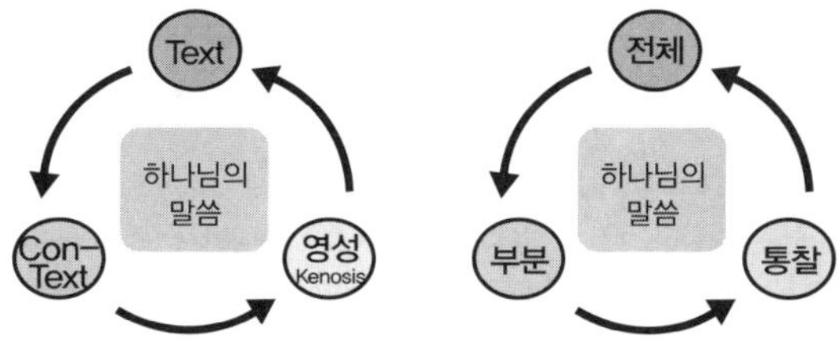

• **찾기** : 은폐/함축/암시/행간의미/본문의도

• **이끌어 내기** : 질문/토론/대답찾기/정리

〈그림1 : 성경해석 방법1〉

도형설명 : 본문은 역사적인 배경과 상황을 염두에 두면서 영성의 입장에서 해석해야 한다. 또 성경의 흐름 속에서 본문을 보며 전체와 부분의 유기적인 관계를 파악하는 통찰력이 있어야 성경의 내용이 지금 나에게 주시는 하나님의 말씀으로 해석된다.
성경은 직접 서술하는 설명방식이 아니라 은폐, 함축, 암시라는 간접 표현방식으로 기록되어 있으므로 저자와 본문의 의도, 정신을 파악하기 위해서는 본문에 대하여 끊임없이 질문하며 읽어야 한다. 그렇지 않으면 문자, 표면의 이해를 벗어나기 어렵다.

성경, 어떻게 해석해야 하나?(2)

• 표면 · 문자이해

• 선택 · 예정 · 은혜/명령 · 믿음 · 순종/축복 · 기적강조/신화 · 비신화화

• 이면 · 정신이해

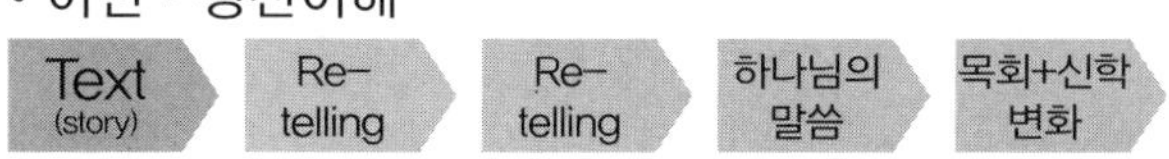

• 인과율 · 책임 · 행위/상식 · 논리 · 이치 · 법/관계 · 삶/목적 · 변화

〈그림2 : 성경해석 방법2〉

도형 설명 : 오랜 구전기간을 거쳐서 수천 년 전에 다른 문화권에서 다른 언어로 기록된 성경을 읽고 해석하지 않으면 동화나 신화처럼 느껴진다. 또 본문에 대하여 문자, 표면의 해석을 하게 되면 선택과 예정과 은혜, 하나님의 명령과 이에 대한 믿음과 순종이 강조되며, 하나님의 명령을 믿고 순종하면 복이 주어지며, 하나님께서 기적을 베푸신다고 해석하게 된다.
반면에 본문에 함축, 암시, 은폐되어 있는 이면, 정신을 해석하면 선택될만한 인간의 책임과 행위가 드러나서 인과관계가 성립되며, 문자와 표면적인 이해에 머물 때 부딪히는 모순이 사라지고 상식과 이치, 논리에 맞게 된다. 여기서는 인간의 삶, 삶의 목적, 변화, 관계 등이 중요하게 된다.
표면적인 이해와 이면적인 해석은 서로 상반되는 듯하지만 둘 중 하나의 선택의 문제가 아니라 서로 보완하는 관계에 있다. 이 두 방법은 서로 다른 관점에서 보기 때문이다. 단지 하나의 관점에서 보면서 그것이 전부이며 다른 것은 틀렸다고 보는 것이 문제다.

3. 율법서, 왜 중요한가?

구약 성경의 처음 다섯 권인 창세기, 출애굽기, 레위기, 민수기, 신명기를 '율법서', '오경', '토라' 라고 한다.[6] 율법서는 구약 성경의 기초를 이루고 있을 뿐만 아니라 신약 성경을 이해하는 데에도 대단히 중요하다. "율법 또는 율법의 행위로는 구원받지 못한다."는 말을 교회에서 자주 듣다보니 율법서나 율법들은 별로 중요하지 않다고 생각하는 경향이 있다. 그러나 이는 오해다. 그 이유는 예수님께서 하신 다음의 말씀에서 잘 나타난다.

> 내가 율법이나 선지자나 폐하러 온 줄로 생각지 말라 폐하러 온 것이 아니요 완전케 하려 함이로라.(마태복음 5:17)

이 말씀에 의하면 예수님의 말씀인 복음은 율법의 완성이므로 율법(서)에 대한 이해가 없으면 복음(서)을 이해할 수 없다는 뜻이 된다. 따라서 율법서는 결코 복음서와 대비되거나 거부해야 할 책이 아니다.

율법서를 충분히 이해할 때 비로소 역사서와 예언서가 무엇을 말하고 있는지를 알게 된다. 율법서와 역사서, 예언서 특히 신구약 중간기를 이해하는 만큼 복음서와 바울서신들이 이해된다. 따라서 율법서는 구약은 물론 신약의 이해에 반드시 필요한 기초 중의 기초다. 그러므로 이렇게 말할 수 있다.

---

6) 오경은 '모세가 쓴 다섯 권의 책'((pentateuch)이라는 뜻이고, 토라(Torah)는 히브리어(הָרוֹת)로서 '가르침' 또는 '법'이라는 의미이다.

율법서를 모르면 성경을 알 수 없다.
율법서를 모르면 바른 신앙생활을 할 수 없다.

율법서 다섯 권을 간략히 살펴보면 다음과 같다.

| 창세기 | 크게 두 부분으로 나눌 수 있다. 흔히 전역사(前歷史), 또는 원역사(原歷史)라고 부르는 11장까지의 내용은 천지창조, 에덴동산, 아담과 하와, 선악과, 노아홍수. 바벨탑 사건 등의 이야기로 구성되며, 이후 50장까지는 족장사(族長史)로서 아브라함, 이삭, 야곱, 요셉의 이야기를 다루고 있다.

| 출애굽기 | 요셉에 의해 애굽으로 이주한 이스라엘인들은 400년이 지나면서 한 민족을 이루는 공동체로 성장했으나 비참한 노예계층으로 전락했다. 하나님은 모세를 통해서 이들을 해방시키시고 시내산에서 당신의 백성으로 삼으시는 계약을 맺으셨다. 출애굽기에는 이 출애굽과 계약체결, 성막제작 등의 과정을 기록하고 있다.

| 레위기 | 계약체결을 위하여 시내산에 강림하셨던 하나님은 이제 성막에 임하셔서 이스라엘이 살아야 할 지침을 말씀하셨다. 그 지침이란 한마디로 "내가 거룩하니 너희도 거룩하라!"는 말씀이며, 이 말씀은 '성결법전' (17~26장)의 문학적인 특징을 나타낸다. 레위기는 성막봉헌식사(式辭)인 셈이다.

| 민수기 | 성막에 임하신 하나님은 이제 구름기둥, 불기둥의 형태로 이스라엘 위에 임하셔서 광야 40년의 삶을 인도하셨다. 민수기는 이런 광야 40년의 이야기를 담고 있는데 이는 거룩하게 사는 삶의 훈련이라고 할 수 있다.

| 신명기 | '신명' (申命)이라는 이름은 '설교', '필사'를 뜻하는데, 신명기에는 모세의 설교 세 편이 들어있다. 이 설교들은 시내산 계약법을 다시 해석한 재해석이며, 광야세대를 대상으로 계약을 갱신하는 성격을 가지고 있다. 신명기는 이후 이스라엘에 가장 큰 영향을 준 책이며, 신명기의 본문이 신약성경에 100여 회 인용되고 있다.

원역사(原歷史) : 1장~11장

- 하나님
- 인간
- 죄
- 심판

이야기로 가득 차 있는 창세기는 크게 둘로 나누어진다.

원역사(原歷史) : 1장 ~ 11장

천지창조, 에덴동산, 아담과 하와, 선악과, 가인과 아벨, 노아홍수, 바벨탑 사건 등의 이야기가 들어있다. 이를 '전역사' 라고도 하는데 이스라엘의 시조 또는 구원사의 시작으로 여겨지는 아브라함 이전을 다루고 있기 때문이다.

족장사(族長史) : 12장 ~ 50장

아브라함, 이삭, 야곱, 요셉의 이야기가 들어있는데. 이들이 살던 시기가 씨족/부족시대였고 이들이 족장이었기 때문에 '족장사' 라고 한다.

창세기의 이야기들을 읽어보면 마치 동화처럼 느껴진다. 그러나 이 이야기들은 대단히 중요한데 그 이유는 다음과 같다.

첫째, 중요한 주제들을 다루고 있기 때문이다.

천지창조에서 바벨탑 사건으로 이어지는 이야기를 자세히 분석해보면 하나님, 인간, 죄, 심판, 구원 등에 대해서 다루고 있음을 보게 된다. 이 주제들은 하나같이 신앙생활을 하는 데에 있어서 빠뜨릴 수 없는 주요 주제들이다.

둘째, 성경과 신앙의 길잡이이기 때문이다.

창세기의 이야기들이 이런 중요한 문제들을 다루고 있기 때문에 창세기는 성경의 안내서이며 신앙생활의 길잡이라고 할 수 있다.

창세기, 왜 이야기책인가?

창세기뿐만 아니라 성경은 이야기책이라고 할 수 있다. 물론 성경에는 율법, 교훈과 격언, 설교, 시(詩), 서신 등의 형식들이 있지만 대부분은 이야기로 채워져 있다. 이야기 형식이 성경의 문학적인 특징이라고 할 수 있다. 성경은 왜 이야기로 기록되어 있을까? 그 이유는 다음과 같다.

❶ 대중성을 위해서이다.

에덴동산, 아담과 하와, 선악과, 노아홍수, 소돔과 고모라 등의 이야기는 비록 교회에 다니지 않아도 누구나 다 아는 이야기이다. 창세기에 나오는 이런 이야기들이 널리 알려진 이유는 한번 들으면 잊혀지지 않을 만큼 내용이 재미있고 쉽기 때문이다.

이런 이야기들의 배경인 수천 년 전에는 문서기록 수단도 어려웠지만 문자를 해독할 수 있는 지식인들은 특수층에 속한 소수의 사람들이었기 때문에 일반 대중들은 구전(口傳)을 이용해야 했다. 구전은 암기를 전제로 하기 때문에 자연스럽게 이야기나 노랫말(운율) 형식이 발전되었다. 이야기는 재미있기 때문에 남녀노소, 지식의 여부와 상관없이 누구나 쉽게 기억하고 전달할 수가 있었다.

성경의 의도는 모든 사람이 진리를 깨달아 구원에 이르게 하려는 데 있다.

진리의 첫 번째 조건은 대중성이다. 지식을 습득한 사람, 진리를 추구하는 특별한 사람만이 도달할 수 있다면 이는 이미 진리가 아니다. 누구나 쉽게 접할 수 있고, 누구나 깨달아 알 수 있어야 구원의 진리라고 할 수 있다. 이런 이유로 성경은 재미있는 이야기책이다.

❷ 가장 탁월한 전달방법이다.

하나님, 인간, 죄, 심판, 구원 등은 대단히 어려운 주제들이기 때문에 이런 것들은 대부분 철학적인 논리나 시적인 문학양식을 사용해서 표현된다. 그런데 성경은 아주 쉬운 이야기 방법으로 이런 난해한 주제들을 다루고 있다. 성경의 이야기들을 곰곰이 분석해 보면 놀라움을 금할 수 없다. 어려운 주제들을 단순한 이야기로 말하는 것은 가장 우수한 표현양식이라고 할 수 있다. 예수님의 설교들도 대부분 이야기로 구성되어 있다. 즉 예수님은 가장 우수한 표현양식을 사용하신 셈이다.

성경이 이야기 형식으로 기록된 이유는 누구나 쉽게 읽고 구원에 이르게 하기 위한 가장 탁월한 방법이기 때문이다.

제 1 장

전반부 창조이야기

하나님

물음

1 왜 선언(宣言)인가?

본문 : 〈 1장 〉

1 태초에 하나님이 천지를 창조하시니라.

성경의 첫 구절은 아무런 설명 없이 "하나님께서 세상 만물을 창조하셨다."라고 선언한다. 도대체 왜 이렇게 시작하고 있는지 납득하기가 쉽지 않다. 그 이유를 알려면 이런 말을 하던 당시로 거슬러 올라가 보아야 한다. 오늘 우리 시대가 아닌 수천 년 전에는 이 말이 어떤 의미를 가졌을까? 다음과 같이 생각해 볼 수 있다.

1. 신앙의 대상을 명확히 하고 있다.

고대에는 애니미즘(animism), 토테미즘(totemism), 샤머니즘(shamanism) 같은 원시신앙이 지배했으며, 하늘, 땅, 태양, 달, 별, 바다, 강, 산을 비롯하여 동물들이 신이라 여겨져서 숭배의 대상이 되었다. 특히 '태양'이라는 단어는 신명(神名)과 동일시되기도 했고, 별들은 길흉화복을 점치기 위한 점성술과 온갖 주술적인 행위들에 이용되었는데, 이런 미신은 놀라울 정도로 삶의 전반에 지대한 영향을 끼치고 있었으며, 지금도 사라지지 않고 있는 영향력을 도처에서 찾아볼 수 있다. 창세기는 고대의 이런 상황을 배경으로 하고 있다. 그리고 말한다. "지금 신으로 섬겨지고 있는 하늘, 태양, 별 등과 같은 것들은 신이 아니라 단순한 피조물에 불과하다. 진정한 신앙의 대상인 하나님은 하늘과 땅의 모든 것을 지은 분이어야 한다." 이는 자명한 이치이므로 설명없이 선언하고 있다.

2. 하나님에 대한 개념을 명확히 하고 있다.

고대 근동의 신화나 그리스 신화를 보면 하나같이 복잡한 신들의 생성과정과 시기와 질투, 전쟁을 비롯한 신들의 계보들을 말하고 있다. 이에 반하여 성경의 창조이야기에서는 하나님의 생성과정에 대한 그 어떤 설명도 시도하지 않는다. 그 이유는 단순하다. 하나님은 시간 속에서 그 어떤 탄생과정이나 성장과정을 가진 피조물이 아니라 자존자(自存者)이기 때문이다. 신(神)의 기원에 대한 온갖 신화들이 난무하던 시대에 성경의 첫 구절은 하나님은 태초부터 스스로 계시는 분이라는 점을 명확히 하고 있다. 스스로 계시는 하나님에 대해서는 그 어떤 설명도 있을 수 없기 때문에 설명을 시도하지 않고 그냥 하나님의 창조에 대해 선언하고 있다. 성경의 창조이야기가 오늘 우리에게는 신화처럼 느껴질 수도 있지만 오히려 신에 대한 신화가 팽배하던 시대에 하나님과 신에 대한 신화를 배격하고 있다.

3. 만물의 존재 이유를 말하고 있다.

본문에 사용되는 '창조하시니라' (בָּרָא)는 하나님에게만 적용되는 단어다. 이 단어는 세상 만물은 우연히 생겨난 것이 아니라 창조의 산물이며, 만물에는 창조주의 의지 즉 목적이 들어있다는 것을 말한다. 또 창조한다는 단어와 더불어 '말씀하시니라' (אָמַר)라는 단어는 하나님의 창조는 전적으로 '무' (無)로부터의 창조였으며 여기에는 아무런 갈등이나 방해공작이 있을 수 없음을 말하는데 이는 당시 근동의 창조신화들과 뚜렷이 구별된다.[7] 하나님께서는 모든 피조물들을 무로부터 어떤

---

7) 메소포타미아의 수메르, 바벨론을 비롯한 근동의 우가릿 등에는 성경의 창조이야기와 부분적으로 비슷한 여러 창조신화들이 있어서 성경에 영향을 주었다는 주장이 제기된다. 근동의 창조신화에는 창조의 과정에서 여러 신들이 치열한 전쟁을 벌이며, 죽은 신의 시체로 세상을 창조하는 등 창조를 위한 재료들이 등장한다. 그러나 창세기 1장 1절은 이런 배경을 염두에 두면서 하나님과 창조에 대한 새로운 개념을 제시하고 있다고 볼 수 있을 것이다. 근동의 창조신화와 성경의 창조이야기는 유사점보다 근본적인 차이점이 더 중요하다.

목적을 가지고 지으셨음을 본문은 말하고 있다.

이런 것들을 염두에 둘 때 성경의 첫 구절은 수천 년 전에 이미 하나님과 우주의 기원 등에 대하여 인간의 이해로 도달할 수 있는 최고의 수준을 말하고 있다. 아무런 설명 없이 '선언'을 하는 이유는 누구든지 곰곰이 생각해보기만 하면 하나님과 만물의 근원에 대하여 이런 결론에 도달할 수밖에 없는 자명한 진리이기 때문이다. 따라서 창세기 1장 1절은 이렇게 평가할 수 있다.

위대한 선언이다.

물음 2 창조인가? 진화인가?

과학에 익숙해진 우리는 창세기의 창조이야기(1~2장)를 읽으면서 자연스럽게 "창조인가? 아니면 진화인가?"라는 의문이 생긴다. 이런 이유로 '창조론'과 '진화론'이 서로 대립하고 있다. 그러면 우리는 창세기를 어떻게 대해야 하나? 창조론을 지지하는 입장에서 읽어야 할까? 아니면 진화론을 지지하는 입장에서 창조이야기를 거부해야 하나? 이렇게 묻는다면 뭐라고 대답해야 하나? "질문이 틀렸다."라고 해야 한다.

왜냐하면 창세기는 과학이라는 개념이 생기기 이전인 수천 년 전에 쓰여 졌고, 또 의도 자체가 **창조의 과정**이나 **방법**에 대한 설명에 있지 않기 때문이다. 창조이야기가 말하려는 의도는 **창조의 목적**에 있으므로 우리는 창조이야기를 읽으면서 창조의 목적에 초점을 맞추어야 한다. 따라서 창세기의 창조이야기에서 창조를 과학적으로 입증하려는 창조론은 한계에 부딪힐 수밖에 없다. 반대로 창조론을 거부하는 진화론 역시 마찬가지로 난관에 부딪힌다. 세상의 모든 존재에는 원인자가 있기 때문에 인과율은 자명한 이치라고 할 수 있다. 따라서 우연성에 기초하는 진화론은 보편적인 진리인 인과율과 어긋난다.

그렇다면 창조이야기를 어떻게 읽어야 할까? 그 이야기가 말하려는 의도에 따라 읽어야 한다. '창조론'과 **'창조신앙'**은 구분될 필요가 있다. 창조신앙에서는 창조의 목적을 중요하게 생각한다.

물음 3 세상, 엿새 동안에 만들어졌나?

본문 : 〈 1장 〉

1 태초에 하나님이 천지를 창조하시니라.
2 그 땅이 혼돈하고 공허하며 흑암이 깊음 위에 있고 하나님의 영은 수면 위에 운행하시니라.
3 하나님이 이르시되 빛이 있으라 하시니 빛이 있었고
4 그 빛이 하나님이 보시기에 좋았더라 하나님이 빛과 어둠을 나누사
5 하나님이 빛을 낮이라 부르시고 어둠을 밤이라 부르시니라 저녁이 되고 아침이 되니 이는 첫째 날이니라.
6 하나님이 이르시되 물 가운데에 궁창이 있어 물과 물로 나뉘라 하시고
7 하나님이 궁창을 만드사 궁창 아래의 물과 궁창 위의 물로 나뉘게 하시니 그대로 되니라.
8 하나님이 궁창을 하늘이라 부르시니라. 저녁이 되고 아침이 되니 이는 둘째 날이니라.
9 하나님이 이르시되 천하의 물이 한 곳으로 모이고 뭍이 드러나라 하시니 그대로 되니라.
10 하나님이 뭍을 땅이라 부르시고 모인 물을 바다라 부르시니 하나님이 보시기에 좋았더라.
11 하나님이 이르시되 땅은 풀과 씨 맺는 채소와 각기 종류대로 씨 가진 열매 맺는 나무를 내라 하시니 그대로 되어
12 땅이 풀과 각기 종류대로 씨 맺는 채소와 각기 종류대로 씨 가진 열매 맺는 나무를 내니 하나님이 보시기에 좋았더라.
13 저녁이 되고 아침이 되니 이는 셋째 날이니라.
14 하나님이 이르시되 하늘의 궁창에 광명체들이 있어 낮과 밤을 나뉘게 하고 그것들로 징조와 계절과 날과 해를 이루게 하라.
15 또 그 광명체들이 하늘의 궁창에 있어 땅을 비추라 하시니 그대로 되니라.
16 하나님이 두 큰 광명체를 만드사 큰 광명체로 낮을 주관하게 하시고 작은 광명체로

밤을 주관하게 하시며 또 별들을 만드시고
17 하나님이 그것들을 하늘의 궁창에 두어 땅을 비추게 하시며
18 낮과 밤을 주관하게 하시고 빛과 어둠을 나뉘게 하시니 하나님이 보시기에 좋았더라.
19 저녁이 되고 아침이 되니 이는 넷째 날이니라.
20 하나님이 이르시되 물들은 생물을 번성하게 하라 땅 위 하늘의 궁창에는 새가 날으라
하시고
21 하나님이 큰 바다 짐승들과 물에서 번성하여 움직이는 모든 생물을 그 종류대로, 날
개 있는 모든 새를 그 종류대로 창조하시니 하나님이 보시기에 좋았더라.
22 하나님이 그들에게 복을 주시며 이르시되 생육하고 번성하여 여러 바닷물에 충만하라
새들도 땅에 번성하라 하시니라.
23 저녁이 되고 아침이 되니 이는 다섯째 날이니라.
24 하나님이 이르시되 땅은 생물을 그 종류대로 내되 가축과 기는 것과 땅의 짐승을 종
류대로 내라 하시니 그대로 되니라.
25 하나님이 땅의 짐승을 그 종류대로, 가축을 그 종류대로, 땅에 기는 모든 것을 그 종
류대로 만드시니 하나님이 보시기에 좋았더라.
26 하나님이 이르시되 우리의 형상을 따라 우리의 모양대로 우리가 사람을 만들고 그들
로 바다의 물고기와 하늘의 새와 가축과 온 땅과 땅에 기는 모든 것을 다스리게 하자 하
시고
27 하나님이 자기 형상 곧 하나님의 형상대로 사람을 창조하시되 남자와 여자를 창조하
시고
28 하나님이 그들에게 복을 주시며 하나님이 그들에게 이르시되 생육하고 번성하여 땅에
충만 하라, 땅을 정복하라, 바다의 물고기와 하늘의 새와 땅에 움직이는 모든 생물을 다
스리라 하시니라.
29 하나님이 이르시되 내가 온 지면의 씨 맺는 모든 채소와 씨 가진 열매 맺는 모든 나
무를 너희에게 주노니 너희의 먹을거리가 되리라.
30 또 땅의 모든 짐승과 하늘의 모든 새와 생명이 있어 땅에 기는 모든 것에게는 내가
모든 푸른 풀을 먹을거리로 주노라 하시니 그대로 되니라.
31 하나님이 지으신 그 모든 것을 보시니 보시기에 심히 좋았더라 저녁이 되고 아침이
되니 이는 여섯째 날이니라.

본문 : 〈 2장 〉

1 천지와 만물이 다 이루어지니라.
2 하나님이 그가 하시던 일을 일곱째 날에 마치시니 그가 하시던 모든 일을 일곱째 날에
안식하시니라.
3 하나님이 그 일곱째 날을 복되게 하사 거룩하게 하셨으니 이는 하나님이 그 창조하시
며 만드시던 모든 일을 마치시고 그 날에 안식하셨음이니라.

창세기를 읽으면서 드는 의문 중의 하나는 “과연 세상이 6일 동안에

만들어졌는가?" 하는 물음이다. 이에 대하여 6일을 문자적으로 또는 상징적으로 해석하는 등 여러 해석이 있다. 그러나 이런 시도는 창조이야기를 창조의 '방법'에 맞춘 해석이다. 창조의 방법이 아닌 '목적'을 염두에 두면 전혀 다르게 보인다. 〈물음 1〉, 〈물음 2〉에서 살펴본 바와 같이 창조이야기는 창조되던 태초의 창조 과정과 방법이 아니라, 창조이야기를 말하던 당시의 상황에서 그 이야기를 통해서 무엇을 말하려고 했는지 그 의도에 초점을 맞추어 해석되어야 한다. 다시 말하면 창조이야기는 창조 당시의 사건을 설명하려는 데에 초점이 있는 것이 아니라, 창조신앙을 말하던 당시의 상황을 해석하려는 데에 있다. 그렇다면 6일 동안의 창조와 7일째 날 안식은 무엇을 말하려고 하는가? 몇 가지로 생각해 볼 수 있다.

첫째, 〈물음 1〉에서 말한 바와 같이 당시에 신격화 되어있던 하늘과 땅, 바다, 일월성신(日月星辰) 등은 신이 아니라 피조물에 불과하다는 것을 인간이 늘 경험하는 하루하루에 맞추어 설명한 것이다.

둘째, '하루'의 중요성이다. 인간의 삶을 지배하는 하루를 하나님의 창조와 연결을 지은 것은 하루는 단순히 밤낮을 이어가는 무의미한 반복에 불과한 것이 아니라 창조 즉 신앙적인 차원의 의미가 있음을 말한다. 창조신앙의 입장에서 보면 오늘 하루는 나에게 있어서 평생에 해당되는 의미를 가지게 된다.

셋째, '일'과 '쉼'을 신앙적인 차원에서 다루고 있다. 창조주 하나님께서 엿새 동안 직접 일을 하셨다는 이야기는 노동이 천시되던 당시에 노동은 결코 천한 일이 아니라는 것을 말한다. 또 마지막 일곱 째 날은 쉬시며 복을 주시는 거룩한 날로 정해 놓으셨다는 이야기는 인간의 삶에 있어서 휴식이 얼마나 중요한가를 말해주고 있다. 특히 이 창조이야기를 말하던 수천 년 전 당시는 대부분의 사람들이 휴일 없이 중노동에 시달렸다. 이러던 시대에 창조의 과정을 한 주간으로 설정하여

그 중 하루는 쉬는 날로 정해 놓은 것은 놀라운 일이 아닐 수 없다.[8]

6일 창조이야기의 목적은 세상이 6일 동안에 만들어졌다는 것을 말하려는 데에 있지 않다. 온갖 신화와 미신이 지배하며 대부분의 사람들이 중노동에 시달리던 시대에 미신을 배격하며 하루하루의 삶 속에서 인간이 어떻게 살아야 하는가를 말하려는 데에 있다.

물음 4 창조의 목적, 어디에 기록되어 있나?

본문 : 〈 1장 〉

1 태초에 하나님이 천지를 창조하시니라.
2 그 땅이 혼돈하고 공허하며 흑암이 깊음 위에 있고 하나님의 영은 수면 위에 운행하시니라.
3 하나님이 이르시되 빛이 있으라 하시니 빛이 있었고
4 그 빛이 하나님이 보시기에 좋았더라 하나님이 빛과 어둠을 나누사
5 하나님이 빛을 낮이라 부르시고 어둠을 밤이라 부르시니라 저녁이 되고 아침이 되니 이는 첫째 날이니라.
6 하나님이 이르시되 물 가운데에 궁창이 있어 물과 물로 나뉘라 하시고
7 하나님이 궁창을 만드사 궁창 아래의 물과 궁창 위의 물로 나뉘게 하시니 그대로 되니라.
8 하나님이 궁창을 하늘이라 부르시니라 저녁이 되고 아침이 되니 이는 둘째 날이니라.
9 하나님이 이르시되 천하의 물이 한 곳으로 모이고 뭍이 드러나라 하시니 그대로 되니라.
10 하나님이 뭍을 땅이라 부르시고 모인 물을 바다라 부르시니 하나님이 보시기에 좋았더라.
11 하나님이 이르시되 땅은 풀과 씨 맺는 채소와 각기 종류대로 씨 가진 열매 맺는 나무를 내라 하시니 그대로 되어
12 땅이 풀과 각기 종류대로 씨 맺는 채소와 각기 종류대로 씨 가진 열매 맺는 나무를 내니 하나님이 보시기에 좋았더라.
13 저녁이 되고 아침이 되니 이는 셋째 날이니라.
14 하나님이 이르시되 하늘의 궁창에 광명체들이 있어 낮과 밤을 나뉘게 하고 그것들로 징조와 계절과 날과 해를 이루게 하라.

---

8) 쉼의 중요성은 후일 등장하는 시내산 계약법(율법)에서 안식일 제도(안식일, 안식년, 희년)가 율법의 중심을 이루고 있음에서도 잘 나타난다.

15 또 그 광명체들이 하늘의 궁창에 있어 땅을 비추라 하시니 그대로 되니라.
16 하나님이 두 큰 광명체를 만드사 큰 광명체로 낮을 주관하게 하시고 작은 광명체로
밤을 주관하게 하시며 또 별들을 만드시고
17 하나님이 그것들을 하늘의 궁창에 두어 땅을 비추게 하시며
18 낮과 밤을 주관하게 하시고 빛과 어둠을 나뉘게 하시니 하나님이 보시기에 좋았더라.
19 저녁이 되고 아침이 되니 이는 넷째 날이니라.
20 하나님이 이르시되 물들은 생물을 번성하게 하라 땅 위 하늘의 궁창에는 새가 날으라
하시고
21 하나님이 큰 바다 짐승들과 물에서 번성하여 움직이는 모든 생물을 그 종류대로, 날개
있는 모든 새를 그 종류대로 창조하시니 하나님이 보시기에 좋았더라.
22 하나님이 그들에게 복을 주시며 이르시되 생육하고 번성하여 여러 바닷물에 충만하라
새들도 땅에 번성하라 하시니라
23 저녁이 되고 아침이 되니 이는 다섯째 날이니라.
24 하나님이 이르시되 땅은 생물을 그 종류대로 내되 가축과 기는 것과 땅의 짐승을 종
류대로 내라 하시니 그대로 되니라.
25 하나님이 땅의 짐승을 그 종류대로, 가축을 그 종류대로, 땅에 기는 모든 것을 그 종
류대로 만드시니 하나님이 보시기에 좋았더라.
26 하나님이 이르시되 우리의 형상을 따라 우리의 모양대로 우리가 사람을 만들고 그들
로 바다의 물고기와 하늘의 새와 가축과 온 땅과 땅에 기는 모든 것을 다스리게 하자 하
시고
27 하나님이 자기 형상 곧 하나님의 형상대로 사람을 창조하시되 남자와 여자를 창조하
시고
28 하나님이 그들에게 복을 주시며 하나님이 그들에게 이르시되 생육하고 번성하여 땅에
충만 하라, 땅을 정복하라, 바다의 물고기와 하늘의 새와 땅에 움직이는 모든 생물을 다
스리라 하시니라.
29 하나님이 이르시되 내가 온 지면의 씨 맺는 모든 채소와 씨 가진 열매 맺는 모든 나
무를 너희에게 주노니 너희의 먹을거리가 되리라.
30 또 땅의 모든 짐승과 하늘의 모든 새와 생명이 있어 땅에 기는 모든 것에게는 내가
모든 푸른 풀을 먹을거리로 주노라 하시니 그대로 되니라.
31 하나님이 지으신 그 모든 것을 보시니 보시기에 심히 좋았더라 저녁이 되고 아침이
되니 이는 여섯째 날이니라.

본문 : 〈 2장 〉

1 천지와 만물이 다 이루어지니라.
2 하나님이 그가 하시던 일을 일곱째 날에 마치시니 그가 하시던 모든 일을 일곱째 날에
안식하시니라.
3 하나님이 그 일곱째 날을 복되게 하사 거룩하게 하셨으니 이는 하나님이 그 창조하시
며 만드시던 모든 일을 마치시고 그 날에 안식하셨음이니라.
4 이것이 천지가 창조될 때에 하늘과 땅의 내력이니 여호와 하나님이 땅과 하늘을 만드

시던 날에
5 여호와 하나님이 땅에 비를 내리지 아니하셨고 땅을 갈 사람도 없었으므로 들에는 초
목이 아직 없었고 밭에는 채소가 나지 아니하였으며
6 안개만 땅에서 올라와 온 지면을 적셨더라.
7 여호와 하나님이 땅의 흙으로 사람을 지으시고 생기를 그 코에 불어넣으시니 사람이
생령이 되니라.
8 여호와 하나님이 동방의 에덴에 동산을 창설하시고 그 지으신 사람을 거기 두시니라.
9 여호와 하나님이 그 땅에서 보기에 아름답고 먹기에 좋은 나무가 나게 하시니 동산 가
운데에는 생명 나무와 선악을 알게 하는 나무도 있더라.
10 강이 에덴에서 흘러 나와 동산을 적시고 거기서부터 갈라져 네 근원이 되었으니
11 첫째의 이름은 비손이라 금이 있는 하윌라 온 땅을 둘렀으며
12 그 땅의 금은 순금이요 그 곳에는 베델리엄과 호마노도 있으며
13 둘째 강의 이름은 기혼이라 구스 온 땅을 둘렀고
14 셋째 강의 이름은 힛데겔이라 앗수르 동쪽으로 흘렀으며 넷째 강은 유브라데더라.

창조이야기가 창조의 목적을 말하고 있다면 그것은 성경 어디에 기록되어 있을까? 창세기 1장과 2장을 아무리 읽어보아도 그런 기록은 없다. 그런데도 창조이야기가 창조의 목적을 말하고 있다고 할 수 있을까? 이에 대한 대답은 무엇일까?

이에 대한 대답은 성경의 독특한 기록방식에서 찾을 수 있다. 성경은 명시적인 설명이나 서술의 방식이 아닌 암시, 함축, 은폐의 방식으로 기록되어 있다. 성경을 읽을 때에는 이런 특징을 염두에 두어야 한다.

창조이야기에서 창조의 목적을 암시하는 표현은 다음과 같다.

1. 보시기에 좋았더라.

창조이야기는 7일 동안 진행되지만 마지막 날은 안식일이었기 때문에 사실상 6일 동안의 창조다. 그런데 매일 창조가 마무리 될 때 마다 후렴구처럼 "하나님이 보시기에 좋았더라!"라는 구절이 반복되고 있다.[9] 도대체 이 구절은 무엇을 말하고 있을까?

이 구절을 문자적으로 해석하면 하나님 보시기에 즉 하나님에게 좋았더라, 즉 하나님께서 당신이 만드신 것을 보시면서 "너무 보기 좋

다!"라고 감탄하셨다는 뜻이며, 이는 결국 하나님께서는 세상을 당신을 위해서 만드셨다는 말이 된다. 이런 표현을 그냥 문자적으로 해석해야 하나? 그런데 그냥 이렇게 해석하기에는 무언가 석연치 않은 점이 있다. 하나님의 속성 가운데 하나는 '완전'이다. 완전하신 하나님께서 당신을 위해 세상을 만드시면서 매일 만들어 놓으신 것이 너무 아름답다고 자화자찬(自畵自讚)하셨다는 것은 뭔가 앞뒤가 맞지 않는다. 즉 하나님의 기본 속성에 맞지 않는다.

그렇다면 어떻게 해석해야 하나?

부모와 자식의 관계에서 생각해보면 대답이 단순하게 발견된다. 저녁상을 마련하기 위하여 시장을 보러나간 주부가 자신이 좋아하는 것들을 잔뜩 사다가 자기 입맛에 맞도록 만들면서 "야! 맛있다!"라고 하면서 혼자 좋아한다면 그는 주부로서의 자질을 의심받아야 한다. 정상적인 주부라면 반찬거리를 살 때부터 부모와 남편, 아이들 하나하나를 염두에 두면서 고르고, 음식을 만들면서도 자신의 입맛이 아니라 식구들의 입맛에 맞추어 정성껏 만들면서 식구들이 정말 맛있게 먹고 건강해질 것을 생각하며 힘든 것을 잊고 흐뭇해 한다.

"보시기에 좋았더라!"라는 표현도 마찬가지다. 하나님께서 세상을 이렇게 아름답게 만들어 놓으신 이유는 당신의 형상대로 지음 받은 자식인 사람들을 위해서다. 하늘을 만드실 때도 최선을 다해서 아름답게 만드셨다. 푸른 하늘, 맑은 공기, 두둥실 떠가는 구름, 태양의 일출과 일몰의 장관, 밤을 밝히는 달과 별……. 어느 것 하나 감탄사가 저절로

9) 창세기 1장에는 "하나님의 보시기에 좋았더라."라는 표현이 여섯 번, "보시기에 심히 좋았더라."가 한 번 도합 일곱 번 이런 표현이 나오고 있다. 이 표현은 매일 반복되는데 예외가 있다. 둘째 날에는 이런 표현이 없는 반면 셋째 날에 두 번 들어가 있다. 그 이유는 둘째 날의 창조가 그날 마무리되지 않고 셋째 날로 이어지기 때문에 둘째 날에는 이 표현이 없고 셋째 날에 들어 있다. 여섯째 날에도 이런 표현이 두 번 있는데, 사람을 비롯한 모든 창조가 마친 후에 "보시기에 '심히' 좋았더라."라고 기록되어 있다.

나오지 않는 것이 없다. 바다의 모습도 마찬가지다. 그렇게 많은 물, 검푸른 빛, 출렁이는 물결과 파도, 해변의 정경……. 온갖 식물이 어우러진 산과 들, 계절에 따라 피어나는 꽃과 그 향기, 꽃을 찾아다니는 벌과 나비들, 가을의 단풍과 겨울의 눈 덮인 산야와 눈꽃……. 아름답지 않은 것이 아무 것도 없다.

아버지 하나님께서는 엿새 동안 이렇게 만드시면서 하루의 일과가 끝나면 "나중에 내 자식들이 살아가면서 힘들고 어려울 때 이것을 보고 '정말 아름답구나!' 라고 감탄하면서 위로를 받겠지!"라고 생각하시면서 흐뭇해 하셨다. 자연환경의 이런 아름다운 모습들은 무엇을 말하고 있는가? 지금의 나를 향한 하나님의 사랑의 음성이다.

"내가 너를 위하여 이렇게 아름답게 만들어 놓았다!"

2. 창조의 순서

창세기에서는 천지가 6일 동안에 창조되었다고 말하고 있으며 순서대로 나열하고 있다. 이 이야기 속에 창조의 목적이 숨겨져 있다. 창조의 순서 어디에 그 목적이 숨겨져 있을까? 하나님께서 만들어 놓으신 자연만물의 모습을 보면 그 대답이 찾아진다.

세상의 동식물들이 살아가는 모습을 지켜보면 하나같이 철저한 준비를 해놓고 자식을 낳아 키운다. 식물은 아무 때나 싹을 틔우지 않고 새싹이 나서 잘 자랄 수 있는 환경이 되었을 때에 싹이 나게 한다. 한겨울 추운 때에 싹이 나게 하는 식물은 없다. 그 때에는 살아남을 수가 없기 때문이다. 곤충과 새를 비롯한 동물들은 먹이가 가장 풍부해지는 시점에 맞추어 안전한 곳에 튼튼한 집을 짓고 새끼를 키운다. 동식물들이 이렇게 살아가는 이유는 그들 속에 이런 법이 주어졌기 때문이다. 이 법은 하나님을 반영하고 있다.

창세기에서는 인간이 창조되기 이전에 하늘과 땅, 해와 달과 별, 육지와 바다, 온갖 식물과 동물 등 만물이 만들어졌으며, 사람에게 피조물의 관리와 지배를 맡기셨고, 씨 맺는 모든 채소와 씨 가진 열매 맺는 모든 나무를 사람의 먹거리로 주셨다고 말한다. 이 이야기 속에 창조의 목적이 들어있다. 사람보다 먼저 세상을 만드신 이유는 사람이 살아갈 자연환경이 필요했기 때문이다. 왜 하나님께서 세상을 만드셨는가? 성경에서는 이렇게 대답하고 있다.

사람을 위하여 만드셨다.

3. 하나님과 사람의 관계

하나님께서 다른 피조물을 만드실 때에는 말씀으로 명령하셨지만 사람을 만드실 때에는 특별히 신경을 쓰셔서 흙으로 빚으셨고, 그 코에 당신의 생기를 불어넣으셨다. 또 하나님의 형상과 모양대로 사람을 만드셨다.[10] 이는 무엇을 말하고 있을까?

이런 이야기는 하나님과 사람의 관계는 단순한 조물주와 피조물의 관계가 아니라 부모와 자식이라는 특별한 관계라는 것을 말하고 있다. 이런 사실은 예수님께서 하나님을 '아버지'(abba)로 부르셨고, 주변에 몰려온 사람들에게 '하늘에 계신 너희 아버지'(天父)라고 하시는 말씀에서도 잘 나타난다. 성경에서 말하고 있는 하나님과 인간의 관계는 무엇인가?

부모와 자식의 관계다.

---

10) 하나님이 이르시되 우리의 형상을 따라 우리의 모양대로 우리가 사람을 만들고 그들로 바다의 물고기와 하늘의 새와 가축과 온 땅과 땅에 기는 모든 것을 다스리게 하자 하시고 하나님이 자기 형상 곧 하나님의 형상대로 사람을 창조하시되 남자와 여자를 창조하시고(창세기 1:26~27) 여호와 하나님이 흙으로 사람을 지으시고 생기를 그 코에 불어 넣으시니 사람이 생령(生靈)이 된지라.(창세기 2:7)

4. 생육하고 번성하라.

"성경을 하나님의 입장에서 하나님의 심정으로 읽어야 한다."라고 하면 "하나님의 심정을 도대체 어떻게 알 수 있을까?"하는 생각 때문에 너무나 막연하게 느껴지게 된다. 그러나 하나님의 심정은 그렇게 멀리 있지도 않고 알기 어렵지도 않다. 하나님의 심정은 누구나 알 수 있어야 한다. 하나님의 심정은 자식을 향한 부모의 심정, 이것과 크게 다르지 않다. 사람은 물론 동물과 식물 속에 들어있는 부모의 사랑, 자식을 위해서는 자신의 생명을 아끼지 않는 마음, 이런 마음은 하나님의 심정을 잘 드러내고 있으며, 하나님께서 만드신 모든 만물은 하나님을 드러내고 있다.[11]

하나님께서는 사람에게 세상 만물의 관리를 위임하시고 복을 주시면서 "생육하고 번성하라."고 하셨다.[12] 하나님과 우리의 관계를 부모와 자식의 관계에서 생각해본다면 이 말씀이 무엇을 말하는지는 어렵지 않게 알 수 있을 것이다. 부모가 자식을 낳아 기르면서 무엇을 기대할까? 다 키워서 출가를 시키면서 무슨 말을 해줄까? 늙어 죽어갈 때 자식들을 모아놓고 유언을 할 때 무슨 말을 할까? 온전한 부모라면 다 똑같은 심정으로 이런 말을 할 것이다.

"제발 행복하게 살아라."

5. 시간과 계절

하나님께서는 사람으로 하여금 영원이 아닌 시간 속에서 살게 하셨

---

11) 창세로부터 그의 보이지 아니하는 것들 곧 그의 영원하신 능력과 신성이 그가 만드신 만물에 분명히 보여 알려졌나니 그러므로 그들이 핑계하지 못할지니라.(로마서 1:20)

12) 하나님이 자기 형상 곧 하나님의 형상대로 사람을 창조하시되 남자와 여자를 창조하시고 하나님이 그들에게 복을 주시며 하나님이 그들에게 이르시되 "'생육하고 번성하여 땅에 충만하라.', '땅을 정복하라.', '바다의 고기와 공중의 새와 땅에 움직이는 모든 생물을 다스리라.' 하시니라."(창세기 1:27~28)

다. 그런데 하나님께서 만드신 시간은 아무런 변화없이 지속하는 것이 아니라 하루, 한 주일, 한 달, 한 해 등의 단위로 정해 놓으셨고 매순간 변화하게 하셨다. 이런 시간과 계절 등은 무엇을 말하고 있을까? 태초에 하나님께서 천지를 창조하셨다. '태초'는 언제일까? 물론 세상의 시작, 시간의 처음을 말한다. 그러나 이런 의미는 사전적인 풀이일 뿐이다. 더 중요한 것은 이런 사전적인 개념을 가진 단어에 담긴 하나님의 뜻이다.

앞에서 본 바와 같이 하나님께서는 세상을 만드시되 사람을 위해 만드셨다. 그런데 이 세상을 특정한 시대의 누구를 위해서가 아니라 이 세상을 살아갈 모든 사람을 위해서 만드셨고 지금도 만들고 계신다. 매일, 매월, 매년 하나님의 창조를 모든 사람들이 새롭게 다시 경험하게 하려고 새날과 새달, 새해라는 시간의 단위를 주셨다. 매일 맞이하는 아침과 떠오르는 태양과 석양, 매월 찾아오는 초승달과 반달, 보름달, 그믐달, 매년 찾아오는 봄과 여름, 가을, 겨울 등을 통하여 하나님의 창조를 다시 경험하게 된다.

창조는 과거 태초에 끝난 것이 아니라 지금 여기서 다시 만들어진다. **창조는 과거 완료가 아니라 현재 진행형인 셈이다.** 시간 속에서 경험하는 자연만물을 통해서 하나님께서는 지금 나에게 이렇게 말씀하신다.[13] "내가 너를 위하여 오늘 태양이 떠오르게 하고 있다.", "지금 네가 바라보고 있는 이 꽃들의 아름다움과 향기가 무엇인줄 아느냐? 내가 지금 너를 위하여 만들고 있는 내 마음의 표현이다." 우리가 경험하는 자연의 아름다움은 저절로 생겨나는 것이 아니라, 하나님께서 우리를 위하여 밤낮 쉴 틈 없이 일하시는 노동의 결과이고 하나님께서는 지금 이렇게 말하고 계신다.

---

13) 하나님께서 지으신 '아담'의 뜻은 '사람'이다. 아담의 이런 의미는 아담 안에 모든 개인인 '나'가 포함된다.

내가 너를 이렇게 사랑한단다.

6. 일곱째 날

> 하나님이 그 일곱째 날을 복되게 하사 거룩하게 하셨으니 이는 하나님이 그 창조하시며 만드시던 모든 일을 마치시고 그 날에 안식하셨음이니라(창세기 2:3)

하나님께서는 창조의 사역을 마치시고 뭘 하셨을까? 본문에는 '안식'(安息)하셨다고 기록되어 있다. 하나님께서 안식하신다는 것은 무엇을 의미할까? 문자 그대로 6일 동안 열심히 일하셔서 힘이 드셔서 아무 일도 하지 않고 쉬셨다는 뜻일까? 하나님도 쉼이 필요하실까? 아니다. 그분은 하나님이시기 때문에 쉼이 필요 없으시다. 앞에서 살펴본 것처럼 창조가 과거 완료가 아닌 현재 진행이라면 하나님은 한 순간도 쉬지 않으신다. 하나님은 모든 존재의 근원이기 때문에 그분이 쉬시면 태양이 빛을 잃고 지구가 자전을 멈추게 된다. 즉 모든 존재가 존재할 수 없게 된다. 그렇다면 하나님께서 안식하셨다는 말은 무슨 뜻인가? 다음과 같이 생각해 볼 수 있다.

"하나님이 그 일곱째 날을 복되게 하사" 라는 구절에 있다. 안식일에 하나님께서 하신 일은 하나님께서 만드신 사람을 비롯한 모든 피조물에 복을 주시는 일이었다. 하나님의 복이 아니고서는 피조물의 그 어느 것도 존재할 수가 없다. 따라서 '복'은 창조의 완성에 해당한다. 이런 사실은 시내산 계약법[14]에 잘 나타나는데, 여기에 의하면 안식제도(안식일, 안식년, 희년)는 노동력으로 살아가는 사람들에게 쉼을 주며 모든 사람들에게 복된 삶을 보장하는 안전장치다.

다른 또 하나는 **"거룩하게 하셨으니"**라는 구절에 있다. '거룩함'은 도대체 무슨 뜻일까? 흔히 생각하듯이 일체의 세속적인 것으로부터 초

14) 출애굽기에 의하면 이스라엘 사람들이 이집트(애굽)에서 400여 년 동안 노예로 살다가 모세의 인도하에 탈출하여 시내산에 이르러 하나님과 계약을 맺는데 이를 '시내산 계약'이라 한다.

월한 상태를 말하는 것일까? 세속적인 것에서 떠나서 초월의 상태를 추구하는 종교, 철학에서는 거룩함이 해탈(解脫), 초탈(超脫)로 표현되지만 성경에서 말하는 거룩함은 결코 초월의 개념이 아니다. 초월은 헬라문화의 개념이다. 고대 그리스인들은 거룩한 신은 세속의 일체로부터 벗어난 초월자로 이해를 했고 이런 개념이 후일 수도원 운동에 많은 영향을 주어서 거룩함에 초월의 개념이 부여되었다. 성경의 거룩함은 모든 피조물이 복 받은 상태, 즉 본연의 목적을 성취하는 것을 말한다. 시내산 계약법(율법)을 거룩하다고 하는 이유는 그 법은 모든 사람들이 행복하게 살도록 규정하고 있기 때문이며, 율법대로 살아야 한다고 외치는 예언자들이 말하는 거룩함이란 불행한 자의 대명사인 고아, 과부, 나그네를 돌보는 것이라는 사실에서 잘 나타난다.

안식일을 거룩하게 지킨다는 것을 무노동으로 이해하면 모순에 빠진다. 안식일에 하나님이 원하시는 것이 고작 무노동에 불과하기 때문이다. 안식일에 일한다고 비판하는 유대인들에게 예수님은 말씀하셨다.

내 아버지께서 이제까지 일하시니 나도 일한다.(요한복음 5:17)

7. 에덴동산

하나님께서는 에덴(עֵדֶן) 동산을 가꾸어 놓으시고 아담으로 하여금 그곳에 살게 하셨다. 에덴은 어떤 곳일까? 그 대답은 '에덴' 이라는 단어의 뜻에서 찾아볼 수 있는데 에덴은 그 어원이 '환희' (歡喜)이다. 따라서 에덴동산은 사람이 기쁘게 살아가기에 필요한 모든 것이 갖추어져 있었다. 하나님께서는 사람을 위하여 에덴을 기쁨의 동산으로 만들어 놓으셨다.

에덴동산에서 물이 솟아 네 강으로 흘러 온 대지를 적셨다. 물은 생명과 같다. 그런데 생명과 같은 물이 에덴에서 넘쳐났다. 하나님께서 사람을 위하여 만들어 놓으신 에덴은 기쁨과 생명이 넘치는 낙원이었다.

8. 아담

최초의 인간을 '아담'(אָדָם)이라고 하는데, 그 의미는 '사람'이다. 따라서 아담은 최초의 인간을 부르는 호칭이면서 동시에 아담 혼자가 아닌 모든 인간을 뜻한다. 즉 고유명사이면서 동시에 보통명사이며 또 아담은 모든 인간을 대신하는 대명사라고 할 수 있다.

아담이라는 단어가 가지는 이런 의미는 지금 나에게 대단히 중요하다. 왜냐하면 아담은 곧 '나'를 말하기 때문이다. 하나님께서 아담을 만드셨다는 말은 '나'를 만드셨다는 뜻이며, 세상 모든 만물을 아담을 위하여 만드셨다는 것은 '나'를 위하여 만드셨다는 의미다. 하나님께서 아담에게 하신 일들과 말씀들은 모두 지금 여기의 '나'에게 해당된다. 이런 이유로 과거의 사건을 다루는 성경의 이야기들은 단순하게 과거의 이야기로 끝나지 않고 지금 나에게 해당된다. 즉 과거와 현재가 만나는 셈이다. 과거에 기록된 성경이 지금 나에게 하나님의 말씀이 되는 이유는 여기에 있다.

창조신앙은 과거와 현재를, 아담과 나를 만나게 하며, 더 나아가 과학과 신앙의 문제를 물질세계와 영적인 세계를 지배하는 원리와 이치의 시각에서 보게 한다.[15] 그리고 이렇게 말한다.

내가 너를 위하여 세상을 만들었다.

15) 경험으로 다가가서 영적인 세계에 대한 원리와 이치를 확인한 것을 정리한 책이 자기비움의 길 3부 「비움의 길」이다. 그 원리는 구(球)와 중력(重力)의 원리와 부합한다.

물음

창세기의 하나님, 그분은 누구이신가? 5

만물의 창조주, 역사의 주관자, 생사화복의 주관자, 전능자, 무한자, 절대자, 완전자…….

하나님에 대하여 일반적으로 부여된 신성이다. 그런데 창세기의 창조이야기를 창조신앙으로 보면 창세기의 하나님 그분은 누구이실까?

아버지

그렇다. 창세기의 하나님은 아버지이시다.

누구의 아버지이신가?

나의 아버지이시다.

물음

푸른 풀, 무엇을 말하나? 6

본문 : 〈 1장 〉

27 하나님이 자기 형상 곧 하나님의 형상대로 사람을 창조하시되 남자와 여자를 창조하시고

29 하나님이 이르시되 내가 온 지면의 씨 맺는 모든 채소와 씨 가진 열매 맺는 모든 나무를 너희에게 주노니 너희의 먹을거리가 되리라.

30 또 땅의 모든 짐승과 하늘의 모든 새와 생명이 있어 땅에 기는 모든 것에게는 내가 모든 푸른 풀을 먹을거리로 주노라 하시니 그대로 되니라.

과학문명이 등장한 이후 인간에게 준 가장 큰 혜택은 기아와 전염병으로부터의 해방이라고 할 수 있다. 태고로부터 가장 큰 위협이었던 기아와 전염병의 고통에서 벗어나서 평균수명이 급상승한 것은 전적으로 과학문명의 공헌이다. 그런데 참으로 안타까운 것은 의학과 의술

이 날로 발전하고 있지만 '현대병' 또는 '성인병' 이라 불리는 온갖 질병들은 완치가 되지 않을 뿐만 아니라 날로 확산되고 있다. 성인들에게만 나타나던 고혈압, 당뇨 등이 청소년들은 물론이고 유아와 신생아에게까지 확산되었고, 성인 3~4명중의 한명은 암에 걸려있고 다른 이들은 암의 공포에 시달리고 있다.

이 문제를 어떻게 해야 하나? 의술이 더 발전해서 획기적인 치료법이 개발되고 유전자를 조작하며 장기의 생산과 이식이 상용화되면 해결이 될까? 그동안의 경험에 의하면 의술과 의약이 발전할수록 전혀 예상하지 못했던 무서운 질병들이 계속 등장한다는 점이다. 의술과 의약에만 의존한다면 이런 악순환은 끊임없이 반복될 수밖에 없다.

달리 무슨 방법이 없을까? 있다. 아니 있어야 한다. 왜냐하면 하나님께서 만드신 세상의 법과 이치에는 무엇에든지 '천적'(天敵)이 있기 때문에 병이 있으면 반드시 치료법이 있게 마련이다. 단지 이것을 어떻게 찾아내느냐가 문제일 뿐이다. 의술은 이 치료법을 찾아내는 한 방법이었고 이를 통해서 전염병을 비롯한 많은 질병들이 해결되는 성과를 거두었다. 그러나 이런 인간의 의술은 앞에서 지적한 바와 같이 언제나 그 한계에 봉착하게 된다. 이를 극복할 수 있는 다른 방법은 무엇일까?

대단히 어려운 문제인 것 같지만 현대화가 몰고 온 질병을 해결하기 위한 방법은 아주 단순하며 간단하다. 하나님께서 만드신 법과 원리로 돌아가서 그 법에 순응하면 된다. 이와 관련된 하나님의 법이란 무엇일까? 창세기 1:29~30에 있다. 이 말씀에 의하면 인간을 비롯한 모든 생명체는 푸른 풀과 채소, 곡식과 과일을 먹도록 되어 있다. 이런 것들을 있는 그대로 적정량을 먹으면 된다. 지극히 단순한 이치다.

화식(火食)이 등장한 이후 인간은 천연의 식품들을 가공해서 먹기 시작했다. 화식의 문제점은 영양소 파괴뿐만 아니라 채소와 열매에 들어

있는 각종 효소를 죽이는 데에 있다. 이 효소는 건강을 유지하는 데에 대단히 중요한 역할을 한다. 그런데 화식을 통해서 이 효소들을 다 죽일 뿐만 아니라, 맛을 내기 위하여 온갖 양념을 사용하는 요리법을 개발했으며, 현대에 이르러서는 화학적인 첨가물과 식품들이 등장했다. 또 더 많은 양을 속성으로 생산하기 위하여 화학비료, 화학약품을 비롯한 온갖 방법들이 동원되어 식재료 자체가 오염되고 말았다. 현대인들은 이런 식재료들로 다양한 음식들을 만들어 너무 많이 먹고 있다.

하나님께서 만드신 자연의 원리와 이치에서 보면 현대 질병의 원인은 잘못된 가공 식품을 너무 많이 먹는 데에 있다. 따라서 그 해결책을 찾는 것은 전혀 어렵지 않다. 하나님께서 만드신 그대로를 먹으면 된다. 이치는 너무나 단순하다. '순리'(順理)가 곧 길이다. 너무나 단순하고 간단하기 때문에 현대인들은 받아들이기가 쉽지 않을 수 있다. 그러나 현대의학이 더 이상 손쓸 수 없는 중환자들이 자연에 귀의하여 자연의 방식대로 살면서 치료되었다는 많은 이야기들이 이를 증명해주고 있다. 현대문명이 만들어낸 문제들에 대한 해법은 자연 속에 들어있는데 그 방법의 특징은 지극히 단순하며 지극히 간단하여 누구나 실천할 수 있다. 자연의 원리와 이치로 현대의 질병을 치유하는 것이 공식적인 의학으로 인정받는 시대가 곧 오게 될 것이다.

"푸른 풀을 먹을거리로 주노라"라는 말씀은 무엇을 말하는가?

건강하게 살아라!

제 2 장

전반부 창조이야기

인간

물음 1

인간, 그는 누구인가?

본문 : 〈 1장 〉

26 하나님이 이르시되 우리의 형상을 따라 우리의 모양대로 우리가 사람을 만들고 그들로 바다의 물고기와 하늘의 새와 가축과 온 땅과 땅에 기는 모든 것을 다스리게 하자 하시고

27 하나님이 자기 형상 곧 하나님의 형상대로 사람을 창조하시되 남자와 여자를 창조하시고

28 하나님이 그들에게 복을 주시며 하나님이 그들에게 이르시되 생육하고 번성하여 땅에 충만 하라, 땅을 정복하라, 바다의 물고기와 하늘의 새와 땅에 움직이는 모든 생물을 다스리라 하시니라

29 하나님이 이르시되 내가 온 지면의 씨 맺는 모든 채소와 씨 가진 열매 맺는 모든 나무를 너희에게 주노니 너희의 먹을거리가 되리라

30 또 땅의 모든 짐승과 하늘의 모든 새와 생명이 있어 땅에 기는 모든 것에게는 내가 모든 푸른 풀을 먹을거리로 주노라 하시니 그대로 되니라

31 하나님이 지으신 그 모든 것을 보시니 보시기에 심히 좋았더라 저녁이 되고 아침이 되니 이는 여섯째 날이니라

본문 : 〈 2장 〉

7 여호와 하나님이 땅의 흙으로 사람을 지으시고 생기를 그 코에 불어넣으시니 사람이 생령이 되니라

20 아담이 돕는 배필이 없으므로

21 여호와 하나님이 아담을 깊이 잠들게 하시니 잠들매 그가 그 갈빗대 하나를 취하고 살로 대신 채우시고

22 여호와 하나님이 아담에게서 취하신 그 갈빗대로 여자를 만드시고 그를 아담에게로 이끌어 오시니

23 아담이 이르되 이는 내 뼈 중의 뼈요 살 중의 살이라 이것을 남자에게서 취하였은즉 여자라 부르리라 하니

25 아담과 그의 아내 두 사람이 벌거벗었으나 부끄러워하지 아니하니라

창조이야기에 의하면 인간 즉 나는 누구인가? 몇 가지로 생각해 볼 수 있다.

1. 하나님의 형상과 모양이다.

창세기에서는 인간을 하나님의 형상과 모양대로 지음을 받았다고

말하고 있다. 하나님의 형상이란 무슨 뜻일까? 또 왜 인간이 하나님의 형상이라는 이런 표현을 쓰고 있을까? 창세기 1장 1절의 창조 선언과 마찬가지로 1장 26절은 인간에 대한 위대한 선언이다. 왜냐하면 고대 바벨론 신화(우트나 피쉬팀)에 의하면 인간이란 신들의 식사를 준비하기 위하여 신들이 만든 노예에 불과하며, 그리스 신화에 의하면 신들을 기쁘게 하기 위하여 창조되었다고 말하기 때문이다. 이런 신화에 대하여 창세기는 인간이란 그런 하찮은 존재가 아니라 하나님의 형상과 모양대로 지음받은 즉 하나님께서 당신과 동등하게 만드신 가장 귀한 존재라고 선언하고 있다.

2. 하나님의 아들이다.

더 나아가서 창세기에서 선언하는 아담(사람)은 하나님의 형상과 모양을 닮은 하나님의 아들이다. 그런데 아담의 뜻이 '사람' 이므로 사람은 나를 뜻할 수 있다. 따라서 내가 바로 하나님의 아들이 된다. 복음서에 의하면 예수님께서 하나님을 소개할 때 늘 하늘에 계신 너희 '아빠' (abba)[16]라고 하셨는데. 이는 사람은 단순한 피조물이 아니라 하나님의 아들이라는 창세기의 말씀을 다시 선언하신 셈이다.

3. 하나님의 권세를 위임받았다.

하나님께서는 사람들에게 복을 주시며 "생육하고 번성하여 땅에 충만 하라, 땅을 정복하라, 바다의 물고기와 하늘의 새와 땅에 움직이는 모든 생물을 다스리라!"고 말씀하셨다. 무슨 뜻일까? 당신의 형상대로 지음 받은 아들인 사람에게 당신이 만드신 세상을 다스리는 권세를 주

16) '아빠' 라고 발음되는 'abba'는 예수님 당시에 이스라엘에서 통용되던 아람어로서 ' 아버지 '를 뜻한다. 예수님께서 이런 말씀을 하신 배경에는 당시의 종교인 유대교에서는 병자, 불구자, 가난한 사람 등을 하나님께서 버리신 ' 죄인 '이라고 부르는 데에 대한 거부감이 깔려있는데, 예수님께서는 "이들은 결코 하나님께서 저주하여 버린 사람들이 아니라 한 사람 한 사람이 하나님의 귀중한 아들이다."라고 힘주어 선언하셨다.

셨다는 뜻이다. 창세기에서 선언하는 인간은 하나님의 권세를 위임받은 가장 귀한 존재다.

4. 남자와 여자로 만드셨다.

하나님께서 여자를 만드시되 남자의 갈비뼈로 만드셨다고 말하고 있다. 왜 하필 갈비뼈로 만드셨을까? 이 역시 여자의 존재에 대한 위대한 인권선언이다. 고대에는 여자들은 사람취급을 받지 못했다. 여자는 남자에게 종속된 존재로 취급받았으며, 태어나자마자 버림받는 경우가 예사였고 심지어 초대교회에서 조차 "여자에게 영혼이 있는가?"라는 문제가 제기되었다. 이런 시대에 여자가 남자의 갈비뼈로 만들어졌다라고 말하는 것은 여자의 창조 방법을 설명하려는 것이 아니라 여자의 존재와 지위가 남자와 동등하다는 것을 선언하는 것이다. 본문에 의하면 하나님께서 남자와 여자를 칭할 때 언제나 '그들', '너희' 라고 복수를 사용하시는데 이는 남자와 여자를 동등하게 대하신다는 뜻이다.

5. 창조의 목적이다.

물론 인간은 하나님께서 지으신 피조물이다. 그러나 창세기는 인간을 단순히 피조물이라고 하지 않는다. 창세기의 인간은 창조의 중심이며 목적이다. 세상을 만드시기 이전에 이미 사람은 하나님 마음의 중심에 있었고, '사람을 위하여' 세상을 만드셨다. 이는 앞에서 본 바와 같이 "보시기에 좋았더라!"는 말씀의 반복이 이를 암시해 주고 있다.

흔히 하나님께서 세상을 만드신 목적이 '하나님의 영광을 위하여' 라고 말한다. 표현상으로는 '사람을 위하여' 와 '하나님의 영광을 위하여' 가 서로 상반된다고 할 수 있지만 그 의미에서는 서로 상충되지 않는다. 하나님의 자녀인 사람이 하나님께서 만드신 세상에서 행복하게 사는 것이 곧 아버지이신 하나님의 영광이 되기 때문이다. 자식이 잘

되는 것이 부모에게 가장 큰 효도인 이치와 같다.

하나님의 아들, 창조의 중심이자 목적, 이보다 더 크게 인간을 표현할 언어가 있을까? 창세기에서는 인간을 이렇게 말하고 있다. 그런데 여기에 사용되는 용어인 아담은 곧 나를 말한다. 따라서 창세기는 읽는 사람에게 이렇게 말한다.

너는 하나님의 아들이다. 이 세상은 너를 위해 존재한다.

문화적으로는 옛날과 비교할 수 없는 윤택한 삶을 살지만, 무한 경쟁에 내몰리며 내일에 대한 불안과 초조함에 시달리며 정신적인 질환을 안고 살아가는 현대인들, 위로받을 곳은 어디인가? '창조신앙'이다. 창조신앙은 나에게 이렇게 말한다.

이 세상이 바로 너를 위해 존재한다. 오늘 하루, 오늘을 알리는 아침의 태양이 너를 위해서 뜨는 것이다. 네 눈에 보이는 자연의 아름다운 모든 것이 너를 위해서다. 석양과 더불어 찾아오는 어두움은 피곤에 시달리며 마음 둘 곳 없는 너를 쉬게 하며 다시 힘을 내게 하기 위한 아버지 하나님의 품이다. 이 품에 안기어 편히 쉬어라. 그리고 힘을 내어 다시 시작되는 내일을 맞이 하여라! 그리고 제발 행복하게 살아라. …….

물음

2 작명(作名), 무엇을 말하나?

본문 : 〈 2장 〉

19 여호와 하나님이 흙으로 각종 들짐승과 공중의 각종 새를 지으시고 아담이 무엇이라
고 부르나 보시려고 그것들을 그에게로 이끌어 가시니 아담이 각 생물을 부르는 것이 곧
그 이름이 되었더라
20 아담이 모든 가축과 공중의 새와 들의 모든 짐승에게 이름을 주니라 아담이 돕는 배
필이 없으므로
21 여호와 하나님이 아담을 깊이 잠들게 하시니 잠들매 그가 그 갈빗대 하나를 취하고
살로 대신 채우시고
22 여호와 하나님이 아담에게서 취하신 그 갈빗대로 여자를 만드시고 그를 아담에게로
이끌어 오시니
23 아담이 이르되 이는 내 뼈 중의 뼈요 살 중의 살이라 이것을 남자에게서 취하였은즉
여자라 부르리라 하니라

하나님께서는 온갖 짐승을 만들어 놓으시고 그 이름을 짓는 것을 아담에게 위임하셨고, 아담이 부르는 대로 이름이 되었다. 이는 무엇을 말하는 것일까? 고대 근동에서는 이름을 지어주는 것은 주권자의 직권 행사에 해당되었다. 따라서 아담이 이름을 지어주는 것은 하나님께서 만드신 만물을 지배하고 다스리는 관리를 위임받는 것은 물론이고 더 나아가 하나님의 창조에 동참하는 것이다.

창조이야기에서 말하는 인간은 단순히 하나님의 하수인에 불과한 것이 아니라, 창조의 동참자이며 조력자이다.

물음

노동, 어떤 가치가 있나? 3

본문 : 〈 2장 〉

8 여호와 하나님이 동방의 에덴에 동산을 창설하시고 그 지으신 사람을 거기 두시니라
15 여호와 하나님이 그 사람을 이끌어 에덴 동산에 두어 그것을 경작하며 지키게 하시고

하나님께서는 에덴을 기쁨의 낙원으로 만들어 놓으셨다. 그러면 아담은 낙원에서 무엇을 하며 지내야 했을까? 아무 할 일 없이 무위도식하며 놀기나 했을까? 아니다. 본문에 의하면 "그것을 경작하며 지키게 하시고"라고 기록되어 있다. '경작하다' (db' [;)는 일하며 노동하는 것을 말하며, '지키다' (rm' v;)는 책임지고 보호하는 것을 말한다.

창세기에서는 노동을 결코 천하게 여기지 않는다. 창세기의 하나님은 직접 노동하시는 하나님이시며, 아담은 에덴동산에서 땅을 경작하며 아름답게 가꾸었다. 창세기에서 노동은 신성하게 여겨진다. 에덴동산에 살게 하신 사람은 누구인가? 일하는 사람이다. 인간은 노동을 통해서 삶의 보람을 느끼며 인간 본연의 목적을 성취하게 된다.

이는 무엇을 말하는가? 노동을 천시하며 육체노동에 종사하는 사람들을 노예로 여기던 당시에 노동, 노동자에 대한 새로운 가치를 선언하는 말씀이다. 육체노동을 싫어하며 일하는 사람을 우습게 여기는 사람들에게 성경은 이렇게 말한다.

일하기 싫으면 먹지도 말아라.

물음

4 왜 남자와 여자인가?

본문 : 〈 2장 〉

7 여호와 하나님이 땅의 흙으로 사람을 지으시고 생기를 그 코에 불어넣으시니 사람이 생령이 되니라.
18 여호와 하나님이 이르시되 사람이 혼자 사는 것이 좋지 아니하니 내가 그를 위하여 돕는 배필을 지으리라 하시니라.
20 아담이 돕는 배필이 없으므로
21 여호와 하나님이 아담을 깊이 잠들게 하시니 잠들매 그가 그 갈빗대 하나를 취하고 살로 대신 채우시고
22 여호와 하나님이 아담에게서 취하신 그 갈빗대로 여자를 만드시고 그를 아담에게로 이끌어 오시니
23 아담이 이르되 이는 내 뼈 중의 뼈요 살 중의 살이라 이것을 남자에게서 취하였은즉 여자라 부르리라 하니라.
24 이러므로 남자가 부모를 떠나 그의 아내와 합하여 둘이 한 몸을 이룰지로다.
25 아담과 그의 아내 두 사람이 벌거벗었으나 부끄러워하지 아니하니라.

하나님께서 사람을 만드시는 이야기는 독특하게 전개된다. 흙으로 빚은 후 생명을 불어 넣어 남자를 만드신 하나님께서 여자는 남자의 갈비뼈로 만드셨다. 이런 이야기는 무엇을 말하는가? 두 가지로 생각해 볼 수 있다.

1. 부부의 중요성을 강조한다.

성경에 의하면 인간은 남녀 혼자로서는 완성되지 않는다. 남자와 여자가 만나 한 몸을 이루어야 한다. 남자의 갈비뼈로 여자를 만들었다 함은 남자와 여자의 관계가 얼마나 밀접하고 뗄 수 없는 관계이며, 부부가 서로 하나여야 하는가를 말한다. 이런 사실은 인간에게 주어진 이성에 대한 그리움과 새로운 생명의 탄생을 부부의 관계에 담아두셨다는 사실에서 확인된다.

2. 가정의 중요성을 강조한다.

남녀 부부의 관계에서 태어난 어린 생명은 부모의 보호를 받으며 양육되고 성인이 되어 간다. 이는 사람에게 있어서 가정만큼 중요한 것은 없다는 뜻이다. 성경에서 가정을 가장 중요하게 다루는 이유는 여기에 있다. 성경에서 말하는 모든 말씀들은 가정을 위한 말씀이라고 해도 과언이 아니다.[17] 천지창조와 에덴동산, 인간을 만드시는 이야기는 새로운 한 가정을 만드시는 이야기이다. 하나님께서는 에덴에 한 가정을 만드시고 그 가정에서 새로운 생명이 잉태되어 탄생하며 자라나게 하셨다.

태초에 인간을 만드신 하나님께서는 이제 사람의 생명을 창조하시는 역할을 한 남자와 한 여자로 이루어지는 가정에 위임하셨다. 성경에서 가정이 절대적인 이유는 여기에 있다.

---

17) 출애굽기에서 다루게 될 시내산 계약법은 가정을 위한 법이며, 예언자들의 율법해석, 예수님의 말씀도 이런 시각에서 정리할 수 있다.

제 3 장

전반부 창조이야기

죄

물음

1 선악과, 무엇을 말하는가?

본문 : 〈 2장 〉

15 여호와 하나님이 그 사람을 이끌어 에덴 동산에 두어 그것을 경작하며 지키게 하시고
16 여호와 하나님이 그 사람에게 명하여 이르시되 동산 각종 나무의 열매는 네가 임의로
먹되
17 선악을 알게 하는 나무의 열매는 먹지 말라 네가 먹는 날에는 반드시 죽으리라 하시
니라.

본문 : 〈 3장 〉

1 그런데 뱀은 여호와 하나님이 지으신 들짐승 중에 가장 간교하니라 뱀이 여자에게 물
어 이르되 하나님이 참으로 너희에게 동산 모든 나무의 열매를 먹지 말라 하시더냐
2 여자가 뱀에게 말하되 동산 나무의 열매를 우리가 먹을 수 있으나
3 동산 중앙에 있는 나무의 열매는 하나님의 말씀에 너희는 먹지도 말고 만지지도 말라
너희가 죽을까 하노라 하셨느니라.
4 뱀이 여자에게 이르되 너희가 결코 죽지 아니하리라.
5 너희가 그것을 먹는 날에는 너희 눈이 밝아져 하나님과 같이 되어 선악을 알 줄 하나
님이 아심이니라.
6 여자가 그 나무를 본즉 먹음직도 하고 보암직도 하고 지혜롭게 할만큼 탐스럽기도 한
나무인지라 여자가 그 열매를 따먹고 자기와 함께 있는 남편에게도 주매 그도 먹은지라.
7 이에 그들의 눈이 밝아져 자기들이 벗은 줄을 알고 무화과나무 잎을 엮어 치마로 삼았
더라.
8 그들이 그 날 바람이 불 때 동산에 거니시는 여호와 하나님의 소리를 듣고 아담과 그
의 아내가 여호와 하나님의 낯을 피하여 동산 나무 사이에 숨은지라.
9 여호와 하나님이 아담을 부르시며 그에게 이르시되 네가 어디 있느냐?
10 이르되 내가 동산에서 하나님의 소리를 듣고 내가 벗었으므로 두려워하여 숨었나이다.
11 이르시되 누가 너의 벗었음을 네게 알렸느냐 내가 네게 먹지 말라 명한 그 나무 열매
를 네가 먹었느냐.
12 아담이 이르되 하나님이 주셔서 나와 함께 있게 하신 여자 그가 그 나무 열매를 내게
주므로 내가 먹었나이다.
13 여호와 하나님이 여자에게 이르시되 네가 어찌하여 이렇게 하였느냐 여자가 이르되
뱀이 나를 꾀므로 내가 먹었나이다.
14 여호와 하나님이 뱀에게 이르시되 네가 이렇게 하였으니 네가 모든 가축과 들의 모든
짐승보다 더욱 저주를 받아 배로 다니고 살아 있는 동안 흙을 먹을지니라.
15 내가 너로 여자와 원수가 되게 하고 네 후손도 여자의 후손과 원수가 되게 하리니 여
자의 후손은 네 머리를 상하게 할 것이요 너는 그의 발꿈치를 상하게 할 것이니라 하시고

16 또 여자에게 이르시되 내가 네게 임신하는 고통을 크게 더하리니 네가 수고하고 자식
을 낳을 것이며 너는 남편을 원하고 남편은 너를 다스릴 것이니라 하시고
17 아담에게 이르시되 네가 네 아내의 말을 듣고 내가 네게 먹지 말라한 나무의 열매를 먹
었은즉 땅은 너로 말미암아 저주를 받고 너는 네 평생에 수고하여야 그 소산을 먹으리라.
18 땅이 네게 가시덤불과 엉겅퀴를 낼 것이라 네가 먹을 것은 밭의 채소인즉
19 네가 흙으로 돌아갈 때까지 얼굴에 땀을 흘려야 먹을 것을 먹으리니 네가 그것에서
취함을 입었음이라 너는 흙이니 흙으로 돌아갈 것이니라 하시니라.
20 아담이 그의 아내의 이름을 하와라 불렀으니 그는 모든 산 자의 어머니가 됨이더라.
21 여호와 하나님이 아담과 그의 아내를 위하여 가죽옷을 지어 입히시니라.
22 여호와 하나님이 이르시되 보라 이 사람이 선악을 아는 일에 우리 중 하나 같이 되었
으니 그가 그의 손을 들어 생명 나무 열매도 따먹고 영생할까 하노라 하시고
23 여호와 하나님이 에덴 동산에서 그를 내보내어 그의 근원이 된 땅을 갈게 하시니라.
24 이같이 하나님이 그 사람을 쫓아내시고 에덴 동산 동쪽에 그룹들과 두루 도는 불 칼
을 두어 생명 나무의 길을 지키게 하시니라.

선악과에 관련된 앞의 본문을 읽다보면 자연스럽게 이런 생각이 들 것이다.

> 전지전능하신 하나님께서는 아담이 따 먹을 것을 미리 알지 않으셨을까?
> 그런데 선악과를 왜 만들어 놓으셨을까?
> 하나님께서 선악과를 만들지 않으셨다면 아담이 먹지 않았을 텐데…….

이런 물음에 대하여 뭐라고 대답해야 하나? 무슨 대답을 어떻게 찾아야 하나? 대답이라는 것이 있기는 할까? 이런 물음에는 대답이 있을 수 없다. 그러면 뭐라고 해야 하나? 대답이 있을 수 없는 질문이니 "질문이 잘못되었다."가 대답이다.

왜 이 질문이 잘못되었을까? 왜 이런 잘못된 질문을 하고 있는가? 성경의 본문을 문자에 치중하여 읽고 있기 때문이다. 문자대로 해석한다면 이런 질문이 가능하며 잘못된 것이 없다. 그러나 그 문자가 말하려는 의도, 의미에서 본다면 전혀 달라진다. 이제 그 의미를 물어보도록 하자.

'선악과'(善惡果)는 무엇을 말하는가? 문자 그대로 선과 악을 알게 하는 과실이다. 이를 먹지 말고 지키라 함은 무엇인가? 선악의 기준을 범하지 말고 지키라는 의미다. 정리해보면 선악과를 만들어 놓고 먹지 말라고 하심은 사람인 아담과 하와가 지켜야 할 선악의 기준 즉 인간이 살면서 지켜야 할 도리(道理)와 법(法)을 만들어 놓고 지키라고 하신 말씀이 된다.

성경의 본문을 문자대로 해석하면 모순에 빠지는 경우가 많다. 에덴동산을 만들어 놓으신 하나님께서 아담과 하와에게 하신 일이 고작 먹음직한 무슨 과일을 만들어 놓고 "절대 먹지 마라. 이것을 먹으면 죽는다!"라고 엄명을 내려놓고, 명령을 어기자 진노하여 벌을 주시는 그런 분에 불과할까? 이런 해석에서는 아담이 지은 죄는 명령 불복종 즉 불순종이며 하나님은 명령 불복종에 진노하시며 심판하시는 분이 되고 만다. 그러나 선악과를 인간이 지켜야 할 법으로 보면 아담은 법을 어겼기 때문에 법의 처벌을 받은 것이다.

이렇게 본다면 선악과는 에덴동산의 아담에게만 주어진 것이 아니다. 지금 우리에게도 주어져 있다. 지금 우리에게 주어진 선악과는 무엇인가? 성경 말씀이다. 우리에게 주어진 선악과인 성경은 이렇게 말하고 있다.

네가 행복하게 살려거든 이 말씀대로 살아야 한다.

물음 2

생명나무, 왜 먹지 못하게 하셨는가?

본문 : 〈 2장 〉

15 여호와 하나님이 그 사람을 이끌어 에덴 동산에 두어 그것을 경작하며 지키게 하시고
16 여호와 하나님이 그 사람에게 명하여 이르시되 동산 각종 나무의 열매는 네가 임의로
먹되
17 선악을 알게 하는 나무의 열매는 먹지 말라 네가 먹는 날에는 반드시 죽으리라 하시
니라.

본문 : 〈 3장 〉

22 여호와 하나님이 이르시되 보라 이 사람이 선악을 아는 일에 우리 중 하나 같이 되었
으니 그가 그의 손을 들어 생명 나무 열매도 따먹고 영생할까 하노라 하시고
23 여호와 하나님이 에덴 동산에서 그를 내보내어 그의 근원이 된 땅을 갈게 하시니라.
24 이같이 하나님이 그 사람을 쫓아내시고 에덴 동산 동쪽에 그룹들과 두루 도는 불 칼
을 두어 생명 나무의 길을 지키게 하시니라.

하나님께서 만드신 에덴동산에는 선악을 알게 하는 나무뿐 아니라 생명을 얻는 생명나무도 있었다. 에덴동산에 선악과(善惡果)와 생명과(生命果)가 있었다는 것은 무엇을 말하는가?

태초에 창조된 인간이 완전하지 않았다는 것을 말한다. 이유야 어떻든 아담과 하와가 뱀의 유혹에 넘어가서 선악과를 먹었다는 사실은 그들이 완전하지 않았다는 증거다. 태초의 인간은 선과 악을 아는 일과 실천하는 데에 있어서 완전하지 않았다. 선악과가 있었다는 것은 그들은 선과 악을 알고 실천함에 있어서 완전을 향해 나아가는 도상에 있었다는 뜻이다. 생명과도 마찬가지다. 생명과가 있었다는 것은 그들이 아직 완전한 생명에 이르지 못했으며 그 과정에 있었다는 의미다.

그런데 왜 하나님은 생명나무의 길을 지켜서 사람이 먹지 못하게 하셨을까? 죄를 짓는 것이 아닌 생명에 이르는 길인데 왜 그 길을 막아놓으셨을까? 이 물음의 답을 찾기 위해서는 "하나님은 인간이 생명에 이르는 길을 막는 분일까?"라는 물음을 물어보면 된다. 하나님은 인간이

영원한 생명에 이르는 길을 막는 분이 아니라 반대로 영원한 생명에 이르기를 바라시는 분이다. 그렇다면 왜 생명에 이르는 길을 천사로 하여금 화염검(火焰劍)을 들고 못 들어가도록 지키게 하셨을까?

이는 인간이 선악과를 먹어서 죄를 지었고 그 결과 죄 때문에 생명에 이르지 못하게 되었다는 뜻이다. 이것은 수천 년 전의 히브리인들의 독특한 표현 방법인데 일종의 반어법인 셈이다. 하나님은 생명에 이르는 길을 막는 분이 아니라 생명에 이르는 길을 열어 놓으시기 위하여 친히 인간이 되셔서 대신 죽으시는 분이시다. 결코 생명의 길을 막는 분이 아니시다.

물음 3 창조와 법, 어떤 관계인가?

본문 : 〈 1장 〉

1 태초에 하나님이 천지를 창조하시니라.
2 그 땅이 혼돈하고 공허하며 흑암이 깊음 위에 있고 하나님의 영은 수면 위에 운행하시니라.
3 하나님이 이르시되 빛이 있으라 하시니 빛이 있었고

선악과가 인간에게 주어진 지켜야 할 법이라면 선악과 즉 법은 인간에게만 주어진 것이 아니라 하나님께서 만드신 모든 피조물에게 주어져 있다. 모든 식물과 동물은 자신만의 사는 법이 있으며, 하늘의 태양, 달을 비롯한 모든 천체들도 자신들이 지켜야 할 자리가 있다. 따라서 하나님께서 만물을 창조하셨다는 말은 곧 만물에게 법을 주셨다는 뜻이다. 피조물 각각에게 주어진 고유의 법들은 또한 서로 연관 관계를 가지고 있다. 이를 질서(秩序)와 조화(調和)를 이루고 있다고 한다.

개체 피조물의 창조와 그 피조물이 지켜야 할 법은 서로 뗄 수 없는 관계다. 피조물에게 주어진 법은 곧 피조물의 존재원리인 셈이다. 따라서 "태초에 하나님께서 천지를 창조하시니라."는 "태초에 하나님께서 법(원리)을 만드시니라."라는 말과 같은 의미가 되며, 더 나아가서 "하나님은 법이시니라."라고 할 수 있다. 이렇게 보면 "땅이 혼돈하고 공허하며 흑암이 깊음 위에 있고"라는 창조 이전에 대한 독특한 표현은 법이 있기 이전의 상태에 대한 설명이라고 할 수 있으며, "빛이 있으라!"라는 말씀은 비로소 법을 선언하시는 말씀에 해당된다. 하나님을 법으로, 창조는 법의 창조로 선언하는 것은 구약의 창세기뿐만 아니라 신약에서도 발견된다. 요한복음 서두에서는 "태초에 말씀(법, 원리)이 계시니라. 이 말씀(법)이 하나님과 함께 계셨으니 이 말씀은 곧 하나님이시니라."라고 말하고 있다.[18)]

이렇게 본다면 성경, 하나님, 신앙을 이해하는 데에 있어서 피조물들에게 주어진 법, 즉 만물의 원리와 이치에 대한 이해가 대단히 중요한 비중을 차지하게 된다. 복음서 중에서는 물론이고 신약성경에서 최후에 기록된 요한복음에서는 하나님을 법(로고스), 진리 등으로 말하고 있으며, 성령은 이 법과 진리를 깨닫게 하는 보혜사(保惠師, 돕는 자)라고 말하고 있다는 점에 주목할 필요가 있다.[19)]

흔히 기독교를 믿음, 사랑의 종교라고 한다. 맞는 말이다. 그러나 다른 시각에서 본다면 하나님께서 만드신 법과 피조물에 들어있는 원리와 이치, 만물을 지배하는 진리에 대한 '깨달음'의 종교라고 할 수 있다. 후일 제정되는 시내산 계약법(율법)은 만물에 들어있는 법과 원리

18) 신약성경 요한복음은 헬라적인 입장에서 예수님과 공관복음(마태복음, 마가복음, 누가복음)을 다시 해석했는데, 1장 1절에 "태초에 말씀이 계시니라."라고 기록되어 있다. 여기의 '말씀'은 그리스어 로고스(λόγος)를 번역한 것인데 우주의 질서, 원리, 법, 이성 등을 말한다. 따라서 요한복음에 의하면 "태초에 천지를 창조하시니라."는 "태초에 법을 만드시니라."라는 의미이기도 하다.

19) 요한복음과 비교하여 공관복음서 서두에서 예수님을 소개하는 구절을 보면 다음과 같다. 마태복음(1:1)에서는 "아브라함과 다윗의 자손 예수 그리스도", 마가복음(1:1)에서는 "하나님의 아들 예수 그리스도", 누가복음(2:11)에서는 "구세주 그리스도"이다.

를 전적으로 반영하고 있다. 앞에서 본 것처럼 요한복음에서는 로고스(법, 원리)로 하나님을 말하고 있으며, 예수님은 육체로 오신 로고스이고 성령님은 로고스를 깨닫게 하시는 영이다. 따라서 기독교는 불교 이상으로 깨달음의 종교라고 할 수 있다.

창세기에서 말하는 하나님은 누구이신가?

만물의 법, 원리를 만드신 분, 더 나아가 법, 원리 그 자체이시다.

물음

4 만물의 원리와 이치, 어떤 것들이 있나?

하나님께서 만물의 존재원리와 이치, 법을 만드셨을 뿐만 아니라 그 분이 곧 법, 원리 그 자체라면 이에 대한 이해가 성경과 하나님을 이해하는 데에 있어서 중요할 수밖에 없다. 여기서는 성경을 이해하는 데에 필요한 지극히 단순하고 누구나 알 수 있는 상식의 수준에서 몇 가지를 다뤄보고자 한다.

1. 인과율(因果律) 원리

모든 사물의 배후에는 원인이 있게 마련이다. 이는 특별히 설명할 필요 없이 세상을 사는 사람이면 저절로 알게 되는 자명(自明)한 이치다. "아니 땐 굴뚝에 연기 날까?"라는 속담이 이를 잘 반영한다. 성경은 이런 단순한 이치를 바탕에 깔고 있다. 그 대표적인 예가 성경의 첫 구절인 "태초에 하나님께서 천지를 창조하시니라."(창세기 1:1) 이다. 창세기는 아무런 사전 설명없이 하나님의 천지창조를 선언하고 있다. 그 이유는 설명할 필요가 없기 때문이다. 인과율에 의하면 세상에 원인 없이 저절로 생겨나는 존재란 있을 수 없으며 이는 자명한 이치이다.

인과율은 특정한 대상만이 아닌 모든 대상에 적용되는 일반적인 원리이다.

중세의 신학자 아퀴나스는 물리학의 인과율, 운동율 등을 신존재 증명의 기초로 삼았다.[20] 누구나 다 아는 상식에 의하면 신존재와 창조는 신앙이전에 논리적으로 인정할 수밖에 없는 대상이다. 성경의 많은 이야기들은 원인에 대한 자세한 설명을 시도하지 않고 결과를 말하면서 그 결과로 원인을 유추하도록 기록하고 있다. 이런 특징을 이해하면서 성경을 읽어나가면 익히 알고 있는 부분에서 전혀 새로운 사실들을 발견하게 된다.

2. 중력(重力)의 원리

지구가 공처럼 둥글다는 말을 처음 들으면 "어떻게 아래쪽의 사람들이 떨어지지 않을까?"라는 의문이 든다. 이런 의문이 지동설(地動說)이 처음 발표되었을 때 사람들이 받아들이기 어려웠던 이유들 중 하나였다. 또 지구만이 아니라 우주 공간의 별들은 하나같이 공처럼 생겼다. 왜 그럴까? 모든 물체는 자신의 중심점을 향하여 잡아당기는 힘이 있기 때문이다. 이를 '중력'이라 한다. 중력은 모든 물체에 적용되는 법이다. 중력은 또 물체와 물체 사이에서도 서로 작용을 하여 서로 당기는 힘인 만유인력(萬有引力)을 가지고 있다. 이런 힘 때문에 천체들은 서로 조화를 이루면서 움직이고 있다.

이와 같이 물질세계를 지배하는 중력의 원리는 정신세계 즉 우리의 신앙과 어떤 관련이 있을까? 물체의 존재원리는 '내려감'에 있다는 것을 말해주고 있는데 물(水)이 이런 내려감의 원리를 잘 보여준다. 물은

---

20) 아리스토텔레스의 물리학과 형이상학을 기초로 신학을 전개한 토마스 아퀴나스는 논리로 하나님을 증명했는데, 인과론으로는 하나님을 '제1 원인'으로, 운동의 법칙으로는 하나님을 '부동(不動)의 동자(動者)'라고 했다. 이를 우주론적인 증명이라고 한다.

액체이기 때문에 중력에 대하여 예민한 반응을 보이며 낮은 곳을 향하여 흘러간다. 가장 낮은 곳인 바다에 이르면 태양열에 의해 증발되어 가장 높은 곳으로 올라가 구름이 된다. 그런 후에 다시 비나 눈이 되어 지상으로 내려와 낮은 곳을 향하여 흘러간다. 물은 가장 낮은 곳으로 내려가서 가장 높은 곳으로 올라가는 순환운동을 계속한다. 뜻글자인 한문에서는 물이 내려가는 모습에서 법(法)이라는 글자를 만들었다.

물 없이는 생명체가 존재할 수가 없다. 인간의 경우도 육체의 대부분은 물로 구성되어 있고 매일 물을 섭취해야 한다. 모든 생명체는 그 생명을 물에 의존하고 있다. 그런데 물은 비가 되어 내려오면서 메마른 대지를 적시고, 강으로 흘러가면서 모든 생명체에게 자신을 공급하여 살리는 역할을 한다. 모든 물체는 내려가는 힘 즉 중력의 지배를 받고 있으며, 물의 내려가는 원리에 의해 생명체는 생명을 유지하고 있다.

인간이 정신적으로 어떤 삶을 지향해야 하는가? 온 우주를 지배하는 중력의 원리에서 그 해답을 찾아야 한다. 내려감, 섬김, 겸손이 신앙(정신생활)에서 가장 큰 덕목인데 이는 물질 세계의 중력의 원리와 다르지 않다. 물질 세계와 정신 세계는 그 존재의 원리가 같은 셈이다.

내려감의 원리는 하나님의 존재 원리이기도 하다. 하나님의 자기형상인 예수님은 이런 원리로 설명될 수 있다. 그는 본래 하나님이시지만 하나님이시기를 포기하시고 가장 낮고 천한 인간으로 세상에 오셔서 섬김의 삶을 사시다가 죽음으로써 낮아짐을 완성하셨기 때문이다. 그러나 그는 죽음으로 끝나지 아니하시고 부활 승천하셨고 가장 높은 곳인 하나님 보좌에 이르셨다. 그리고는 성령으로 그를 믿는 자들의 마음속에 다시 오신다.[21]

창조주 하나님께서는 물질 세계뿐만 아니라 정신적인 세계도 만드셨다. 같은 하나님에 의해서 물질과 정신이 만들어졌으므로 이렇게 말할 수 있다.

3. 구(球)의 원리

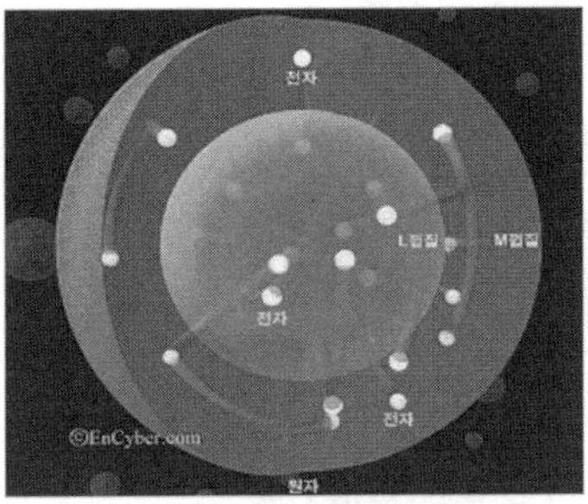

〈그림3 : 원자모형도〉

중력의 법에 의해 세상 만물은 구(球)의 형태를 띠고 있다. 잘 아는 바와 같이 지구를 비롯한 천체가 구의 형태인 것은 물론이고, 〈그림3〉에서 보는 것처럼 물질의 가장 작은 단위인 원자(原子)의 모양을 전자 현미경으로 확대해보면 공처럼 둥글다. 우주공간에 있는 모든 천체들은 다 공처럼 둥글게 생겼으며, 또한 현대 우주 물리학에 의하면 우주의 모양 역시 구와 같다고 한다. 따라서 세상의 모든 물체는 구의 원리로 구성되어 있는 셈이다.

모든 물체가 구로 되어있다는 사실은 세상에는 직선이란 있을 수 없고 곡선만 있다는 뜻인데 이는 이미 입증된 사실이다.[22] 우주는 무한히

---

21) 예수님에 대한 이런 설명은 로고스 기독론(요한복음 1장)과 특히 케노시스 기독론(빌립보서 2장)에 잘 나타난다.
너희 안에 이 마음을 품으라. 곧 그리스도 예수의 마음이니 그는 근본 하나님의 본체시나 하나님과 동등됨을 취할 것으로 여기지 아니하시고 오히려 자기를 비어 종의 형체를 가져 사람들과 같이 되었고 사람의 모양으로 나타나셨으매 자기를 낮추시고 죽기까지 복종하셨으니 곧 십자가에 죽으심이라. 이러므로 하나님이 그를 지극히 높여 모든 이름 위에 뛰어난 이름을 주사 하늘에 있는 자들과 땅에 있는 자들과 땅 아래 있는 자들로 모든 무릎을 예수의 이름에 꿇게 하시고 모든 입으로 예수 그리스도를 주라 시인하여 하나님 아버지께 영광을 돌리게 하셨느니라.(빌립보서 2:5-11)

22) 이를 증명하는 방법이 삼각형의 내각의 합이다. 흔히 삼각형의 내각의 합은 180° 라고 생각하지만 이것은 세 점을 연결하는 선이 직선이라고 가정할 때에 그러하다. 우주가 구의 형태이기 때문에 직선이란 있을 수 없고 곡선만이 있기 때문에 삼각형의 내각의 합은 그 삼각형의 크기에 비례하여 180° 보다 더 커진다. 이는 실험으로 증명하고 있다.
우주는 구로 되어있기 때문에 무한대까지 볼 수 있는 망원경으로 우주공간을 본다면 어느 방향으로 보더라도 보는 사람의 뒤통수가 보인다는 가설이 성립된다.

넓기 때문에 그 무한대에서는 직선(直線)과 곡선(曲線)이 만난다. 따라서 직선이 곡선이고 곡선이 직선인 셈이다.

과학으로 증명된 이런 사실들과 성경해석이 무슨 관련이 있는가? 라고 생각할 수 있으나 이런 것들이 성경을 해석하는 데에 가장 중요하다고 할 수 있다. 지금까지는 과학적인 사고로는 성경을 이해할 수도 기독교신앙을 가질 수도 없다는 생각이 지배적이었다. 이 세상이 창조주 하나님으로부터 만들어졌다고 할 때, 그 세상의 물질을 실험에 근거하여 객관적 사실을 증명해내는 과학이 성경의 신앙과 조화를 이루지 못한다면 그 자체가 모순이다. 지구가 둥글다고 주장을 했던 갈릴레이를 종교재판에 회부했던 과거 중세교회의 오류를 또 반복할 수는 없다.

❶ 구(球)의 원리와 사고(思考)의 원리

구의 원리, 곡선의 원리가 성경해석에서 '가장' 중요하다고 말하는 이유는 이 원리가 인간의 사고(思考)방식과 직결되기 때문이다. 성경을 바로 이해하기 위해서는 무슨 해석방식이전에 사고방식부터 먼저 물어야 한다. 사고의 방식이 해석의 방식보다 우선한다. 왜냐하면 사람이 살아가는데 가장 큰 영향을 주는 것은 사고구조다. 어떻게 생각하느냐, 어떤 사고방식을 가지고 있느냐가 그 사람을 결정한다.

어떤 생각, 어떤 사고방식을 가져야 하는가? 물을 필요도 없이 올바른 생각, 올바른 사고구조를 가져야 한다. 그렇다면 그것이 옳다는 것을 어떻게 알 수 있으며 또 어떻게 그것을 가질 수 있는가? 대단히 어려운 질문처럼 느껴지며 수많은 대답이 가능할 것이다. 그러나 가장 좋은 길은 항상 있게 마련이며 그 길은 지극히 단순하여 누구나 쉽게 찾을 수 있고 또 찾을 수 있어야 한다. 무엇이 그 대답인가?

인간이 살아가고 있는 세상처럼 생각하면 된다.

성경의 이야기들은 구의 원리에 기초하여 전개되고 있다. 단지 이런 시각에서 정리해보지 않았을 뿐이다. 이제부터 이런 문제의식을 가지고 성경의 이야기들에 접근해 보고자 한다.

세상은 구와 곡선으로 되어있다. 이 말은 극과 극은 만난다는 말과 같다. 지구를 예로 들어보자. 동쪽으로 계속 간다면 어디에 도달하나? 동쪽 끝에 도달할까? 아니다. 제자리로 돌아온다. 이번에는 반대로 서쪽으로 계속 간다면 어떻게 될까? 역시 제자리로 돌아온다. 결국 동쪽과 서쪽은 서로 만나며 하나인 셈이다. 이런 사실은 동(東)과 서(西)뿐만 아니라 남(南)과 북(北)에도 같이 적용된다. 동쪽이 서쪽이며 서쪽이 동쪽이고, 남쪽이 북쪽이며 북쪽이 남쪽이다. 처음 출발한 지점이 곧 마지막 종착지이므로 시작이 곧 끝이고 끝은 곧 시작이다. 이것은 무슨 말장난이 아니라 우리가 살아가는 세상의 객관적인 사실 즉 진리다. 따라서 이렇게 정리할 수 있다.

왼쪽=오른쪽(左=右), 동쪽=서쪽(東=西), 남쪽=북쪽(南=北), 먼저=나중(先=後), 처음=끝(始=終), 위=아래(上=下), 높음=낮음(高=低), 오름=내림(昇=降), 지배=섬김(王=從), 삶=죽음(生=死)……

❷ 곡선적 사고와 직선적 사고

이제부터 편의상 앞에서 설명한 사고방식을 **'곡선적 사고'**, 이와 대비되는 사고방식을 **'직선적 사고'** 라고 이름을 붙여서 사용하고자 한다.

성경은 곡선적인 사고로 이야기들을 전개하고 있는데 그 예는 얼마든지 있다. 성경에 의하면 낮아지는 것이 높아지는 것이요, 잃는 것이 얻는 것이요, 섬기는 것이 다스림이요, 지는 것이 이기는 것이요, 주는 것이 받는 것이요, 알파(Α)가 오메가(Ω)요, 처음이 나중이요, 시작이 끝이요, 죽는 것이 사는 것이다.[23] 이런 곡선적인 사고가 창세기 이야기에서 어떻게 적용되는지는 해당 부분에서 구체적으로 드러나게 될 것이다.

직선적 사고는 지구가 평면으로 되어있다고 생각하던 고대의 사고방식이며, 극과 극은 서로 만날 수가 없으며, 양극을 서로 반대라고 생각했다. 여기에서 '이원론'(二元論)이라는 사고방식이 생겨난다. 그런데 성경은 세상이 곡선으로 이루어진 것처럼 곡선적인 사고와 '일원론'(一元論)으로 말하고 있다. 헬라사상을 비롯한 이교사상들은 이원론에 기초한 사고를 하는데 반하여 성경의 히브리 사고는 일원론에 기초하고 있다. 성경해석에서 나타나는 오류의 많은 부분은 곡선적인 사고로 말하는 성경을 직선적인 사고로 해석하는 데에서 나타난다. 이것부터 고쳐야 한다.

직선적 사고가 아닌 곡선적인 사고로 성경을 해석해야 한다.

❸ 세계관과 사고관

지구가 평면이라고 생각하던 고대인들은 자연스럽게 직선적 세계관을 가졌고 이런 세계관은 직선적인 사고로 이어져서 매사를 둘로 나누어 생각하는 이원론적인 사고를 가질 수밖에 없었다. 그러나 코페르니쿠스와 갈릴레이 이후 세계관에는 일대 혁명이 일어나서 직선적인 세계관은 설 자리를 잃었고 곡선적인 세계관으로 바뀌었다. 세계관은 바뀌었지만 인류 역사 이래로 너무나 오랫동안 직선적으로 사고를 해왔기 때문에 이 사고가 쉽게 바뀌지 않고 있다. 그런데 인류 문명의 여명기에 기록되기 시작한 성경은 놀랍게도 곡선적인 사고를 말하고 있다. 성경이 하나님의 말씀이요 계시라는 의미는 이런 점에서 확인될 수 있다.

---

23) 누구든지 자기를 높이는 자는 낮아지고 누구든지 자기를 낮추는 자는 높아지리라.
(마태복음 23:12)
자기 목숨을 얻는 자는 잃을 것이요 나를 위하여 자기 목숨을 잃는 자는 얻으리라.
(마태복음 10:39)
나는 알파와 오메가요 처음과 마지막이요 시작과 마침이라.(요한계시록 22:13)

사고관과 세계관은 일치해야 한다.

4. 부성애(父性愛)와 모성애(母性愛)

세상의 모든 생물은 대를 이어 생명을 이어가기 위해서 자신의 생명을 내어준다. 식물의 씨앗이 새싹을 틔우는 것은 자신의 생명을 내어주는 것이며, 싹이 자란다는 것은 자신의 몸을 양식으로 내어주는 것이다. 자라기 시작한 식물은 온갖 역경을 무릅쓰고 성장해서 꽃을 피우고 열매를 맺음으로써 자신의 생애를 마감한다. 다년생 식물이라고 해도 원리는 마찬가지이며 동물 역시 새끼를 낳아서 키우는 과정에서 자신의 생명을 내어준다. 가시고기를 보면 이런 모습이 잘 나타나는데, 가시고기만이 아니라 모든 동물은 서로 방법은 달리하지만 자신의 생명을 다음 세대를 위하여 기꺼이 내어주는 데에는 일치한다. 이를 가리켜 부성애, 또는 모성애라고 하는데 이는 모든 동식물을 지배하는 본능에 해당된다. 동식물의 한살이는 자신의 후손을 잇기 위한 희생이라고 할 수 있다.

인간이 어떻게 구원을 받을 수 있는가? 성경에서는 예수님을 통해서 구원을 받는다고 말하며 그런 연고로 그를 구세주라고 한다. 예수님을 통해서 구원받는다는 말은 무엇을 의미하는가?

예수님은 곧 하나님이신데 인간을 구원하시기 위하여 사람이 되셔서 대신 죽으셨다. 성경에서는 하나님을 아버지, 사람을 자녀라고 하는데 아버지이신 하나님께서 자녀인 사람에게 영원한 생명을 주시기 위하여 대신 죽으셨다. 이는 창조의 원리 즉 생명존속의 원리와 구원의 원리가 같다는 것을 보여주고 있다.

창조의 원리 속에 이미 구원의 원리가 들어있다.

5. 먹이사슬의 원리

잘 알려진 바와 같이 모든 생명체는 서로 먹이사슬로 연결되어 있다. 식물은 엽록체 안에서 공기 중의 이산화탄소와 뿌리에서 흡수한 물을 이용하여 탄수화물을 만드는데 이를 광합성(탄소동화작용)이라고 한다. 녹색식물이 물과 공기, 햇빛을 이용하여 자라면 동물들은 이를 먹고 자라므로 식물은 생산자의 역할을 한다.

〈그림4 : 먹이사슬〉

풀을 먹고사는 초식동물과 곤충들은 1차 소비자, 초식동물과 곤충을 먹고사는 동물은 2차 소비자, 이들을 먹고사는 동물은 3차 소비자로 분류되는데 〈그림4〉에서 보는 바와 같이 이들은 서로 피라미드 구조를 이루고 있다.

먹이사슬의 정상에 있는 최종 포식자의 경우도 그는 단지 포식으로 끝나지 않고 죽어서 땅에 묻히면 세균과 같은 분해자에 의해 분해되어(썩어서) 식물의 먹이가 된다. 먹이사슬에 의하면 모든 생물은 서로 먹고 먹히는 관계를 이루고 있다. 일방적으로 먹기만 하는 자는 있을 수 없으며, 모두가 분해되어 다시 흙으로 돌아가고 있다.

이런 먹이사슬의 원리는 곧 생명체가 어떻게 살아가야 하는가를 말해주는 삶의 원리이기도 하다. 받은 만큼 내어주는 것, 이것이 살아가는 원리의 기초를 이루고 있다. 받기만 하고 내어주지 않으려는 자세, 곧 욕심은 먹이사슬의 이치에 의하면 설 자리가 없다. 욕심이 잉태한즉 죄를 낳고 죄가 장성한즉 사망을 낳게 마련이다.(야고보서 1:15)

천지창조를 천지를 지배할 '법'이라는 시각에서 접근하면 그 법은 물질세계를 지배하는 법이면서 동시에 인간의 정신세계를 지배하는 법이어야 한다. 물질세계와 정신세계가 같은 하나님으로부터 만들어졌다면 그 두 세계를 지배하는 법은 그 원리와 이치가 같아야 한다. 보이는 물질세계에 대하여 실험을 기초로 객관적으로 확인하는 방법이 '과학' 이라면 보이지 않는 정신세계, 영적인 세계에 대하여 인식하는 방법은 '신앙' 이다. 과학의 대상인 물질세계와 신앙의 대상인 영적인 세계는 같은 하나님으로부터 창조되었으므로 과학과 신앙은 서로 갈등을 빚어서는 안 되며 또 그럴 이유도 없다. 서로 보완관계이기 때문이다.

어떻게 살아야 하는가, 어떻게 구원받아야 하는가와 같은 윤리적, 종교적 물음에 대한 성경의 대답이 앞에서 살펴본 바와 같이 물질세계의 원리와 정확하게 일치하는 사실은 물질세계와 영적인 세계가 같은 하나님으로부터 창조되었다는 것을 보여주는 하나의 증거라고 할 수 있다.

선악과

선악과가 단순한 과일이 아니라 인간이 지켜야 할 법을 의미한다면 그 법은 오늘 우리에게는 어떤 형태로 주어져 있는가?

첫째, 성경을 통해서 다시 주어져 있다. 성경의 말씀대로 살아야 한다는 의미는 성경이 곧 선악과라는 뜻이다. 그러므로 성경말씀이 오늘 우리에게 주어지는 선악과 즉 하나님의 말씀이 되도록 해석해야 한다.

둘째, 자연 만물의 원리 속에 들어있다. 앞에서 본 바와 같이 만물은 하나님으로부터 창조되었기에 여기에 하나님의 법이 들어있다.

셋째, 역사에 들어있다. 창조주 하나님은 동시에 역사의 주관자이시므로 인류 역사의 흐름 속에서 하나님의 뜻과 섭리를 읽어내야 한다.[24)]

오늘 우리에게 주어져 있는 선악과는 다음과 같다고 할 수 있다.

성경말씀, 자연의 원리, 역사의 교훈.

---

24) 졸저 「하비루의 길」과 「죄인의 길」은 이런 시각에서 성경과 역사의 개괄을 살펴보았다.

물음

5 뱀(사탄), 무엇을 말하는가?

창세기에 보면 뱀이 등장하여 여자를 유혹하여 선악과를 먹게 했고, 이로 말미암아 사람이 타락하고 죄가 시작되는 이야기가 있다. 이에 대한 본문을 살펴보면 다음과 같다.

본문 : 〈 3장 〉

1 그런데 **뱀은 여호와 하나님이 지으신 들짐승 중에 가장 간교하니라** 뱀이 여자에게 물어 이르되 하나님이 참으로 너희에게 동산 모든 나무의 열매를 먹지 말라 하시더냐.
2 여자가 뱀에게 말하되 동산 나무의 열매를 우리가 먹을 수 있으나
3 동산 중앙에 있는 나무의 열매는 하나님의 말씀에 너희는 먹지도 말고 만지지도 말라 너희가 죽을까 하노라 하셨느니라.
4 뱀이 여자에게 이르되 너희가 결코 죽지 아니하리라.
5 너희가 그것을 먹는 날에는 너희 눈이 밝아져 **하나님과 같이 되어** 선악을 알 줄 하나님이 아심이니라.
6 여자가 그 나무를 본즉 먹음직도 하고 보암직도 하고 지혜롭게 할만큼 탐스럽기도 한 나무인지라 여자가 그 열매를 따먹고 자기와 함께 있는 남편에게도 주매 그도 먹은지라
7 이에 그들의 눈이 밝아져 자기들이 벗은 줄을 알고 무화과나무 잎을 엮어 치마로 삼았더라.

본문에 등장하는 가장 간교한 뱀은 사탄(마귀)의 상징임을 쉽게 알 수 있다. 동시에 "왜 하나님께서는 사탄을 만드셔서 사람으로 하여금 죄를 짓게 하는가?"하는 물음이 생기게 된다. 이 질문은 "선한 하나님께서 도대체 왜 악을 만들어 놓으셨을까?"하는 물음과 연관이 있다.[25] 사실 **선과 악**의 문제는 많은 논쟁을 불러일으켰고 또 대답이 쉽지 않았던 주제였다. 문제의 초점은 "선한 하나님에게서 어떻게 악이 나올 수 있는가?"에 있다. 이런 이유로 고대 헬라인들은 창조신은 불완전한

25) 구약의 포로기 이전에는 사탄을 단지 '고발자', '참소자'로 생각하다가 포로기 이후에 악한 존재로 여기게 되었다.

신이므로 완전한 신은 악이 존재하는 세상과는 무관하며 완전히 초월해 있는 초월자여야 한다고 생각했다.

이 문제에 대하여 어떻게 대답을 찾아가야 할까? 이에 대하여 우리가 늘 경험하는 빛과 어두움이라는 대상을 통해 설명을 해 보면 이해가 쉬울 것이다. 창조이야기에 보면 하나님께서 빛을 만드시는 이야기가 나오지만 어두움을 만드시는 이야기는 없다. 왜 그럴까? 이유는 단순하다. 어두움은 별도로 존재하는 것이 아니라 빛이 없는 상태이기 때문이다. 빛을 차단하면 어두움은 저절로 생겨난다. 즉 빛의 결핍이 어두움인 셈이다. 또 하나의 예를 든다면 '그림자'를 생각해 볼 수 있다. 그림자는 빛을 가리면 저절로 생겨나는 것이지 그림자를 따로 만드는 것이 아니다. 어떤 실체가 있으면 그에 따른 그림자는 있게 마련이다.

선과 악을 같은 방법으로 생각해 볼 수 있다. 선한 하나님께서는 모든 것을 선하게 만들어 놓으셨다. 그런데 선이 존재한다는 말은 동시에 악이 있을 수밖에 없다는 뜻이다. 악이 없다면 선이란 개념 자체가 무의미하기 때문이다. 그러면 악은 어떤 존재인가? 빛과 어두움의 관계에서 어두움과 비교해보면 이해가 쉬울 것이다. 하나님께서 악을 별도로 만드시는 것이 아니라 선을 만들면 악이 저절로 생겨나게 된다. 악은 곧 '선의 결핍' 일 뿐이다.

이런 현상은 만물의 자명한 이치다. 완전한, 선한 사랑의 하나님이 계시다면 당연히 불완전한, 악한 어떤 존재가 생겨나게 된다. 이를 사탄(마귀)이라고 성경에서는 말한다.

물음

6 죄의 속성, 어떤 것인가?

본문 : 〈 3장 〉

5 너희가 그것을 먹는 날에는 너희 눈이 밝아져 **하나님과 같이 되어** 선악을 알 줄을 하나님이 아심이니라.

세상에는 온갖 죄의 형태들이 있다. 그런데 이런 죄의 근저(根底)에 깔린 죄의 속성은 뱀이 여자를 유혹하는 말 속에 들어있다.

뱀은 여자에게 선악과를 먹으면 '하나님처럼' 된다고 말하고 있다. 뱀이 여자에게 말한 하나님처럼 된다는 것은 무엇을 의미할까? 외아들을 내어주시기까지 세상을 사랑하시는 마음, 모든 죄인을 조건 없이 용서하시며, 이해하시며, 받아주시는 이런 하나님의 마음을 가지는 것일까? 아니다. 그런 마음이라면 전혀 문제될 것이 없다. 죄의 화신으로서 죄를 짓도록 부추기는 악마의 속성은 어떤 것일까? 몇 가지로 생각해 볼 수 있다.

1. 속임수

마귀의 두드러지는 특징 중의 으뜸은 거짓과 속임수이다. 본문에서도 마귀는 여자를 속이고 있다. 마귀는 항상 그럴듯한 거짓과 속임수를 동원하는데 마귀의 가장 큰 무기는 속임수이다. 이런 속임수는 다방면에서 나타난다. 영적인 부분에서는 환상, 환청, 꿈, 예언 등의 거짓 기사와 능력을 동원하는가 하면 성경과 교리 등을 오해하거나 곡해하게 하여 혼합신앙에 빠지게 한다. 마귀가 동원하는 속임수는 대단히 위험한데 그 이유는 항상 가짜가 진짜보다 더 그럴듯하게 느껴지기 때문이다. 마귀의 속임수에서 벗어나려면 끊임없이 경각심을 가지고 대비해야 하는데, 성경과 교리, 영적인 문제 등에 대한 기초적인 이해를 충실하게 해야 한다. 즉 '바른 이해'가 마귀의 속임수를 이기는 지름길이다. 바른 이해에 기초하여 마귀에게 생각과 마음, 감정 등에서 빈틈을 보이지 말아야 한다. 기도에 전념하고 있는 동안에는 특히 그렇다. 한번 마귀에게 현혹당하여 속게 되면 여기서 벗어나는 것은 대단히 어렵다. 재삼 강조하는데 마귀의 가장 큰 무기는 속임수이며 이를 이기는 길은 바른 이해에 있다.

2. 교만

성령의 원리는 물처럼 낮아져서 섬기는 데에 있고 사탄의 영은 끊임없이 자기를 높여서 지배하고 다스리는 데에 있다. 이 둘은 서로 낮아지는 원리와 높아지는 원리로 대비된다. 본문의 '하나님과 같이 되어'는 스스로 하나님이 되려는 사탄의 속성을 말한다. 마귀, 즉 죄의 속성은 스스로 하나님이 되어 자기 마음대로 하고 싶어 한다. 이런 교만은 죄의 지배를 받는 인간의 공통된 속성이다. 마귀의 영은 거짓 겸손으로 자신을 감추고 하나님의 이름으로 등장하기 때문에 속아 넘어가기 쉽다. 마귀에게 속지 않는 첩경은 낮아짐과 섬김이다. 바른 이해와 낮아짐과 섬김 이외에 마귀를 이기는 길은 없다.

3. 위법(違法)

하나님은 법이시다. 하나님이 법이시기 때문에 그분이 만든 모든 피조물에는 법이 주어져 있고 그 법대로 살아간다. 따라서 동식물은 물론 우주의 천체들, 계절 등 어느 하나도 법을 지키지 않는 것은 없다. 그런데 마귀는 끊임없이 이 법을 파괴하려고 한다. 마귀가 여자에게 선악과를 먹으라고 말하는 것도 결국 법을 지키지 말라는 뜻이다. 성령의 법은 준법(遵法)이요 마귀의 법은 위법(違法)이다. 성령이 임한 사람은 하나님께서 만드신 자연의 법에 순응하여 심은 대로 거두려 하지만 악령이 임하면 심고 가꿔서 거두려하지 않고 무슨 초자연적인 기적의 방법을 동원하여 자신의 욕심을 채우려 한다. 죄의 지배를 받는 악하고 음란한 세대는 늘 하늘의 표적(기적)을 추구하게 되어있다.[26] 교육수준이 높아져도 미신이 근절되지 않는 이유는 여기에 있다.

사탄의 이런 속성은 곧 죄의 속성인데 본문에서는 이를 '하나님처럼 되려는 마음' 으로 표현하고 있으며, 이 마음은 인간 모두에게 있다.

물음 7 가인, 그는 누구인가?

본문 : 〈 4장 〉

1 아담이 그의 아내 하와와 동침하매 하와가 임신하여 가인을 낳고 이르되 내가 여호와로 말미암아 득남하였다 하니라.
2 그가 또 가인의 아우 아벨을 낳았는데 아벨은 양치는 자였고 가인은 농사하는 자였더라.
3 세월이 지난 후에 가인은 땅의 소산으로 제물을 삼아 여호와께 드렸고
4 아벨은 자기도 양의 첫 새끼와 그 기름으로 드렸더니 여호와께서 아벨과 그의 제물은 받으셨으나
5 가인과 그의 제물은 받지 아니하신지라 가인이 몹시 분하여 안색이 변하니
6 여호와께서 가인에게 이르시되 네가 분하여 함은 어찌 됨이며 안색이 변함은 어찌 됨이냐.
7 네가 선을 행하면 어찌 낯을 들지 못하겠느냐 선을 행하지 아니하면 죄가 문에 엎드려 있느니라 죄가 너를 원하나 너는 죄를 다스릴지니라.
8 가인이 그의 아우 아벨에게 말하고 그들이 들에 있을 때에 가인이 그의 아우 아벨을 쳐 죽이니라.
9 여호와께서 가인에게 이르시되 네 아우 아벨이 어디 있느냐 그가 이르되 내가 알지 못하나이다 내가 내 아우를 지키는 자니이까?
10 이르시되 네가 무엇을 하였느냐 네 아우의 핏소리가 땅에서부터 내게 호소하느니라.
11 땅이 그 입을 벌려 네 손에서부터 네 아우의 피를 받았은즉 네가 땅에서 저주를 받으리니

26) 예수께서 대답하여 이르시되 악하고 음란한 세대가 표적을 구하나 선지자 요나의 표적 밖에는 보일 표적이 없느니라(마태복음 12:39)

12 네가 밭을 갈아도 땅이 다시는 그 효력을 네게 주지 아니할 것이요 너는 땅에서 피하
며 유리하는 자가 되리라.
13 가인이 여호와께 아뢰되 내 죄짐을 지기가 너무 무거우니이다.
14 주께서 오늘 이 지면에서 나를 쫓아내시온즉 내가 주의 낯을 뵈옵지 못하리니 내가
땅에서 피하며 유리하는 자가 될지라 무릇 나를 만나는 자마다 나를 죽이겠나이다.
15 여호와께서 그에게 이르시되 그렇지 아니하다 가인을 죽이는 자는 벌을 칠 배나 받으
리라 하시고 가인에게 표를 주사 그를 만나는 모든 사람에게서 죽임을 면하게 하시니라.

에덴동산에서 쫓겨난 아담과 하와는 두 아들 가인과 아벨을 낳았는데 이들 형제가 하나님을 섬기기 위하여 제사를 드렸다. 그런데 어떤 이유인지 가인의 제사는 거부되고 아벨의 제사는 받아들여졌다고 본문은 말한다. 결국 형 가인은 동생 아벨을 시기한 나머지 몰래 죽여 버리고 말았다.

본문의 이런 이야기는 죄의 지배를 받으면서 살아가는 인간의 실상이 어떤 것인지를 잘 보여주고 있다. 죄의 근본이 '하나님처럼 되려는 속성' 임은 앞에서 살펴본 바와 같다. 자신이 최고여야 하고 매사가 자기 생각대로 되어야하는 마음, 이것이 하나님처럼 되려는 죄의 실상이다.

그 대상이 비록 부모나 자식, 형제라 하더라도 나보다 더 나은 자가 있으면 결코 견디지 못한다. 왕조의 역사를 보면 왕권을 두고 부모와 자식, 형제들이 서로 죽이고 죽는 사건들이 비일비재(非一非再)하다. 시기심에 불타고 있는 가인을 향하여 하나님께서는 "죄의 지배를 받지 말고 죄를 다스리라."고 타이르셨지만 아무 소용이 없었고, 더 나아가서 동생을 죽이고 말았다. 그것으로도 모자라서 자신은 전혀 그런 일이 없노라고 극구 부인한다.

남이 나보다 더 잘되고 있기 때문에 마음이 불편해지고 견디지 못하는 마음, 은근히 그가 망하기를 바라는 마음, 정도의 차이는 있겠지만 누구에게나 이런 속성은 있다. 그러나 겉으로는 전혀 아닌 척 한다. 좋은 소문 보다는 흉한 소문이 더 빨리 퍼지는 이유이기도 하다. 이런 시

기심에 시달리고 있을 때 하나님의 음성은 양심을 통하여 들려온다.

죄가 문에 엎드려 있느니라. 죄가 너를 원하나 너는 죄를 다스릴지니라.

그러나 이 양심의 소리에 따르는 자 과연 누가 있겠는가? 최초의 살인자 가인, 그는 누구인가?

바로 나다.

제 4 장

전반부 창조이야기

심판

물음

1 죄의 결과, 무엇인가?

본문 : 〈 3장 〉

8 그들이 그 날 바람이 불 때 동산에 거니시는 여호와 하나님의 소리를 듣고 아담과 그
의 아내가 여호와 하나님의 낯을 피하여 동산 나무 사이에 숨은지라.
9 여호와 하나님이 아담을 부르시며 그에게 이르시되 네가 어디 있느냐?
10 이르되 내가 동산에서 하나님의 소리를 듣고 내가 벗었으므로 두려워하여 숨었나이다.
11 이르시되 누가 너의 벗었음을 네게 알렸느냐 내가 네게 먹지 말라 명한 그 나무 열매
를 네가 먹었느냐.
12 아담이 이르되 하나님이 주셔서 나와 함께 있게 하신 여자 그가 그 나무 열매를 내게
주므로 내가 먹었나이다.
13 여호와 하나님이 여자에게 이르시되 네가 어찌하여 이렇게 하였느냐 여자가 이르되
뱀이 나를 꾀므로 내가 먹었나이다.
14 여호와 하나님이 뱀에게 이르시되 네가 이렇게 하였으니 네가 모든 가축과 들의 모든
짐승보다 더욱 저주를 받아 배로 다니고 살아 있는 동안 흙을 먹을지니라.
15 내가 너로 여자와 원수가 되게 하고 네 후손도 여자의 후손과 원수가 되게 하리니 여
자의 후손은 네 머리를 상하게 할 것이요 너는 그의 발꿈치를 상하게 할 것이니라 하시고
16 또 여자에게 이르시되 내가 네게 임신하는 고통을 크게 더하리니 네가 수고하고 자식
을 낳을 것이며 너는 남편을 원하고 남편은 너를 다스릴 것이니라 하시고
17 아담에게 이르시되 네가 네 아내의 말을 듣고 내가 네게 먹지 말라한 나무의 열매를 먹
었은즉 땅은 너로 말미암아 저주를 받고 너는 네 평생에 수고하여야 그 소산을 먹으리라.
18 땅이 네게 가시덤불과 엉겅퀴를 낼 것이라 네가 먹을 것은 밭의 채소인즉
19 네가 흙으로 돌아갈 때까지 얼굴에 땀을 흘려야 먹을 것을 먹으리니 네가 그것에서
취함을 입었음이라 너는 흙이니 흙으로 돌아갈 것이니라 하시니라.
20 아담이 그의 아내의 이름을 하와라 불렀으니 그는 모든 산 자의 어머니가 됨이더라.
21 여호와 하나님이 아담과 그의 아내를 위하여 가죽옷을 지어 입히시니라.
22 여호와 하나님이 이르시되 보라 이 사람이 선악을 아는 일에 우리 중 하나 같이 되었
으니 그가 그의 손을 들어 생명 나무 열매도 따먹고 영생할까 하노라 하시고
23 여호와 하나님이 에덴 동산에서 그를 내보내어 그의 근원이 된 땅을 갈게 하시니라.
24 이같이 하나님이 그 사람을 쫓아내시고 에덴 동산 동쪽에 그룹들과 두루 도는 불 칼
을 두어 생명 나무의 길을 지키게 하시니라.

죄 지은 후 죄의 수치를 가리기 위하여 나뭇잎으로 옷을 만들어 입고 숨어서 두려워 떨고 있는 아담과 하와에게 하나님께서 법을 어긴

이유를 묻자 각자 변명을 늘어놓기에 급급했다. 이런 모습은 죄를 범한 자의 마음상태를 고스란히 반영하고 있다. 이들에게 돌아온 결과는 무엇일까?

선악과를 인간이 지켜야 할 법으로 보고, 선악과를 따 먹은 것을 법을 어긴 것으로 본다면 그 다음에는 어떤 일이 있어야 하는가? 물을 필요도 없이 법을 어긴 대가를 치러야 한다. 법에는 그 누구도 예외가 될 수 없다. 심는 대로 거두는 것은 하나님께서 만드신 법의 기초정신이다.

먼저 죄를 지은 후 아담과 하와는 에덴동산에서 쫓겨나야 했고, 하와에게는 해산의 고통과 남편에게 매여 살아야하는 형벌이, 아담에게는 먹고살기 위하여 노동을 해야 하는 형벌이 주어졌으며, 본래의 흙으로 돌아가는 죽음의 형벌이 주어졌다. 선악과를 먹으면, 즉 법을 어기면 정녕 죽으리라는 말씀대로 되고 말았다.

죄의 삯(결과)은 사망이다.(로마서 6:23)

물음 2

아담의 죄와 지금의 내가 무슨 관계가 있는가?

아담이 지은 죄를 가리켜 흔히 '원죄'(原罪)라고 한다. 이를 원죄라고 부르는 이유는 죄의 결과가 아담 개인에게만이 아닌 모든 인간에게 미쳤기 때문이다. 그런데 이런 이야기를 듣다보면 의문이 든다. 태초에 최초의 인간 아담이 범한 죄의 대가를 왜 지금 내가 치러야 하나? 아담이 지은 죄를 그 이후의 모든 인간에게 전가시키는 것은 불공평하지 않은가? 현대에 들어서서 일반적으로 받아들이고 있는 자기책임(연좌제금지)원칙에도 어긋나지 않는가?

이에 대해서 어떤 대답을 해야 하나? 사실 쉽지 않은 문제다. 다음과 같이 생각을 정리해 볼 수 있을 것이다.

1. 성경은 현재에 관심을 가지고 있다.

앞의 창조이야기에서 본 바와 같이 세상 창조는 과거의 사건이지만 하루의 시간, 계절 등에서 경험되는 것은 창조의 현재성이다. 마찬가지로 선악과 이야기는 과거 에덴동산의 이야기로 그치지 않고 지금 나의 이야기를 말해주고 있다. 선악과가 단순한 과일 이야기가 아닌 법이라고 해석을 하면 그 법은 지금 나를 비롯한 모두에게도 주어져 있다. 사도바울은 로마서에서 유대인에게는 그 법이 성문율법으로 주어져 있고 이방인에게는 양심율법으로 주어졌다라고 말하고 있다.[27] 그런데 유대인이거나 이방인이거나 그 어느 누구도 자신들에게 주어진 법을 다 지켜 행하는 자는 없다.[28] 인간으로서는 불가능하기 때문이다.

따라서 선악과 이야기는 모든 인간들의 현실을 있는 그대로 반영해 주고 있다.

---

27) 하나님께서는 어떠한 죄라도 벌하십니다. 이방인들이 죄를 범했을 때도 하나님께서는 그들을 벌하셨습니다. 비록 그들이 글로 쓰여진 하나님의 율법은 알지 못한다 하더라도 그들의 마음 속에는 옳고 그른 일을 분별할 수 있는 하나님의 율법이 있기 때문입니다. 그들이 양심의 가책을 받거나 위로를 받는 것은 다 그 때문입니다. 유대인들이 죄를 범했을 때도 하나님께서는 그들을 벌하셨습니다. 그들이 율법을 가지고 있으면서도 순종하지 않았기 때문입니다. 그들은 무엇이 옳은 일인 줄을 잘 알면서도 실천하지 않았습니다. 해야 할 일을 알면서도 행하지 않는 사람은 구원받지 못합니다.(로마서 2:12~15, 현대어성경)

28) 기록된 바 의인은 없나니 하나도 없으며 깨닫는 자도 없고 하나님을 찾는 자도 없고 다 치우쳐 함께 무익하게 되고 선을 행하는 자는 없나니 하나도 없도다.(로마서 3:10~12)
그러므로 율법의 행위로 그의 앞에 의롭다 하심을 얻을 육체가 없나니 율법으로는 죄를 깨달음이니라.(로마서 3:20)

2. 아담은 모든 인간을 가리킨다.

앞에서 본 바와 같이 '아담'은 '사람'을 뜻하므로 아담이 죄를 지었다함은 나를 포함한 모든 인간이 죄를 지었다는 뜻이다. 즉 아담의 타락은 곧 '인간성의 타락'이 되는 셈이다. 어떻게 내가 그 인간성의 타락에 참여할 수 있는가?라는 의문이 든다면 자기 자신의 본심을 성찰해보면 대답이 나온다. 하와를 유혹했던 사탄의, 불법을 행하는 죄의 속성이 지금 내 안에 들어있음이 발견되기 때문이다.

물음 3

원죄(原罪), 무엇을 말하는가?

최초의 인간 아담이 선악과를 먹음으로 죄를 지었고, 그 결과 모든 인간은 그 죄로 말미암아 죄의 지배를 받게 되었는데 기독교에서는 이를 '원죄'(原罪)라고 한다. 이 원죄론은 많은 사람들에게 거부감 내지 반발을 불러일으킨다. "태초에 아담이 지은 죄가 지금 나와 무슨 상관이 있는가?", "아담의 죄가 어떻게 전달되나?", "나와 관련이 없는 아담이 지은 죄가 나에게 전가(轉嫁)된다는 것은 불공평하지 않는가?" 등의 의문이 들게 된다. 이에 대해서 무어라고 해야 하나?

성경의 이야기들은 과거가 아닌 현재를 말하려는 것에서 출발한다. 앞에서 본 바와 같이 창세기 1장의 창조 이야기는 태초에 창조된 과정을 설명하려고 시도하는 것이 아니라 하늘과 땅, 해와 달 등을 신격화하여 신앙의 대상으로 삼고 있는 현실에서 그런 것들은 피조물에 불과하다는 것을 신앙적으로 말하고 있다. 원죄를 말하는 선악과 사건의 선악과는 무슨 과일을 먹은 것이 죄라는 식으로 설명하고 끝나야 할 이야기가 아니다. 이는 문자적, 표면적 의미이다. 그 이야기를 통해서 말하려는 이면적인 의미에 초점을 맞추어야 한다. 선악과는 인간이 지켜야 할 법과 도리를 말하는 것으로 이해하면 그 의미가 명확해진다. 인간에게는 지켜야 할 법과 도리가 있는데, 그런데 그 법과 도리가 있다는 것과 지켜야 한다는 것은 알지만 지키지 못한다. 인간으로서 자신의 할 바를 다하는 사람이란 있을 수 없다. 이런 인간의 실상에 대하여 신앙적으로 설명하는 것이 선악과 이야기이며, 이를 원죄라고 한다.

즉 원죄론은 죄의 근원에서 출발하여 죄를 설명하기 보다는 모든 인간이 안고 있는 죄성의 현실성에서 출발하여 그 근원을 설명하고 있다. 바꾸어 말하면 아담이라는 용어의 의미가 '사람' 이므로 아담은 과거의 최초의 인간만을 뜻하는 것이 아니라 나를 포함한 모든 인간을 말하며, 지금 내 안에 들어있는 죄의 속성이 곧 아담(인간)의 죄가 되는 셈이다. 현재 죄의 지배를 받을 수밖에 없는 인간의 인간성을 설명하는 용어가 원죄론이다. 즉 아담이 지은 원죄는 아담 개인의 문제만이 아니라 모든 인간이 지닌 죄성의 표상이다.

쉬운 이야기로 가득찬 성경의 해석이 쉽지 않은 것은 수천 년 전에 다른 문화에서 기록되었을 뿐만 아니라 독특한 표현방식을 사용하고 있기 때문이다. 성경의 이야기에는 표면적(문자적)의미와 이면적 의미가 있으며 또 함축, 암시, 은폐 등의 방식으로 말하고 있다. 이런 성경을 해석하면서 오류에서 벗어나려면 쉽게 결론을 내지 말고 끊임없이 묻고 배우는 자세를 가져야 한다. 누구도 성경해석에서 마침표를 찍을 수 있는 사람은 없다. 단지 쉼표를 찍을 뿐이다.

물음 4

하나님, 무서운 심판자이신가?

성경에는 창세기 3장의 아담에 대한 심판 이야기, 4장의 동생을 죽인 가인에 대한 심판, 6장의 노아 홍수 이야기, 19장의 소돔과 고모라 등 하나님께서 죄지은 자들을 심판하시는 이야기가 많이 있다. 이 외에도 도처에서 죄지은 자들을 심판하시는 하나님을 발견하게 된다. 따라서 성경을 읽다보면 하나님은 무서우신 하나님, 더 나아가 잔인하신 하나님처럼 느껴진다. 이런 문제들을 어떻게 받아들여야 하나? 하나님은 정말 그렇게 무섭고 잔인하신 심판자일까?

결론부터 말하면 하나님은 결코 무섭고 잔인한 분이 아니시다. 그 이유는 무서운 심판은 하나님에 대한 기본 개념에 맞지 않기 때문이다. 그렇다면 성경에 수록되어 있는 무서운 심판자 하나님을 어떻게 이해해야 하나? 심판과 관련된 본문을 문자대로 읽고(reading) 문자대로 말하면(telling) 하나님이 무서운 심판자로 보인다. 그렇기 때문에 그 문자들이 말하려는 의도를 다시 읽고(rereading), 성경 전체의 흐름과 정신을 해석하여 다시 말해야 한다.(retelling)

1. 하나님은 아버지이시다.

그 어떤 부모가 자식들이 속을 썩인다고 집에서 내쫓고(에덴동산 추방) 그것도 모자라 한 번은 물에 빠뜨려 죽이고(노아홍수) 또 다시 불에 태워(소돔과 고모라) 죽이겠는가? 그런 부모가 있다면 그는 부모로서의 자격이 없을 뿐만 아니라 지탄받아 마땅하다. 창세기의 하나님은 모든 인류의 아버지이시며, 자식을 위해서 세상 모든 것을 보기에 좋도록 만들어 놓으셨다. 그런데 그런 아버지 하나님께서 자식인 사람들이 죄를 지었다고 무자비하게 심판을 하실까? 그럴 리가 없다. 이는 도무지 상식에 맞지 않는다.

하나님께서 무서운 심판자가 될 수 없는 이유는 마치 부모는 자식이 아무리 악할지라도 결코 자식을 죽일 수 없는 이치와 같다. 부모란 자식을 죽이느니 할 수만 있다면 차라리 자신이 대신 죽어서라도 자식을 살리려고 하게 마련이다. 성경은 "하나님께서는 인간을 살리기 위하여 당신의 생명을 대신 주셨다.", 또는 "독생자를 대신 죽이셨다."라고 말하고 있다.[29] "외아들을 내어 주셨다."는 표현은 인간의 언어로 표현할 수 있는 사랑의 극치이다. 하나님께서 독생자를 내어주신 것은 세상을 심판하려 하심이 아니라 세상을 구원하기 위함이다.

그렇다면 "하나님께서 죄인들을 심판하신다."라는 성경의 표현은 무슨 뜻일까?

2. '법(法)' 대로 된 것이다.

법이란 만들어진 다음에는 만든 자도 지켜야 한다. 그래야 법으로써의 당위성을 가진다. 성경에 등장하는 심판의 이야기들은 "그들이 죄를 지었기 때문에 법대로 처벌을 받았다."라는 뜻이다. 홍수나 유황불과 같은 무서운 심판의 이야기들은 죄의 결과가 그만큼 무섭고 여기에는 예외가 있을 수 없다는 것을 말하고 있다.[30]

그러면 왜 "하나님께서 심판하신다."라고 말하는가? 이유는 지극히 단순하다. "그 법을 만드신 분이 하나님이시며, 하나님께서 만드신 법대로 집행된다."라는 뜻이다. 마치 죄인의 죄를 법전대로 처벌하는 재

---

29) 하나님이 세상을 이처럼 사랑하사 독생자를 주셨으니, 이는 저를 믿는 자마다 멸망치 않고 영생을 얻게 하려 하심이니라. 하나님이 그 아들을 세상에 보내신 것은 세상을 심판하려 하심이 아니요, 저로 말미암아 세상이 구원을 받게 하려 하심이라.(요한복음 3:16-17)

30) "죄의 삯은 사망이요."(로마서 6:23)
"선한 일을 행한 자는 생명의 부활로, 악한 일을 행한 자는 심판의 부활로 나오리라."(요한복음 5:29)

판관에게 당신이 왜 나를 처벌하느냐고 따질 수 없는 것과 같다. 재판관이 죄인을 처벌하는 것이 아니라 법이 처벌하는 것이며 재판관은 단지 그 법을 집행할 뿐이다. 고대에 성경을 기록한 이스라엘 사람들은 법의 근원은 하나님이시며 하나님께서 이 모든 것을 주관하신다고 생각을 했다. 즉 심판자 하나님은 신앙을 고백하는 표현인 셈이다.

아버지이신 하나님은 자식인 사람들을 심판하시는 분이 아니라 구원하시려는 분이시다. 단지 죄지은 인간들이 죄의 결과로 말미암아 스스로 멸망의 길로 갈 뿐이다. 하나님께서는 이를 안타깝게 여기시며 당신의 생명을 대신 내어주는 최후의 수단을 마다하지 않으시는 구원자이시다.[31]

성경은 지금으로부터 수천 년 전에 독특한 문화적인 환경에서 기록되었다. 이런 성경의 이야기들을 해석하지 않고 문자대로 읽고 말하면 큰 모순에 빠지게 된다. 올바른 해석을 통하여 성경의 이야기들이 하나님의 말씀이 되게 해야 한다.

---

31) 하나님이 그 아들을 세상에 보내신 것은 세상을 심판하려 하심이 아니요, 저로 말미암아 세상이 구원을 받게 하려 하심이라.(요한복음 3:17)
너희 안에 이 마음을 품으라. 곧 그리스도 예수의 마음이니 그는 근본 하나님의 본체시나, 하나님과 동등됨을 취할 것으로 여기지 아니하시고, 오히려 자기를 비어 종의 형체를 가져 사람들과 같이 되었고, 사람의 모양으로 나타나셨으매 자기를 낮추시고 죽기까지 복종하셨으니, 곧 십자가에 죽으심이라(빌립보서 2:8)

물음

5 하나님의 심판, 무엇을 말하고 있나?

성경에 나오는 심판의 이야기들을 좀 더 자세하게 살펴보면 다음과 같다.

1. 노아홍수

본문 : 〈 6장 〉

5 **여호와께서 사람의 죄악이 세상에 가득함과 그의 마음으로 생각하는 모든 계획이 항상 악할 뿐임을 보시고**
6 **땅 위에 사람 지으셨음을 한탄하사 마음에 근심하시고**
7 **이르시되 내가 창조한 사람을 내가 지면에서 쓸어버리되 사람으로부터 가축과 기는 것과 공중의 새까지 그리하리니 이는 내가 그것들을 지었음을 한탄함이니라** 하시니라.
8 그러나 노아는 여호와께 은혜를 입었더라.
9 이것이 노아의 족보니라 **노아는 의인이요 당대에 완전한 자라** 그는 하나님과 동행하였으며
10 세 아들을 낳았으니 셈과 함과 야벳이라.
11 그 때에 온 땅이 하나님 앞에 부패하여 포악함이 땅에 가득한지라.
12 하나님이 보신즉 땅이 부패하였으니 이는 땅에서 모든 혈육 있는 자의 행위가 부패함이었더라.
13 하나님이 노아에게 이르시되 모든 혈육 있는 자의 포악함이 땅에 가득하므로 그 끝날이 내 앞에 이르렀으니 내가 그들을 땅과 함께 멸하리라.
14 너는 고페르 나무로 너를 위하여 방주를 만들되 그 안에 칸들을 막고 역청을 그 안팎에 칠하라.
15 네가 만들 방주는 이러하니 그 길이는 삼백 규빗, 너비는 오십 규빗, 높이는 삼십 규빗이라.
16 거기에 창을 내되 위에서부터 한 규빗에 내고 그 문은 옆으로 내고 상 중 하 삼층으로 할지니라.
17 내가 홍수를 땅에 일으켜 무릇 생명의 기운이 있는 모든 육체를 천하에서 멸절하리니 땅에 있는 것들이 다 죽으리라.
18 그러나 너와는 내가 내 언약을 세우리니 너는 네 아들들과 네 아내와 네 며느리들과 함께 그 방주로 들어가고
19 혈육 있는 모든 생물을 너는 각기 암수 한 쌍씩 방주로 이끌어 들여 너와 함께 생명을 보존하게 하되
20 새가 그 종류대로, 가축이 그 종류대로, 땅에 기는 모든 것이 그 종류대로 각기 둘씩 네게로 나아오리니 그 생명을 보존하게 하라.

21 너는 먹을 모든 양식을 네게로 가져다가 저축하라 이것이 너와 그들의 먹을 것이 되
리라.
22 **노아가 그와 같이하여 하나님이 자기에게 명하신 대로 다 준행 하였더라.**

본문 : 〈 7장 〉

1 여호와께서 노아에게 이르시되 너와 네 온 집은 방주로 들어가라 이 세대에서 네가 내
앞에 의로움을 내가 보았음이니라
2 너는 모든 정결한 짐승은 암수 일곱씩, 부정한 것은 암수 둘씩을 네게로 데려오며
3 공중의 새도 암수 일곱씩을 데려와 그 씨를 온 지면에 유전하게 하라
4 지금부터 칠 일이면 내가 사십 주야를 땅에 비를 내려 내가 지은 모든 생물을 지면에
서 쓸어버리리라
5 노아가 여호와께서 자기에게 명하신 대로 다 준행하였더라
6 홍수가 땅에 있을 때에 노아가 육백 세라
7 노아는 아들들과 아내와 며느리들과 함께 홍수를 피하여 방주에 들어갔고
8 정결한 짐승과 부정한 짐승과 새와 땅에 기는 모든 것은
9 하나님이 노아에게 명하신 대로 암수 둘씩 노아에게 나아와 방주로 들어갔으며
10 칠 일 후에 홍수가 땅에 덮이니
11 노아가 육백 세 되던 해 둘째 달 곧 그 달 열이렛날이라 그 날에 큰 깊음의 샘들이 터
지며 하늘의 창문들이 열려
12 사십 주야를 비가 땅에 쏟아졌더라
13 곧 그 날에 노아와 그의 아들 셈, 함, 야벳과 노아의 아내와 세 며느리가 다 방주로
들어갔고
14 그들과 모든 들짐승이 그 종류대로, 모든 가축이 그 종류대로, 땅에 기는 모든 것이
그 종류대로, 모든 새가 그 종류대로
15 무릇 생명의 기운이 있는 육체가 둘씩 노아에게 나아와 방주로 들어갔으니
16 들어간 것들은 모든 것의 암수라 하나님이 그에게 명하신 대로 들어가매 여호와께서
그를 들여보내고 문을 닫으시니라

본문 : 〈 9장 〉

1 하나님이 노아와 그 아들들에게 복을 주시며 그들에게 이르시되 **생육하고 번성하여 땅
에 충만하라.**
2 땅의 모든 짐승과 공중의 모든 새와 땅에 기는 모든 것과 바다의 모든 물고기가 너희
를 두려워하며 너희를 무서워하리니 이것들은 너희의 손에 붙였음이니라.
3 모든 산 동물은 너희의 먹을 것이 될지라 채소 같이 내가 이것을 다 너희에게 주노라.
4 그러나 고기를 그 생명 되는 피째 먹지 말 것이니라.
5 내가 반드시 너희의 피 곧 너희의 생명의 피를 찾으리니 짐승이면 그 짐승에게서, 사람
이나 사람의 형제면 그에게서 그의 생명을 찾으리라.
6 다른 사람의 피를 흘리면 그 사람의 피도 흘릴 것이니 이는 하나님이 자기 형상대로
사람을 지으셨음이니라.
7 **너희는 생육하고 번성하며 땅에 가득하여 그 중에서 번성하라 하셨더라.**

8 하나님이 노아와 그와 함께 한 아들들에게 말씀하여 이르시되
9 내가 내 언약을 너희와 너희 후손과
10 너희와 함께 한 모든 생물 곧 너희와 함께 한 새와 가축과 땅의 모든 생물에게 세우리니 방주에서 나온 모든 것 곧 땅의 모든 짐승에게니라.
11 내가 너희와 언약을 세우리니 다시는 모든 생물을 홍수로 멸하지 아니할 것이라 땅을 멸한 홍수가 다시 있지 아니 하리라.
12 하나님이 이르시되 내가 나와 너희와 및 너희와 함께 하는 모든 생물 사이에 대대로 영원히 세우는 언약의 증거는 이것이니라.
13 **내가 내 무지개를 구름 속에 두었나니 이것이 나와 세상 사이의 언약의 증거니라.**
14 내가 구름으로 땅을 덮을 때에 무지개가 구름 속에 나타나면
15 내가 나와 너희와 및 육체를 가진 모든 생물 사이의 내 언약을 기억하리니 다시는 물이 모든 육체를 멸하는 홍수가 되지 아니할지라.
16 **무지개가 구름 사이에 있으리니 내가 보고 나 하나님과 모든 육체를 가진 땅의 모든 생물 사이의 영원한 언약을 기억하리라.**
17 하나님이 노아에게 또 이르시되 내가 나와 땅에 있는 모든 생물 사이에 세운 언약의 증거가 이것이라 하셨더라.

노아 홍수의 이야기는 누구나 잘 알고 있다. 이 이야기를 들으면 무슨 생각이 드는가? 아마도 "이 이야기가 사실일까?"라는 의문이 들 것이다. 왜냐하면 노아가 만든 배의 크기가 길이는 135미터, 너비는 22.5미터, 높이는 13.5미터 정도인데, 이 정도의 배에 노아의 가족을 비롯하여 모든 동물들과 6개월 이상의 양식을 싣는다는 것은 사실상 불가능하기 때문이다. 그렇다면 이 이야기들을 어떻게 읽어야 하나?

본문이 말하려는 의도를 읽어야 한다. 창조이야기와 마찬가지로 노아홍수 이야기는 홍수사건을 과학적으로 설명하려는 것이 아니라 이것을 통하여 어떤 신앙적인 교훈을 말하려는 데에 있다. 그 의도는 무엇일까?

❶ 근심하시며 한탄하시는 아버지

죄의 지배를 받으며 법을 어기고 살아가는 인간을 보면서 부모이신 하나님은 한없이 가슴 아파하시며 후회하실 만큼 탄식하신다. 이런 사실은 다음의 구절에서 잘 나타난다.

여호와께서 사람의 죄악이 세상에 가득함과 그의 마음으로 생각하는 모든 계획이 항상 악할 뿐임을 보시고 땅 위에 사람 지으셨음을 한탄하사 마음에 근심하시고 이르시되 내가 창조한 사람을 내가 지면에서 쓸어버리되 사람으로부터 가축과 기는 것과 공중의 새까지 그리하리니 이는 내가 그것들을 지었음을 한탄함이니라 하시니라.(창세기 6:5-7)

❷ 멸망으로 치닫는 인간

모든 피조물은 지켜야 할 법이 있으며 지켜야 할 자리가 있다. 송충이가 솔잎 이외의 것을 먹으면 죽듯이, 누에가 뽕잎을 먹지 않으면 죽듯이, 물고기가 물을 떠나면 죽듯이 법을 어기는 것은 곧 비참한 파멸이다. 다음의 본문은 이것을 말하고 있다.

이르시되 내가 창조한 사람을 내가 지면에서 쓸어버리되 사람으로부터 가축과 기는 것과 공중의 새까지 그리하리라.(창세기 6:7)
그 때에 온 땅이 하나님 앞에 부패하여 포악함이 땅에 가득한지라. 하나님이 보신즉 땅이 부패하였으니 이는 땅에서 모든 혈육 있는 자의 행위가 부패함이었더라. 하나님이 노아에게 이르시되 모든 혈육 있는 자의 포악함이 땅에 가득하므로 그 끝 날이 내 앞에 이르렀으니 내가 그들을 땅과 함께 멸하리라.(창세기 6:11-13)

앞에서 지적한 대로 하나님께서 심판하신다는 말은 죄가 너무 범람하여 더 이상 용서받을 길이 없게 되었다는 의미이다.

❸ 구원의 대책을 마련하시는 하나님

노아는 의인이요 당대에 완전한 자라.(창세기 6:9)
너는 잣나무로 너를 위하여 방주를 짓되 그 안에 칸들을 막고 역청으로 그 안팎을 칠하라.(창세기 6:14)
너는 모든 정결한 짐승은 암수 일곱씩, 부정한 것은 암수 둘씩을 네게로 데려오며 공중의 새도 암수 일곱씩을 데려와 그 씨를 온 지면에 유전하게 하라(창세기 7:2~3)

이 구절들은 무엇을 말하는가? 당시의 모두가 죄로 말미암아 멸망을 당할 수밖에 없는 범법자들이었지만 노아만은 법을 지키고 있어서 멸망 받을 대상이 아니었다. "노아는 의인이요 당대에 완전한 자라."라는 말씀이 이를 가리킨다. 범법자(犯法者)와 준법자(遵法者)가 같은 취급을 받는다는 것은 형평성에 어긋난다. 이에 하나님께서는 노아에게 살 길을 열어주시었는데 그 방법이 큰 방주(方舟) 제작이었다.

여기에 왜 짐승을 같이 태우라고 하시는가? 짐승까지도 불쌍히 여기시며 살리시는 하나님을 말하려는 데에 목적이 있다. 그 정도 크기의 배에 세상 모든 부정한 짐승 한 쌍씩, 정결한 짐승 일곱 쌍과 양식을 다 싣지 못한다는 것은 말할 필요조차 없다. 그럼에도 불구하고 이렇게 말하고 있는 이유는 노아 방주의 이야기는 그 배에 그 많은 짐승이 다 탈 수 있느냐 없느냐를 말하려는 것이 아님을 분명히 하면서 하나님은 들짐승까지 불쌍히 여기시며 살리시는 분이라는 것을 은폐, 함축, 암시적인 방식으로 드러내고 있다.

노아가 방주를 짓는데 몇 년이 거렸을까? 전통적으로는 120년으로 생각했으며[32] 다른 경우는 20~80년 정도로 계산하기도 한다.[33] 어쨌든 노아가 세 아들을 데리고 당시로서는 대단히 큰 목선을 건조하는 데는 수십 년 이상 걸린 셈이다. 이 역시 과학적으로는 의문이다. 아무리 역청을 칠했다 하더라도 이 기간이면 나무가 썩기 때문이다. 그러면 이 기간은 어떻게 해석해야 하나? 이 역시 과학적인 설명이 아니라

---

32) 이 주장을 펴는 사람들은 아래의 6:1~3을 근거로 하는데, 3절의 "그들의 날이 120년이 되리라"를 인간의 수명을 한정하는 구절이 아닌 홍수까지의 유예기간으로 해석한다.
사람이 땅 위에 번성하기 시작할 때에 그들에게서 딸들이 나니 하나님의 아들들이 사람의 딸들의 아름다움을 보고 자기들이 좋아하는 모든 여자를 아내로 삼는지라 여호와께서 이르시되 나의 영이 영원히 사람과 함께 하지 아니하리니 이는 그들이 육신이 됨이라 그러나 그들의 날은 백이십 년이 되리라 하시니라 (창세기 6:1~3)

33) 이런 계산은 다음의 구절에 근거한다.
노아는 오백 세 된 후에 셈과 함과 야벳을 낳았더라.(창세기 5:32)
홍수가 땅에 있을 때에 노아가 육백 세라.(창세기 7:6)

신앙적인 고백이다. 이 수십 년이라는 시간은 하나님께서 심판이전에 돌이킬 기회를 주셨다는 것을 암시하고 있다.

성경의 하나님은 결코 심판하시는 하나님이 아니다. 반대로 어떻게 하든지 인간이 구원 받기를 원하는 분이시다.

❹ 무지개

> 내가 내 무지개를 구름 속에 두었나니 이것이 나의 세상과의 언약의 증거니라.(창세기 9:13)
> 무지개가 구름 사이에 있으리니 내가 보고 나 하나님과 땅의 무릇 혈기 있는 모든 생물 사이에 된 영원한 언약을 기억하리라.(창세기 9:16)

홍수가 끝난 후 하나님께서는 노아와 계약을 맺으시고 그 증거로 무지개를 주셨다. 비가 갠 후 하늘을 아름답게 수놓는 무지개는 무엇을 말하는가?

노아와 계약을 맺으면서 하시는 다음의 말씀에 그 의미가 들어있다.

> 하나님이 노아와 그 아들들에게 복을 주시며 그들에게 이르시되 생육하고 번성하여 땅에 충만하라.(창세기 9:1)
> 모든 산 동물은 너희의 먹을 것이 될지라 채소 같이 내가 이것을 다 너희에게 주노라.(창세기 9:3)
> 너희는 생육하고 번성하며 땅에 편만하여 그 중에서 번성하라 하셨더라.(창세기 9:7)

이 말씀은 에덴동산의 아담에게 복을 주시며 말씀하셨던 것과 같은 말씀이다. 하나님의 뜻은 부모가 자식에게 바라는 바와 다르지 않다. 부모가 자식에게 바라는 것은 자식들이 옳고 바르게, 행복하게 사는 것이다. 동물을 비롯하여 식물들을 다 너희에게 먹을 것으로 주노니 아름다운 땅에서 생육하고 번성해라. 즉 "행복하게 살아라."라고 하시면서 다시는 홍수로 세상을 멸하지 않겠다는 언약의 증표로 무지개를 보여주셨다.

홍수로 세상을 멸하지 않으리라는 언약은 무엇을 말하는가? 세상을 다시 심판하지 않겠다는 말씀일까? 아니다. 만일 그런 뜻이라면 법의 정신에 맞지 않는다. 이는 죄를 지어도 벌하지 않겠다는 식의 해석이 되기 때문이다. 그렇다면 심판의 방식 즉 물로는 심판하지 않고 불로 심판하겠다는 뜻일까? 당신의 자식들이 홍수로 떼죽음을 당한 시점에 하나님께서 다음 번 심판의 방식을 말씀하고 계시다는 것도 앞뒤가 맞지 않는다. 온 세상이 죽음으로 뒤덮인 것을 보시면서 하나님께서는 "제발 다시는 이런 비참한 종말을 맞지 말아라!", "이런 비극을 결코 되풀이해서는 안된다!" 이렇게 해석해야 앞뒤가 맞지 않을까?

비가 갠 후에 뜨는 무지개, 무엇을 말하는가?

여러 색이 조화를 이루어 아름다움을 나타내듯이
서로 다투지 말고 어울려 살아다오!
저 하늘을 수놓은 아름다운 무지개처럼
제발 행복하게 살아다오!

2. 바벨탑 사건

본문 : 〈 11장 〉

1 온 땅의 언어가 하나요 말이 하나였더라.
2 이에 그들이 동방으로 옮기다가 시날 평지를 만나 거기 거류하며
3 서로 말하되 자, 벽돌을 만들어 견고히 굽자 하고 이에 벽돌로 돌을 대신하며 역청으로 진흙을 대신하고
4 또 말하되 자, 성읍과 탑을 건설하여 그 탑 꼭대기를 하늘에 닿게 하여 우리 이름을 내고 온 지면에 흩어짐을 면하자 하였더니
5 여호와께서 사람들이 건설하는 그 성읍과 탑을 보려고 내려오셨더라.
6 여호와께서 이르시되 이 무리가 한 족속이요 언어도 하나이므로 이같이 시작하였으니 이후로는 그 하고자 하는 일을 막을 수 없으리로다.

7 자, 우리가 내려가서 거기서 그들의 언어를 혼잡하게 하여 그들이 서로 알아듣지 못하게 하자 하시고
8 여호와께서 거기서 그들을 온 지면에 흩으셨으므로 그들이 그 도시를 건설하기를 그쳤더라.
9 그러므로 그 이름을 바벨이라 하니 이는 여호와께서 거기서 온 땅의 언어를 혼잡하게 하셨음이니라. 여호와께서 거기서 그들을 온 지면에 흩으셨더라.

사탄의 유혹에 넘어가서 죄의 지배를 받게 된 인간의 속성은 '하나님처럼' 되려는 욕망이다. 이 욕망이 가인에게는 시기심으로 동생 아벨을 죽이게 했고, 노아시대에는 마음으로 생각하는 모든 계획이 항상 악했다. 홍수사건 이후에는 "자, 벽돌을 만들어 견고히 굽자, 벽돌로 돌을 대신하며 역청(瀝靑)으로 진흙을 대신하고 성읍과 탑을 건설하여 그 탑 꼭대기를 하늘에 닿게 하여 우리 이름을 내고 온 지면에 흩어짐을 면하자."라는 구절에서 잘 나타나듯이 인간들이 모여서 자기들의 힘으로 홍수를 견뎌낼 초대형 건축물을 쌓고 하나님보다 더 높아지려는 시도를 하고 있었다.

그 결과는 어떻게 되었을까? 사람들이 한 곳에 모여서 자신들의 이름을 온 세상에 알리려고 혈안이 되었으니 서로 의견이 맞을 리가 없다. 서로 자신들의 의견을 관철시키려고 하다가 의견 충돌이 일어나고 비슷한 생각을 가진 사람들끼리 모여 사분오열된 채 서로 주도권 다툼을 벌였을 것이다. 이해관계가 엇갈린 사람들을 규합시킨다는 것은 사실상 불가능하다. 의견 충돌은 감정 대립으로 격화되고 더 나아가 적개심으로 번지자 이제는 원수처럼 되어 버렸고, 같은 지역에서 살아갈 수조차 없게 되어 서로 등을 돌리고 멀리 멀리 떠나 관계를 단절한 채 살아갔다.

왕래없이 오랜 시간이 지나자 각기 다른 문화가 생겨났고 언어조차 통하지 않게 되었다. 같은 문화를 가지고 있으면서도 서로 알아듣기 힘든 지역 사투리가 생겨나는 것을 본다면 언어의 혼잡이 어떤 과정을

거쳤을지 짐작이 된다. 심은 대로 거두기 마련이다. 서로 높아지려고 아우성을 치다보니 모두가 비극에 이르고 말았다.

이런 현상을 본문에서는 '바벨' 즉 "하나님께서 언어를 혼잡하게 하여 온 지면에 흩으셨다."라고 표현하고 있다. 이는 하나님께서 서로 말이 통하지 않게 하셨다는 뜻이 아니라, 하나님께서 만드신 법대로 되었으며, 하나님께서는 이런 사실을 안타깝게 여기셨다는 것을 함축, 은폐, 암시하고 있는 이야기이다. 하나님은 사람들이 어떤 죄를 지을 때 마다 벌을 주시거나 결코 사람을 골탕 먹이고 힘들게 하시는 분이 아니다. 모든 사람이 다 행복하게 살기를 바라신다. 단지 사람들이 스스로 자기 욕심에 이끌려 파국의 길로 가고 있을 뿐이다.

바벨탑, 무엇을 말하는가?

심는 대로 거둔다.

3. 소돔과 고모라

본문 : 〈 19장 〉

12 그 사람들이 롯에게 이르되 이외에 네게 속한 자가 또 있느냐 네 사위나 자녀나 성
중에 네게 속한 자들을 다 성 밖으로 이끌어 내라.
13 그들에 대한 부르짖음이 여호와 앞에 크므로 여호와께서 이 곳을 멸하시려고 우리를
보내셨나니 우리가 멸하리라.
14 롯이 나가서 그 딸들과 결혼할 사위들에게 말하여 이르기를 여호와께서 이 성을 멸하
실 터이니 너희는 일어나 이 곳에서 떠나라 하되 그의 사위들은 농담으로 여겼더라.
15 동틀 때에 천사가 롯을 재촉하여 이르되 일어나 여기 있는 네 아내와 두 딸을 이끌어
내라 이 성의 죄악 중에 함께 멸망할까 하노라.
16 그러나 롯이 지체하매 그 사람들이 롯의 손과 그 아내의 손과 두 딸의 손을 잡아 인
도하여 성 밖에 두니 여호와께서 그에게 자비를 더하심이었더라.
17 그 사람들이 그들을 밖으로 이끌어 낸 후에 이르되 도망하여 생명을 보존하라 돌아보
거나 들에 머물지 말고 산으로 도망하여 멸망함을 면하라.
18 롯이 그들에게 이르되 내 주여 그리 마옵소서.
19 주의 종이 주께 은혜를 입었고 주께서 큰 인자를 내게 베푸사 내 생명을 구원하시오
나 내가 도망하여 산에까지 갈 수 없나이다. 두렵건대 재앙을 만나 죽을까 하나이다.
20 보소서 저 성읍은 도망하기에 가깝고 작기도 하오니 나를 그 곳으로 도망하게 하소서

이는 작은 성읍이 아니니이까 내 생명이 보존되리이다.
21 그가 그에게 이르되 내가 이 일에도 네 소원을 들었은즉 네가 말하는 그 성읍을 멸하지 아니하리니
22 그리로 속히 도망하라 네가 거기 이르기까지는 내가 아무 일도 행할 수 없노라 하였더라. 그러므로 그 성읍 이름을 소알이라 불렀더라.
23 롯이 소알에 들어갈 때에 해가 돋았더라.
24 여호와께서 하늘 곧 여호와께로부터 유황과 불을 소돔과 고모라에 비같이 내리사
25 그 성들과 온 들과 성에 거주하는 모든 백성과 땅에 난 것을 다 엎어 멸하셨더라.

성경에 등장하는 대표적인 심판의 이야기가 '소돔과 고모라'에 관한 이야기다. 소돔과 고모라는 성적 타락인 퇴폐의 극치를 보여주고 있다. 앞에서도 누누이 지적한 바와 같이 "하나님께서 심판하셨다."는 표현은 달이 차면 기울듯이 하나님의 법대로 되었다는 히브리문학 특유의 표현이다.

소돔과 고모라의 이야기를 심판하시는 하나님의 입장이 아닌 구원하시는 하나님의 입장에서 보면 다르게 보인다. 하나님은 소돔과 고모라를 멸망시키러 오시는 것이 아니라 멸망을 피할 수 없을 만큼 죄악이 넘쳐난 그 곳에서 같이 멸망 받아서는 안 될 사람을 찾으러 오셨다. 죄 없는 사람이 죄인과 같이 망하는 것은 법에 맞지 않으며, 하나님은 심판하시는 분이 아니라 구원하시는 분이시기 때문이다. 이런 사실은 "그리로 속히 도망하라. 네가 거기 이르기까지는 내가 아무 일도 행할 수 없노라."라는 22절에서 잘 나타난다.

소돔과 고모라 성에서 멸망을 피할 사람은 롯이었다. 하나님은 롯에게 그 성의 멸망을 예고하고 아침 해가 뜰 때까지 그 성을 떠나라고 하셨다, 롯이 주저하자 다급해진 하나님은 롯과 그의 가족의 손을 잡아 끌고 성 밖으로 데리고 나와서 먼 산으로 피하라고 일러주셨다. 그러나 롯은 산으로 피하기를 주저하고 가까이 보이는 작은 마을을 가리키며 그 마을로 가겠다고 하자 하나님께서는 이를 허락하셨을 뿐만 아니

라 롯을 배려하여 그 마을을 멸망시키지 않으셨으며 또 "네가 그 마을에 갈 때 까지는 멸망의 불이 내리는 것을 지연시키겠다."라고 말씀하셨다. 이 일 때문에 그 마을은 '소알' (작은 마을)이라 불렀다.

소돔과 고모라, 소알, 무엇을 말하는가?

네가 거기 이르기까지는 내가 아무 일도 행할 수 없노라.

물음

6 인간의 수명(壽命), 몇 살까지인가?

본문 : 〈 5장 〉

1 이것은 아담의 계보를 적은 책이니라 하나님이 사람을 창조하실 때에 하나님의 모양대로 지으시되
2 남자와 여자를 창조하셨고 그들이 창조되던 날에 하나님이 그들에게 복을 주시고 그들의 이름을 사람이라 일컬으셨더라.
4 아담은 셋을 낳은 후 팔백년을 지내며 자녀를 낳았으며
5 그는 구백삼십 세를 살고 죽었더라.
6 셋은 백오 세에 에노스를 낳았고 11 그는 구백오 세를 살고 죽었더라.
12 게난은 칠십 세에 마할랄렐을 낳았고 14 그는 구백십 세를 살고 죽었더라.
15 마할랄렐은 육십오 세에 야렛을 낳았고 17 그는 팔백구십오 세를 살고 죽었더라.
18 야렛은 백육십이 세에 에녹을 낳았고 20 그는 구백육십이 세를 살고 죽었더라.
21 에녹은 육십오 세에 므두셀라를 낳았고 24 에녹이 하나님과 동행하더니 하나님이 그를 데려가시므로 세상에 있지 아니하였더라.
25 므두셀라는 백팔십칠 세에 라멕을 낳았고 27 그는 구백육십구 세를 살고 죽었더라.
28 라멕은 백팔십이 세에 아들을 낳고 29 이름을 노아라하여 이르되 여호와께서 땅을
저주하시므로 수고롭게 일하는 우리를 이 아들이 안위하리라 하였더라 31 그는 칠백칠십
칠 세를 살고 죽었더라.
32 노아는 오백 세 된 후에 셈과 함과 야벳을 낳았더라.

창세기 5장에 아담을 비롯한 고대인들의 수명이 언급되고 있는데, 대략 900세 안팎을 살았다. 이런 것을 읽다보면 "어떻게 이런 일이 가

능했을까?", 또 "사실이었을까?"하는 생각이 든다. 이런 본문을 어떻게 읽어야 하나? 이를 위해서는 다음의 본문이 도움이 될 것이다.

본문 : 〈 6장 〉

1 사람이 땅 위에 번성하기 시작할 때에 그들에게서 딸들이 나니
2 하나님의 아들들이 사람의 딸들의 아름다움을 보고 자기들이 좋아하는 모든 여자를 아내로 삼는지라.
3 여호와께서 이르시되 **나의 영이 영원히 사람과 함께 하지 아니하리니** 이는 그들이 육신이 됨이라 **그러나 그들의 날은 백이십 년이 되리라 하시니라.**
4 당시에 땅에는 네피림이 있었고 그 후에도 하나님의 아들들이 사람의 딸들에게로 들어와 자식을 낳았으니 그들은 용사라 고대에 명성이 있는 사람들이었더라.

본문에 의하면 하나님의 아들들이 사람의 딸들과 결혼하는 이야기가 나오고 있다. '하나님의 아들들', '네피림'이 누구인지를 명확하게 말하는 것은 쉽지 않다. '천사' 또는 '하나님을 믿는 사람들' 등으로 추정하고 있을 뿐이다. 본문에서 말하려는 의도는 시간이 지나면서 인간에게 죄악이 더 심화되었고 그 결과 수명이 120세로 단축되었다는 점이다. 본문의 "그들의 날은 백 이십 년이 되리라."라는 말씀은 앞에서 언급한 '심판'의 경우처럼 하나님께서 징벌로 수명을 단축시키셨다는 뜻이 아니라 인간이 죄의 지배를 받게 된 결과 그렇게 되었다는 은폐, 함축, 암시의 이야기이다. "나의 영이 영원히 사람과 함께 하지 아니하리니"라는 표현은 인간들이 죄의 지배를 받게 됨으로써 하나님의 영이 더 이상 영원히 계실 수가 없게 되었음을 말한다. '하나님의 영'은 곧 생명을 말한다. 흙으로 빚어진 아담의 육체에 생기(生氣) 곧 하나님의 영을 불어넣음으로써 아담에게는 생명이 주어졌다.[34]

창세기 6장의 말씀에 의하면 인간의 수명은 죄의 지배와 관련이 있

---

34) 여호와 하나님이 땅의 흙으로 사람을 지으시고 생기를 그 코에 불어넣으시니 사람이 생령이 되니라.(창세기 2:7)

으며, 인간이 죄를 지으면 땅이 같이 저주를 받게 된다. 이런 사실은 성경의 언급이 아니더라도 쉽게 확인할 수 있다. 마음을 편하게 하는 것과 육체의 건강이 연관이 있음은 모두가 아는 사실이다. 최근에 심각한 문제로 대두되고 있는 환경파괴는 건강에 직접 영향을 주고 있는데 환경파괴는 인간의 욕심이 빚어낸 결과다.

이렇게 보면 창세기 5장에 등장하는 900년 안팎을 살던 인간의 수명에 대한 언급은 초기의 인간들에게는 그만큼 죄의 지배가 적었다는 뜻이 된다. 따라서 창세기 5장은 우리에게 이렇게 말하고 있다.

마땅히 생각할 것 이상을 품지 마라.
욕심을 버려라.
이미 주어진 것이 과분한 줄 알아라.
…….

후반부(後半部) : 12장~50장

- **구원**

  아브라함(12~25장)

  이　　삭(26~27장)

  야　　곱(28~36장)

  요　　셉(37~50장)

창세기 전반부인 원역사(1~11장)에서는 법의 창조와 범법에 의한 죄, 심판 등을 다루었다. 그런데 창세기 후반부(12~50장)는 아브라함, 이삭, 야곱, 요셉 등 네 사람에 관한 이야기로 구성되어 있는데, 흔히 족장사(族長史)라고 부른다. 그 이유는 이들이 살던 시대가 씨족/부족 시대이기 때문이다.

이 이야기 속에 하나님께서 세상을 구원하시는 방법과 내용이 들어 있다. 하나님께서 부르신 네 사람을 통하여 하나님의 법대로 사는 것이 어떤 것인지를 보여주고 있다. 이 이야기들은 율법 이전의 시대를 배경으로 하고 있으므로 **'이야기 율법'** 이라고 할 수 있다. 그 내용이 출애굽 이후에 등장하는 **'성문 율법'** 과 맥을 같이하고 있기 때문이다.

이야기 분량으로 볼 때 아브라함과 요셉의 이야기가 가장 많은 이유는 이들이 구원의 문제를 다루는 데 있어서 중요한 비중을 차지하기 때문이다. 특히 요셉의 이야기는 창세기에서 말하는 구원의 진수를 보여주고 있다.

제 5 장

후반부 구원이야기

구원

창세기 12장에서 50장에 이르는 긴 이야기에는 아브라함, 이삭, 야곱, 요셉이 등장하고 있는데, 이 네 사람이 하나님의 법대로 살아가는 이야기를 통해서 구원의 문제를 다루고 있다. '구원' 이라는 중요한 문제에 대하여 치우침 없이 균형있는 이해에 이르려면 창세기에서 구원개념을 먼저 정확히 파악하고 이어서 율법서, 예언서의 구원개념을 거쳐서 신약성경의 예수님의 십자가 구원 이해로 이어져야 한다.

복음서의 예수님의 수난과 바울서신 특히 구원문제를 다루는 로마서를 비롯하여 사도행전과 그 이후에 진행되는 초대교회 역사를 이해하기 위해서는 창세기에서 시작되는 구원이야기에 대해서 충분한 이해를 해야 한다. 이런 이유로 본서에서는 아브라함, 이삭, 야곱, 요셉 등의 이야기는 물론 구약성경 전반을 이런 구원의 시각에서 접근했다.

물음 1 구원, 어느 종교에 있는가?

'구원' 은 이 세상에서의 삶뿐만 아니라 영원한 생명에 이르는 문제이기 때문에 인간에게 가장 중요한 것이라고 할 수 있다. 그런 까닭에 모든 종교, 모든 가르침은 이 문제를 다루고 있으며 서로 자신의 종교가 진리라고 주장한다. 그렇다면 어느 종교의 가르침이 맞는가? 이런 저런 이유로 특정 종교에 몸담게 되었기 때문에 자신의 종교가 옳다고 말하는 것은 객관성을 상실한다. 무엇이 진리인지 객관적으로 진지하게 물어보아야 한다. 구원의 문제는 인간에게 가장 중요하기에 더더욱 그렇다.

어느 종교에서 말하는 구원의 가르침이 진리라는 것을 무엇으로 알 수 있는가? 먼저 그 종교가 가르치는 신학을 통해서 파악할 수 있을 것이다. 그러나 이것은 그 문제를 다루는 신학자의 논리력과 설득력에 영향을 받을 수 있다. 또 신학을 이해하기 위해서는 상당한 지식이 요구된다. 구원의 문제는 인간에게 가장 중요한 문제이기에 모든 사람이 스스로가 깨닫거나 이해할 수 있고 또 진위여부를 판단할 수 있어야 한다. 구원의 진리는 보편성이 있어야 하기 때문이다. 이를 충족시킬 수 있는 방법이란 무엇일까?

지극히 단순한 것에서 대답을 찾을 수 있다. 즉 세상을 살아가는 사람이라면 살아가면서 겪는 경험을 통하여 자연스럽게 터득하는 데에 있다. 여기서는 이런 방식으로 가장 중요한, 동시에 대답이 쉽지 않은 이 문제를 다루어 보려고 한다.

1. 생명의 원리와 이치에 맞아야 한다.

진정한 생명에 이르는 구원의 길은 세상에 있는 수많은 생명체들을 지배하고 있는 생명의 법에서 찾아야 한다. 생명을 다루는 법속에 생명의 원리가 들어있기 때문이다. 이것이 구원의 가르침을 분별하는 가장 중요한 기준이 될 수 있다. 그렇다면 생명체 일반을 지배하고 있는 공통의 법은 무엇일까?

이 세상에는 수많은 생명체가 존재하며, 생명을 이어가고 있다. 그 생명체들이 대를 이어가는 원리와 이치는 무엇일까? 대단히 복잡하고 어려울 것 같지만 지극히 단순하다. 모든 생명체에는 부모가 있다. 부모가 자식에게 자신의 생명을 내어주는 삶, 그 속에 생명체가 대를 이어가는 원리와 이치가 들어있다. 몇 가지의 예를 들어보고자 한다.

먼저 식물의 세계를 살펴보자. 대부분의 식물들은 씨앗을 통해서 대를 이어간다. 땅에 묻힌 씨앗에서 싹이 나서 자라는 것은 씨앗이 새싹을 위하여 자신의 몸을 먹이로 내어주는 것이다. 돋아나는 새싹은 어미인 씨앗을 먹고 자라기 때문이다. 이것이 식물의 세계를 지배하는 원리요 이치다.

그 다음으로 동물의 세계를 살펴봐도 같은 원리와 이치가 지배한다. 동물의 세계를 지배하는 모성애 또는 부성애가 이것을 말해준다. 가시고기, 연어 등 물고기의 일생을 살펴보면 어미들이 새끼를 위해 기꺼이 자신의 목숨을 내어 놓는다. 모든 동물은 자신의 새끼들을 지키거나 기르기 위해 생명을 아끼지 않는다. 눈물겹도록 헌신하면서도 결코 그것을 후회하거나 포기하지 않는다.

사람도 마찬가지다. 사람은 누구나 자기 자식을 자신의 생명보다 더 귀하게 여기며 최선을 다하여 자식을 돌보게 되어 있다. 자식을 살리기 위하여 대신 죽는 것을 마다할 부모는 없다. 이는 누가 시켜서가 아니라 주어진 본능에 따른 행위다.

인간을 구원하는 원리와 이치, 즉 법은 이와 같이 생명체를 지배하는 법과 같아야 한다. 생명체를 지배하는 원리인 법에 의하면 인간은 스스로 존재할 수가 없다. 반드시 자신을 낳은 조상이 있게 마련이다. 자식을 낳은 부모는 자식을 위하여 기꺼이 자신의 생명을 내어준다. 이처럼 자신의 생명을 내어주는 모성애(부성애)가 식물과 동물의 세계를 지배하고 있는데, 이것이 바로 하나님께서 만드신 생명의 법이다.

세상에 있는 수많은 종교, 가르침들 가운데 이와 같은 법에 정확하게 부합하는 종교는 어느 것일까? 성경의 이야기는 이런 생명의 법과 정확히 일치한다. 성경에서는 인간을 지으신 하나님을 아버지라고 하며, 인간을 하나님의 자녀라고 말한다. 아버지 하나님께서 당신의 자식인 인간을 살리기 위하여 친히 인간이 되셔서 당신의 살과 피를 내어 주시고 대신 죽으셨다. 인간으로 오신 하나님이신 예수님은 당신의 죽으심을 밀알의 비유로 설명하셨고,[35] 또 "내 살을 먹고 내 피를 마셔라. 그러면 너희가 살리라."[36]라고 말씀하시고 십자가의 죽으심으로 그 말씀을 실천하셨다.

성경 이외에 다른 그 어떤 종교, 어떤 가르침에서 인간의 구원 문제를 이렇게 생명의 법에 맞추어 말하고 있는 곳이 있을까? 없다. 다른 어떤 종교, 어떤 가르침, 어떤 책에도 이렇게 말하고 있지 않다. 오직 성경에서만 세상의 이치와 맞는 구원의 길을 말하고 있다.

2. 용서의 법이어야 한다.

❶ 구원받아야만 한다.

인간은 본능적으로 죽음을 두려워하고 내세의 천국과 지옥, 심판을 생각하게 되며, 죽은 후에는 지옥이 아닌 천국에 가기를 바란다. 이것은 인간이라면 누구나 태어나면서부터 가지고 있는 마음이다. 이런 궁극적인 물음은 우리에게 이렇게 말한다.

구원받아야 한다.

❷ 법(양심)을 지켜야 한다.

세상의 모든 동 · 식물은 물론 우주의 천체들은 자신들이 지켜야할 법이 있다. 양심의 소리는 인간에게 주어진 '법'과 같다. 법은 지키기 위해서 있으며, 반드시 지켜져야 한다. 송충이는 솔잎을 먹고 누에는 뽕잎을 먹어야 하며, 물고기는 물에 살아야 한다. 이것은 반드시 지켜져야 살아남을 수 있다. 양심의 법도 마찬가지다. 기득관념으로 주어

---

35) 그러자 예수께서 말씀하셨다. "인자가 영광을 받을 때가 왔다. 내가 진정으로 말한다. 밀알 하나가 땅에 떨어져 죽는 것과 같이 나는 죽어야 한다. 내가 죽지 않고 그대로 있으면 밀알 하나가 그대로 있는 것과 같다. 그러나 내가 죽으면 한 알의 죽은 밀알에서 많은 밀알이 맺히듯이 새 생명들을 풍성하게 거두게 될 것이다."(요한복음 12:23~24, 현대어)

36) 저희가 먹을 때에 예수께서 떡을 가지사 축복하시고 떼어 제자들을 주시며 가라사대 "받아 먹으라. 이것이 내 몸이니라." 하시고, 또 잔을 가지사 사례하시고 저희에게 주시며 이르시되 "너희가 다 이것을 마시라. 이것은 죄 사함을 얻게 하려고 많은 사람을 위하여 흘리는 바 나의 피 곧 언약의 피니라."(마태복음 26:26~28)

진 내세, 심판, 천국과 지옥을 염두에 둘 때 구원의 기준은 양심의 법 준수 여부에 있어야 한다. 준법(遵法)은 어느 정도여야 하는가? 전부 지켜야 한다. 이는 법의 정신이다. 만일 태양이 잠시 멈추어 서서 빛을 내지 않는다면, 지구가 공전과 자전을 게을리 하고 지축의 기울기를 수시로 바꾼다면 어떻게 되겠는가? 지구의 모든 생명체는 전멸하고 말 것이다. 우주의 모든 존재는 자신의 자리, 자신에게 주어진 법을 엄격히 지키고 있다. 이런 법들은 엄격히 지켜져야만 우주의 존립이 가능해진다.

인간에게는 양심(良心)이 주어져 있다. 도덕이나 윤리가 말하지 않아도 선하게 살아야 하며 악하게 살아서는 안된다는 것을 스스로 알게 되며, 어려운 사람을 보면 불쌍한 마음이 들게 된다. 이런 선악(善惡)의 개념은 자연스럽게 다음 세상을 생각하게 한다. 이 세상에서 선하게 산 사람과 악하게 산 사람을 공평하게 평가해 줄 다음 세상이 있어야 정의의 기본개념에 맞기 때문이다. 또 내세(來世), 천국과 지옥, 심판 등은 본래부터 타고난 기득관념(旣得觀念)이다.

인간에게 주어진 법인 양심은 매사에 있어서 선하게 살아야 한다는 것을 끊임없이 말하고 있다. 인간이 구원에 이르기 위해서는 이 법을 지켜야 한다.

법을 지킬 수가 없다.

양심을 가진 인간은 성장하면서 양심에 따라 선하게 살아야 한다는 것을 스스로 깨달아 알게 되고 또 마음 한편에서는 선하게 살고 싶지만 실제의 삶에서는 양심의 요구에 전혀 부응하지 못하는 것을 경험하게 된다. 남에게 피해를 주지 않을 정도, 도덕과 윤리의 지탄을 받지 않을 만큼, 사회법에 저촉되지 않을 만큼은 실행하지만, 자신의 양심의 소리에 다 순응하는 것은 불가능하다. 모두가 인간이기 때문인데,

'인간' 이라는 용어는 '불완전' 의 의미를 담고 있다. 바꾸어 말하면 인간은 자신에게 주어진 법인 양심을 지키지 못하므로 범법자요 죄인인 셈이다.

자연 만물이 가르쳐 주는 바에 의하면 인간이 구원받기 위해서는 자신에게 주어진 법 즉 양심의 법을 지키되 엄격히 전부 지켜야 한다. 그러나 경험에 의하면 인간은 인간이기에 이 법을 다 지킬 수가 없다. 그러면 인간의 구원문제는 어떻게 되는가? 어느 누구도 구원 받을 수가 없다. 이는 자명한 사실이다. 모든 사람에게 주어진 양심은 자신에게 이렇게 말한다.

모든 사람은 죄인이며 구원받을 수 있는 사람은 아무도 없다.[37)]

❸ 길은 있다. 있어야 한다.

"하늘이 무너져도 솟아날 구멍은 있다.", "호랑이에게 물려가도 정신만 차리면 산다.", "죽으라는 법은 없다." 등의 격언은 무엇을 말하는가? 길은 있게 마련이라는 것을 말한다. 병이 있으면 약이 있다. 이는 세상 모든 것에 적용되는 원리요 이치다.

인간은 구원받아야만 한다. 그러나 구원받을 수 없는 것이 인간의 현실이다. 그러나 길은 있다. 반드시 있어야 한다. 그 길은 무엇인가?

❹ 용서받아야 한다.

법을 지키지 못하여 구원에 이르지 못하는 인간이 구원에 이르기 위

37) 그러면 어떠하냐? 우리는 나으냐 결코 아니라 유대인이나 헬라인이나 다 죄 아래에 있다고 우리가 이미 선언하였느니라. 기록된 바 "의인은 없나니 하나도 없으며 깨닫는 자도 없고 하나님을 찾는 자도 없고 다 치우쳐 함께 무익하게 되고 선을 행하는 자는 없나니 하나도 없도다. 그들의 목구멍은 열린 무덤이요 그 혀로는 속임을 일삼으며 그 입술에는 독사의 독이 있고 그 입에는 저주와 악독이 가득하고 그 발은 피 흘리는데 빠른지라 파멸과 고생이 그 길에 있어 평강의 길을 알지 못하였고 그들의 눈 앞에 하나님을 두려워함이 없느니라."(로마서 3:9~18)

해서는 '범법'(犯法)의 문제가 해결되어야 한다. 범법의 문제가 해결되기 위해서는 법을 지키는 것이 우선이지만 불완전한 인간은 법을 완전히 지킬 수가 없다. 즉 준법으로는 범법의 문제가 해결되지 못한다. 이제 남은 유일한 방법은 죄를 용서받는 길이다. 그러나 지은 죄를 그냥 용서받는다면 법의 형평성에서 벗어난다. 모든 존재에 부과된 법에는 다음과 같은 형평성의 원칙이 있어야 한다.

법은 지켜져야 한다.
법을 어긴 경우 형벌이 주어져야 한다.
형벌은 당사자가 받아야 한다.

법을 지키지 못하는 인간이 구원받기 위해서는 용서받는 것이 유일한 방법이지만 법의 형평성의 원칙에 의하면 용서받을 수가 없다. 법의 정신은 반드시 지켜져야 한다. 이 원칙들이 지켜지면서 구원받을 수 있는 길은 무엇인가?

❺ 하나님의 대속(代贖)에 의한 용서(容恕)에 있다.

인간의 입장에서 본다면 법을 다 지키지 못하면서 구원받기 위해서는 용서받는 것 이외에는 달리 방법이 없다. 그러나 죄를 짓고서 형벌도 없이 용서받는 것은 법의 정신에 위배된다. 하나님의 입장에서도 마찬가지다. 인간이 구원받기 위해서는 용서해주는 것 이외에는 방법이 없다. 그러나 아무런 형벌없이 그냥 용서한다면 이 역시 법의 정신에 어긋난다. 또 형벌을 제삼자에게 전가시켜서도 안된다. 이는 당사자 원칙에 어긋나기 때문이다. 그러면 어떻게 해야 하나?

하나 더 생각해 볼 수 있는 방법이 있다. 세상을 만드신 하나님, 모든 피조물에 존재의 법을 주신 하나님, 그 법을 집행(심판)하시는 하나님, 법 자체이신 하나님, 그분께서 인간이 받을 형벌을 대신 받으시고 인간을 용서하시면 된다. 그러나 여기에도 문제가 있다. 당사자 원칙이다. 법을 어긴 당사자인 인간이 책임을 져야한다는 원칙이 충족되지 않는다. 이 원칙은 어떻게 충족될 수 있는가?

이제 마지막으로 남은 방법이 하나 있다. 하나님께서 하나님이시기를 포기하시고 인간으로 오셔서 죄인의 입장에서 죄의 형벌을 대신 받으시면 된다.[38] 이를 가리켜 '대속'(代贖)이라고 한다. 성경에서 말하는 예수님은 누구이신가? 사람이 되신 하나님을 말한다. 사람의 구원을 위하여 죄인인 사람이 되신 분이시다. 이를 다른 말로 표현하면 하나님의 독생자(외아들)라고 하며, 대속자를 '구세주', '메시아', '그리스도'라고 한다.

이렇게 되면 법의 모든 형평성과 조건이 충족된다. 달리는 방법이 없으니 유일한 길이다. 기독교를 상징하는 십자가는 하나님의 대속에 의한 용서를 말한다. 결국 인간의 구원의 문제는 다음과 같이 논리적인 귀결로 정리가 된다. 이는 논리적인 귀결일 뿐 아니라 자연 만물이 말해주고 있는 자명한 이치이다.

'하나님의 대속에 의한 용서'에 있다.

---

38) 신약성경에서는 이에 대해서 두 곳에서 증언하고 있다.
태초에 말씀이 계시니라. 이 말씀이 하나님과 함께 계셨으니 이 말씀은 곧 하나님이시니라. 그가 태초에 하나님과 함께 계셨고 만물이 그로 말미암아 지은 바 되었으니 지은 것이 하나도 그가 없이는 된 것이 없느니라. 그 안에 생명이 있었으니 이 생명은 사람들의 빛이라. 말씀이 육신이 되어 우리 가운데 거하시매 우리가 그의 영광을 보니 아버지의 독생자의 영광이요 은혜와 진리가 충만하더라.(요한복음 1:1~4, 14)
너희 안에 이 마음을 품으라 곧 그리스도 예수의 마음이니 그는 근본 하나님의 본체시나 하나님과 동등됨을 취할 것으로 여기지 아니하시고 오히려 자기를 비워 종의 형체를 가지사 사람들과 같이 되셨고 사람의 모양으로 나타나사 자기를 낮추시고 죽기까지 복종하셨으니 곧 십자가에 죽으심이라. 이러므로 하나님이 그를 지극히 높여 모든 이름 위에 뛰어난 이름을 주사 하늘에 있는 자들과 땅에 있는 자들과 땅 아래 있는 자들로 모든 무릎을 예수의 이름에 꿇게 하시고 모든 입으로 예수 그리스도를 주라 시인하여 하나님 아버지께 영광을 돌리게 하셨느니라.(빌립보서 2:5~11)

3. 대속이 중심이어야 한다.

'종교'(宗教)라는 단어의 한자를 풀이해 보면 '가장 큰 가르침'이라는 뜻이다. 왜 종교가 가장 큰 가르침인가? 종교에서 가르치는 영역은 현세(現世)뿐만 아니라 내세(來世)까지 포함되기 때문이다. 즉 내세에 대한 가르침은 종교 본연의 기능인 셈이다. 아무리 훌륭한 가르침이라 하더라도 내세에 대하여 침묵한다면 그것은 철학이 되고 만다.

세상에는 많은 종교가 있어서 내세에 대한 다양한 가르침을 주고 있다. 종교의 가르침의 중심은 내세, 즉 구원론이다. 어느 종교의 구원론이 옳은 것인가? 세상의 창조주. 법을 만들고 집행하는 심판주의 죄인 되심과 대속의 죽음을 말하는 종교여야 한다. 또 이런 교리가 여러 가르침 중의 하나(a teaching)가 아니라 중심 가르침(the teaching)이어야 한다.

4. 지상(至上) 최고(最高)의 가르침이어야 한다.

각 종교와 가르침에서 말하는 최상의 가르침을 서로 비교해보면 "~을 하지 말라"는 금지(부정)명령과 "~을 하라"는 실행(긍정)명령의 두 유형으로 나뉜다.

❶ 금지명령

기독교의 뿌리라고 할 수 있는 유대교의 최고 가르침은 "네가 싫어하는 것을 남에게 하지 말라."는 명령으로 함축된다.[39] 이런 가르침은 유교에서도 동일하게 발견된다. "자기가 하고자 하지 않는 바를 남에게 베풀지 말라."(己所不欲勿施於人)고 말하기 때문이다.[40] 그리스 고

39) 어떤 이방인이 찾아와 "내가 한 발로 서 있는 동안 율법의 전부를 설명해주면 유대교로 개종을 하겠다."라고 하자 힐렐(Hillel)이라는 랍비는 "네가 싫어하는 것을 남에게 하지 마라. 이것이 율법의 전부며 나머지는 해설에 불과하다."라고 말했으며, 외경에도 같은 말이 있다. "네가 싫어하는 일은 아무에게도 행하지 말아라."(토빗 4:16)

대철학이 가르치는 최고의 교훈도 "네가 하기 싫은 것은 남에게 하지 말라."라는 금지명령이다.[41] 불교 역시 모든 존재는 존귀하므로(天上天下唯我獨尊) "살생을 하지 말라"고 가르치고 있으며, 이것이 가르침의 중심이다.

이상에서 간략히 살펴본 바와 같이 주요 종교의 최고의 교훈은 부정명령이라고 할 수 있다.

❷ 긍정명령

유대인들이 부정명령을 중요시한데 반하여 예수님은 긍정명령을 내리고 있다. "그러므로 무엇이든지 남에게 대접을 받고자 하는 대로 너희도 남을 대접하라 이것이 율법이요 선지자니라."(마태복음 7:12), "나는 너희에게 이르노니 너희 원수를 사랑하며 너희를 핍박하는 자를 위하여 기도하라."(마태복음 5:44), "그러므로 하늘에 계신 너희 아버지의 온전하심과 같이 너희도 온전하라."(마태복음 5:48) "내 계명은 곧 '내가 너희를 사랑한 것 같이 너희도 서로 사랑하라.' 하는 이것이니라. 사람이 친구를 위하여 자기 목숨을 버리면 이보다 더 큰 사랑이 없나니 너희는 내가 명하는 대로 행하면 곧 나의 친구라."(요한복음 15:12~14)

기독교 이외의 종교들은 인간의 윤리와 도덕적인 차원에서 생각할 수 있는 최고의 덕목인 "네가 싫어하는 것을 남에게 시키지 말라."는 부정명령을 내리고 있다. 그러나 기독교는 종교적인 차원에서 "대접받

---

40) 자공이 물어 말하였다. "평생 행할 바를 한마디로 말한다면, 그것이 무엇입니까?" 공자께서 대답하셨다. "그것은 용서(恕)다. 자기가 하고자 하지 않는 바를 남에게 베풀지 말라." (「論語」'위령공' 편 제24장)

41) 소크라테스를 비롯한 엄격한 윤리를 가르쳤던 스토아학파 등의 가르침은 '부정명령'이다. 알렉산더 대왕은 "네가 하기 싫은 것을 누구에게도 시키지 말라."(What you do not wish to be done to you, do not do to anyone else.)는 스토아학파의 교훈을 잊지 않기 위하여 자신의 집무실 벽에 새겨 놓았다고 한다.

고자 하는 대로 대접해주어라.", "원수를 사랑하라.", "하나님처럼 완전해지라."는 긍정명령을 통하여 지상 최고 즉 신적(神的)인 차원의 실천을 요청하고 있다.

❸ 윤리(부정)인가? 종교(긍정)인가?

부정명령이어야 하는가? 아니면 긍정명령이어야 하는가? 이에 대한 대답은 세상의 생명체들이 살아가는 원리와 이치에서 찾으면 된다. 세상의 생명체들은 다음과 같은 두 법을 따르고 있다. 부모는 자식을 위하여 자기가 하기 싫은 것을 하지 않는 정도가 아니라 자기 생명을 아낌없이 내어주고 있다. 또 먹이사슬의 원리는 너를 위해서 나를 다 내어주게 되어있다. 이는 자연만물은 긍정명령을 따르고 있다는 것을 잘 보여주고 있다. 즉 세상의 생명체들은 부정명령이 아닌 긍정명령으로 살아가고 있다.

부정명령은 윤리, 철학의 요청이요 긍정명령은 종교적인 요구다. 성경에서 유일하게 긍정명령을 내리고 있다면 이는 성경만이 종교적인 요청을 하고 있다는 뜻이며. 이는 자연만물의 존재 원리와 일치한다.

5. 보편성을 가져야한다.

인간에게 있어서 가장 중요한 '구원'의 진리가 진리이기 위해서는 보편성을 가져야 한다. 종교적인 열심이 강하여 구도의 길을 가는 사람이나 또는 지적인 능력이 뛰어난 사람만이 득도(得道)에 이를 수 있다면 그것은 이미 구원의 진리일 수 없다. 이 세상에 태어난 사람이라면 평범한 삶 속에서 누구나 이미 경험하고 있으며, 경험으로 이미 알고 있으며, 이미 가지고 있는 그런 진리여야 한다. 동식물이 살아가는 모습에서, 농사짓는 농지에서, 자식을 낳아 기르는 가정에서 같은 원리가 경험되어야 하고 누구나 알 수 있고 도달할 수 있어야 구원의 진리다.

6. 역사성이 있어야 한다.

'종교' (宗教)는 여러 가르침 중에서 가장 큰 가르침이다. 이런 가장 큰 가르침이 인간의 정신, 마음만을 대상으로 하거나 세상의 현실을 도외시하고 내면의 세계만을 추구한다면 이는 가장 큰 가르침이라고 할 수 없다. 인간의 현실을 직시하고 그 현실을 타개하기 위한 구체적인 대안이 있어야 한다. 따라서 어떤 종교가 가장 큰 가르침 즉 진리이기 위해서는 인류의 역사에 뿌리를 내리고 구체적인 역사의 현장에서 개인은 물론 세상을 바로잡으려는 역사적인 행동이 수반되어야 한다. 성경의 기초인 율법서와 그 율법을 실천하라고 외치는 예언자들, 그리고 그 율법과 예언자를 완성시키는 예수님의 가르침은 신분과 지위, 빈부의 격차로 비참해져 있는 세상 한 복판에서 불의와 가난을 추방하여 뜻이 하늘에서 이루어진 것 같이 땅에서도 이루어지게 하는 것을 중심 주제로 삼고 있다. 이는 결코 무소유(無所有)나 청빈의 도를 강조하지 않는다. 모든 민족이 너와 네 후손으로 말미암아 복을 받아서 정신은 물론 물질적으로 유복하게 살게하라는 것이 성경의 중심이다.

'구원' 이라는 용어가 개인이나 또는 정신에만 적용될 수 없는 이유도 여기에 있다. 인간이 살아가는 세상, 모순과 죄악이 지배하는 현실에까지 확대 적용되어야 한다. 흔히 "개인구원이냐? 사회구원이냐?" 라고 묻는다. 이 둘은 결코 나누어 생각할 수 없다. 둘 다를 포함해야 한다.

성경은 전적으로 역사성에 기초해 있으며 역사를 중요하게 생각한다. 기독교에 있어서 역사와 분리된 신앙은 있을 수 없다.[42]

---

42) 이런 성격은 구약의 출애굽 사건과 가나안 입주사건에서 잘 나타나며, 신약에서는 땅 끝까지 이르러 복음을 전하라는 예수님의 명령과 초대교회 역사 속에 들어있다. 이스라엘의 왕정기와 예수님 당시의 유대교와 기독교의 중세역사는 당시 신앙의 오류로 말미암아 빚어진 실패의 역사이다. 이런 잘못에 대해서는 철저한 반성과 참회가 있어야 한다. 이 부분에 대해서는 필자의 졸저 「하비루의 길」, 「죄인의 길」에서 상세하게 다루었다.

인간에게 있어서 가장 중요한 구원의 문제가 인간 스스로 생각하기에 좋은 방법, 흔히 생각하듯이 "선하게 살면 된다.", 또는 "일체의 세속적인 것으로부터 초탈해야 한다."는 등의 사람이 고안한 방법으로는 해결되지 않는다. 인간이 구원받는 길은 앞에서 설명한 여러 조건들을 충족해야 하며, 창조주요 법이며 법의 집행자인 하나님께서 직접 사람이 되셔서 사람의 삶을 사시다가 사람의 죄로 말미암은 형벌을 대신 짊어지고 죽으신 역사가 있어야 한다.

성경에서 말하는 진리는 이것과 정확히 부합한다. 이와 같은 이유에서 "기독교 이외에는 '구원'에 합당한 종교가 없다."라는 독단이 성립된다. 이는 단순히 신앙적인 경험이나 그 경험에 의한 확신에서 비롯된 배타적인 주장이 아니다. 이는 생명의 이치와 여러 종교의 가르침에서 살펴본 객관적인 사실이며 논리적인 귀결이자 상식의 교훈이며 자명한 이치이다.

다른 길은 없다.

물음 2 하나님의 구원 계획, 어떤 것인가?

탈선하여 파멸의 길을 가는 자식을 바라보면서 그냥 있을 부모는 없다. 할 수 있는 모든 수단과 방법을 다하여 자식을 바른 길로 인도하려는 것은 부모의 본능이다. 하나님과 인간의 관계가 부모와 자식의 관계와 같다고 한다면 아버지이신 하나님께서 당신의 형상대로 지음 받은 자식인 인간의 멸망을 그냥 두고 보실 리가 없다. 하나님께서는 어떤 방법으로 당신의 자녀들을 구원하려고 하실까? 이제 여기서 부터는 바로 그 이야기가 시작된다.

사려 깊은 부모라면 잘못된 길을 가는 자식을 보면서 그를 바른 길로 인도하기 위한 적절한 방법 없이 아무렇게나 대하지 않을 것이다. 자식의 생사가 달린 문제인데 결코 소홀히 할 리가 없다. 더구나 법, 원리이신 하나님에게 아무런 구원계획이 없으셨을 리가 없다. 그 구원계획을 먼저 짚어볼 필요가 있다.

그런데 어떻게 하나님의 계획을 알 수 있을까?

구속사(救贖史)라는 좀 생소한 용어가 있다. 이는 하나님께서 세상을 구원하시는 일을 역사적으로 살펴보는 것을 말한다. 하나님의 구원계획이 현재나 미래에 한정된다면 인간이 하나님의 구원계획을 안다는 것이 어려울 수 있다. 그러나 구속사는 4천 년의 역사를 가지고 있기 때문에 구속사의 흐름을 살펴보면 "하나님의 구원계획이 이런 것이었고, 이렇게 진행되어 가는구나!" 하고 파악해볼 수가 있다. 이 구원계획은 창세기를 비롯하여 모세오경이라 불리는 율법서(창세기, 출애굽기, 레위기, 민수기, 신명기)에 잘 드러나 있다. 율법서가 중요한 이유는 바로 여기에 있다.

율법서에 드러난 하나님의 구원계획을 간추려보면 다음과 같다.

- **참 믿음을 가진 한 사람을 찾아내자.**
- **그 믿음을 이어받은 후손들로 신앙 공동체를 만들게 하자.**
- **이들로 하여금 하나의 신정(神政)국가를 만들게 하자.**
- **이 나라를 보고 다른 모든 나라가 배우게 하자.**

이 계획의 특징은 한 사람, 한 공동체, 한 나라를 통하여 하나님의 구원이 어떤 것인지를 보여주는 선교라고 할 수 있다.

물음

3 왜 아브라함인가?

본문 : 〈 12장 〉

1 여호와께서 아브람에게 이르시되 너는 너의 고향과 친척과 아버지의 집을 떠나 내가
네게 보여 줄 땅으로 가라
2 내가 너로 큰 민족을 이루고 네게 복을 주어 네 이름을 창대하게 하리니 너는 복이 될
지라
3 너를 축복하는 자에게는 내가 복을 내리고 너를 저주하는 자에게는 내가 저주하리니
땅의 모든 족속이 너로 말미암아 복을 얻을 것이라 하신지라
4 이에 아브람이 여호와의 말씀을 따라갔고 롯도 그와 함께 갔으며 아브람이 하란을 떠
날 때에 칠십 오세였더라.

구속사의 시작에 서 있는 그 한 사람은 누구일까? 아브라함(아브람)이 바로 그 사람이다. 그가 널리 알려져 있으며, 특히 성경에서 대단히 중요하게 다루고 있는 이유는 하나님께서 찾아내신 그 '한 사람' 에 해당되기 때문이다.

1. 한 사람

아브라함, 그는 도대체 어떤 사람이었기에 그 한 사람이 될 수가 있었을까?

창조주이시며 인간의 생사화복(生死禍福)을 지배하시는 하나님의 '선택' (選擇) 또는 '예정' (豫定)이라고 생각할 수 있다. 그러나 이렇게 결론짓고 넘어가기에는 무언가 빠진 것이 있지 않을까? 당시에 살고 있던 수많은 사람들 가운데서 왜 하필 아브라함이었을까? 하나님의 선택과 예정이라고 해도 선택되고 예정될만한 그 무엇이 있지 않았을까? 아브라함은 세상 구원의 문제에 아무런 관심도, 관련도 없었는데 하나님의 일방적인 선택에 의해서 이런 중요한 위치에 섰다고 말한다면 앞뒤가 맞지 않는다. 왜냐하면 우선 '공평성' 에서 문제가 된다. 구원의

문제가 이렇게 결정된다면 선택되지 않은 사람들은 불공평하며, 그들에게 책임을 물을 수 있는 여지가 없게 된다. 또 하나님께서 만드신 세상의 주요 원리 중의 하나는 인과론이다. 어떤 일에든지 원인은 있게 마련이다. 선택과 예정이론이 모순에 빠지지 않으려면 인과론과 만나야 한다.

이렇게 묻지 않을 수 없다. 왜 아브라함인가? 즉 아브라함이 선택될 만한 이유는 무엇이었는가? 그런데 이렇게 묻는 데에도 문제가 있다. 왜냐하면 아브라함이 부름을 받고 있는 장면을 말해주는 본문(창세기 12:1~4)은 물론 어디에서도 이에 대한 설명이 없기 때문이다. 사실 이런 문제는 아브라함의 경우만이 아니다. 모세, 엘리야 등 구약의 인물들은 물론이요 신약의 베드로, 안드레를 비롯한 제자들도 마찬가지다. 도대체 이들이 왜 선택을 받았는지에 대해서 성경은 침묵하고 있다.

그러면 어떻게 원인을 찾아야 하는가? 앞에서도 설명한 대로 성경의 기록방식을 이해해야 한다. 성경은 이런 문제에 명시적으로 상세하게 직접 설명하지 않고 은폐, 함축, 암시 등의 간접설명 방식으로 말하고 있다. 즉 말하는 방식이 다를 뿐이다. 그렇다면 아브라함의 선택이유를 간접 설명하는 그런 은폐, 함축, 암시가 어디에 들어있는가? 어떻게 그것을 찾아내야 하는가? 성경은 이것을 전적으로 독자의 몫으로 남겨놓고 있다. 본문을 자세히 읽고 생각해가면서 찾아내야 한다. 본문을 다시 한 구절 한 구절 읽어 보자.

여호와께서 **아브람에게 이르시되**

이 구절을 읽으면서 먼저 생각할 부분은 '아브라함에게 이르시되' 이다. 이 부분을 읽으면서 여호와께서 **왜 아브라함에게** 말씀하셨을까? 그 이유는 무엇일까를 생각해 보고, 그 다음에는 그 **이유**가 어디에 은폐, 함축, 암시의 방식으로 기록되어 있을까를 찾아보아야 한다. 그 원인은 어디에 들어있을까? 본문의 앞뒤의 연관된 부분을 비롯하여 본문전체를 자세히 살펴볼 필요가 있다.

그 원인은 하나님께서 아브라함에게 말씀하신 내용 속에 들어있다.

> 너는 너의 고향과 친척과 아버지의 집을 떠나 내가 네게 보여 줄 땅으로 가라

이 내용을 어떻게 읽어야 하나? 이 내용을 읽으면서 **"왜 이런 말씀을 하셨을까?"**를 생각해 보아야한다. 원인이 없는 결과가 없듯이 하나님께서 아무런 까닭 없이 이렇게 말씀하셨을 리가 없기 때문이다. 이번에는 이런 말씀을 하신 이유를 찾아내야 한다. 그 이유를 어떻게 찾을 수 있나?

이를 위해서는 아브라함에게 하신 "고향과 친척과 아비의 집을 떠나 내가 네게 보여 줄 땅으로 가라."는 말씀이 당시의 상황에서는 어떤 의미를 가지는지를 먼저 생각해 보아야 한다. 아브라함이 살던 시기는 아직 국가가 생기기 이전인 족장시대였다. 국가 차원의 치안은 확립되지 않았고 마을, 지역 단위의 씨족과 부족들의 공동체가 치안의 공백을 대신했다. 이런 시대에 자신의 부족을 떠난다는 것, 즉 나그네가 된다는 것은 자신을 지켜줄 아무런 장치가 없으므로 죽은 목숨과 다름없는 셈이 된다. 하나님께서 아브라함에게 '고향, 친척, 아비의 집을 떠나라' 는 것은 나그네가 되라는 뜻이며, '보여 줄 땅으로 가라' 는 것은 어디로 가야 할지도 모르는 정처 없는 길을 가라는 말씀인데, 이는 그 당시에 처할 수 있는 가장 위험하고 어려운 상황을 맞으라는 이야기가 된다.

도대체 하나님께서 아브라함에게 왜 이런 최악의 상황으로의 전락을 요구하셨을까? 또 어떻게 아브라함은 주저하지 않고 하나님의 이런 말씀에 순종을 했을까? 이런 이야기는 무엇을 말하고 있는가? 오늘 우

리의 입장에서는 도무지 납득이 되지 않는다. 이것을 이해하기 위해서는 또 당시의 상황을 살펴보아야 한다. 당시에는 이것이 무엇을 말하는 것일까? 본문(text)은 항상 그 배경(context)에서 이해되어야 한다. 그렇지 않으면 하나님께서 일방적으로 아브라함에게 명령하셨고 아브라함은 아무런 이의 없이 순종한 것 이상으로는 접근이 되지 않는다.

고향과 친척과 아비의 집을 떠나 내가 네게 보여 줄 땅으로 가라는 본문을 이해하기 위한 역사적, 사회적 배경은 당시의 종교상황이다. 고대 종교의 기원은 기복(祈福) 즉 복을 비는 데에 있다. 고대로 올라갈수록 양식과 안전의 확보는 생사의 문제와 직결되었다. 흉년이 들어 양식을 확보하지 못하거나 양식을 확보했어도 약탈을 당하면 이는 곧 죽음으로 연결되었다. 양식을 확보하는 풍년(豊年)과 종족이 늘어 노동력과 방어력을 확보하는 다산(多産) 만이 생존을 지켜줄 수 있었으므로 늘 이 문제로 고심했고, 또 불안에 떨어야 했다. 이런 사회 환경에서 풍년과 다산을 기원하는 종교가 탄생했다. 고대 종교의 신들이 풍요와 다산을 약속하는 남신과 여신으로 구성되어 있으며 그 신을 섬기는 제의(祭儀)가 성행위와 관련이 있고 신상의 성기, 유방 등을 부각시키며 성기(性器)를 숭배하는 신앙이 나타나는 것은 일반적인 현상이었다. 풍요와 다산은 성 접촉과 관련이 있었기 때문에 성이나 성행위가 신격화 된 것이다. 이 시대에는 또 신의 형상인 우상(偶像)을 만들어 신격화 시켰고, 여러 신들을 동시에 섬기는 다신(多神) 신앙이었다. 다신을 섬긴 이유는 바다, 강, 산, 땅, 하늘, 농사, 목축 등을 다스리는 신들이 각각 다르다는 생각에서 출발했기 때문이다.

아브라함은 이런 환경에서 살았을 뿐만 아니라 우상을 만들어 파는 가업을 물려받았다. 아브라함은 어릴 때부터 자신의 집에서 만들어 파는 우상을 사다가 복을 비는 사람들을 보면서 "과연 저런 우상이 정말로 복을 줄 수 있을까?" 하고 의문을 품었다.[43] 아브라함의 어릴 때의 이런 생각은 커가면서 이런 우상이 아닌 이 세상을 지배하는 참 신이 있으리라는 생각으로 발전했고, 그 신을 만나보고 싶은 간절한 소망을 품게 되었다. 이 소망은 시간이 지나면서 아브라함에게 가장 중요한 비중을 차지했고 삶의 목표가 되고 말았으며, 이런 생각은 평생 변하지 않았다. 이런 사실을 어떻게 알 수 있을까? 아브라함이 하나님의 말씀을 따라 떠날 때의 나이가 75세였다는 언급이 이것을 암시하고 있다. '75세'는 하나님의 음성을 들을 때의 아브라함의 생물학적 나이만을 말하지 않는다. 이와 동시에 노년이 되도록 아브라함은 이런 마음이 변하지 않고 있었음을 은폐, 암시의 방식으로 말하고 있다.

이제 배경에 대한 이해가 이쯤에 이르면 왜 아브라함에게 말씀하셨는지 짐작해 볼 수 있게 된다. 하나님께서 만드신 만물의 이치에는 원인 없는 결과는 없으며 심은 대로 거두기 마련이다. 왜 아브라함에게 말씀하셨을까? 아무 까닭 없이 말씀하시지 않는다. 말씀하실 만한 이유가 있다. 그 이유란 아브라함이 끊임없이 참 하나님을 찾았고 또 만나고 싶은 간절한 마음을 평생 동안 간직하고 있었기 때문이다. 하나님은 아브라함의 이런 마음을 75년 동안 침묵하시며 지켜보셨다. 하나님을 만나려면 이런 침묵을 견뎌내야 한다. 하나님은 왜 침묵하시는가? 긴 침묵의 시간을 통해서 진위(眞僞)가 가려지기 때문이다. 잠시

---

43) 아브라함에 대하여 전해지는 전승에는 이와 관련된 이야기들이 많이 있다.
하루는 어린 아브라함이 혼자 가게를 지키고 있는데 이웃집 여인이 고기를 접시에 담아가지고 찾아왔다. 집에서 짐승을 잡아서 먼저 신한테 바치고 복을 빌어야 할 텐데 자신의 집은 가난하여 아직 비싼 신상을 마련하지 못했기 때문에 신상을 파는 아브라함의 집에 와서 신상을 잠시 빌려 제물을 바치고 복을 빌기 위해서 였다. 그 여인이 신상에게 고기를 바치고 복을 빌고 가는 모습을 지켜보던 아브라함은 도끼를 들고 와서 자기 가게에 있는 신상들을 다 때려 부수고 제일 크고 힘이 세게 생긴 우상 하나를 남겨 놓았다. 잠시 후 집에 돌아온 아버지는 비싼 신상들이 다 망가져 있는 것을 보고 아브라함에게 영문을 물었다. 이에 아브라함은 고기 접시를 가리키며 우상들이 저 고기를 서로 먹으려고 다퉜는데 제일 크고 힘이 있는 신상이 나머지 작은 신상들을 저 모양으로 만들어 놓았다고 말했다. 이런 이야기들은 어린 아브라함이 거짓 신상을 만들어 팔며, 또 그 신상을 사다가 복을 비는 사람들의 욕심과 어리석음을 지켜보면서 어떤 생각을 했었는지를 잘 보여주고 있다.

하나님을 찾고 하나님의 말씀을 준행하는 것은 누구나 할 수 있다. 그러나 시간이 지나면서 그런 초심은 상실되고 만다. 초심을 끝까지 견지하는 곳에 초심의 열매가 맺혀진다.

또 고향, 친척, 아비의 집을 떠나라는 말씀과 아브라함이 그 말씀대로 행했다는 이야기가 무엇을 말하는지도 그 배경에서만 이해가 될 수 있다. 사람이 만든 생명 없는 우상이 아닌 스스로 계시는 살아계신 참 하나님을 찾아 만난다는 것은 다른 어떤 인간적인 방법이 아닌 하나님만을 신뢰하며 자신의 뜻이 아닌 그분의 뜻을 받아들인다는 것을 말한다. 다시 말하면 신앙의 본질은 신앙행위로 말미암아 현실적으로 이익을 얻는 데에 있는 것이 아니라 오히려 그 반대로 하나님을 얻기 위하여 자신의 생명을 포함한 모든 것을 포기하는 데에 있다. 즉 소유욕을 버리고 존재, 본질로 돌아가는 것이 신앙이다. 신앙으로 자신의 뜻을 관철하려는 시도는 기복종교의 행위일 뿐이다. 족장시대의 가장 큰 비극인 정처 없는 나그네가 되라는 말씀은 신앙의 본질에 대한 요청이며, 아브라함이 그 말씀대로 준행했다는 것은 아브라함이 신앙의 본질이 무엇인지를 충분히 이해하고 이에 전적으로 동의했다는 뜻이다. 이런 동의가 전제되지 않으면 목숨을 내어놓는 그런 행동은 불가능하다.

'순종', '선택'은 신앙생활에서 대단히 중요한 비중을 차지한다. 그런데 순종이 가치 있기 위해서는 명령에 대한 아무런 생각 없이 그냥 따르는 기계적인 순종이어서는 안된다. 신앙적인 순종은 자신의 뜻을 버리고 하나님의 뜻에 자신의 뜻을 일치시키는 것이다. 순종은 곧 신앙의 대상과 신자와의 뜻의 일치여야 한다. '예정', '선택'이 말하는 본 뜻은 힘든 과정을 거쳐서 하나님을 만난 사람이 그 하나님을 만날 수 있었던 것은 자신의 그 어떤 신앙적인 행위나 공로로 된 것이 아니라 전적으로 하나님의 도우심과 인도하심으로 가능했다고 인정하는 신앙고백이다. 이런 고백은 원인이 자신에게 있지 않고 하나님께 있다는 것이다. 왜냐하면 자신의 존재 자체가 하나님으로 말미암았기 때문이다. 하나님을 절대주권을 가지신 원인중의 원인으로 인정하는 것이 선택, 예정이라는 용어가 본래 말하려는 개념이다.

아브라함, 그가 어떻게 그 한 사람이 될 수 있었는가? 그가 살던 시대에 아브라함만큼 하나님을 진지하게 찾고 참 신앙을 가진 사람이 없었기 때문이다. 하나님은 마음을 살피시며 또 공평하신 분이다. 이런 하나님은 언제나 그런 사람을 찾으시며 그 사람을 통해서 당신의 일을 하신다. 성경에 등장하는 하나님의 사람들은 다 이런 사람들이었다.

2. 믿음의 조상, 복의 근원

아브라함을 가리켜 '믿음의 조상' 이라고 하는데 그 이유는 앞에서 살펴 본 바와 같이 참 믿음이 무엇인지를 보여준 그 한 사람이었기 때문이다. 그렇다면 '복의 근원' 은 무엇을 말하는가? 하나님은 아브라함을 부르시면서 다음과 같이 말씀하셨다.

> 내가 너로 큰 민족을 이루고 네게 복을 주어 네 이름을 창대하게 하리니 너는 복(복의 근원)이 될지라. 너를 축복하는 자에게는 내가 복을 내리고 너를 저주하는 자에게는 내가 저주하리니 땅의 모든 족속이 너로 말미암아 복을 얻을 것이라 하신지라.(창세기 12:2~3)

아브라함에게 하신 약속을 다시 정리해보면 "너를 복(복의 근원)이 되게 하여, 세상 모든 사람이 너를 통하여 복을 받게 하겠다."라는 말씀이다. 참으로 놀라운 약속이다. 인간에게 주어질 수 있는 약속 가운데 이보다 더 큰 약속은 없을 것이다. 어떻게 한 개인에게 이런 큰 약속이 주어질 수 있을까?

문자적으로 본다면 이 말씀은 아브라함에게 하신 약속이다. 그렇다면 하나님께서는 아브라함에게 왜 이런 약속을 하실까? 예정, 선택이라고 설명할 수도 있지만 이 설명은 공평성이라는 원칙에 어긋난다. 달리 설명할 방법은 없을까? 인과론에 의한 설명이 있다. 이 설명에 의하면 이 말씀은 아브라함이 어떤 사람이었는지에 대한 설명이 암시, 함축, 은폐되어 있다. 즉 우상판매에 종사하던 아브라함은 참 하나님을 찾으면서 신앙의 본질은 하나님으로부터 무엇을 얻음에 있지 않고 드림에 있다는 생각에 이르렀고, 또 참 하나님은 모든 사람에게 복을 주시는 분이시며, 그 하나님을 믿는 사람의 본분은 모든 사람을 복되게 하는데에 있다는 확신에 이르렀다. 이렇게 인과론으로 보면 본문은 아브라함의 심정을 그대로 반영하는 말씀이다. 원인없는 결과는 모순이며 말이 되지 않는다. 성경해석은 말이 되게 해야 한다. 믿음이라는 이유로 말이 되지 않는 것을 믿으라고 강요하며 또 그것을 믿고 확신하는 것은 믿음이 좋은 것 같지만 가장 반신앙적인 불행이며 비극이다.

하나님은 어떻게 모든 사람에게 복을 주시는가?

이에 대한 대답은 하나님의 일하시는 방식에 있다. 영(靈)으로 계시기 때문에 보이지 않는 하나님은 인간의 역사 속에서 일 하실 때 보이는 '사람을 통해서' 일하신다. 사람을 통해서 일하시는 하나님은 '통해서' 일할 사람, 바꾸어 말하면 '맡길 사람' 을 찾고 계신다. 사람들에게 복을 주시기를 원하시는 하나님은 당신의 복을 전달해 줄 사람을 통해서 복을 내려 주신다.

그렇다면 어떤 사람이 그런 역할을 할 수 있을까? 아브라함처럼 참 믿음을 가진 사람이다. 하나님에 대한 온전한 믿음을 가진 사람을 통해서 하나님은 세상의 가난을 비롯한 온갖 문제를 해결하신다. 본래 하나님께서 세상을 만드실 때 사람에게 세상의 모든 것을 다스리게 하셨다.[44] 그 하나님은 이제 참 믿음을 가진 사람들을 통하여 세상의 모든 문제를 해결하기를 원하신다. 앞으로 전개될 족장사와 이스라엘 역사는 이런 사실을 잘 보여준다.

성경의 이야기는 단순히 과거의 누군가의 이야기에 불과한 것이 아니다. 과거의 이야기이면서 동시에 현재의 이야기이며, 다른 사람의 이야기이면서 또 나의 이야기이다. 즉 지금 나에게 주시는 말씀이다. 성경 해석의 초점은 '지금 나에게 주시는 말씀' 이어야 한다. 창조이야기는 지나간 과거의 이야기로 끝날 것이 아니라 지금 나를 위한 창조사건으로 경험되어야 하며, 아담의 이야기는 나의 이야기이다. 앞에서 지적한 것처럼 '아담' 은 단순히 최초의 인간을 칭하는 고유명사가 아니라 '사람' 이라는 뜻이기 때문이다. 아담과 가인, 노아 홍수 때의 죄짓는 이야기는 지금 하나님의 법대로 살지 못하는 나의 모습을 비추어주는 거울이다. 아브라함을 찾으시는 이야기, 아브라함에게 하시는 약속은 지금 나에게 주어지는 말씀이며 동시에 구약과 신약 성경 전체, 이스라엘 역사와 교회사를 관통하는 중심개념이다.

이 말씀을 읽는 사람들에 하나님께서는 지금 이렇게 말씀하신다.

제발 네가 복의 근원이 되어다오!
제발 네가 모든 사람이 복을 받을 수 있게 해다오!
내가 너를 통하여 그 일을 하기를 원한다.

---

44) 하나님이 이르시되 우리의 형상을 따라 우리의 모양대로 우리가 사람을 만들고 그들로 바다의 물고기와 하늘의 새와 가축과 온 땅과 땅에 기는 모든 것을 다스리게 하자 하시고 하나님이 자기 형상 곧 하나님의 형상대로 사람을 창조하시되 남자와 여자를 창조하시고 하나님이 그들에게 복을 주시며 하나님이 그들에게 이르시되 생육하고 번성하여 땅에 충만 하라, 땅을 정복하라, 바다의 물고기와 하늘의 새와 땅에 움직이는 모든 생물을 다스리라 하시니라.(창세기 1:26~28)

물음 4

왜 가나안인가?

〈그림5 : 아브라함의 이동로〉

하나님께서 아브라함을 부르실 때에 고향, 친척, 아비의 집을 떠나 보여 줄 땅으로 가라고 하셨다. 가야 할 곳을 미리 알려주지 않으시고 무작정 나그네가 되어 떠나라고 하셨고 75세인 아브라함은 이 말씀에 순종하였다. 아브라함이 본래 살고 있던 곳은 갈대아 우르였는데 그는 하란을 거쳐 하나님께서 보여 줄 땅으로 갔는데 그 땅은 〈그림5〉에서 보는 바와 같이 가나안이었다.

하나님께서는 아브라함을 왜 가나안으로 이주시키셨을까? 그 이유는 당신을 믿는 공동체로 하여금 세상 어딘가에 하나님 나라의 모형을 만들어 보여주고자 하는 하나님의 구원 계획 때문이었다. 따라서 가나안은 하나님께서 미리 선택해 놓으신 땅이었다.

가나안은 특별하게 선택되었다. 무엇 때문일까? 대답은 간단하다. 하나님께서는 반드시 준비된 곳에서 일하시므로 당연히 준비가 된 땅이었다. 그렇다면 다시 물을 수밖에 없다. 도대체 무엇이 준비되었단 말인가? 성경에서는 이에 대해 아무런 언급이 없다. 그런데 어떻게 이 물음에 대답을 할 수 있을까? 이것 역시 대답이 쉽지 않은 질문이다. "도대체 이런 질문이 왜 필요한가?"라고 생각할 수도 있다. 그러나 반드시 필요하다. 왜냐하면 메소포타미아 시대에 아브라함을 부르시어 가나안으로 보내시는 것은 하나님의 치밀한 계획 가운데서 진행되는 것이기에 이런 물음을 통하여 하나님께서 일하시는 방식과 성경의 내용을 깊이 이해할 수가 있기 때문이다. 왜 가나안인가? 이에 대한 대답을 위해서는 가나안에 주어진 지정학적인 조건과 역사적인 발자취를 더듬어 보는 수밖에 없다.

〈그림6〉를 보면 가나안은 네 문화권의 충돌지점인 것을 알 수 있다. 오리엔트 문명지대의 양극에 자리잡고 있던 메소포타미아와 이집트(애굽)는 서로 경쟁관계였다. 메소포타미아가 통일되면 그 힘은 자연히 이집트로 흘러갔고, 반대로 이집트의 힘이 결집되면 메소포타미아로 진출했다. 그런데 그 길목이 바로 가나안이다. 가나안 우측의 빈 땅은 아라비아 사막으로써 사람이 다니지 못하는 곳이다. 따라서 반드시 가나안을 통과해야 했다. 가나안은 두 거대한 문명권의 교통로이면서 동시에 요충지여서 서로 이 지역을 선점해야 했으므로 전쟁이 끊일 수가 없었다. 오리엔트 시대가 끝이 나고 기원전 4세기부터 그리스와 로마의 시대가 되자 가나안은 그리스와 로마의 문명이 오리엔트로 진출하는 관문이 되었다. 즉 가나안은 언제나 대 문화권의 충돌지점이며 전쟁마당이었다. 가나안이 강대국이 되기만 하면 반대로 주변 문명권으로 진출할 수 있는 유리한 지점이 되겠지만, 우리나라 강원도보다 조금 더

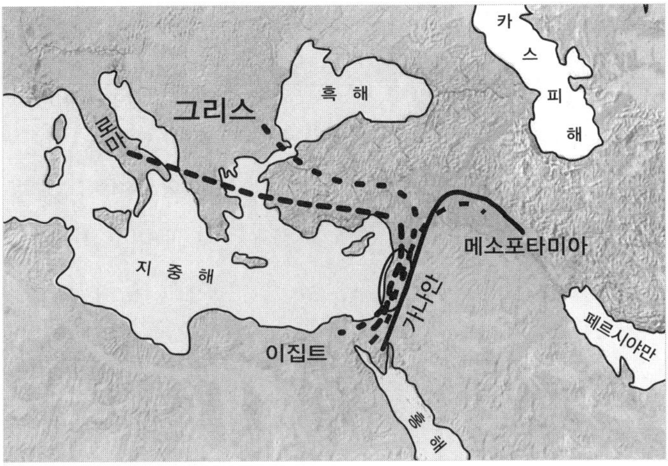

〈그림6 : 가나안의 지정학적 위치〉

큰 정도인 가나안은[45] 주변의 문명권을 지배할 만한 군사적인 강대국이 생겨날 수가 없는 곳이어서 늘 침략에 시달릴 수밖에 없었다.

이번에는 가나안 내부의 사정을 살펴보면 어떨까? 〈그림7〉을 보면 이렇게 비좁은 지역에 다섯 나라와 일곱 부족이 살고 있었음을 알 수 있다. 가나안은 빈 땅이 아니었다. 다섯 나라 일곱 부족이 복잡하게 얽혀서 살고 있었다. 따라서 외부의 침입이 없다고 해도 가나안 내부의 사정으로 언제나 전쟁은 그칠 날이 없었다.

게다가 가나안은 매우 척박한 땅이다. 흔히 '젖과 꿀이 흐르는 땅' 이라는 말 때문에 가나안을 사람살기 좋은 환경으로 생각하지만 실제는

45) 가나안의 크기는 경계선을 어디에 두느냐에 따라 크기가 달라지는데, 최대의 크기는 애굽강에서 유프라테스까지 이다.(창세기15:18) 성경에서 자주 언급되는 영역은 남부 브엘세바에서 북부 단까지인데 직선거리로 대략 240km이며, 동서의 길이는 북단이 짧고 남단이 비교적 긴데 북단이 45km 남단이 85km 이며, 면적은 약 22,000㎢ 로서 남한 땅의 8분의 1이다.

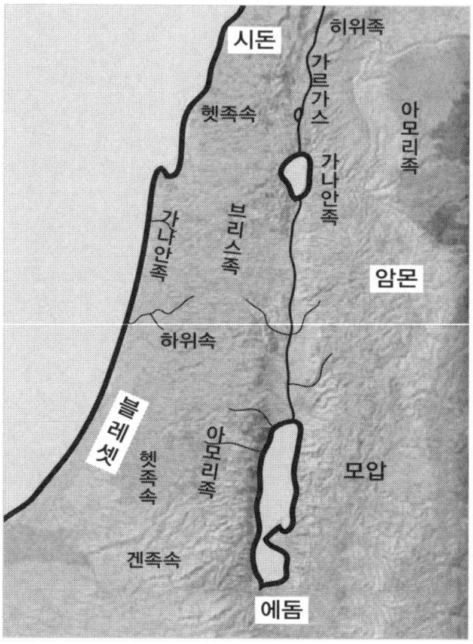

〈그림7 : 가나안의 상황〉

이와 전혀 다르다. 언월(偃月)지대의 끝자락에 들어있어서 비옥한 땅이라고 말하지만[46] 그 말은 주변의 황량한 사막과 비교할 때 하는 말이지, 우리의 자연환경과 비교해 본다면 전혀 사람이 살 만한 지역이 아니다.

위와 같은 사정을 종합해본다면 가나안이라는 지역은 언제나 전쟁이 끊이지 않는 척박하고 옹색한 땅으로써 사람이 살기에는 최악의 지역이다. 실제로 가나안의 역사는 그 이후 지금까지 세계에서 가장 험난한 역사가 전개되고 있다.

그렇다면 왜 이런 지역이 특별히 선택되었을까? 가나안에는 특별히 선택될 만한 무엇이 준비되었는가? 결국 이렇게 대답할 수밖에 없다.

'가장 큰 고난'

그렇다. 가나안은 가장 큰 고난이 준비된 땅이었고, 바로 이것 때문에 가나안은 선택되었다. 가나안은 지구상에서 찾아보기 힘든 가장 험난한 땅이다. 거대한 네 문명이 충돌하는 지역, 다섯 나라 일곱 부족이

46) 메소포타미아의 두 강 지역과 가나안 지역의 사람이 살 수 있는 지역의 모양이 초승달처럼 생긴데서 붙여진 이름이다.

얽혀 사는 땅, 비좁고 척박한 자연환경, 이런 이유 때문에 가나안은 선택되었다.

하나님의 의도는 세상에서 가장 큰 고난을 받을 수밖에 없는 땅을 선택하여 그곳에 하나님 나라의 모형을 만들어 놓고 온 세상에 보여주시려는 데 있었다. 도무지 사람으로서는 이해가 되지 않을 뿐만 아니라 무모하기 짝이 없어 보인다. 그러나 하나님의 방식은 늘 이렇다. 가장 쓸모없는 땅을 선택하여 하나님 나라의 모형을 세우시려는 하나님께서는 그 시대의 문제를 해결하기 위하여 사람을 선택하실 때에도 가장 작고 보잘 것 없어 보이는 사람들을 선택하신다. 예수님의 제자들이 갈릴리 출신의 무지한 어부들인 것은 결코 우연이 아니다. 하나님께서 일하시는 방식의 한 단면일 뿐이다. 따라서 세상에서 버림받은 비천한 사람일수록 하나님께는 쓸모 있는 사람일 수 있다. 하나님께서는 가장 작은 자들을 귀하게 보시며 그들의 소망이 되신다. 앞으로 지켜볼 4천년의 구원역사는 이와 같은 하나님의 방법으로 진행이 된다. 하늘과 땅이 먼 것만큼 하나님의 방식과 사람의 방식은 이렇게 다르다.

가장 큰 고난을 받을 수밖에 없는 조건이 완벽하게 갖추어진 땅
사람 살기에 가장 열악한 땅

이것이 가나안이 선택된 이유라고 할 수 있다.

물음
5 왜 가장 큰 고난인가?

가나안, 하나님께서 특별히 준비해 놓으신 땅이었다. 그런데 그 준비라는 것이 세상에서 찾아보기 힘든 가장 큰 고난이었다. 다시 의문이 들지 않을 수 없다. 왜 하필 가장 큰 고난인가? 이에 대한 대답은 어디서 어떻게 찾아야 하나?

이 대답을 찾기 위해서는 먼저 하나님께서 만드신 만물을 살펴볼 필요가 있다. 만물 중 명품(名品)들은 시련과 고난을 통해서 만들어진다. 흑연과 다이아몬드는 재료는 같지만 장시간 동안 고압과 고열을 받은 것은 다이아몬드가 되며 강철은 수없는 두드림과 담금질을 통해서 만들어진다. 혹독한 추위와 강한 바람을 견뎌낸 나무일수록 더 단단해지며, 현악기는 이런 나무로 만들어야 가장 아름다운 소리가 난다. 정신문화도 마찬가지다. 사람들에게 큰 감동을 주는 대작이나 명작은 평범한 과정을 통해서 태어나지 않는다. 그런 명작을 남긴 사람들은 하나같이 남다른 고난과 시련의 과정을 거친 사람들이다.

이런 사실을 살펴보면 하나님께서 세상을 구원하시는 방법이 어떤 것인지를 가늠해볼 수 있다. 가장 큰 시련의 땅을 선택하셨다는 것은 그 땅에 살게 될 아브라함의 후손들이 남다른 시련을 겪을 것이며, 그 시련을 통하여 가장 위대한 정신문화를 만들어 내리라는 것이다. 성경에서는 이런 사실을 '젖과 꿀이 흐르는 땅'이라는 말로 표현한다. 가나안을 젖과 꿀이 흐르는 땅이라고 하면 그 땅이 비교할 수 없을 만큼 비옥하리라는 기대를 가지게 되는데 실제로 가보면 정반대인 것을 발견하고 놀라게 된다.

'하나님의 말씀', '복음' 등의 용어는 인간이 도달할 수 있는 최고의 정신적인 가치요 문화를 말한다. 그런데 이것은 그냥 만들어지는 것이 아니요 가장 큰 시련과 고난을 통해서 만들어진다. 아브라함이 가나안으로 이주하여 숱한 고난을 겪고, 그 후손들은 애굽(이집트)으로 이주하여 400년 노예살이를 하고 또 40년 광야생활을 비롯하여 가나안에 입주하여서도 늘 주변 국가들에게 시달리다가 나라가 망하여 포로 생활을 하는 등의 사건들은 결코 우연이 아니다. 믿음의 조상, 복의 근원 즉 세상에서 가장 위대한 정신문화를 만들어내는 과정이었다. 헤브라이즘(Hebraism)은 이렇게 해서 태어났다.

기독교 신자는 어떤 삶의 가치관을 가져야 하는가? 하나님을 믿고 섬기는 데에도 끊임없이 찾아오는 시련과 고난은 무엇을 말하는가? 기독교인은 이런 시련에 굴복하는 사람들이 아니라 오히려 고난에 대한 적극적이고 긍정적인 이해를 가지고 황무지와 같은 땅에서 젖과 꿀을 만들어 내는 사람들이다.

신앙이 잘못되어 갈 때에는 시련과 고난을 '죄의 대가' 또는 '운명'으로 해석했다.[47] 시련과 고난은 결코 징계의 결과로만 해석되어서는 안된다. 비록 잘못해서 받는 징계라고 해도 하나님께서는 그 징계를 통해서 그 사람을 만들어 가신다. 결코 징계를 위한 징계가 아니라 고침을 위한 징계다. 이런 의미에서 시련과 고난은 하나님의 손길이며 소망일 수 있다. 하나님은 가장 큰 시련과 고난을 주시는 분이 아니라 사랑과 소망을 주시는 분이시다.

---

47) 후기 유대교의 '인과응보' 교리와 중세교회가 그러했는데, 이런 현상은 지금도 청산되지 않고 있다.

물음
6 가나안 어디에 정착했나?

본문 : 〈 12장 〉

5 아브람이 그의 아내 사래와 조카 롯과 하란에서 모은 모든 소유와 얻은 사람들을 이끌
고 가나안 땅으로 가려고 떠나서 마침내 가나안 땅에 들어갔더라
6 아브람이 그 땅을 지나 세겜 땅 모레 상수리나무에 이르니 그 때에 가나안 사람이 그
땅에 거주하였더라
7 여호와께서 아브람에게 나타나 이르시되 내가 이 땅을 네 자손에게 주리라 하신지라
자기에게 나타나신 여호와께 그가 그 곳에서 제단을 쌓고
8 거기서 벧엘 동쪽 산으로 옮겨 장막을 치니 서쪽은 벧엘이요 동쪽은 아이라 그가 그
곳에서 여호와께 제단을 쌓고 여호와의 이름을 부르더니
9 점점 남방으로 옮겨갔더라

12장 6절에 보면 아브라함이 가나안에 도착하여 그 땅을 지나 세겜에 이르렀다고 기록되어 있다. 〈그림8〉의 지도에서 보는 바와 같이 세겜은 후일 갈릴리 호수라고 불리는 지역에서도 한참 더 내려가야 한다. 가나안에서 가장 거주하기 좋은 지역은 갈릴리 호수 주변지역이며 남쪽으로 내려 갈수록 척박한 광야지대다. 그런데 갈릴리 호수 지역에는 이미 가나안 사람들이 자리 잡고

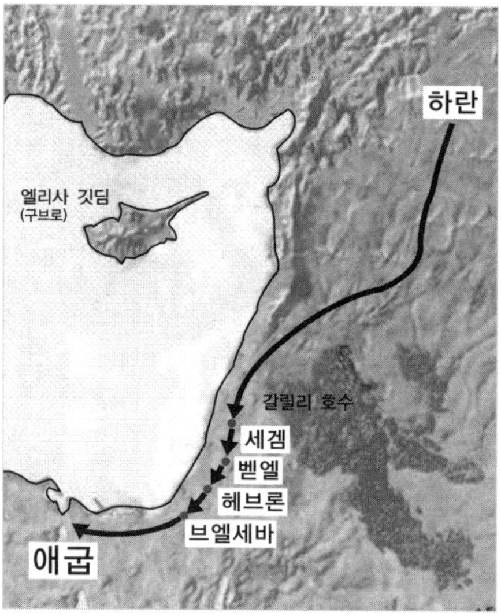

〈그림8 : 아브라함의 이동경로〉

있어서 거주할 곳을 찾지 못했기 때문에 남쪽의 세겜으로 내려갔다. 그러나 이곳에도 이미 사람들이 살고 있었기 때문에 벧엘 동쪽 산지로 가 봤지만 그곳에도 있을 곳이 없어서 점점 더 남방으로 즉 척박한 광야지대로 내려가야 했다.

하나님께서 아브라함에게 지시한 땅은 세상에서 달리 찾아 볼 수 없는 가장 큰 고난이 준비된 땅이었고, 그 땅 중에서도 아브라함은 있을 곳이 없어서 가장 척박한 지역으로 밀려나야 했다. 도대체 아브라함에게 무슨 일이 일어나고 있는 것일까? 하나님께서 인도하시는 길이 왜 이렇게 최악의 상황으로 치달아야 하는가?

그 이유는 단순하다. 하나님께서는 당신의 사람으로 하여금 최악의 상황에서 시작하여 젖과 꿀을 만들어 내게 하시기 때문이다. 왜 최악의 상황이어야 하는가하면 세상에는 항상 최악의 상황에 내몰리는 사람들이 있으며 이들은 하나님께 버림받은 사람들이 아니라는 소망을 주기 위함이다. 아브라함이 갈릴리 호수 지역에 있을 곳이 없어 세겜 땅에 도착했지만 여기서도 마찬가지로 정착하기는 어려웠다. 그 때 하나님께서 "내가 이 땅을 네 자손에게 주리라."라고 하시는 말씀은 이런 소망의 말씀이다. 하나님은 최악의 경우에 처한 사람들에게 소망이 되신다. 여호와를 하나님으로 믿는 사람들은 자신의 삶을 통해서 이런 소망을 확인시켜 주는 소망의 선교사들이다.

본문에 의하면 아브라함은 있을 곳이 없어 떠돌면서 하나님께 '제단을 쌓았다.' 즉 하나님께 감사의 예배를 드렸다고 반복해서 기록하고 있다. 자신의 기대와 계획이 다 무너지고 절망에 빠져 있을 때, 그 때가 바로 하나님을 찾으며 소망의 말씀을 듣고 그분을 신뢰하며 사랑을 확인하고 참 믿음을 가질 때다.

물음

7 왜 아내를 누이라 해야 했나?

본문 : 〈 12장 〉

10 그 땅에 기근이 들었으므로 아브람이 애굽에 거류하려고 그리로 내려갔으니 이는 그
땅에 기근이 심하였음이라
11 그가 애굽에 가까이 이르렀을 때에 그의 아내 사래에게 말하되 내가 알기에 그대는 아
리따운 여인이라
12 애굽 사람이 그대를 볼 때에 이르기를 이는 그의 아내라 하여 나는 죽이고 그대는 살
리리니
13 원하건대 그대는 나의 누이라 하라 그러면 내가 그대로 말미암아 안전하고 내 목숨이
그대로 말미암아 보존되리라 하니라
14 아브람이 애굽에 이르렀을 때에 애굽 사람들이 그 여인이 심히 아리따움을 보았고
15 바로의 고관들도 그를 보고 바로 앞에서 칭찬하므로 그 여인을 바로의 궁으로 이끌어
들인지라
16 이에 바로가 그로 말미암아 아브람을 후대하므로 아브람이 양과 소와 노비와 암수 나
귀와 낙타를 얻었더라
17 여호와께서 아브람의 아내 사래의 일로 바로와 그 집에 큰 재앙을 내리신지라
18 바로가 아브람을 불러서 이르되 네가 어찌하여 나에게 이렇게 행하였느냐 네가 어찌
하여 그를 네 아내라고 내게 말하지 아니 하였느냐
19 네가 어찌 그를 누이라 하여 내가 그를 데려다가 아내를 삼게 하였느냐 네 아내가 여
기 있으니 이제 데려가라 하고
20 바로가 사람들에게 그의 일을 명하매 그들이 그와 함께 그의 아내와 그의 모든 소유
를 보내었더라

아브라함이 겪어야 하는 어려움은 가나안 최남단의 광야로 내몰리는 데에서 그치지 않았다. 그 땅에 흉년이 들자 살 곳을 찾아 이번에는 애굽(이집트)이라는 먼 나라로 피난을 가야 했다. 애굽에서의 상황은 더 심각해서 자신의 아내인 사라를 아내라 하지 못하고 누이라고 해야 했다. 이런 이야기는 여기에서 한 번에 그치지 않고 그랄로 갔을 때(20장)에도 반복되며, 아브라함의 아들 이삭도 같은 행동을 하고 있다.(26장)

아브라함과 이삭은 왜 아내를 누이라고 했을까? 하나님에 대한 신뢰와 믿음이 부족해서였을까? 아니면 소심해서 아내를 지킬 만한 용기가

없어서였을까? 또는 인간적인 나약함 때문에 실수한 것일까? 오늘 우리는 이런 본문을 보면 이렇게 생각하게 된다. 그러나 이런 해석은 당시의 상황과는 너무나 거리가 멀다.

아브라함이 살던 시대는 부족시대다. 아직 국가의 법과 국제 질서가 제대로 없었다. 즉 치안을 유지시켜 주는 법이 없던 시대이기 때문에, 각 부족들의 최대 과제는 외부의 침략을 자체의 힘으로 방어하는 일이었다. 식량을 비롯한 물자가 늘 부족했으므로 약탈을 위한 침략은 빈번했다. 이런 시대에 있을 곳이 없어 떠도는 사람들은 가는 곳마다 첩자로 의심받아야 했고, 또 어느 부족의 땅에 거주하기 위해서는 먼저 첩자가 아니라는 것을 입증해야 했다. 또 다행히 어떤 부족에 거주를 허락받을 경우에도 남자들은 만일에 있을지 모를 후환의 가능성 때문에 대부분의 경우 죽임을 당했다. 반면에 여인들은 후환의 위험이 적고 또 출산과 노동력이 확보되므로 살려두었다.

비유가 좀 지나칠지 모르지만 이런 사실은 무리를 지어 사는 사자들의 세계에서도 찾아볼 수 있다. 숫사자의 주요 임무는 무리의 보호막 역할이다. 수시로 자신의 영역을 돌면서 포효와 분비물로 경계선을 표시하고 침입자를 격퇴한다. 어린 숫사자는 성년이 되면 무리에서 독립해서 떠돌다가 늙어서 힘이 약해진 숫사자를 물리치고 한 무리의 수장되는데 제일 먼저 하는 일은 새로 확보한 무리 중에서 숫사자는 모두 물어 죽이고 암사자만 남겨둔다. 이런 끔찍한 일은 장래의 경쟁자를 미리 없애 후환을 막기 위한 방법이다. 아브라함이나 이삭이 자신의 아내를 누이라고 말하는 이야기는 당시 상황에서 살아 남기 위한 어쩔 수 없는 선택이었으며 다른 대안이란 없었다. 이 당시에 나그네(떠돌이)가 된다는 것은 이런 것을 말한다.

아브라함이 이런 식으로 이집트에 이주하자 이집트 사람들은 사라가 매우 아름다워서 왕(부족장)에게 데려갔다고 기록되어 있다. 문자적으로 해석한다면 사라가 대단한 미인이어서 왕에게 상납되었다는 이야기가 된다. 그러나 이는 당시 상황과 너무나 거리가 먼 해석이다. 이 당시 사라의 나이는 이미 아이를 낳을 수 없는 60대 후반이었다. 하나님께서 함께하셔서 사라는 젊음과 미색을 늙어서도 유지했으리라고 생각하면 더더욱 오판이다. 새로 씨족이나 부족에 편입된 사람들은 새로운 구성원이 되었다는 의식을 치러야 한다. 여자들의 경우는 부족장에게 바쳐져서 육체관계를 가지는 것이 곧 그 의식에 해당된다. 사라가 심히 아름다웠다는 표현은 이집트 사람들이 그녀를 망설이지 않고 기꺼이 받아들였다는 이야기이다. 결코 여인의 미색을 말하는 것이 아니다.

아내를 누이라고 말하고 있는 세 이야기의 공통점은 하나님께서 직접 특별한 방법으로 개입하셔서 가정이 지켜졌다는 점이다. 왜 하나님께서 개입하셨을까? '아브라함을 특별히 선택하셨기 때문에' 라고 예정, 선택으로 생각할 수도 있겠지만, 하나님께서 만드신 만물을 지배하는 '인과론' 으로 보면 어떨까? 아브라함은 자신이 할 수 있는 최선을 다했다. 더 이상 할 수 있는 방법이 없었다. 그리고 그 결과는 하나님께 맡겼다. 미약한 사람들이 자신이 할 수 있는 일을 다 하면서 하나님을 의지하게 될 때 하나님은 그냥 계실 수가 없고 개입하셔서 더 좋은 결과가 되도록 인도하신다. 지성(至誠)이면 감천(感天)이며, 위기(危機) 즉 위험이 곧 기회라는 옛 말들은 일반적인 법칙, 즉 하나님의 법을 반영하고 있다.

힘없는 떠돌이들의 비참한 현실을 하나님께서는 결코 묵과하지 않으시며 그들을 특별히 지켜주는 분이시다. 창세기의 이런 이야기들은 후일 시내산 계약법으로 법제화되는데 그 법에서는 힘없는 자들을 위한 보호장치가 중심을 이루고 있다.

물음 8

아브라함의 참전, 무엇을 말하는가?

본문 : 〈 14장 〉

1 당시에 시날 왕 아므라벨과 엘라살 왕 아리옥과 엘람 왕 그돌라오멜과 고임 왕 디달이
2 소돔 왕 베라와 고모라 왕 비르사와 아드마 왕 시납과 스보임 왕 세메벨과 벨라 곧 소
알 왕과 싸우니라
3 이들이 다 싯딤 골짜기 곧 지금의 염해에 모였더라
4 이들이 십이 년 동안 그돌라오멜을 섬기다가 제십삼년에 배반한지라
5 제십사년에 그돌라오멜과 그와 함께 한 왕들이 나와서 아스드롯 가르나임에서 르바 족
속을, 함에서 수스 족속을, 사웨 기랴다임에서 엠 족속을 치고
6 호리 족속을 그 산 세일에서 쳐서 광야 근방 엘바란까지 이르렀으며
7 그들이 돌이켜 엔미스밧 곧 가데스에 이르러 아말렉 족속의 온 땅과 하사손다말에 사
는 아모리 족속을 친지라
8 소돔 왕과 고모라 왕과 아드마 왕과 스보임 왕과 벨라 곧 소알 왕이 나와서 싯딤 골짜
기에서 그들과 전쟁을 위하여 진을 쳤더니
9 엘람 왕 그돌라오멜과 고임 왕 디달과 시날 왕 아므라벨과 엘라살 왕 아리옥 네 왕이
곧 그 다섯 왕과 맞서니라
10 싯딤 골짜기에는 역청 구덩이가 많은지라 소돔 왕과 고모라 왕이 달아날 때에 그들이
거기 빠지고 그 나머지는 산으로 도망하매
11 네 왕이 소돔과 고모라의 모든 재물과 양식을 빼앗아 가고
12 소돔에 거주하는 아브람의 조카 롯도 사로잡고 그 재물까지 노략하여 갔더라
13 도망한 자가 와서 히브리 사람 아브람에게 알리니 그 때에 아브람이 아모리 족속 마
므레의 상수리 수풀 근처에 거주하였더라 마므레는 에스골의 형제요 또 아넬의 형제라
이들은 아브람과 동맹한 사람들이더라
14 아브람이 그의 조카가 사로잡혔음을 듣고 집에서 길리고 훈련된 자 삼백십팔 명을 거
느리고 단까지 쫓아가서
15 그와 그의 가신들이 나뉘어 밤에 그들을 쳐부수고 다메섹 왼편 호바까지 쫓아가
16 모든 빼앗겼던 재물과 자기의 조카 롯과 그의 재물과 또 부녀와 친척을 다 찾아왔더라

〈왜 가나안인가?〉에서 언급한 것처럼 가나안은 메소포타미아 문명지대와 이집트 문명의 충돌지점에 놓여있어서 늘 강대국에 시달려야 했다. 본문은 가나안이 메소포타미아의 지배를 받고 있었는데, 메소포타미아에서 요구하는 공물이 너무 지나치므로 거절을 하자, 메소포타

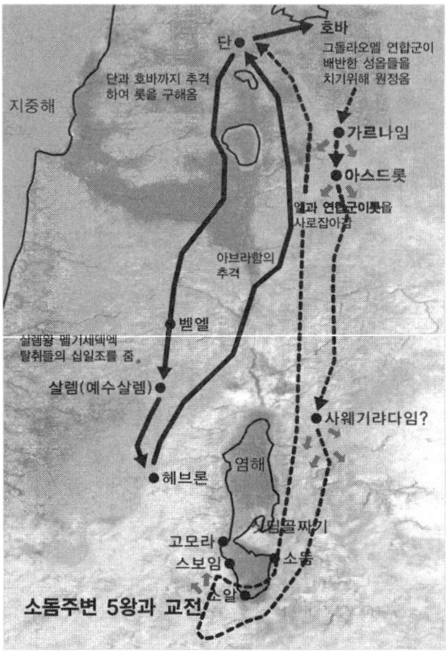

〈그림9 : 가나안 전쟁〉

미아 지역의 네 왕(시날 왕 아므라벨과 엘라살 왕 아리옥과 엘람 왕 그돌라오멜과 고임 왕 디달)이 연합하여 가나안에 대한 종주권을 확인하기 위해 대대적인 침략을 하는 이야기이다. 〈그림9〉의 지도에 나타난 침략군의 이동 경로에서 이런 상황이 잘 나타난다. 메소포타미아 연합군은 가나안을 통과하면서 수차례의 전쟁을 치르고 사해 남쪽 10km지점까지 내려왔다가 소돔과 고모라를 공격했는데 이는 가나안 전 지역에 대한 지배권을 확보하기 위함이었다.

이에 소돔과 고모라 지역의 다섯 왕들(소돔 왕 베라와 고모라 왕 비르사와 아드마 왕 시납과 스보임 왕 세메벨과 벨라 곧 소알 왕)이 중심이 되어 이들에게 대항해 보았지만 가나안이 메소포타미아와 대결한다는 것은 현실적으로 불가능한 일이어서 가나안은 대대적인 약탈을 당하여 물자를 빼앗기고 수많은 사람들이 죽거나 포로로 잡혀갔다.

당시 헤브론에 머무르던 아브라함은 이 소식을 듣고 분연히 일어서서 소수의 병력을 이끌고 개선(凱旋)중인 메소포타미아 연합군을 가나안 북단 다메섹 호바까지 추격하여 공격했다. 아브라함은 도대체 무슨 일을 한 것일까? 아브라함은 아직 가나안에서 떠돌이 생활을 하고 있을 때였다. 그런데 무슨 생각으로 메소포타미아의 연합군을 상대로 전쟁을 하려고 했을까? 아브라함이 데리고 갔다는 318명은 군사훈련을 받은 정규군도 아니요 병장기도 제대로 갖추지 않은 사병에 불과했다. 또 아브라함은 아직 군대를 통솔하거나 전쟁을 치러본 경험도 없었다. 그런데 어떻게 이런 무모한 일을 시도하고 있을까?

이 이야기뿐만 아니라 성경에는 이와 비슷한 이야기가 자주 나오고 있는데 이를 가리켜 성전(聖戰) 즉 거룩한 전쟁이라 한다. 거룩한 전쟁은 다음과 같은 조건과 과정을 거쳐서 성립된다. 먼저 힘을 앞세운 자가 힘없는 자를 일방적으로 지배하여 괴롭히는 비참한 현장이 있게 된다. 이런 현장을 지켜보면서 의분을 품는 누군가가 있어야 한다. 그러나 그에게는 의분만 있을 뿐 현실적으로 그 문제를 해결할 능력이 없다. 그 사람은 이런 모순된 현실 때문에 많은 갈등과 고민을 하게 되고 결국 하나님께 호소하는 신앙적인 문제로 승화된다. 이 호소를 들으신 하나님께서는 그 문제에 개입하셔서 그 문제를 해결하신다. 하나님께서는 문제의식을 가지고 하나님께 호소하는 그 사람의 기도에 응답하시는 방식으로 이를 해결하시는데, 그 응답이란 그 사람에게 하나님의 영을 부어주셔서 하나님에 대한 절대적인 신뢰를 기초로 단신으로 또는 소수의 인원을 데리고 문제의 현장에 개입한다. 하나님께서 다양한 방법으로 그 사람에게 함께하셔서 승리하게 하신다. 침략자를 포함하여 이 사건에 관계된 사람들은 이런 일은 어떤 우연이나 사람의 그 어떤 방법이 아닌 오직 하나님께서 개입하셔서 당신의 뜻을 성취하셨음을 인정하지 않을 수 없게 된다. 모세의 출애굽, 기드온의 전쟁, 삼손, 사무엘 등의 이야기는 다 이런 거룩한 전쟁들이다.

거룩한 전쟁의 성격에 비추어 아브라함의 참전 이야기를 간추려 보면 다음과 같다. 아브라함은 가나안에 들어와서 떠돌이 생활을 하면서 수많은 불의의 현장을 목격하고, 이런 비참한 사실을 가슴 아파하며 지냈다. 그러던 중 가나안 전체가 조공문제로 메소포타미아 지역의 왕들에게 무참히 짓밟혀서 수많은 사람들이 전사하고 포로로 잡혀가며 약탈당하는 현장을 목격하고 피해를 당하는 사람들의 아픔을 가슴으로 느끼며 하나님을 향하여 호소하게 된다. 하나님의 응답으로 하나님의 영에 감동된 아브라함이 주변사람들에게 분연히 일어설 것을 호소하자 아브라함에게 감동된 소수의 사람들은 생명의 위험을 무릅쓰고 아브라함을 따라 나섰다. 하나님께서는 이들에게 함께하셔서 승리하게 하시는데 이럴 때 사용하시는 방법이 주로 급습을 받은 침략자들이 분별력을 잃고 자중지란에 빠져 서로 싸우다가 자멸하게 하는 방법이다.

318명이라는 병력은 메소포타미아 지역의 연합군에 비하면 결코 상대가 될 수 없는 적은 숫자다. 하나님은 이런 방식으로 일하신다. 승리한 아브라함은 전리품 가운데서 실오라기 하나도 취하지 않고 피해자들에게 돌려줌으로써 자신의 참전 목적이 성전이었음을 명백히 했다.[48] 이로서 아브라함은 믿음의 조상, 복의 근원의 역할을 하게 된다.

이와 같은 성전은 무엇을 말하는가? 이렇게 다시 정리할 수 있다.

> 역사의 주관자이신 하나님은 비극의 현장을 묵과하지 않고 아픈 마음으로 지켜보신다.
> 비극의 현장을 목격하고 불쌍히 여기며 관심을 가지는 사람을 찾으신다.
> 하나님과 그 사람 사이에 관심의 일치가 일어난다.
> 하나님께서는 그 사람에게 당신의 영을 부어주셔서 개입하게 하신다.
> 하나님의 영을 받은 사람은 하나님의 방식을 받아들이게 된다.
> 여기서 다시 방법의 일치가 일어난다.
> 하나님께서는 관심의 일치, 방법의 일치가 된 그 사람을 통해서 그 일을 해결하신다.

---

48) 아브람이 소돔 왕에게 이르되 천지의 주재이시요 지극히 높으신 하나님 여호와께 내가 손을 들어 맹세하노니 네 말이 내가 아브람으로 치부하게 하였다 할까 하여 네게 속한 것은 실 한 오라기나 들메끈 한 가닥도 내가 가지지 아니하리라.(창세기 14:22-23)

하나님께서는 지금도 그 사람을 찾고 계신다.

물음 9

멜기세덱, 그는 누구인가?

본문 : 〈 14장 〉

17 아브람이 그돌라오멜과 그와 함께 한 왕들을 쳐부수고 돌아올 때에 소돔 왕이 사웨
골짜기 곧 왕의 골짜기로 나와 그를 영접하였고
18 살렘 왕 멜기세덱이 떡과 포도주를 가지고 나왔으니 그는 지극히 높으신 하나님의 제
사장이었더라
19 그가 아브람에게 축복하여 이르되 천지의 주재이시요 지극히 높으신 하나님이여 아브
람에게 복을 주옵소서
20 너희 대적을 네 손에 붙이신 지극히 높으신 하나님을 찬송할지로다 하매 아브람이 그
얻은 것에서 십분의 일을 멜기세덱에게 주었더라
21 소돔 왕이 아브람에게 이르되 사람은 내게 보내고 물품은 네가 가지라
22 아브람이 소돔 왕에게 이르되 천지의 주재이시요 지극히 높으신 하나님 여호와께 내
가 손을 들어 맹세하노니
23 네 말이 내가 아브람으로 치부하게 하였다 할까 하여 네게 속한 것은 실 한 오라기나
들메끈 한 가닥도 내가 가지지 아니하리라
24 오직 젊은이들이 먹은 것과 나와 동행한 아넬과 에스골과 마므레의 분깃을 제할지니
그들이 그 분깃을 가질 것이니라

아브라함이 개선하자 소돔왕을 비롯하여 살렘(예루살렘)의 왕 멜기세덱이 마중을 나왔다. 그런데 본문에 의하면 멜기세덱은 제사장을 겸하고 있었는데 그가 하나님의 이름으로 아브라함에게 축복하자 아브라함은 전리품 중에서 10분의 1을 그에게 주었다. 멜기세덱은 누구이며 아브라함은 왜 그에게 십일조를 주었는가? 아브라함이 멜기세덱에게 하는 행동은 무엇을 말하는가?

1. 먼저 멜기세덱, 그는 누구인가?

18절에 의하면 '지극히 높으신 하나님을 섬기는 제사장' 이었다. 그는 도대체 어떤 하나님을 섬기고 있었는가? 아무런 설명이 없다. 그런데 그가 축복하는 내용을 보면 그가 어떤 하나님을 섬기고 있었는지를 추정할 수 있는 단서가 있다.

> 천지의 주재이시요 지극히 높으신 하나님이여
> 아브람에게 복을 주옵소서.
> 너희 대적을 네 손에 붙이신 지극히 높으신 하나님을 찬송할지로다.

'천지의 주재', '지극히 높으신', '너희 대적을 너희 손에 붙이신' 하나님이라는 표현 속에 멜기세덱의 신관(神觀)이 들어있다. 하늘과 땅을 지으신 하나님, 힘을 앞세워 약한 자를 짓밟는 자들을 그냥 두지 않으시는 역사의 주관자 하나님, 세상의 여러 신들 중에서 가장 높으신 하나님, 이런 하나님 개념은 성경의 여호와 하나님과 일치한다. 멜기세덱, 그는 어떤 과정을 거쳤는지는 모르지만 참 하나님을 찾고 있었으며 그 하나님을 섬기고 있었다. 그런 그는 아브라함이 참전하는 과정을 지켜보면서 아브라함이 하는 일이 곧 자신이 찾아 섬기던 하나님에 대한 신앙과 일치함을 느꼈고 개선하는 아브라함을 맞으러 나왔다. 그리고 메소포타미아의 힘에 굴복하여 공물을 바치는 비참한 삶을 사는 온 가나안 사람을 향하여 "아브라함이 한 일은 그가 섬기는 하나님 곧 천지의 주재이신 참 하나님께서 아브라함을 통하여 가나안의 문제를 해결해 주신 것이다."라고 선언했다.

이런 사실을 염두에 두면 멜기세덱, 그는 율법 이전의 사람이었지만 후일 제정되는 시내산 율법의 제사장 역할을 한 사람이었다.[49]

---

49) 히브리서(7장)에는 그를 최초의 대제사장이라고 말하고 있다.

2. 아브라함은 왜 그에게 십일조를 주었는가?

아브라함이 멜기세덱에게 십일조를 주었다는 것은 그가 멜기세덱의 말에 전적으로 동감한다는 뜻이다. 아브라함은 자신이 참전하여 승리를 거둘 수 있었던 것은, 자신의 그 어떤 방법에 의해서가 아니라 하나님의 도우심에 의해서였음을 공식적으로 선언하면서, 아직 미신 수준에 머물고 있는 가나안에 참 하나님을 알리는 기회로 사용했다.

그런데 왜 하필 십일조라는 방법이었을까? 또 되찾은 전리품의 십일조를 멜기세덱에게 주었다는 것은 무엇을 말하는가? 단순한 축복을 빌어준 대가일까? 축복의 대가치고는 너무나 많은 액수이며, 전리품 중에서는 실오라기 하나도 축내지 않겠다는 참전의 취지에도 맞지 않는다. 그렇다면 무엇을 말하는가? 십일조의 정신으로 접근하면 이해가 된다. 후일 제정된 십일조의 정신은 자신의 힘으로 살 방법이 없는 사람들을 위한 생계대책이며 보호의 수단이었다. 이렇게 본다면 아브라함은 전쟁으로 말미암아 피해를 입어서 자력으로 회생할 수 없는 사람들의 문제를 해결하기 위하여 전리품 가운데 10분의 1을 떼어 기금으로 사용했는데 그 처리를 살렘 왕 멜기세덱에게 맡겼다는 얘기가 된다. 아브라함이 십일조를 멜기세덱에게 맡겼다는 것은 단순히 재물만을 주었다는 것이 아니라, 그에게 전쟁으로 말미암아 힘의 공백이 생긴 가나안의 지배권을 넘겨주었다는 뜻이다. 돈을 집행하는 사람에게 권력이 주어지기 때문이다. 아브라함이 멜기세덱에게 권력과 재물을 맡긴 이유는 멜기세덱이야 말로 하나님에 대한 올바른 이해를 가지고 있는 사람이기에 그만한 적임자가 없었기 때문이다.

이 이야기는 아직 율법이 제정되기 이전의 사건이지만 이 이야기를 통하여 하나님을 섬기는 사람(아브라함)이 해야 하는 일이 무엇이며(거룩한 전쟁), 제사장(멜기세덱)의 역할은 무엇인지(가르침, 분배), 십일조의 정신이 어떤 것인지를 잘 보여주고 있다.

3. 아브라함, 왜 재산을 포기했나?

가나안 전쟁에서 개선하고 돌아오는 아브라함을 마중 나온 소돔왕은 아브라함이 되찾은 전리품 중에서 물품은 아브라함이 갖고 사람들만은 돌려달라고 간청했다. 그러자 아브라함은 이렇게 말했다. "하늘과 땅을 지어내신 하나님, 한없이 높으신 하나님, 여호와께 내가 손을 들어 분명히 맹세하오. 당신 것은 어느 하나라도 차지하지 않을 것이오. 신을 매는 끈 하나뿐만 아니라 실오라기 하나라도 가져가지 않을 터이니 아무 걱정 마시오."(창세기 14:22-23, 현대어성경)

여기서 말하는 바와 같이 아브라함은 전리품 중에서 아무 것도 취하지 않았다. 아브라함은 왜 이런 큰 재물을 포기했을까? 아브라함의 참전 목적은 전리품이 아니었기 때문이다. 고대의 전쟁은 대부분 전리품을 얻기 위한 전쟁이었다. 이런 전쟁은 패자에게는 죽음과 같은 고통을 안겨주었다. 이런 참상을 잘 아는 아브라함은 자신이 살고 있는 지역에서 일어난 전쟁의 비극을 두고 볼 수가 없어서 참전했고 또 승리했다. 약탈당했던 가나안의 재산은 물론 침략자들의 전쟁물자까지 얻은 아브라함은 그 재물들을 피해당한 가나안 사람들에게 다 돌려주었다. 아브라함의 이런 중심을 잘 아시는 하나님께서는 아브라함이 승리하도록 도우셨다.

하나님은 지금도 거룩한 전쟁에서 승리하게 하실 사람을 찾고 계신다.

4. 아브라함, 무엇을 얻었나?

아브라함이 가나안 전쟁에서 승리했다는 것은 약탈물을 되찾았다는 것만을 의미하지 않는다. 그가 최후의 승자였으므로 그에게 가나안의 권력과 재물이 주어짐으로서 명실상부한 가나안 최고의 지배자가 된 것이었다. 메소포타미아의 본토와 친척, 아비의 집을 떠나 가나안에서 떠돌이 생활로 출발한지 10여 년이 못되어 일어난 놀라운 일이다. 10년이라는 시간, 짧다면 짧고 길다면 긴 시간이다. 지나간 역사를 돌이켜 보면 개인이나 국가에서 10여 년 동안 온 역량을 집중하면 놀라운 결과가 일어난 예들이 얼마든지 있다. 전혀 생소한 분야에도 10년을 몰두하면 그 분야를 통달할 수 있다.

아브라함, 그는 10년 만에 떠돌이 신세에서 가나안 최고의 권력과 부를 일궈내는 대업을 성취했다. 그런데 더 놀라운 것은 그런 부와 권력을 아무런 미련없이 포기하여 멜기세덱에게 맡기고 본래의 평범한 모습으로 다시 돌아왔다는 사실이다. 어떻게 이런 일이 가능했을까? 이 사건은 그가 추구하는 최고의 가치와 이상이 무엇이었는지를 잘 보여준다. 아브라함의 가슴 속에는 무엇이 자리잡고 있었을까? 가난하고 비참한 사람들의 고통과 아픔, 그들의 신음소리가 생생하게 느껴지고 있었다. 하나님은 이런 사람에게 그 시대의 가장 큰 부와 권력을 맡기신다. 아귀다툼을 통하여 부와 권력을 손에 넣은 사람들은 그것을 지키기 위하여 온갖 수단과 방법을 가리지 않고 동원하다가 비참한 종말을 맞는다. 그런데 인류 역사의 초기인 4천여 년 전에 아브라함은 역사의 주관자이신 하나님께서 부와 권력을 어떤 사람에게 맡기시는 지를 보여주고 있다. 지금도 살아계시는 역사의 주관자이신 하나님은 이 순간에도 아브라함과 같은 사람, 즉 부와 권세를 맡길 참 믿음의 사람을 찾고 계신다. "은도 내 것이요 금도 내 것이니라. 만군의 여호와의 말이니라."(학개 2:8)는 말씀은 이를 일컫는다.

아브라함, 그는 가나안 전쟁을 통하여 무엇을 얻었나? 다음과 같은 이름을 얻었다.

믿음의 조상

복의 근원

물음

10 아브라함, 롯 때문에 참전했나?

본문 : 〈 14장 〉

12 소돔에 거주하는 아브람의 조카 롯도 사로잡고 그 재물까지 노략하여 갔더라
13 도망한 자가 와서 히브리 사람 아브람에게 알리니……
14 아브람이 그의 조카가 사로잡혔음을 듣고 집에서 길리고 훈련된 자 삼백십팔 명을 거느리고 단까지 쫓아가서
15 그와 그의 가신들이 나뉘어 밤에 그들을 쳐부수고 다메섹 왼편 호바까지 쫓아가
16 모든 빼앗겼던 재물과 자기의 조카 롯과 그의 재물과 또 부녀와 친척을 다 찾아왔더라

위의 본문에 의하면 아브라함이 가나안 전쟁에 참전한 목적은 조카 롯을 구하기 위함이었다. 이 본문은 어떻게 해석되어야 할까? 문자적으로 해석한다면 아브라함이 롯을 구하기 위해서 참전했다는 이야기가 된다. 그런데 이렇게 문자적으로 해석하면 모순에 빠진다. 첫째, 만일 롯만을 구하기 위함이었다면 결코 전면전을 치르지 않았을 것이다. 특공대를 조직하여 롯의 일행을 구출하면 된다. 롯 하나를 구출하기 위하여 318명을 데리고 메소포타미아 네 나라의 연합군인 대군과 전면전을 벌인다는 것은 무모하기 짝이 없으며, 이런 군사작전을 시도할 사람은 아무도 없다. 아브라함이 전면전을 벌여서 호바까지 추격한 것은 포로로 잡혀가는 사람들 모두를 구출하기 위함이었다. 둘째, 앞에서 살펴본 바와 같이 롯을 구출하기 위하여 참전했다는 것은 거룩한 전쟁의 취지에 맞지 않는다. 거룩한 전쟁은 힘없는 불쌍한 사람들의 억울한 문제를 해결하기 위함이지 개인적인 원한의 문제를 해결하는 것이 아니기 때문이다. 셋째로 하나님의 기본 개념에 맞지 않는다. 아브라함에게 조카 롯이 귀하다면 롯을 구하기 위한 전쟁에서 다치거나 죽은 사람들 역시 그 가족들에게는 귀한 생명이다. 그런데 하나님께서 롯을 구하기 위한 아브라함만을 도우시고 다른 사람의 생명을 무시하

신다면 이는 하나님의 기본개념과 맞지 않는다. 즉 참 하나님이라고 할 수가 없다. 따라서 이 본문은 문자적으로 해석해서는 안된다.

그렇다면 왜 이런 문자적인 표현이 들어있는가? 또 이런 문자적인 표현은 도대체 무엇을 말하고 있는가?

이를 이해하기 위해서는 이 본문이 말해지던 당시로 거슬러 올라가야 한다. 아브라함의 참전 이야기를 비롯한 성경의 이야기들은 이스라엘에서 오랜 시간을 거치면서 신앙지도자들의 가르침(설교)으로 이야기 되어 내려왔다. 이런 전달과정을 거치면서 전승의 특징이 굳어져 후일 문서로 기록되었다. 그 특징은 은폐, 암시, 함축으로 요약될 수 있다. 이런 이야기들은 사실적으로 설명을 하지 않고 본래 말하려던 의도를 감추고 있으며 또 함축된 표현법으로 그 사실을 알 수 있게 기록되었다. 아브라함이 롯이 포로가 되었음을 듣고 참전했다는 표현은 일종의 반어법이다. 당시의 이야기꾼들은 이 이야기를 이렇게 말했을 것이다.

"이런 이야기를 들으면서 아브라함이 단순히 롯을 구출하기 위해서 이런 전쟁을 벌였다고 생각하지 마라! 아브라함은 그런 사람이 아니야. 하나님도 누군가를 일방적으로 돕는 그런 분이 아니야! 이런 이야기를 읽으면서 아브라함이 롯을 구출하기 위해 참전했고 하나님은 그런 아브라함을 도우셨다고 생각하면 이 이야기에서 정말로 말하려는 가장 귀한 것을 놓치게 된단다. 그런 해석은 다 자기 중심, 자기 욕심을 버리지 못해서 나타나는 현상이다. 네 입장에서 보지 말고 하나님의 입장에서 보아라. 그래야 신앙의 오류에 빠지지 않는다."

무슨 근거로 이렇게 말하느냐?, 지나친 비약이 아니냐? 라는 생각이 들 수 있다. 이에 대해서는 다음의 몇 가지로 대답할 수 있다.

성경에는 이와 비슷한 구절들이 수없이 많이 있는데 이들을 문자적으로 해석한다면 모순에 빠지게 된다. 결과론적으로 말한다면 성경은 결코 그런 문자적인 모순을 말하지 않는다. 만일 성경이 그런 모순을 말하고 있다면 이는 경전으로서의 가치가 없다. 성경의 구절들은 오랜 시간을 거치면서 검증을 받았고, 또 마지막으로 기록하고 편집하는 사람들은 당시 최고의 지식인층인데 이런 표현을 수정하지 않고 그냥 두었다는 것은 당시에는 모순처럼 보이는 이런 구절들이 문자적으로 해석되지 않고 있었다는 것을 반증하고 있다.

예수님은 문자적인 해석에 치우치고 있는 사람들에게 "천국(성경의 진리)은 밭에 감추인 보화와 같으니"(마태복음 13:44) 라고 말씀하셨으며, 또 "그러므로 내가 그들에게 비유로 말하기는 그들이 보아도 보지 못하며 들어도 듣지 못하며 깨닫지 못함이니라. 이사야의 예언이 그들에게 이루었으니 일렀으되 '너희가 듣기는 들어도 깨닫지 못할 것이요 보기는 보아도 알지 못하리라. 이 백성들의 마음이 완악하여져서 그 귀는 듣기에 둔하고 눈은 감았으니 이는 눈으로 보고 귀로 듣고 마음으로 깨달아 돌이켜 내게 고침을 받을까 두려워함이라.' 하였느니라."(마태복음 13:13~15) 라고 하셨다. 사도바울은 "의문(儀文)은 죽이는 것이요 영(靈)은 살리는 것"이라고 했다.

성경, 어떻게 해석해야 하나?
문자가 아닌 문자가 말하려는 의도를 읽어야 한다.

물음 11 아브라함의 계약, 무엇을 말하는가?

본문 : 〈 15장 〉

1 이 후에 여호와의 말씀이 환상 중에 아브람에게 임하여 이르시되 아브람아 두려워하지 말라 나는 네 방패요 너의 지극히 큰 상급이니라

2 아브람이 이르되 주 여호와여 무엇을 내게 주시려 하나이까 나는 자식이 없사오니 나
의 상속자는 이 다메섹 사람 엘리에셀이니이다
3 아브람이 또 이르되 주께서 내게 씨를 주지 아니하셨으니 내 집에서 길린 자가 내 상
속자가 될 것이니이다
4 여호와의 말씀이 그에게 임하여 이르시되 그 사람이 네 상속자가 아니라 네 몸에서 날
자가 네 상속자가 되리라 하시고
5 그를 이끌고 밖으로 나가 이르시되 하늘을 우러러 뭇별을 셀 수 있나 보라 또 그에게
이르시되 네 자손이 이와 같으리라
6 아브람이 여호와를 믿으니 여호와께서 이를 그의 공의로 여기시고
7 또 그에게 이르시되 나는 이 땅을 네게 주어 소유를 삼게 하려고 너를 갈대아인의 우
르에서 이끌어 낸 여호와니라
8 그가 이르되 주 여호와여 내가 이 땅을 소유로 받을 것을 무엇으로 알리이까
9 여호와께서 그에게 이르시되 나를 위하여 삼 년 된 암소와 삼 년 된 암염소와 삼 년
된 숫양과 산비둘기와 집비둘기 새끼를 가져올지니라
10 아브람이 그 모든 것을 가져다가 그 중간을 쪼개고 그 쪼갠 것을 마주 대하여 놓고
그 새는 쪼개지 아니하였으며
11 솔개가 그 사체 위에 내릴 때에는 아브람이 쫓았더라
12 해 질 때에 아브람에게 깊은 잠이 임하고 큰 흑암과 두려움이 그에게 임하였더니
13 여호와께서 아브람에게 이르시되 너는 반드시 알라 네 자손이 이방에서 객이 되어 그
들을 섬기겠고 그들은 사백 년 동안 네 자손을 괴롭히리니
14 그들이 섬기는 나라를 내가 징벌할지며 그 후에 네 자손이 큰 재물을 이끌고 나오리라.
15 너는 장수하다가 평안히 조상에게로 돌아가 장사될 것이요
16 네 자손은 사대 만에 이 땅으로 돌아오리니 이는 아모리 족속의 죄악이 아직 가득 차
지 아니함이니라 하시더니
17 해가 져서 어두울 때에 연기 나는 화로가 보이며 타는 횃불이 쪼갠 고기 사이로 지나
더라.
18 그 날에 여호와께서 아브람과 더불어 언약을 세워 이르시되 내가 이 땅을 애굽 강에
서부터 그 큰 강 유브라데까지 네 자손에게 주노니
19 곧 겐 족속과 그니스 족속과 갓몬 족속과
20 헷 족속과 브리스 족속과 르바 족속과
21 아모리 족속과 가나안 족속과 기르가스 족속과 여부스 족속의 땅이니라 하셨더라.

구약(舊約), 신약(新約)의 '약'(約) 자는 계약 또는 언약을 뜻하는데 이는 성경이 계약의 책이라는 뜻이다. 사실 성경에는 여러 계약이 들어있다. 선악과를 먹지 말라는 아담과의 계약, 무지개를 보여주시며 말씀하시는 노아와의 계약, 시내산 계약, 예수님을 통한 새 계약 등이

며, 본문을 가리켜 아브라함과의 계약이라 한다. 아브라함과의 계약, 무엇을 말하는가?

1. 이 후에

1절의 '이 후에'는 하나님께서 아브라함과 체결하시는 계약의 배경을 이루고 있다. '이 후에'는 무엇을 말할까? 지금까지 살펴본 바와 같이 14장의 내용을 말한다. 이를 다시 간추려보면 다음과 같다.

가나안에서 일어났던 전쟁의 최후 승자는 아브라함이었다. 승리로 말미암아 그에게 가나안 전체의 지배권과 경제력이 주어졌다. 그러나 그는 수중에 넣은 권력과 부귀영화를 다 포기하고 본래의 주민들에게 돌려준 후 빈 손으로 헤브론으로 돌아왔다. 헤브론에서 아브라함은 아직 그의 거처조차 확보하지 못한 나그네에 불과했다. 본문의 '이 후에'는 이것을 말한다.

2. 두려워 말라

가나안 전쟁에 참전하여 얻은 권력과 재물을 다 포기한 아브라함에게 돌아온 것은 무엇이었을까? 두려움이었다. 왜 두려움에 떨었을까? 가나안뿐만 아니라 메소포타미아 왕들에게 주목의 대상이 되었기 때문이다. 바꾸어 말하면 아브라함은 당시의 세력가들에게 정적이요 경쟁자로 부각된 셈이다. 특히 메소포타미아 지역의 왕들에게는 철천지원수(徹天之怨讐)가 되고 말았다. 이에 반해 아브라함은 아무런 힘이 없었으니 언제 보복을 당할지 알 수 없어 불안에 떨어야 했다. 이런 아브라함에게 하나님께서는 말씀하셨다.

> 아브람아 두려워하지 말라. 나는 네 방패요

두려움에 떨고 있는 아브라함에게 두려워하지 말라. 내가 네 방패가 되어 너를 지켜주겠다고 약속하셨다. 아브라함에게 지금 가장 시급한 것은 안전문제였다. 아무런 대책없이 자신에게 주어졌던 모든 것을 포기한 아브라함에게 이제 하나님께서 그의 대책이 되어주시겠다고 말씀하셨다. 그리고 또 말씀하셨다.

> 너의 지극히 큰 상급이니라.

가나안 전쟁에서 큰 재물을 얻을 수 있었던 아브라함, 그러나 그것을 다 돌려주고 실오라기 하나 가지지 않고 빈손으로 돌아오자 하나님께서 내가 너의 재물이 되어주겠다고 약속하셨다. 네게 주어졌던 재물을 네가 백성들을 불쌍히 여기고 다 돌려주어 그들을 살게 했으니 내가 이제 너의 재물이 되어주어 네가 계속 불쌍한 사람들을 도울 수 있게 하겠다는 말씀이다. 아브라함, 그는 믿음의 조상, 복의 근원의 진정한 표본이었다.

하나님은 당신을 믿고 따르며 당신의 뜻을 행하려는 사람을 결코 버리지 않으시고 지켜주시며 그를 통해서 당신의 뜻을 이루신다. 사람을 통해서 일하시는 하나님은 지금도 통해서 일할 사람을 찾고 계신다.

3. 자손을 주리라

하나님께서는 아브라함에게 또 말씀하셨다.

> 하늘을 우러러 뭇별을 셀 수 있나 보라. 네 자손이 이와 같으리라.(창세기 15:5)

이는 아직 아들조차 없는 아브라함에게 자손을 주시되 하늘의 별처럼 많게 주시겠다는 약속이다. 도대체 이 말씀은 무슨 뜻일까? 왜 이렇게 말씀을 하실까? 아브라함의 후손들이 세상에서 가장 많은 인구가 되리라는 말씀일까? 이 말씀대로 아브라함의 후손들인 이스라엘이 지금 세계에서 인구가 제일 많은가? 아니다. 세계인구의 0.2% 남짓에 불과하다. 그렇다면 무슨 뜻일까?

그 대답은 '이 후에' 에 들어있다. 전쟁으로 비참해진 가나안 사람들의 문제를 해결해 준 이 후에 하나님께서는 아브라함에게 많은 자손을 주겠다고 약속하셨다. 즉 이 말씀은 네가 지금 보여준 그 믿음의 행위를 보고 앞으로 그런 믿음을 가지고 세상을 구원할 사람들이 하늘의 별처럼 많아지리라는 뜻이다. 후일 아브라함이 100세에 하나님의 특별하신 도움으로 아들 이삭을 낳는 이야기는 이런 의미를 가지고 있다. 단순하게 혈통의 아들을 낳는 이야기가 아니다. 하나님은 혈통의 아들이 아닌 믿음의 아들을 주리라고 말씀하셨다. 이는 로마서에서 말하는 바와 같다.[50]

4. 땅을 주리라

그리고 또 다음과 같이 약속하셨다.

> 그 날에 여호와께서 아브람과 더불어 언약을 세워 이르시되 내가 이 땅을 애굽 강에서부터 그 큰 강 유브라데까지 네 자손에게 주노니 (창세기 15:18)

이 말씀은 아브라함의 자손들에게 가나안 땅을 주시겠다는 약속이다. 왜 땅을 약속하실까? 이 약속은 무엇을 말하는가? 이 대답 역시 '이 후에' 에 들어있다. 아브라함이 나그네로 가나안에 들어갔으나 가나안 사람들의 비참함을 불쌍히 여긴 나머지 거룩한 전쟁을 통하여 가나안의 권력과 재물, 땅을 다 얻을 수 있었다. 그러나 아브라함은 다시

50) 사도바울은 로마서에서 이렇게 말하고 있다.
또한 아브라함의 씨가 다 그의 자녀가 아니라 오직 이삭으로부터 난 자라야 네 씨라 불리리라 하셨으니 곧 육신의 자녀가 하나님의 자녀가 아니요 오직 약속의 자녀가 씨로 여기심을 받느니라.(로마서 9:7~8)

다 돌려주었다. 아브라함에게 주시는 것은 곧 아브라함으로 하여금 사람들을 살리는데 쓰라고 맡겨주신 것이었다. 그런데 이제 하나님께서는 그 땅을 다시 아브라함과 그 후손에게 맡기시겠다고 말씀하신다.

지금 여기서 아브라함과 같은 믿음을 가지고 살 사람들, 즉 아브라함의 믿음의 후예들에게 하나님께서는 같은 방법으로 땅 즉 권력과 재물을 맡기셔서 세상을 구원하신다. 그 하나님께서는 이렇게 말씀하신다.

땅을 주리라.
땅을 줄 사람을 찾노라.

5. 그 후에

> 여호와께서 아브람에게 이르시되 너는 반드시 알라 네 자손이 이방에서 객이 되어 그들을 섬기겠고 그들은 사백 년 동안 네 자손을 괴롭히리니 그들이 섬기는 나라를 내가 징벌할지며 그 후에 네 자손이 큰 재물을 이끌고 나오리라. 네 자손은 사대 만에 이 땅으로 돌아오리니 이는 아모리 족속의 죄악이 아직 가득 차지 아니함이니라.(창세기 15:13~14,16)

그런데 여기에 이해하기 어려운 말씀이 있다. 아브라함의 후손들에게 약속된 땅은 400년 후에, 그것도 노예의 삶을 살고난 후에 주어진다는 말씀이다. 도대체 왜 400년 노예의 삶을 살고난 뒤여야 할까? 하나님께서 하시는 일을 사람이 다 헤아린다는 것은 어불성설이다. 이에 대한 대답은 그 후에 진행된 이스라엘의 역사를 통해서 살펴볼 수밖에 없다. 이를 간추리면 다음과 같다.

먼저 이스라엘의 사명을 짚어 보아야 한다. 아브라함과 그 후손들이 부르심을 받은 이유는 '믿음의 조상', '복의 근원'이 되기 위함이었다.

참 믿음은 시련을 통해서 확인되어진다. 시련과 고난을 이겨낼 뿐만 아니라 더 나은 기회로 만들어 내는 힘, 이것이 바로 참 신앙의 본질이다. 400년이라는 긴 세월 동안의 고된 노예생활은 이런 시간이었다.

그런데 수많은 시련들 가운데 왜 하필 노예의 경험이었을까? 이는 고대 사회의 특징 때문이다. 그 당시의 절대 왕권시대에는 지배계급 이외의 인구의 대부분이 노예 수준의 삶을 살았다. 이런 시대에 이스라엘은 그들의 삶에 동참하여 이들의 삶을 몸소 체험하여 이런 삶이 얼마나 비참한가를 뼈저리게 체득하여야 했다. 이런 경험은 이런 비극을 해결하기 위한 즉 '복의 근원'의 역할을 해내기 위한 한 과정이었다. 다시 말하면 이들의 비참한 노예의 경험은 그 문제를 해결하기 위한 수업인 셈이다. 온갖 죄악과 불의가 지배하는 현실 속에서 '믿음의 모델', '복의 근원'의 역할을 해낸다는 것은 결코 쉬운 일이 아니다. 그 일을 위해서는 그만한 훈련이 뒷받침 되어야 한다. 400년 종살이는 이에 해당되는 것이다.

어느 날 문득 찾아오는 고난과 시련, 이해하기도 어렵거니와 받아들이기는 더더욱 어렵다. 남보다 별로 더 악하게 살지도 않았는데, 나름대로 신앙생활을 하느라고 했는데, 그런데 왜 나는 이렇게 시달려야 하나? 이런 물음에 대하여 어디서 대답을 찾으며 누가 명확한 대답을 할 수 있겠는가? 그런데 성경은 이렇게 말하고 있다. "남달리 시련과 고난이 주어지는 것은 그 문제를 해결하기 위한 수업중이다." 그러나 어려움에 처하여 힘든 사람은 이 사실을 수긍하기 어렵다. 어떻게 이런 대답을 받아들일 수 있을까? 믿음이 이것을 가능하게 한다. 믿음은 이런 환경을 극복할 수 있는 놀라운 힘을 제공해 준다. 구약성경의 이야기들은 이것을 확인시켜주고 있다. 하나님의 약속이 이루어지는 '그 후에'는 언제인가?

400년 종살이 후에

6. 계약체결

낯선 이국땅에서 나그네 생활을 하며 두려움에 떨고 있는 아브라함에게 주어지는 약속, 그 약속은 400년 노예생활 뒤에 후손에게 그 땅이 주어지리라는 것이었다. 게다가 80세가 훨씬 지난 아브라함에게는 아직 자식조차 없었다. 이런 상황에서 아브라함은 하나님의 약속이 믿어지지가 않아서 하나님께 다음과 같이 묻지 않을 수 없었다.

> 그가 이르되 주 여호와여 내가 이 땅을 소유로 받을 것을 무엇으로 알리이까? (창세기 15:8)

이에 대하여 하나님께서는 다음과 같이 말씀하셨다.

> 여호와께서 그에게 이르시되 나를 위하여 삼 년 된 암소와 삼 년 된 암염소와 삼 년 된 숫양과 산비둘기와 집비둘기 새끼를 취할지니라. 아브라함이 그 모든 것을 취하여 그 중간을 쪼개고 그 쪼갠 것을 마주 대하여 놓고 그 새는 쪼개지 아니하였으며… 그 날에 여호와께서 아브람과 더불어 언약을 세워 이르시되 내가 이 땅을 애굽 강에서부터 그 큰 강 유브라데까지 네 자손에게 주노니 (창세기 15:9~10,18)

하나님께서 하신 일은 무엇일까? 왜 짐승들을 잡아서 쪼개 놓으라고 하셨을까? 이는 고대의 계약체결 의식을 말한다. 중요한 계약을 체결할 때는 짐승을 잡아 둘로 쪼개어 놓고 그 사이로 계약 당사자들이 지나가면서 계약을 체결한다. 이런 의식은 계약의 엄중성을 뜻하는데 만일 계약을 어기면 짐승이 쪼개어진 것 같이 그도 죽임을 당하리라는 의미이다. 하나님께서는 아브라함에게 당시의 이런 계약체결의 방식으로 계약을 맺어 주시고 또 믿도록 도와 주셨다.

이후에 진행된 이스라엘 역사는 하나님의 이런 계약의 말씀이 어떻게 약속대로 되어가고 있는가를 보여주고 있다. 계약은 쌍방의 약속이다. 한 쪽이 어기면 그 계약은 무효가 되고 만다. 그런데 하나님과 계약을 맺은 인간은 늘 그 약속을 다 지키지 못하여 계약이 파기될 수밖에 없는 상황에 이른다. 그러나 이런 경우 하나님께서는 혼자 그 약속을 지켜주셔서 그 계약이 파기되지 않도록 하신다. 성경은 이것을 말해주고 있다. 성경의 구약, 신약이라는 이름은 그 책이 계약의 책이라는 뜻이다. 계약의 책인 성경의 하나님은 어떤 분일까?

혼자서 계약을 지키는 하나님이시다.
우리를 향한 하나님의 사랑은 짝사랑이다.

물음 12 왜 하갈을 취했을까?

본문 : 〈 16장 〉

1 아브람의 아내 사래는 출산하지 못하였고 그에게 한 여종이 있으니 애굽 사람이요 이름은 하갈이라.
2 사래가 아브람에게 이르되 여호와께서 내 출산을 허락하지 아니 하셨으니 원하건대 내 여종에게 들어가라 내가 혹 그로 말미암아 자녀를 얻을까 하노라 하매 아브람이 사래의 말을 들으니라.
3 아브람의 아내 사래가 그 여종 애굽 사람 하갈을 데려다가 그 남편 아브람에게 첩으로 준 때는 아브람이 가나안 땅에 거주한지 십 년 후였더라.

고대사회에서는 가정의 후사를 잇는 일이 무엇보다도 중요했기 때문에 출산을 맡은 여인의 경우는 아들을 낳는 일이 가장 큰 의무였다. 만일 여자가 아들을 낳지 못하면 자신을 대신해서 아이를 낳을 여자를 찾아내야 했다. 본문은 이런 시대적인 배경을 가지고 있다. 아브라함의 나이 85세가 되도록 아들이 없다보니 답답해진 아내 사라는 자신이 데리고 있던 몸종 하갈을 아브라함의 씨받이로 제공해야 했다.

아브라함은 왜 아내 사라의 제안대로 하갈을 받아들였을까? 물론 이런 방식이 당시에 일반적으로 사용되고 있었지만 아브라함이 100살에 아들을 낳을 것을 알고 있는 독자는 이 부분에서 의문을 느낀다. 그래도 아브라함은 뭔가 좀 달라야 하지 않았을까? 왜냐하면 그는 부름을 받는 그 때부터 아들에 대한 약속을 받았고 또 15장에서 하나님과 계약까지 체결하지 않았던가? 그런데 어떻게 이토록 쉽게 인간적인 방법을 동원할 수 있을까? 이런 의문에 명확한 대답을 찾아낸다는 것은 사실상 어렵다. 단지 몇 가지의 상황을 고려해볼 수 있을 뿐이다.

먼저 염두에 두어야 할 것은 성경에 등장하는 인물들도 오늘 우리와 똑같은 평범한 사람들이라는 점이다. 이들은 결코 이상적이거나 완전한 사람들이 아니며, 성경은 또한 그들의 있는 모습 그대로를 드러내 주고 있다. 아브라함의 나이 85세이며 그의 아내는 75세, 이미 아이를 낳을 수 있는 가능성은 전혀 없었다. 하나님의 말씀에 따라 가나안에 들어온 지 벌써 10여 년, 노년의 나이에 10년을 기다렸다는 것도 결코 쉽게 할 수 있는 일이 아니다.

10여 년 동안 아브라함은 후사의 문제에 대하여 많은 고심을 했다. 먼저는 데리고 있던 조카 롯을 양자로 삼는 것이었다. 그 다음으로는 데리고 있던 종들 중에서 충직했던 엘리에셀을 양자로 삼고자 했다.[51] 그러나 매번 하나님께서는 "네 몸에서 난 자라야 된다."라고 말씀하셔서 실패하고 말았다. 본문에 의하면 사라는 아브라함이 씨받이를 통해서 아이를 낳으면 이것이 곧 "네 몸에서 난 자"라는 하나님의 말씀을 성취하는 것이라고 생각하여 아브라함을 설득했고 아브라함도 동의했

51) 아브람이 이르되 주 여호와여 무엇을 내게 주시려 하나이까 나는 무자하오니 나의 상속자는 이 다메섹 사람 엘리에셀이니이다.(창세기 15:2)

던 것 같다.

아브라함이 아내 사라가 90세에 아이를 낳으리라는 것을 감히 어떻게 생각할 수 있었을까? 곤경에 처한 인간이 하나님께서 일하시는 방식을 다 이해하고 따른다는 것은 전혀 쉽지 않은 일이다.

물음 13 브엘 라해 로이, 무엇을 말하는가?

본문 : 〈 16장 〉

4 아브람이 하갈과 동침하였더니 하갈이 임신하매 그가 자기의 임신함을 알고 그의 여주
인을 멸시한지라
5 사래가 아브람에게 이르되 내가 받는 모욕은 당신이 받아야 옳도다 내가 나의 여종을
당신의 품에 두었거늘 그가 자기의 임신함을 알고 나를 멸시하니 당신과 나 사이에 여호
와께서 판단하시기를 원하노라
6 아브람이 사래에게 이르되 당신의 여종은 당신의 수중에 있으니 당신의 눈에 좋을 대
로 그에게 행하라 하매 사래가 하갈을 학대하였더니 하갈이 사래 앞에서 도망하였더라
7 여호와의 사자가 광야의 샘물 곁 곧 술 길 샘 곁에서 그를 만나
8 이르되 사래의 여종 하갈아 네가 어디서 왔으며 어디로 가느냐? 그가 이르되 나는 내
여주인 사래를 피하여 도망하나이다.
9 여호와의 사자가 그에게 이르되 네 여주인에게로 돌아가서 그 수하에 복종하라.
10 여호와의 사자가 또 그에게 이르되 내가 네 씨를 크게 번성하여 그 수가 많아 셀 수
없게 하리라
11 여호와의 사자가 또 그에게 이르되 네가 임신하였은즉 아들을 낳으리니 그 이름을 이
스마엘이라 하라 이는 여호와께서 네 고통을 들으셨음이니라
12 그가 사람 중에 들나귀 같이 되리니 그의 손이 모든 사람을 치겠고 모든 사람의 손이
그를 칠지며 그가 모든 형제와 대항해서 살리라 하니라
13 하갈이 자기에게 이르신 여호와의 이름을 나를 살피시는 하나님이라 하였으니 이는
내가 어떻게 여기서 나를 살피시는 하나님을 뵈었는고 함이라
14 이러므로 그 샘을 브엘라해로이라 불렀으며 그것은 가데스와 베렛 사이에 있더라
15 하갈이 아브람의 아들을 낳으매 아브람이 하갈이 낳은 그 아들을 이름하여 이스마엘
이라 하였더라
16 하갈이 아브람에게 이스마엘을 낳았을 때에 아브람이 팔십육 세였더라

하갈, 그녀는 애굽(이집트)인이요 종이었다. 신분사회이던 당시에 종은 세습되었으므로 아마도 그녀는 태어나면서부터 종이었을 것이다. 신분사회에서 종의 신분을 벗어난다는 것은 사실상 불가능하다. 그런데 하갈에게 뜻밖의 기회가 찾아왔다. 아브라함의 씨받이가 되어 종의 신분에서 벗어날 수 있는 길이 열린 것이다. 하갈에게 있어서 이런 기회를 준 주인 사라는 은인 중의 은인이라 할 수 있다. 사라가 자신의 몸종을 씨받이로 선택한 이유는 오랜 시간동안 데리고 있어본 결과 그래도 믿을만하다고 생각해서였으리라.

그런데 전혀 예상 밖의 결과가 나왔다. 하갈이 임신을 하자마자 태도가 돌변하여 자신의 옛 주인 사라를 무시하다 못해 멸시했기 때문이다. 이에 분노가 치밀어 오른 사라는 남편 아브라함에게 이 일에 대하여 명확하게 처리해줄 것을 요청했다. 당시 몸종은 주인의 임의처분 대상이었다. 하갈이 사라의 몸종이었을 때에는 아브라함의 동의 없이 자신이 임의로 처리할 수 있었지만, 이제는 아브라함의 아내(첩)의 자격을 얻었으므로 아브라함이 주인이었기 때문에 아브라함에게 공평한 판단을 요청해야 했다. 곤란한 문제에 부딪힌 아브라함은 하갈은 본래 사라의 종이었으니 사라에게 알아서 처리하라고 맡겼다. 이에 사라가 크게 분노해서 하갈을 심하게 학대하자 하갈은 견디지 못하고 도망가고 말았다.

하갈, 그녀는 왜 임신을 하자마자 태도가 돌변해서 배은망덕한 자가 되어 화를 자초했을까? 이런 못된 하갈을 왜 하나님께서는 만나주시고 또 아무런 책망의 말씀 없이 주인 사라에게 돌아가 그녀에게 복종하라고 말씀하셨으며, 하갈은 무슨 생각으로 옛 주인에게로 돌아가서, 어떻게 화해할 수가 있었을까?

하갈, 그녀는 한 맺힌 여자였다. 대대로 노예로 살아왔던 여인, 태어나면서부터 종인 그녀의 혈관 속에는 종의 피가 흐르고 있었고 단 한

번도 자유라는 것을 누려 볼 기회가 없었다. 복종, 책망, 채찍과 매에 익숙해 있던 여자, 어디에서도 사람대접 받지 못하고 물건 중의 하나, 일하는 기계로 취급받던 여자, 하갈은 이런 여자였다. 그런데 그녀에게 어느 날 전혀 낯선 환경이 찾아왔다. 비록 정실은 아니지만 후실로 아브라함의 아내가 되어 자유를 누리게 된 것이다. 이렇게 되면 무슨 일이 벌어질까? 흔히 생각하듯이 큰 은전(恩典)이 주어진 것을 고맙게 생각하고 사라에게 늘 감사하는 삶을 살아갈까? 아마도 임신하기 전에는 그랬을 것이다. 아직 그 자리가 확정된 것이 아니기 때문이다. 그러나 임신하여 후실의 자리가 굳어지고 안정을 확보하면 어떻게 되어갈까? 그동안 받았던 것, 자기 속에 채워져 있던 것이 나오게 되어있다. 하갈이 노예로 있으면서 받았던 온갖 냉대들, 하갈의 가슴 깊은 곳에는 이런 한(恨)들로 가득 차 있었지만 노예였기에 이런 것을 어디에도 발산할 기회가 없었다. 그런데 이제 상황이 반전되자 속에 들어있던 것들이 서서히 쏟아져 나오기 시작했다. 호된 시집살이 한 여자가 후일 독한 시어머니가 되는 이유는 여기에 있으며, 시어머니에게 잔뜩 꾸중을 듣고 나오면 꼬리치며 반기는 개의 옆구리를 차게 되어있다. 그 속에 들은 것이 울분이기 때문에 들어 있는 대로 나오게 마련이다. 하갈, 그녀가 은혜를 베푼 옛 주인에게 은혜를 원수로 갚은 이유는 여기에 있다.

사람이 볼 때 하갈의 행위는 배은망덕하기 짝이 없다. 어디에서도 변명의 여지는 찾아볼 수 없다. 그러면 하나님은 하갈을 어떻게 보실까? 하갈의 무엇을 보실까? 사람처럼 겉으로 드러난 행위만을 보실까? 하나님은 사람의 행위 이전에 그 행위의 원인을 먼저 보신다. "사람은 외모를 보거니와 나 여호와는 중심을 보느니라."(사무엘상 16:7)는 말씀은 이런 뜻이다. 하갈 속에 들어있던 온갖 상처(trauma)들, 쏟아질 기회가 없다가 조건이 맞으니 봇물처럼 터져 나왔다. 그러나 사람으로서는 그런 하갈의 행위를 이해해 주기가 어렵다. 하지만 하나님은 이런 실상을 불쌍히 여기시고 이해해 주신다. 그분은 행위 이전에 그 원인을 먼저 보시기 때문이다.

하나님께서는 하갈의 가슴속에 들어있는 마음의 고통을 보시는 분이시다. 이런 고통을 아시는 하나님, 그분은 샘물가에서 광야를 헤매는 목마른 한 여인, 그 마음은 더 심한 갈증에 시달리는 하갈을 기다리고 계셨다. 그리고 그 목마름을 채워주셨다. 무엇으로 어떻게 채우셨는가?

이스마엘

아브라함이 하갈에게서 낳은 아들의 이름이지만 단순한 이름에 그치지 않는다. 목마른 하갈의 갈증을 풀어주시는 하나님의 방법이며 그 이름의 뜻은 다음과 같다.

> 여호와께서 네 고통을 들으셨음이니라.
> 하갈아, 그동안 얼마나 힘들었니?
> 어디에 하소연 할 곳도 없이 여태 구박만 받으면서 살아온 너의 고통을
> 나는 잘 알고 있다.
> 걱정하지 마라.
> 내가 네 아들에게 큰 복을 주어 너처럼 살지 않게 하겠다.

어디에도 책망의 말씀은 없었다. 하갈의 쓰리고 아픈 가슴을 품어주시는 따스한 품, 그 품속에서 하갈은 울고 또 울었으리라. 사실 그녀에게는 아직 한 번도 마음 놓고 울어볼 자유조차 없었다. 피눈물을 늘 혼자 삼켜야만 했던 여인, 그녀의 눈에서는 광야의 샘보다 더 깊은 샘이 펑펑 솟아올랐으리라. 한없이, 또 한없이. 그런 눈물은 혼자 흘러나오지 않았다. 그녀 속에 맺혀있던 한이 같이 쏟아져 나왔다. 이 눈물을 흘리고 난 하갈은 이제 순한 양이 될 수 있었다.

네 여주인에게로 돌아가서 그 수하에 복종하라.

하나님께서는 하갈에게 본래의 자기자리 즉 사라의 종으로 돌아가라고 하셨다. 하나님의 이런 말씀은 결코 윤리, 도덕의 요청이 아니다. 그 이상의 요구이다. 그런데 하나님의 말씀은 단순한 요청이 아니다. 그 요청을 행하게 하시는 하나님의 능력이다. 하갈에게 이 음성은 요청이 아닌 능력으로 다가왔다. 조건없이 품어주시는 하나님의 품에서 실컷 울고 난 하갈, 하나님께서 길어주시는 샘물을 마시고 난 하갈, 이제 그녀는 딴 사람이 되었다. 그 속에 그동안 구박받았던 온갖 상처들은 더 이상 남아있지 않고 그녀가 흘린 눈물과 함께 녹아나왔기 때문이다. 하갈 속에 가득 차 있던 온갖 상처의 자리에는 무엇이 채워졌을까? 술 길 샘 곁에서 경험한 하나님의 사랑, 그 사랑으로 채워져 있었다. 이제 하갈에게서 더 이상 옛 악행들이 쏟아져 나오지 않았다. 하나님의 은혜와 사랑, 이 능력들이 옛 주인 사라를 향하여 섬김으로 잔잔히 흘러 나왔다.

브엘 라해 로이(בְּאֵר לַחַי רֹאִי)

하갈은 알았다. 자신 속에 일어난 변화가 무엇인지를. 그래서 그 샘의 이름을 브엘 라해 로이(내가 어떻게 여기서 나를 살피시는 하나님을 뵈었는고)라고 했다.

브엘 라해 로이, 하나님께서 병든 영혼을 치료하시는 방법이다. 예수님께서 막달라 마리아, 사마리아 여인, 삭개오, 군대귀신 들린 사람, 배반하고 떠난 제자들을 비롯하여 온갖 문제에 시달리는 사람들을 치료하시는 원리와 이치이다.

물음

할례, 무엇을 말하는가? 14

본문 : 〈 17장 〉

1 아브람이 구십구 세 때에 여호와께서 아브람에게 나타나서 그에게 이르시되 나는 전능
한 하나님이라 너는 내 앞에서 행하여 완전하라
2 내가 내 언약을 나와 너 사이에 두어 너를 크게 번성하게 하리라 하시니
3 아브람이 엎드렸더니 하나님이 또 그에게 말씀하여 이르시되
4 보라 내 언약이 너와 함께 있으니 너는 여러 민족의 아버지가 될지라
5 이제 후로는 네 이름을 아브람이라 하지 아니하고 아브라함이라 하리니 이는 내가 너
를 여러 민족의 아버지가 되게 함이니라
6 내가 너로 심히 번성하게 하리니 내가 네게서 민족들이 나게 하며 왕들이 네게로부터
나오리라
7 내가 내 언약을 나와 너 및 네 대대 후손 사이에 세워서 영원한 언약을 삼고 너와 네
후손의 하나님이 되리라
8 내가 너와 네 후손에게 네가 거류하는 이 땅 곧 가나안 온 땅을 주어 영원한 기업이
되게 하고 나는 그들의 하나님이 되리라
9 하나님이 또 아브라함에게 이르시되 그런즉 너는 내 언약을 지키고 네 후손도 대대로
지키라
10 너희 중 남자는 다 할례를 받으라 이것이 나와 너희와 너희 후손 사이에 지킬 내 언
약이니라
11 너희는 포피를 베어라 이것이 나와 너희 사이의 언약의 표징이니라
12 너희의 대대로 모든 남자는 집에서 난 자나 또는 너희 자손이 아니라 이방 사람에게
서 돈으로 산 자를 막론하고 난 지 팔 일 만에 할례를 받을 것이라
13 너희 집에서 난 자든지 너희 돈으로 산 자든지 할례를 받아야 하리니 이에 내 언약이
너희 살에 있어 영원한 언약이 되려니와
14 할례를 받지 아니한 남자 곧 그 포피를 베지 아니한 자는 백성 중에서 끊어지리니 그
가 내 언약을 배반하였음이니라
15 하나님이 또 아브라함에게 이르시되 네 아내 사래는 이름을 사래라 하지 말고 사라라
하라
16 내가 그에게 복을 주어 그가 네게 아들을 낳아 주게 하며 내가 그에게 복을 주어 그를
여러 민족의 어머니가 되게 하리니 민족의 여러 왕이 그에게서 나리라
17 아브라함이 엎드려 웃으며 마음 속으로 이르되 백 세 된 사람이 어찌 자식을 낳을까
사라는 구십 세니 어찌 출산하리요 하고
18 아브라함이 이에 하나님께 아뢰되 이스마엘이나 하나님 앞에 살기를 원하나이다
19 하나님이 이르시되 아니라 네 아내 사라가 네게 아들을 낳으리니 너는 그 이름을 이

삭이라 하라 내가 그와 내 언약을 세우리니 그의 후손에게 영원한 언약이 되리라
20 이스마엘에 대하여는 내가 네 말을 들었나니 내가 그에게 복을 주어 그를 매우 크게
생육하고 번성하게 할지라 그가 열두 두령을 낳으리니 내가 그를 큰 나라가 되게 하려니와
21 내 언약은 내가 내년 이 시기에 사라가 네게 낳을 이삭과 세우리라
22 하나님이 아브라함과 말씀을 마치시고 그를 떠나 올라가셨더라
23 이에 아브라함이 하나님이 자기에게 말씀하신 대로 이 날에 그 아들 이스마엘과 집에
서 태어난 모든 자와 돈으로 산 모든 자 곧 아브라함의 집사람 중 모든 남자를 데려다가
그 포피를 베었으니
24 아브라함이 그의 포피를 벤 때는 구십구 세였고
25 그의 아들 이스마엘이 그의 포피를 벤 때는 십삼 세였더라
26 그 날에 아브라함과 그 아들 이스마엘이 할례를 받았고
27 그 집의 모든 남자 곧 집에서 태어난 자와 돈으로 이방 사람에게서 사온 자가 다 그
와 함께 할례를 받았더라

본문에 보면 하나님께서 아브람 나이 99세에 나타나셔서 그간의 약속에 대한 확인의 말씀을 하신 후 이름을 아브라함으로 개명(改名)함과 더불어 할례를 받으라고 명령하시고 있다. 이 할례는 아브라함뿐만 아니라 그의 후손은 물론 집안의 모든 남자들이 받아야 하며, 이는 영원히 지켜야 할 언약의 표징이라고 말씀하고 있다. 여기에서부터 이스라엘의 독특한 할례라는 의식이 시작되고 있다. 도대체 할례는 무엇을 말하는 것일까? 이를 다음과 같이 몇 가지로 생각해 볼 수 있다.

1. 헌신의 의미를 가지고 있다.

고대 근동에는 인신(人身)제사가 있었는데 자신이 믿고 있는 신에게 드리는 가장 큰 제물이 사람을 제물로 바치는 것이라는 생각에서 시작되었다. 시간이 지나면서 인신제사를 대신 하는 방법으로 몸의 일부를 잘라 대신 바치는 의식을 거행했는데 할례가 그것이었다. 따라서 할례는 성경의 첫 언급인 창세기 17장의 기록 이전부터 고대 근동의 여러 지역에서 이미 시행되고 있었다. 이런 측면에서 본다면 할례의 일반적인 의미는 "나의 생명과 몸 전체를 드립니다."라는 헌신의 의미를 가

지고 있다.

2. 공동체를 위함이었다.

사회적 동물인 인간은 공동체를 형성하고 살아가기 때문에 한 가족, 사회, 민족, 국가가 유지되는데 있어서 '공동체 의식'은 대단히 중요한 역할을 한다. 국기(國旗), 국가(國歌), 제복 등은 구성원들에게 일체감을 느끼게 하여 공동체의 의식을 다지기 위한 방법들이다. 이런 측면에서 볼 때 할례보다 공동체의식, 동족의식, 우월의식을 느끼게 하는 더 좋은 방법은 없을 것이다. 이런 이유로 지금도 아프리카의 여러 부족들은 실제로 할례를 시행하고 있으며, 남자뿐만 아니라 여자들에게 할례를 시행하는 경우도 있다.

3. '언약의 증표'이다.

창세기 12장에서 하나님께서는 아브라함을 부르시면서 약속의 말씀을 주셨다.[52] 이 약속은 13장에서 계속 이어지고 있으며[53] 15장에 이르러서는 하나님께서 사람인 아브라함과 직접 계약을 체결하시면서 더 명확하게 약속하셨다.[54] 이에 이 약속을 17장에 이르러서는 할례와 더불어 다시 말씀하시면서 이 할례가 곧 언약의 증표라고 하셨다.(11, 13절) 즉 할례는 하나님의 약속은 반드시 이루어진다는 약속의 증거물인

---

52) 여호와께서 아브람에게 이르시되 너는 너의 고향과 친척과 아버지의 집을 떠나 내가 네게 보여 줄 땅으로 가라. 내가 너로 큰 민족을 이루고 네게 복을 주어 네 이름을 창대하게 하리니 너는 복이 될지라. 너를 축복하는 자에게는 내가 복을 내리고 너를 저주하는 자에게는 내가 저주하리니 땅의 모든 족속이 너로 말미암아 복을 얻을 것이라 하신지라.(창세기 12:1~3)

53) 롯이 아브람을 떠난 후에 여호와께서 아브람에게 이르시되 너는 눈을 들어 너 있는 곳에서 북쪽과 남쪽 그리고 동쪽과 서쪽을 바라보라. 보이는 땅을 내가 너와 네 자손에게 주리니 영원히 이르리라. 내가 네 자손이 땅의 티끌 같게 하리니 사람이 땅의 티끌을 능히 셀 수 있을진대 네 자손도 세리라. 너는 일어나 그 땅을 종과 횡으로 두루 다녀 보라 내가 그것을 네게 주리라. 이에 아브람이 장막을 옮겨 헤브론에 있는 마므레 상수리 수풀에 이르러 거주하며 거기서 여호와를 위하여 제단을 쌓았더라.(창세기 13:14~18)

셈이다.

4. 인간을 위한 배려다.

봄에 뿌린 씨앗이 결실을 거두는 데에는 일 년이 걸리며, 과일 나무를 심으면 최소한 몇 년에서 수십 년을 기다려야 열매가 맺힌다. 그러나 하나님의 약속이 실현되는 데에는 수십 여 년, 경우에 따라서는 수백, 수천 년이 걸릴 수 있다. 이에 반하여 인간의 마음은 연약한 갈대와 같이 늘 흔들리며 아무리 확고부동했던 확신도 아무런 변화 없이 무미건조하게 계속되거나 어려운 시련과 고난이 이어지면 혼란을 겪게 된다. 더구나 대를 이어 하나님의 약속에 대한 신뢰를 이어간다는 것은 여간 어려운 일이 아니다.

이런 인간을 잘 아시는 하나님께서는 시간 속에 살고 있는 인간을 위한 배려로 증거물을 주시고, 하나님의 약속은 반드시 이루어진다고 믿으면서 하나님의 말씀대로 경건하게 살 수 있도록 도우셨는데 그 증거물이 할례다. 이런 이유로 본분에서는 할례를 '나와 너희와 너희 후손 사이에 지킬 내 언약', '영원한 언약'이라고 표현하고 있다.

---

54) 여호와께서 그에게 이르시되 나를 위하여 삼 년 된 암소와 삼 년 된 암염소와 삼 년 된 숫양과 산비둘기와 집비둘기 새끼를 가져올지니라. 아브람이 그 모든 것을 가져다가 그 중간을 쪼개고 그 쪼갠 것을 마주 대하여 놓고 그 새는 쪼개지 아니하였으며, 솔개가 그 사체 위에 내릴 때에는 아브람이 쫓았더라. 해 질 때에 아브람에게 깊은 잠이 임하고 큰 흑암과 두려움이 그에게 임하였더니, 여호와께서 아브람에게 이르시되 너는 반드시 알라 네 자손이 이방에서 객이 되어 그들을 섬기겠고 그들은 사백 년 동안 네 자손을 괴롭히리니, 그들이 섬기는 나라를 내가 징벌할지며 그 후에 네 자손이 큰 재물을 이끌고 나오리라. 너는 장수하다가 평안히 조상에게로 돌아가 장사될 것이요, 네 자손은 사대 만에 이 땅으로 돌아오리니 이는 아모리 족속의 죄악이 아직 가득 차지 아니함이니라 하시더니, 해가 져서 어두울 때에 연기 나는 화로가 보이며 타는 횃불이 쪼갠 고기 사이로 지나더라. 그 날에 여호와께서 아브람과 더불어 언약을 세워 이르시되 내가 이 땅을 애굽 강에서부터 그 큰 강 유브라데까지 네 자손에게 주노니, 곧 겐 족속과 그니스 족속과 갓몬 족속과, 헷 족속과 브리스 족속과 르바 족속과, 아모리 족속과 가나안 족속과 기르가스 족속과 여부스 족속의 땅이니라 하셨더라.(창세기 15:9~21)

물음

15 왜 나그네를 귀빈대우 했을까?

본문 : 〈 18장 〉

1 여호와께서 마므레의 상수리나무들이 있는 곳에서 아브라함에게 나타나시니라 날이 뜨거울 때에 그가 장막 문에 앉아 있다가
2 눈을 들어본즉 사람 셋이 맞은편에 서 있는지라 그가 그들을 보자 곧 장막 문에서 달려나가 영접하며 몸을 땅에 굽혀
3 이르되 내 주여 내가 주께 은혜를 입었사오면 원하건대 종을 떠나 지나가지 마시옵고
4 물을 조금 가져오게 하사 당신들의 발을 씻으시고 나무 아래에서 쉬소서.
5 내가 떡을 조금 가져오리니 당신들의 마음을 상쾌하게 하신 후에 지나가소서 당신들이 종에게 오셨음이니이다 그들이 이르되 네 말대로 그리하라.
6 아브라함이 급히 장막으로 가서 사라에게 이르되 속히 고운 가루 세 스아를 가져다가 반죽하여 떡을 만들라 하고
7 아브라함이 또 가축 떼 있는 곳으로 달려가서 기름지고 좋은 송아지를 잡아 하인에게 주니 그가 급히 요리한지라.
8 아브라함이 엉긴 젖과 우유와 하인이 요리한 송아지를 가져다가 그들 앞에 차려 놓고 나무 아래에 모셔 서매 그들이 먹으니라.

본문의 이야기는 아브라함이 가나안에 들어온 지 24년, 그의 나이 99세 때의 일이다. 그는 노년에 하나님의 말씀에 순종하여 가나안에 들어와서 숱한 고생을 해야 했다. 아브라함의 가나안 생활은 곧 하나님께서 아브라함을 믿음의 조상으로 만드시는 이야기라고 할 수 있다. 그렇다면 이 기간 동안 무엇이 어떻게 만들어졌나? 본문의 이야기는 이것을 설명해주고 있다.

어느 무더운 날, 아브라함은 점심을 먹고 그늘에서 쉬고 있었다. 그런데 이 숨이 막힐 만큼 뜨거운 시간에 나그네 셋이 길을 가고 있는 모습이 보였다. 더위에 먼 길을 걸어서 지칠 대로 지치고 목마르고 주린, 행색이 초라한 사람들, 아브라함은 이들을 보자마자 달려 나가 자신의 집에서 잠시 쉬면서 점심을 먹고 가라고 요청했다. 본문에 의하면 아브라함은 나그네들을 가볍게 대하지 않고 허리를 굽히며 정중히 모셔

왔다. 나그네를 대접하기 위하여 제일 좋은 가루로 떡을 굽게 하고 살진 송아지를 잡고 좋은 우유 등을 급히 준비한 후 직접 시중을 들었다. 낯모르는 나그네들을 데려다가 귀빈처럼 대접을 했다.

아브라함은 무슨 생각으로 이렇게 할 수가 있었을까? 나그네를 볼 때 마다 이렇게 대접했을까? 아마도 나그네를 볼 때 마다 이런 정도로 대접하지는 않았을 것이다. 나그네를 늘 이렇게 대해 준다면 자신의 생활은 포기돼야 하고 가정경제가 파탄나지 않을 수가 없기 때문이다. 이어서 나오는 이야기에 의하면 이 나그네들은 하나님과 천사들이었다. 이런 내용을 알고 나면 "아브라함은 이 나그네들이 하나님인 것을 알고 그렇게 극진히 대접을 했구나!"라고 생각하게 된다. 그러나 아브라함은 결코 이들이 하나님이라는 것을 미리 알고 대접한 것이 아니었다. 그냥 길가는 나그네를 대접한 것이었을 뿐이다.[55] 그렇다면 무엇이 이날 아브라함으로 하여금 이런 행동을 하게 했을까? 나그네를 대접하는 것이 유목민의 문화라 하더라도 이런 융숭한 대접은 아니었다. 아브라함은 어떻게 이렇게 할 수 있었을까?

불쌍히 여기는 마음

이것이었다. 이 마음은 기독교 신앙의 중심개념이다.[56] 후일 제정되는 시내산 계약법(율법)의 정신은 바로 이 불쌍히 여기는 마음에 기초하고 있다. 아브라함은 그 나그네들을 보는 순간 그들의 처량한 모습

---

55) 형제 사랑하기를 계속하고 손님 대접하기를 잊지 말라 이로써 부지중에 천사들을 대접한 이들이 있었느니라.(히브리서 13:1~2)

56) 아버지가 자식을 긍휼히 여김 같이 여호와께서는 자기를 경외하는 자를 긍휼히 여기시나니 이는 그가 우리의 체질을 아시며 우리가 단지 먼지뿐임을 기억하심이로다.(시편 103:13~14)
자기의 죄를 숨기는 자는 형통치 못하나 죄를 자복하고 버리는 자는 불쌍히 여김을 받으리라.(잠언 28:13)
긍휼히 여기는 자는 복이 있나니 그들이 긍휼히 여김을 받을 것임이요.(마태복음 5:7)
내가 너를 불쌍히 여김과 같이 너도 네 동관을 불쌍히 여김이 마땅치 아니하냐?(마태복음 18:33)

이 불쌍하게 여겨져 견딜 수 없었고 그들을 가장 귀한 사람들로 대접하게 되었다. 즉 아브라함은 가나안에서 온갖 수모를 겪으면서 자신과 같은 처지에 있는 사람들에 대한 연민의 정이 깊어졌다. 이 마음 때문에 가나안 전쟁에 참전하게 되었고, 거기서 얻은 약탈물들을 실오라기 하나 남기지 않고 돌려 줄 수 있었다. 평소에 이런 마음을 가지고 있다 보면 적절한 때에 하나님께서 감동을 주셔서 꼭 필요한 사람에게 이 사랑을 실천하게 된다. 본문의 이야기가 그 대표적인 경우이다.

여호와 그분을 하나님으로 섬긴다는 것은 무엇을 말하는가? 기독교 신앙을 가진다는 것은 무엇을 말하는가? 예수님을 따른다는 것은 무엇을 말하는가? 성령으로 충만해진다는 것은 무엇을 말하는가? 불쌍히 여기는 마음, 이 마음이 주어지는 것이다. 불쌍히 여기는 마음은 신앙을 가진 사람에게만 있는 것이 아니라 누구에게나 있는 마음이다. 창조주 하나님은 사람에게 이런 마음을 주셨다. 그런데 세파에 시달리다 보면, 사람들에게 많이 이용당하다 보면, 사람들에게 이런 저런 상처를 받다 보면 이 마음이 서서히 사라지고 모진 마음이 그 자리를 대신하여 서로 물고 물리는 형국이 되어져 간다. 나이를 먹어가면서 어린 아이의 천진한 눈빛은 찾아볼 길이 없어진다.

그런데 여호와 하나님을 믿으면 상실되었던 이 마음이 다시 회복된다. 그 이유는 하나님 그 분이 바로 나를 불쌍히 여기는 분이시기 때문이다. 현대어 성경에 의하면 '여호와' 라는 이름의 뜻을 이렇게 풀이하고 있다.

> 곧 여호와께서 모세 앞으로 지나가면서 이렇게 외치셨다. 나는 여호와, 여호와이다. 불쌍한 이들을 한없이 측은히 여기며 가난한 이들을 바라보면 가슴 아파 견디지 못하는 하나님이다.(출애굽기 34:6)[57]

여호와, 이분을 하나님으로 섬기면 무슨 일이 일어나는가? 그분으로부터 불쌍히 여김을 받는다. "하나님께서 우리를 사랑하신다.", "하나님은 사랑이시다.", "하나님께서 독생자를 주셨다."는 등의 표현은 이를 말한다. 사랑을 받은 사람, 즉 불쌍히 여김을 받은 사람이 사랑, 즉 불쌍히 여기게 된다. 받은 대로 주게 마련이다. 앞에서 살펴본 브엘 라해 로이는 이것을 말한다.

인간이 여호와 하나님의 일을 하려면 불쌍히 여기는 마음, 이 마음을 기초로 해야 한다.

물음 16 기한이 이를 때, 언제인가?

본문 : 〈 18장 〉

9 그들이 아브라함에게 이르되 네 아내 사라가 어디 있느냐? 대답하되 장막에 있나이다.
10 그가 이르시되 내년 이맘때 내가 반드시 네게로 돌아오리니 네 아내 사라에게 아들이
있으리라 하시니 사라가 그 뒤 장막 문에서 들었더라.
11 아브라함과 사라는 나이가 많아 늙었고 사라에게는 여성의 생리가 끊어졌는지라.
12 사라가 속으로 웃고 이르되 내가 노쇠하였고 내 주인도 늙었으니 내게 무슨 즐거움이
있으리요.
13 여호와께서 아브라함에게 이르시되 사라가 왜 웃으며 이르기를 내가 늙었거늘 어떻게
아들을 낳으리요 하느냐?
14 여호와께 능하지 못한 일이 있겠느냐? 기한이 이를 때에 내가 네게로 돌아오리니 사
라에게 아들이 있으리라.
15 사라가 두려워서 부인하여 이르되 내가 웃지 아니하였나이다. 이르시되 아니라 네가
웃었느니라.

57) 개역개정 번역은 다음과 같다. 여호와께서 그의 앞으로 지나시며 선포하시되 여호와라 여호와라 자비롭고 은혜롭고 노하기를 더디하고 인자와 진실이 많은 하나님이라(출애굽기 34:6)

나그네 행색으로 등장하셨던 하나님께서는 식사를 마치시고 "네 아내 '사라' 가 어디에 있느냐?, 내년 이맘때 네 아내 사라에게 아들이 있으리라."라는 말씀을 하신다. 단순히 나그네로만 여겼던 사람이 '사라' 의 이름을 [illegible]하고 있으며, 사라의 속마음을 들춰냄으로써 당신이 바로 하나님임을 알리셨다. 아브라함을 부르실 때 말씀하신 아들을 주리라는 약속이 '내년 이맘때' 이루어질 것이며, 이제 비로소 하나님의 약속이 이루어질 '기한이 이를 때' 가 되었다고 말씀하신다. 아브라함에게는 이 기간이 장장 25년이었고 나이 100세에 이르러서였다. 도대체 하나님의 약속이 이루어질 때는 언제인가?

여기까지 이르는 아브라함의 이야기에 의하면 그 대답은 어렵지 않다. 아브라함에게 하나님의 약속이 이루어질 만한 준비가 되어졌을 때를 말한다. 아브라함을 통하여 하나님의 뜻이 이루어지려면 아브라함이 그럴만한 사람이 되어야만 한다. 이는 지극히 단순한 이치이다. 그렇다면 아브라함에게는 이 시점에 무엇이 준비되어 있었는가? 몇 가지로 생각해 볼 수 있을 것이다.

1. 순종이다.

'순종' 이것은 신앙의 중심개념 중의 하나이다. 왜 인간이 하나님에게 순종해야 하는가? 하나님에 대한 순종이 신앙이라면 이는 인간의 자유는 훼손되는 노예의 신앙이 아닌가? 이런 질문이 제기될 수 있으며 또 제기되고 있다. 순종의 신앙은 곧 노예의 신앙일까? 결론부터 말하면 참 신앙은 결코 노예의 신앙이 아니다. 미신은 사람에게서 자유로움을 박탈하여 운명(運命), 팔자(八字), 사주(四柱), 관상(觀相), 손금, 작명(作名), 삼재(三災) 등으로 인간의 자유의 영역을 침해하여 노예의 신앙으로 전락시킨다. 이에 반하여 참 신앙은 이런 구속으로부터 인간을 자유롭게 한다.

그렇다면 "참 하나님께 순종한다."는 것은 무엇을 말하는가? 하나님에 대한 순종은 하나님의 뜻을 따르는 것이다. 그렇다면 하나님의 뜻은 무엇인가? 하나님의 일반적인 속성은 전지전능(全知全能), 무한(無限), 완전, 이타적인 사랑, 인격 등이다. 이에 반해서 인간의 속성은 유한(有限), 이기심, 미래에 대한 불확실, 불투명, 불안, 죄 등이다. 이런 인간이 자신의 장래와 현재의 문제에 대하여 어떤 판단을 내린다는 것은 완전할 수가 없다. 반면 하나님의 판단은 언제나 완전하다. 그분은 사람이 아닌 하나님이시기 때문이다. 그렇다면 인간은 누구의 판단에 따라야 하는가? 자신의 판단인가? 아니면 하나님의 판단인가? 자신의 판단보다는 하나님의 판단이 더 나으므로 당연히 하나님의 판단이어야 한다. 순종은 아무 생각없이 무조건 시키는 대로 따르는 것이 아니라 하나님의 완전한 판단을 따르는 것이다. 이런 이유로 순종은 신앙의 중심개념이다.

이렇게 보면 하나님에 대한 순종이란 결국 최선의 판단이며 최선의 선택을 말한다. 사람이 하나님께 순종해야 되는 이유는 결국 그것이 최선의 선택이기 때문이다. 이는 힘있는 자의 억압이나 노예로의 전락이 아니다. 순종은 하나님을 위한 행위가 아니라 자신을 위한 최선의 판단과 선택이다.

그런데 왜 인간은 이런 순종에 대하여 거부감을 가지는가? 인간을 지배하고 있는 인간성, 즉 죄의 속성 때문이다. 이는 마치 철부지 어린 아이가 선생님이나 부모의 훈계를 싫어하며 거부하는 것과 같다. 옳은 줄 알지만 싫어하는 속성은 누구에게나 있으며 이것을 극복하는 것이 큰 과제다. 하나님에 대한 순종은 내 뜻, 내 의지와 상관없거나 반대되는 것이 결코 아니다. 오히려 내가 선택할 수 있는 가장 좋은 것을 말한다. 순종이 신앙의 핵심인 이유는 여기에 있다.

아브라함, 그는 고향 갈대아 우르, 중간 정착지 하란에서 하나님의 말씀을 들은 후 그 말씀에 순종하여 '지시할 땅' 으로 갔다. 그가 어딘지도 모르고 지시할 땅으로 간 것은 자신의 판단보다는 하나님의 판단이 더 낫다는 것을 믿는 믿음이 있었기 때문이다. 막상 가나안에 도착하여 보니 자신이 살던 곳과는 비교가 되지 않을 만큼 열악한 환경이었고 갈수록 어려움이 가중되었다. 그런데 그는 그럴 때 마다 하나님께 단을 쌓았다. 즉 감사의 예배를 드렸다. 왜 그랬을까? 무엇을 감사했을까? 자신의 판단으로는 도무지 이해도 납득도 되지 않았지만 자신과는 비교가 되지 않는 하나님의 판단을 믿었기 때문이다. 아브라함이 믿음으로 의롭다함을 얻었다는 것은 이것을 말한다.

2. 최악의 삶에 대한 이해다.

세상에는 놀라울 정도로 최악의 환경에서 살아가는 사람들, 불행한 사람들이 많이 있다. 하나님을 믿는다는 것이 무엇인가? 하나님의 심정을 품는 것이다. 하나님은 이런 사람들을 어떻게 생각하실까? 가슴 아파하며 불쌍하게 생각하신다. 하나님께서 본래 세상을 만드실 때는 이런 세상을 만드신 것이 아니다. 그런데 죄가 세상에 들어와 지배하면서 이런 참극이 빚어졌다. 하나님께서는 당신을 믿는 사람들을 통하여 이 문제를 해결하신다. 따라서 하나님을 믿는 사람들은 최악의 상황에 내몰린 사람들을 결코 잊어서는 안된다. 어떻게 이들을 잊지 않을 수 있는가? 방법은 단순하다. 그들의 삶을 경험으로 동참해 보면 된다. 아브라함은 앞에서 살펴본 것처럼 나그네의 삶을 경험으로 겪어보았다.

물론 경험해 보지 않고도 이해할 수는 있을 것이다. 직접 경험이든 간접 경험이든 하나님을 믿는 것과 최악의 삶을 사는 사람들에 대한 이해는 뗄 수 없는 관계이다. 아브라함은 최악의 현장을 직접 경험함으로써 그들의 삶을 이해하게 되었다.

3. 섬기는 자세다.

최악의 삶의 현장에 내몰리는 경험을 통하여 아브라함은 그들의 애환을 몸으로 겪고 그들을 가슴으로 이해하게 되었다. 앞에서 살펴본 불쌍히 여기는 마음은 이것을 말한다. 이런 불쌍히 여기는 마음은 그들을 향한 섬김의 삶으로 이어져야 한다. 결국 불쌍한 사람들을 섬기는 삶이 인간이 도달할 수 있는 최고의 삶인 셈이다. 이런 이유로 참 인간의 길을 보여주러 오신 예수님은 다음과 같이 말씀하셨다.

> 인자가 온 것은 섬김을 받으려 함이 아니라 도리어 섬기려 하고 자기 목숨을 많은 사람의 대속물로 주려 함이니라.(마태복음 20:28)

아브라함에게 약속하신 아들을 낳을 때 즉 '내년 이맘때', '기한이 이를 때'는 무엇을 말하는가? 준비되었을 때를 말한다. 그런데 그 준비란 결국 섬김으로 귀결된다.

물음 17 하늘의 비밀, 누구에게 알려지나?

본문 : 〈 18장 〉

16 그 사람들이 거기서 일어나서 소돔으로 향하고 아브라함은 그들을 전송하러 함께 나
가니라.
17 여호와께서 이르시되 내가 하려는 것을 아브라함에게 숨기겠느냐?
18 아브라함은 강대한 나라가 되고 천하 만민은 그로 말미암아 복을 받게 될 것이 아니
냐?
19 내가 그로 그 자식과 권속에게 명하여 여호와의 도를 지켜 공의와 정의를 행하게 하려
고 그를 택하였나니 이는 나 여호와가 아브라함에게 대하여 말한 일을 이루려 함이니라.
20 여호와께서 또 이르시되 소돔과 고모라에 대한 부르짖음이 크고 그 죄악이 심히 무거
우니,
21 내가 이제 내려가서 그 모든 행한 것이 과연 내게 들린 부르짖음과 같은지 그렇지 않

은지 내가 보고 알려 하노라.
22 그 사람들이 거기서 떠나 소돔으로 향하여 가고 아브라함은 여호와 앞에 그대로 섰더
니,
23 아브라함이 가까이 나아가 이르되 주께서 의인을 악인과 함께 멸하려 하시나이까?
24 그 성중에 의인 오십 명이 있을 지라도 주께서 그 곳을 멸하시고 그 오십 의인을 위
하여 용서하지 아니 하시리이까?
25 주께서 이같이 하사 의인을 악인과 함께 죽이심은 부당 하오며 의인과 악인을 같이
하심도 부당하니이다. 세상을 심판하시는 이가 정의를 행하실 것이 아니니이까?
26 여호와께서 이르시되 내가 만일 소돔 성읍 가운데에서 의인 오십 명을 찾으면 그들을
위하여 온 지역을 용서하리라.
27 아브라함이 대답하여 이르되 나는 티끌이나 재와 같사오나 감히 주께 아뢰나이다.
28 오십 의인 중에 오 명이 부족하다면 그 오 명이 부족함으로 말미암아 온 성읍을 멸하시
리이까? 이르시되 내가 거기서 사십오 명을 찾으면 멸하지 아니하리라.
29 아브라함이 또 아뢰어 이르되 거기서 사십 명을 찾으시면 어찌 하려 하시나이까? 이
르시되 사십 명으로 말미암아 멸하지 아니하리라.
30 아브라함이 이르되 내 주여 노하지 마시옵고 말씀하게 하옵소서. 거기서 삼십 명을
찾으시면 어찌 하려 하시나이까? 이르시되 내가 거기서 삼십 명을 찾으면 그리하지 아니
하리라.
31 아브라함이 또 이르되 내가 감히 내 주께 아뢰나이다. 거기서 이십 명을 찾으시면 어
찌 하려 하시나이까? 이르시되 내가 이십 명으로 말미암아 그리하지 아니하리라.
32 아브라함이 또 이르되 주는 노하지 마옵소서. 내가 이번만 더 아뢰리이다. 거기서 십
명을 찾으시면 어찌 하려 하시나이까? 이르시되 내가 십 명으로 말미암아 멸하지 아니하
리라.
33 여호와께서 아브라함과 말씀을 마치시고 가시니 아브라함도 자기 곳으로 돌아갔더라.

준비된 사람, 그 준비는 순종과 불쌍히 여기는 마음, 섬김으로 드러난다. 그런데 본문은 이런 준비가 된 사람을 하나님께서는 어떻게 대하시는가를 잘 보여주고 있다.

1. 하늘의 비밀 공유

여호와 하나님은 창조주이신 동시에 역사의 주관자이시다. 그런데 하나님께서는 역사를 어떻게 운행하시는가? 직접, 초자연적인 방법이나 천사들을 통하여 인도하실까? 아니면 사람이 알지 못하는 어떤 특

별한 섭리를 통하여 일하실까? 물론 이런 방법들도 경우에 따라 사용하신다. 그런데 하나님께서 주로 사용하시는 방법은 그런 초자연적인 방법이 아니다. 초자연적인, 특별한 방법은 문자 그대로 특별한 경우에 동원된다. 인격을 지니신 하나님께서는 인격이 준비된 사람들을 통하여 역사를 이끌어 가신다.

불쌍히 여기는 마음으로 나그네들을 접대하던 아브라함은 그들이 단순히 나그네가 아니라 하나님과 천사들이라는 것을 뒤늦게 알고 난 후 길을 떠나는 그들을 배웅하기 위하여 따라 나섰다. 소돔과 고모라가 멀리 보이는 언덕에 이르렀을 때 하나님께서는 "내가 하려는 것을 아브라함에게 숨기겠느냐?" 라는 뜻밖의 말씀을 하셨는데 이 말씀 속에 하나님께서 역사를 이끄시는 방법이 잘 나타나 있다. 아브라함, 즉 준비된 사람을 부르신 까닭이 그를 통하여 모든 민족이 복을 받고 세상 속에서 하나님의 말씀을 준행하여 공의를 행하게 하기 위함이기 때문에 하나님께서 하시려는 일을 그들도 알고 있어야 한다는 것이다. 이런 사실은 다음의 구절에서도 잘 나타난다.

> 주 여호와께서는 자기의 비밀을 그 종 선지자들에게 보이지 아니 하시고는 결코 행하심이 없으시리라.(아모스 3:7)
> 일곱째 천사가 소리 내는 날 그의 나팔을 불려고 할 때에 하나님이 그의 종 선지자들에게 전하신 복음과 같이 하나님의 그 비밀이 이루어지리라 하더라.(요한계시록 10:7)

2. 상의(相議)와 동의(同意)

사람을 통해서 일하시는 하나님은 그 사람에게 단순히 하늘의 비밀을 미리 알려주시는 것으로 그치지 않고 그 문제에 대해 같이 상의하실 뿐만 아니라 동의를 얻어서 실행에 옮기신다. 도무지 믿기지 않겠지만 성경에서는 여러 곳에서 이를 분명히 밝히고 있다.[58] 본문을 통하여 이런 사실을 살펴보면 다음과 같다.

하나님께서 아브라함에게 소돔과 고모라의 죄가 너무 심하여 이제는 파멸 이외에는 길이 없다고 말씀하셨다. 그러자 아브라함은 하나님께서 가시는 길을 가로막고 서서(아브라함은 여호와 앞에 그대로 섰더니)[59] "의인을 어떻게 악인과 함께 멸망시킬 수 있습니까?"라고 항변하면서 용서를 구했다. 놀라운 이야기이다. 사람이 어떻게 하나님의 길을 가로막아 설 수가 있는가? 또 어떻게 하나님께서 하시는 일에 대하여 항변을 할 수가 있을까? 하나님을 막연히 생각할 때는 그럴 수도 있겠다고 생각하겠지만 그분을 직접 경험해보면 감히 상상할 수도 없는 일이다. 하나님과 인간의 질적인 차이 때문에 인간이 하나님과 맞닥뜨리면 죽은 자처럼 되어 버리고 만다. 거룩한 힘에 압도되어 무어라 표현할 수 없는 어떤 상태가 된다. 이런 이유로 구약성경에서는 하나님을 뵙고서는 살 자가 없다고 하였다. 이는 문자 그대로 사실이다.

그런데 놀라운 것은 하나님께서는 이렇게 준비된 사람을 당신의 동역자로 인정해 주신다. 그리고 그에게 당신의 비밀을 나타내실 뿐만 아니라 의견을 물으시며 또 더 놀라운 것은 동의를 구하신다. 아브라

58) 대표적인 몇 구절을 살펴보면 다음과 같다.
그런즉 나대로 하게 하라. 내가 그들에게 진노하여 그들을 진멸하고 너로 큰 나라가 되게 하리라.(출애굽기 32:10)
여호와께서 가라사대 "내가 네 말대로 사하노라."(민수기 14:20)
나를 막지 말라 내가 그들을 멸하여 그 이름을 천하에서 도말하고 너로 그들보다 강대한 나라가 되게 하리라.(신명기 9:14)
여호와께서 그 손을 내밀어 내 입에 대시며 내게 이르시되 "보라 내가 내 말을 네 입에 두었노라."(예레미야 1:9)
보라 내가 오늘날 너를 열방 만국 위에 세우고 너로 뽑으며 파괴하며 파멸하며 넘어뜨리며 건설하며 심게 하였느니라.(예레미야 1:10)
여호와께서 또 내게 이르시되 "너는 이 백성을 위하여 복을 구하지 말라."(예레미야 14:11)
여호와께서 내게 이르시되 "모세와 사무엘이 내 앞에 섰다 할지라도 내 마음은 이 백성을 향할 수 없나니 그들을 내 앞에서 쫓아 내치라."(예레미야 15:1)

59) 이 번역은 마소라 본문을 따른 것이다. 고대 히브리의 서기관 전통에서는 '주님께서 아브라함 앞에 그대로 서 계셨다'로 번역하고 있다. 감히 사람이 하나님 앞에 버티고 서있는 것을 생각할 수 없기 때문이다.

함이 소돔과 고모라에 의인 50명이 있다면 "그들이 악인과 같이 멸망당할 수는 없지 않습니까?"라고 하자 하나님께서는 만약 의인 50명이 있다면 의인뿐만 아니라 소돔과 고모라의 죄를 용서하시겠다고 말씀하셨다. 그러자 아브라함은 이에 그치지 않고 의인의 수를 점점 줄여나갔다. 45명, 40명, 30명, 20명, 10명. 하나님은 그 때마다 아브라함의 요청을 받아들이셔서 의인 열 명만 있으면 그들 때문에 용서하시겠다고 약속하셨다. 하나님은 아브라함의 무엇 때문에 그와 상의 하셨을까? 또 아브라함의 무엇 때문에 그의 요청을 거부하지 않고 받아들이셨을까?

소돔과 고모라. 이에 대해서 사람들의 원한과 증오심이 드높아서 이들의 원성은 하늘에까지 이르렀다. 즉 모두가 소돔과 고모라에 대하여 적개심을 가지고 증오했다. 아브라함도 이런 사실을 잘 알고 있었다. 그런데 아브라함은 뭐가 달랐을까?

불쌍히 여기는 마음

아브라함, 그는 소돔과 고모라에 죄악이 넘쳐나고 원성이 드높다는 것을 잘 알면서도 그들을 증오하지 않고 정말로 사랑한 사람이었다. 그 사랑 때문에 그는 앞에서 본 바와 같이 이 지역이 메소포타미아 지역의 연합군에 침입을 받아 폐허가 되었을 때 못 본 체하지 않고 큰 모험을 감행하여 이들을 구해냈었다. 악인에 대하여 정죄하지 않고 불쌍히 여기는 마음, 아브라함에게는 이 마음이 있었다.

죄인을 불쌍히 여기는 마음, 이 마음은 곧 하나님의 마음이다. 간음하다가 현장에서 붙들려온 여인을 향하여 적개심을 가지고 돌로 치려는 사람들에게 예수님께서는 "죄 없는 자가 먼저 돌로 치라!"고 하여 군중을 흩어지게 하신 후 여인에게 "나도 너를 정죄하지 않으리라!"고 말씀하셨다. 당시의 유대인들은 죄인에 대하여 적개심을 가지고 있었지만 예수님은 불쌍히 여기셨다.

하나님의 일을 하는 사람들, 하나님의 말씀과 영이 임한 사람들에게는 동시에 이 마음이 주어진다. 모세, 사무엘, 아모스, 예레미야 등은 이런 사람들이었다.

3. 맡기심

하나님께서는 불쌍히 여기는 마음을 품은 사람에게 당신의 일을 맡기시고 그 사람을 통하여 역사를 이끌어 가신다. 본문의 다음 구절에 이런 사실이 잘 나타난다.

> 아브라함은 강대한 나라가 되고 천하 만민은 그로 말미암아 복을 받게 될 것이 아니냐? 내가 그로 그 자식과 권속에게 명하여 여호와의 도를 지켜 공의와 정의를 행하게 하려고 그를 택하였나니 이는 나 여호와가 아브라함에게 대하여 말한 일을 이루려 함이니라.(창세기 18:18-19)

하나님의 일을 하는 사명자(使命者)란 문자 그대로 하나님의 명령을 받은 자다. 무슨 명령인가? 역사의 주관자 하나님으로부터 역사를 바른 방향으로 이끌라는 역사적인 명령이다. 복음을 전한다는 것은 역사적인 역할과 분리될 수 없다. 복음이 전해지는 곳에는 인간의 삶은 물론 그 역사가 바뀌어야 한다. 복음은 결코 육체와 분리된 영혼만을 대상으로 하지 않는다. 육체를 포함한 인간의 삶은 물론이고 인간의 삶의 무대인 역사 자체를 대상으로 해야 한다. 사명자는 역사의 주관자 하나님를 대신하기 때문이다. 성경을 읽는 사람들에게 하나님께서는 이렇게 말씀하신다.

제발 네가 내 대신 그 일을 해다오!

물음

18 소돔과 고모라, 왜 멸망했나?

본문 : 〈 19장 〉

1 저녁 때에 그 두 천사가 소돔에 이르니 마침 롯이 소돔 성문에 앉아 있다가 그들을 보
고 일어나 영접하고 땅에 엎드려 절하며
2 이르되 내 주여 돌이켜 종의 집으로 들어와 발을 씻고 주무시고 일찍이 일어나 갈 길
을 가소서. 그들이 이르되 아니라 우리가 거리에서 밤을 새우리라.
3 롯이 간청하매 그제서야 돌이켜 그 집으로 들어오는지라 롯이 그들을 위하여 식탁을
베풀고 무교병을 구우니 그들이 먹으니라.
4 그들이 눕기 전에 그 성 사람 곧 소돔 백성들이 노소를 막론하고 원근에서 다 모여 그
집을 에워싸고
5 롯을 부르고 그에게 이르되 오늘밤에 네게 온 사람들이 어디 있느냐 이끌어 내라 우리
가 그들을 상관하리라.
6 롯이 문 밖의 무리에게로 나가서 뒤로 문을 닫고
7 이르되 청하노니 내 형제들아 이런 악을 행하지 말라.
8 내게 남자를 가까이 하지 아니한 두 딸이 있노라 청하건대 내가 그들을 너희에게로 이
끌어 내리니 너희 눈에 좋을 대로 그들에게 행하고 이 사람들은 내 집에 들어왔은즉 이
사람들에게는 아무 일도 저지르지 말라.
9 그들이 이르되 너는 물러나라 또 이르되 이 자가 들어와서 거류하면서 우리의 법관이
되려 하는도다. 이제 우리가 그들보다 너를 더 해하리라 하고 롯을 밀치며 가까이 가서
그 문을 부수려고 하는지라.
10 그 사람들이 손을 내밀어 롯을 집으로 끌어들이고 문을 닫고
11 문 밖의 무리를 대소를 막론하고 그 눈을 어둡게 하니 그들이 문을 찾느라고 헤매었더
라.
12 그 사람들이 롯에게 이르되 이외에 네게 속한 자가 또 있느냐 네 사위나 자녀나 성
중에 네게 속한 자들을 다 성 밖으로 이끌어 내라.
13 그들에 대한 부르짖음이 여호와 앞에 크므로 여호와께서 이 곳을 멸하시려고 우리를
보내셨나니 우리가 멸하리라.
14 롯이 나가서 그 딸들과 결혼할 사위들에게 말하여 이르기를 여호와께서 이 성을 멸하
실 터이니 너희는 일어나 이곳에서 떠나라 하되 그의 사위들은 농담으로 여겼더라.
15 동틀 때에 천사가 롯을 재촉하여 이르되 일어나 여기 있는 네 아내와 두 딸을 이끌어
내라. 이 성의 죄악 중에 함께 멸망할까 하노라.
16 그러나 롯이 지체하매 그 사람들이 롯의 손과 그 아내의 손과 두 딸의 손을 잡아 인
도하여 성 밖에 두니 여호와께서 그에게 자비를 더하심이었더라.
17 그 사람들이 그들을 밖으로 이끌어 낸 후에 이르되 도망하여 생명을 보존하라 돌아보

거나 들에 머물지 말고 산으로 도망하여 멸망함을 면하라.
18 롯이 그들에게 이르되 내 주여 그리 마옵소서.
19 주의 종이 주께 은혜를 입었고 주께서 큰 인자를 내게 베푸사 내 생명을 구원하시오
나 내가 도망하여 산에까지 갈 수 없나이다. 두렵건대 재앙을 만나 죽을까 하나이다.
20 보소서 저 성읍은 도망하기에 가깝고 작기도 하오니 나를 그 곳으로 도망하게 하소
서. 이는 작은 성읍이 아니니이까? 내 생명이 보존되리이다.
21 그가 그에게 이르되 내가 이 일에도 네 소원을 들었은즉 네가 말하는 그 성읍을 멸하
지 아니하리니
22 그리로 속히 도망하라. 네가 거기 이르기까지는 내가 아무 일도 행할 수 없노라 하였
더라 .그러므로 그 성읍 이름을 소알이라 불렀더라.

당시에는 나그네들이 낯선 지역에 가서 숙박할 곳을 구하려면 성문으로 가서 앉아 있었다. 낯선 사람이 성문에 앉아 있으면 숙박할 곳을 찾는다는 표시였으며, 그 성의 사람들 가운데서 마음이 내키는 누군가가 나그네에게 식사와 잠자리를 제공하곤 했다. 아브라함의 조카 롯은 나그네 두 사람이 성문에 있는 것을 보고 청하여 자기 집으로 데리고 가서 저녁을 대접했다. 나그네 행색의 두 천사들이 식사를 마치고 잠자리에 들 무렵 그 지역의 불량배들이 롯의 집으로 몰려들어 나그네들을 내 놓으라고 아우성을 쳤다. 나그네들을 성폭행할 심산이었다. 롯이 나가서 극구 말렸지만 역부족이었고 대문을 부수고 집으로 몰려들려고 할 때 천사들이 그들의 눈을 어둡게 하자 혼비백산해서 흩어지고 말았다.

나그네들이 하는 일을 보고 놀란 롯에게 천사들은 자신들의 정체를 밝히고 내일 아침이면 소돔과 고모라가 하늘로부터 불의 심판을 받게 되니 그 밤 안으로 가족, 친지들을 데리고 급히 떠나라고 당부했다. 롯은 그 밤으로 급히 두 딸과 정혼한 사위들을 찾아 자초지종을 말하고 같이 성을 떠나자고 했으나 그들은 도무지 곧이들으려 하지 않았다. 새벽 동이 틀 때까지 롯이 망설이며 성을 떠나지 못하자 천사들은 롯과 그 가족을 성 밖으로 끌어내면서 뒤를 돌아보지 말고 급히 산으로

피하라고 말했다. 몸만 빠져나왔지만 살아갈 일이 막막해진 롯은 천사들에게 하소연했다. "맨손으로 산으로 피하여 어떻게 살아갑니까? 저기 보이는 마을로 피하게 하여 주십시오!" 천사들이 롯의 청을 기꺼이 받아 주면서 말했다. "너를 살리기 위하여 그 마을은 멸망시키지 않을 터이니 어서 가라. 네가 그곳에 도착하기 전에는 우리가 아무 일도 할 수가 없다."

이상은 본문의 개괄이다. 이 이야기를 통하여 이런 질문을 던져 보면 어떨까?

소돔과 고모라, 왜 멸망했나?

이렇게 물으면 이런 생각이 들 것이다. 죄악이 넘쳐나서 심판을 받은 것인데 왜 멸망했느냐고 물을 필요가 있을까? 맞다. 더 물을 필요도 없이 소돔과 고모라는 죄 때문에 멸망했다. 그런데 성경은 단순히 소돔과 고모라가 죄 때문에 멸망했다는 것을 전해주는 것으로 그치지 않는다. 다른 그 무엇을 말하고 있다. 타락한 세상, 죄와 마귀가 지배하는 세상은 항상 죄에 빠져들게 마련이다. 소돔과 고모라가 죄가 너무 심해서 멸망당했다면 오늘의 우리가 사는 세상은 죄를 짓지 않아서 또는 죄를 짓더라도 소돔과 고모라만큼 죄를 짓지 않아서 멸망당하지 않았다고 말할 수 있을까? 지금 우리가 과연 소돔과 고모라 보다 더 나을까? 소돔과 고모라 이야기가 진짜 말하려는 의도는 무엇일까? 죄지으면 멸망당한다는 경고뿐일까? 다시 본문으로 돌아가서 다음의 구절을 잘 살펴볼 필요가 있다.

> 그가 그에게 이르되 **내가 이 일에도 네 소원을 들었은즉 네가 말하는 그 성읍을 멸하지 아니하리니** 그리로 속히 도망하라. **네가 거기 이르기까지는 내가 아무 일도 행할 수 없노라** (창세기 19:21-22)

소돔과 고모라가 멸망당할 때 인근에 있는 마을들도 같이 멸망당했다. 롯이 피한 소알도 본래는 같이 멸망당할 마을이었다. 그런데 롯이 그곳으로 피하겠다고 하자 하나님께서는 롯을 위하여 그 마을을 멸망시키지 않았다. 또 롯에게 이렇게 말씀하셨다. "네가 거기 이르기까지는 내가 아무 일도 행할 수 없노라." 참으로 놀라운 말씀이다. 롯이 안전하게 피하기 전에는 하나님께서 소돔과 고모라를 멸망시키실 수 없다는 뜻이다. 왜 그럴까? 소돔과 고모라를 멸망시키겠다는 하나님의 말씀을 듣고 아브라함이 항변했던 것처럼 죄인의 죄 때문에 의인이 같이 멸망당하는 것은 형평과 이치에 맞지 않기 때문이다. 어떤 경우에도 심판의 대상은 죄인이지 의인일 수는 없다. 소돔과 고모라에 단 한 사람의 의인만 버티고 있었어도 그 성은 멸망하지 않았을 것이다. 후일 남왕국 유다가 멸망하기 직전 하나님께서는 예레미야를 통하여 이렇게 말씀하셨다.

> 너희는 예루살렘 거리로 빨리 다니며 그 넓은 거리에서 찾아보고 알라. 너희가 만일 정의를 행하며 진리를 구하는 자를 한 사람이라도 찾으면 내가 이 성읍을 용서하리라.(예레미야 5:1)

소돔과 고모라, 왜 멸망했을까? 이렇게 대답할 수 있다. 의인 한 사람이 없어서, 롯이 소돔과 고모라를 등지고 떠났기 때문에 멸망했다. 만일 롯이 "나 혼자 살겠다고 이 성을 버리고 갈 수 없습니다. 이 성을 용서해 주십시오!" 라고 울며 간청했더라면 하나님께서는 그 성을 용서하실 수밖에 없었을 것이다. 이는 결코 가정(假定)이 아니라, 이 세상을 향한 하나님의 심정이 그러하며 하나님께서 만드신 법의 원리다.

오늘 우리가 사는 세상에 죄악이 너무 넘쳐난다고 탄식한다. 하나님께서 세상을 심판하실 날이 임박했다고 우려하는 사람들이 많다. 다 맞는 말이다. 그런데 성경은 무엇을 말하고 있을까? 의인 한 사람이 없음을 한탄하고 있다. 세상에 내려질 하늘의 진노의 불을 멈추게 할 사람, 역사의 방향을 바른 방향으로 바꿀 그 한 사람을 애타게 기다리고 있음을 소돔과 고모라 이야기는 말하고 있다. 그리고 그 이야기는 또 나를 향하여 이렇게 말하고 있다.

네가 제발 그 한 사람이 되어다오.

물음

19 롯의 아내, 왜 소금기둥이 되었나?

본문 : 〈 19장 〉

17 그 사람들이 그들을 밖으로 이끌어 낸 후에 이르되 도망하여 생명을 보존하라 돌아보
거나 들에 머물지 말고 산으로 도망하여 멸망함을 면하라.
23 롯이 소알에 들어갈 때에 해가 돋았더라.
24 여호와께서 하늘 곧 여호와께로부터 유황과 불을 소돔과 고모라에 비같이 내리사
25 그 성들과 온 들과 성에 거주하는 모든 백성과 땅에 난 것을 다 엎어 멸하셨더라.
26 롯의 아내는 뒤를 돌아보았으므로 소금 기둥이 되었더라.
27 아브라함이 그 아침에 일찍이 일어나 여호와 앞에 서 있던 곳에 이르러
28 소돔과 고모라와 그 온 지역을 향하여 눈을 들어 연기가 옹기가마의 연기같이 치솟음
을 보았더라
29 하나님이 그 지역의 성을 멸하실 때 곧 롯이 거주하는 성을 엎으실 때에 하나님이 아
브라함을 생각하사 롯을 그 엎으시는 중에서 내보내셨더라
30 롯이 소알에 거주하기를 두려워하여 두 딸과 함께 소알에서 나와 산에 올라가 거주하
되 그 두 딸과 함께 굴에 거주하였더니
31 큰 딸이 작은 딸에게 이르되 우리 아버지는 늙으셨고 온 세상의 도리를 따라 우리의
배필 될 사람이 이 땅에는 없으니
32 우리가 우리 아버지에게 술을 마시게 하고 동침하여 우리 아버지로 말미암아 후손을
이어가자 하고
33 그 밤에 그들이 아버지에게 술을 마시게 하고 큰 딸이 들어가서 그 아버지와 동침하
니라. 그러나 그 아버지는 그 딸이 눕고 일어나는 것을 깨닫지 못하였더라.
34 이튿날 큰 딸이 작은 딸에게 이르되 어제 밤에는 내가 우리 아버지와 동침하였으니
오늘밤에도 우리가 아버지에게 술을 마시게 하고 네가 들어가 동침하고 우리가 아버지로

말미암아 후손을 이어가자 하고
35 그 밤에도 그들이 아버지에게 술을 마시게 하고 작은 딸이 일어나 아버지와 동침하니
라 . 그러나 아버지는 그 딸이 눕고 일어나는 것을 깨닫지 못하였더라.
36 롯의 두 딸이 아버지로 말미암아 임신하고
37 큰 딸은 아들을 낳아 이름을 모압이라 하였으니 오늘날 모압의 조상이요,
38 작은 딸도 아들을 낳아 이름을 벤암미라 하였으니 오늘날 암몬 자손의 조상이었더라.

성을 빠져 나가는 롯에게 천사는 당부했다. "뒤를 돌아보지 마라." 그런데 롯의 아내는 이 말을 어기고 뒤를 돌아보다가 소금기둥이 되고 말았다. 지금 우리는 이 이야기를 읽으며 여러 생각이 든다. 왜 뒤를 돌아보지 말아야 하는가? 뒤를 돌아본 불순종이 그렇게 비참하게 죽을 만한 죄인가? 하나님의 말씀에는 문자적으로 순종만 해야 하는가? 내 자유행동이 설 자리는 전혀 없는가? 롯의 아내가 소금기둥이 되었다는 것이 사실일까? 이것을 의심하면 나 역시 소금기둥이 되는 것과 같은 벌을 받는 게 아닐까?

이럴 때는 무어라고 대답을 해야 할까? 대답이 있기는 할까? 사실 성경에는 이 비슷한 난제들이 많다. 이런 경우 어떻게 해야 하나? '본문이 말하려는 의도' 에 초점을 맞추어 보면 하나의 실마리가 보인다. 성경에 대한 전체적인 이해를 가지고 본문의 의도를 파악해 볼 필요가 있다. 이 본문은 무엇을 말하고 있을까?

장수(將帥)의 죽음은 졸병의 죽음과는 달라야 한다. 졸병은 죽음을 두려워하고 도망하거나 변절할 수도 있다. 그러나 수많은 부하들의 목숨을 담보로 전장에 나가서 나라의 운명이 걸린 전쟁을 지휘하는 장수는 죽음을 두려워하거나 개인의 영달을 염두에 두어서는 안된다. 장수의 생명은 개인의 생명, 개인을 위한 생명이 아니다. 부하를 위한 생명이며 나라를 위한 생명이어야 하며, 부하를 위한 죽음, 나라를 위한 죽음을 죽어야 한다. 장수는 그 어떤 경우에도 부하를 등지거나 나라를 모른 체해서는 안된다.

신앙에 있어서 의인(義人)은 전쟁에서의 장수(將帥)와 같다. 하늘의 비밀을 미리 듣는다는 것은 단순히 개인적인 문제가 아니라 큰 책임을 동반한다. 더구나 심판과 같은 문제가 결부되었을 경우에는 더더욱 그렇다. 의인은 하나님의 심중을 헤아리는 사람을 가리킨다. 하늘의 비밀을 들은 사람, 하나님의 심정을 가슴으로 전달받은 사람에겐 그에 걸맞은 행동이 따라야 한다.

소돔과 고모라의 운명을 알게 된 롯, 그는 어떤 행동을 했어야 할까? 저 혼자 살기 위하여 가족들을 데리고 줄행랑을 쳐야 했을까? 이는 필부의 행위에 불과하다. 소돔과 고모라의 멸망계획을 들은 후 아브라함의 경우와 같이 뭔가 그들을 구원하기 위한 적극적인 어떤 행동이 있어야 하지 않았을까? 소돔과 고모라는 롯의 오랜 이웃이었다. 그런데 천사의 재촉에 못이긴 채 줄행랑을 쳐야 했을까? 하나님으로부터 이웃의 멸망을 감지한 자의 행동이 그 정도여야 하나? 미리 안다는 것은 특권이 아니라 책임이다.

혼자 살겠다고 줄행랑친 결과는 무엇이었나? 아내는 소금기둥이 되고 말았다. 소알로 도망가서 목숨은 부지했지만 혼자만 살아남은 자에 대한 그 지역사람들의 시선에서 살기(殺氣)가 느껴져(롯이 소알에 거주하기를 두려워하여) 산으로 피신하여 장성한 두 딸과 동굴에 숨어 지냈다. 소알은 롯 때문에 멸망을 면한 지역이다. 그런데 그 지역사람들이 왜 롯에게 감사하기는커녕 롯을 죽이려 했을까? 롯이 살아난 자초지종과 롯 때문에 소알이 멸망하지 않은 과정을 소상히 들은 소알사람들은 알았다. 롯이 소돔에 버티고 있었더라면, 롯이 소돔을 위하여 읍소(泣訴)했더라면 소돔이 멸망을 면할 수 있었다는 것과 소돔에 있던 자신들의 가까운 친지들이 살아날 수 있었으리라는 것을. 그리고 이는 곧 책임을 저버리고 혼자 살아온 롯의 뻔뻔스러움에 대하여 증오심으로 표출되었다.

롯의 이야기는 여기서 그치지 않는다. 혼사 길이 막힌 두 딸은 절망한 나머지 아버지를 취하게 한 후 아버지와 통간(通姦)하여 아이를 낳는 패륜의 길을 서슴지 않았다. 롯은 과연 소돔과 고모라성이 망할 때 구원받은 사람일까? 구원받은 사람의 모습이 겨우 이런 걸까?

롯의 이야기 중간에 아브라함의 이야기가 다시 등장한다. 먼저 본문을 읽고 생각해 보도록 하자.

> 아브라함이 그 아침에 일찍이 일어나 여호와 앞에 서 있던 곳에 이르러 소돔과 고모라와 그 온 지역을 향하여 눈을 들어 연기가 옹기가마의 연기같이 치솟음을 보았더라 (창세기 19:27-28)

본문에 나타난 아브라함의 행동은 롯과 대조적이다. 롯은 가족을 데리고 소돔과 고모라를 **등지고** 있지만 아브라함은 소돔과 고모라를 **향하여** 바라보고 서있다. 소돔과 고모라를 향한 아브라함의 마음을 본문에서 살펴보면 다음과 같다.

'그 아침에 일찍 일어나' 는 무엇을 말하는가? 소돔과 고모라가 멸망당하리라는 소식을 들은 아브라함은 그 밤에 소돔과 고모라가 걱정되어 잠을 설쳤음을 암시해준다. 또 '여호와 앞에 섰던 곳에 이르러' 는 무엇을 말하는가? 소돔과 고모라를 향해 가시는 하나님을 가로막고 서서 간청하던 곳을 말한다. 아브라함은 소돔과 고모라를 향하여 서서 그 곳과 그 인근 지역에서 연기가 옹기가마 연기처럼 치솟음을 보고 마음아파하고 있었음을 본문은 암시하고 있다. 이렇게 본다면 "뒤돌아보지 말라.", "롯의 아내는 뒤를 돌아다보았으므로 소금기둥이 되었더라."는 말씀도 문자에 매일 구절이 아님을 알 수 있다. 오히려 반대로 "혼자 살려고 도망가지 마라!", "롯의 아내는 혼자 살려고 도망치다가 소금기둥이 되었더라!"는 의미의 반어법인 셈이다.

롯이 소알성에서 살기가 어려워져서 갈 곳이 없어졌을 때 왜 지척에 있는 아브라함을 찾지 않았을까? 이제 그 대답을 찾는 것은 어렵지 않다. 롯은 아브라함을 찾아갈 면목이 없었고 아브라함 또한 구차하게 혼자 살아남아 비굴해진 롯을 다시 볼 마음이 없었기 때문이다.

간혹 종말의 비밀을 계시 받았다고 말하는 사람들이 있다. 그 계시를 말한다는 것은 무엇을 말하는가? 그 계시를 위하여 목숨을 먼저 내놓아야 한다. 나는 이미 구원 받았으니 너도 나처럼 구원받으라는 식으로 말하는 것이 과연 종말의 비밀을 말하는 사람의 자세이며 태도일까? 그 정도의 신앙과 정신의 소유자에게 과연 종말의 비밀이 하나님으로부터 계시되는 것일까? 마귀에게 속고 있는 것은 아닐까? 정말로 구원을 확신한 사람은 아직 구원받지 못한 사람을 위하여 자신의 생명을 내어놓는 사람이다. 생명을 얻고자 하는 사람은 잃고 생명을 버리는 사람은 얻게 마련이다.[60)]

소금기둥, 무엇을 말하는가?

구원받았다고 말하느냐?
세상을 등지지 마라!
너는 제발 소금기둥이 되지 마라.

60) 자기 생명을 사랑하는 자는 잃어버릴 것이요, 이 세상에서 자기 생명을 미워하는 자는 영생하도록 보존하리라.(요한복음 12:25)

물음

브엘세바, 무엇을 말하는가? 20

본문 : 〈 21장 〉

22 그 때에 아비멜렉과 그 군대 장관 비골이 아브라함에게 말하여 이르되 네가 무슨 일
을 하든지 하나님이 너와 함께 계시도다
23 그런즉 너는 나와 내 아들과 내 손자에게 거짓되이 행하지 아니하기를 이제 여기서
하나님을 가리켜 내게 맹세하라 내가 네게 후대한 대로 너도 나와 네가 머무는 이 땅에
서 행하여 보이라
24 아브라함이 이르되 내가 맹세하리라 하고
25 아비멜렉의 종들이 아브라함의 우물을 빼앗은 일에 관하여 아브라함이 아비멜렉을 책
망하매
26 아비멜렉이 이르되 누가 그리하였는지 내가 알지 못하노라 너도 내게 알리지 아니하
였고 나도 듣지 못하였더니 오늘에야 들었노라
27 아브라함이 양과 소를 가져다가 아비멜렉에게 주고 두 사람이 서로 언약을 세우니라
28 아브라함이 일곱 암양 새끼를 따로 놓으니
29 아비멜렉이 아브라함에게 이르되 이 일곱 암양 새끼를 따로 놓음은 어찜이냐
30 아브라함이 이르되 너는 내 손에서 이 암양 새끼 일곱을 받아 내가 이 우물 판 증거
를 삼으라 하고
31 두 사람이 거기서 서로 맹세하였으므로 그 곳을 브엘세바라 이름하였더라
32 그들이 브엘세바에서 언약을 세우매 아비멜렉과 그 군대 장관 비골은 떠나 블레셋 사
람의 땅으로 돌아갔고
33 아브라함은 브엘세바에 에셀 나무를 심고 기기서 영원하신 여호와의 이름을 불렀으며
34 그가 블레셋 사람의 땅에서 여러 날을 지냈더라

본문은 20장의 이야기와 연결이 되어있다. 본서에서는 20장의 이야기가 〈물음 7〉 왜 아내를 누이라 해야 했나?(창세기 12:10~20)와 그 내용에 있어서 유사하기 때문에 다루지 않았다. 20장의 내용을 간략히 요약하면 다음과 같다.

소돔과 고모라성의 사건 이후 아브라함은 거처할 곳이 마땅치 않아서 그랄지역에 가서 머무르게 되었는데, 애굽으로 피난갈 때와 마찬가지로 자기 아내를 누이라고 해야 했다. 그랄 왕이 사라를 취하게 되었

고 아브라함의 가정이 파괴될 위기에 처하자 하나님께서 개입하셨는데 그랄 왕 아비멜렉의 꿈에 나타나셔서 그에게 사형선고를 하셨다. 아비멜렉이 변명을 늘어놓자 사라를 돌려보내고 아브라함에게 기도를 받으면 죽음을 면하리라고 하나님께서 말씀하셨다. 꿈에서 깨어난 아비멜렉은 놀란 나머지 하나님의 말씀대로 행했을 뿐만 아니라 사라를 돌려보내면서 가축과 종들을 예물로 같이 보냈으며 아브라함이 원하는 곳에 거주하도록 배려해 주었다. 이에 아브라함은 하나님께 기도했고 하나님께서는 아브라함의 기도를 들으시고 아비멜렉 가정에 내리셨던 질병을 치료해 주셨다.

이런 일을 겪은 아비멜렉은 아브라함에게 하나님께서 특별히 함께 하신다는 것을 알고 그를 두려워하게 되었으며, 아브라함과 좋은 관계를 유지하기 위하여 그를 찾아와 서로 사이좋게 지내자고 요청했다. 이런 요청을 받은 아브라함은 자신이 판 우물에 대한 소유권을 명확히 하는 증거물로 양 일곱 마리를 주고 서로 불가침의 계약을 맺었다. 이런 연유로 그 우물은 '브엘세바'(맹세의 우물)라고 불리게 되었다. 이로서 아브라함은 자신이 거주할 땅을 얻게 되었다.

브엘세바, 무엇을 말하는가? 땅이 없이 떠돌이 생활을 하며 늘 가족이 붕괴될 위기에 처해있던 아브라함에게 거주할 땅을 주시겠다고 약속하셨던 약속을 지키시는 하나님을 말한다. 이후 아브라함은 브엘세바를 거처로 삼고 헤브론 인근을 오가며 유목민의 삶을 살아갔다.

하나님은 약속을 반드시 지키신다. 그런데 그 약속은 위기를 통해서 이루어진다. 소돔과 고모라 지역의 전쟁 참전, 나그네 접대, 소돔과 고모라를 위한 탄원의 이야기들은 이것을 말해주고 있다. 하나님의 약속이 위기를 통해서 이루어진다는 말은 하나님의 약속이 저절로 이루어지는 것이 아니라 위기의 순간에 하나님의 약속을 굳게 믿고 현실의 삶 속에서 실천으로 옮길 때 이루어진다는 뜻이 된다.

브엘세바, 무엇을 말하는가?

위기는 하나님의 약속이 성취될 기회다.

물음 21 이삭 번제, 어떻게 이해해야 하나?

본문 : 〈 22장 〉

1 그 일 후에 하나님이 아브라함을 시험하시려고 그를 부르시되 아브라함아 하시니 그가
이르되 내가 여기 있나이다
2 여호와께서 이르시되 네 아들 네 사랑하는 독자 이삭을 데리고 모리아 땅으로 가서 내
가 네게 일러 준 한 산 거기서 그를 번제로 드리라
3 아브라함이 아침에 일찍이 일어나 나귀에 안장을 지우고 두 종과 그의 아들 이삭을 데
리고 번제에 쓸 나무를 쪼개어 가지고 떠나 하나님이 자기에게 일러주신 곳으로 가더니
4 제삼일에 아브라함이 눈을 들어 그 곳을 멀리 바라본지라
5 이에 아브라함이 종들에게 이르되 너희는 나귀와 함께 여기서 기다리라 내가 아이와
함께 저기 가서 예배하고 우리가 너희에게로 돌아오리라 하고
6 아브라함이 이에 번제 나무를 가져다가 그의 아들 이삭에게 지우고 자기는 불과 칼을
손에 들고 두 사람이 동행하더니
7 이삭이 그 아버지 아브라함에게 말하여 이르되 내 아버지여 하니 그가 이르되 내 아들아
내가 여기 있노라 이삭이 이르되 불과 나무는 있거니와 번제할 어린 양은 어디 있나이까
8 아브라함이 이르되 내 아들아 번제할 어린 양은 하나님이 자기를 위하여 친히 준비하
시리라 하고 두 사람이 함께 나아가서
9 하나님이 그에게 일러주신 곳에 이른지라 이에 아브라함이 그 곳에 제단을 쌓고 나무
를 벌여 놓고 그의 아들 이삭을 결박하여 제단 나무 위에 놓고
10 손을 내밀어 칼을 잡고 그 아들을 잡으려 하니
11 여호와의 사자가 하늘에서부터 그를 불러 이르시되 아브라함아 아브라함아 하시는지
라 아브라함이 이르되 내가 여기 있나이다 하매
12 사자가 이르시되 그 아이에게 네 손을 대지 말라 그에게 아무 일도 하지 말라 네가
네 아들 네 독자까지도 내게 아끼지 아니하였으니 내가 이제야 네가 하나님을 경외하는
줄을 아노라
13 아브라함이 눈을 들어 살펴본즉 한 숫양이 뒤에 있는데 뿔이 수풀에 걸려 있는지라
아브라함이 가서 그 숫양을 가져다가 아들을 대신하여 번제로 드렸더라
14 아브라함이 그 땅 이름을 여호와 이레라 하였으므로 오늘날까지 사람들이 이르기를
여호와의 산에서 준비되리라 하더라

15 여호와의 사자가 하늘에서부터 두 번째 아브라함을 불러
16 이르시되 여호와께서 이르시기를 내가 나를 가리켜 맹세하노니 네가 이같이 행하여
네 아들 네 독자도 아끼지 아니하였은즉
17 내가 네게 큰 복을 주고 네 씨가 크게 번성하여 하늘의 별과 같고 바닷가의 모래와 같
게 하리니 네 씨가 그 대적의 성문을 차지하리라
18 또 네 씨로 말미암아 천하 만민이 복을 받으리니 이는 네가 나의 말을 준행하였음이
니라 하셨다 하니라
19 이에 아브라함이 그의 종들에게로 돌아가서 함께 떠나 브엘세바에 이르러 거기 거주
하였더라

본문을 읽다보면 많은 의문이 떠오른다.

어떻게 하나님께서 사람을 제물로 바치라고 하시는가? 비록 실천되지는 않았지만 아브라함은 실제로 실행에 옮기지 않았는가? 이런 식으로 시험하시는 하나님의 시험은 어떻게 이해되어야 하나? 아브라함은 어떻게 아들을 번제로 드리라는 말씀을 주저하지 않고 실천에 옮겼을까? 이삭은 어떻게 아무런 반항을 하고 있지 않는가?

이런 질문에 무어라고 대답을 해야 하나?

1. 왜 사람을 번제로 드리라고 하셨나?

고대의 종교에는 인신제사(人身祭祀) 제도가 있었다. 우리 나라의 심청전에도 용왕에게 심청이를 제물로 드리는 이야기가 나오고 있다. 왜 사람을 제물로 드렸을까? 이는 고대 종교에서는 신에게는 드릴 수 있는 가장 큰 제물은 사람이며, 신은 그런 제사를 귀하게 받는다고 생각했기 때문이다. 이런 이해는 신을 사람의 수준에서 생각하기 때문에 생겨났다. 귀한 사람에게 선물을 줄 때는 가장 귀한 것을 주어야 하며, 또 받은 사람은 그런 선물을 귀중하게 여긴다.

참 하나님, 진리 자체이신 하나님, 그분은 어떤 제물을 원할까? 당신에게 가장 값지고 귀중한 것을 바치기를 원하며 그런 것을 최고로 여기실까? 만일 이런 것들을 원한다면 그는 신으로서의 자격 미달이다.

참 신, 진리이기 위해서는 그 기본 조건이 이기(利己)가 아닌 이타(利他)여야 함은 상식이다. 참 신이라면 제사가 신 자신을 위해서가 아니라 드리는 사람을 위해서 드리도록 해야 한다. 출애굽기와 레위기에 들어있는 제사법은 이것을 잘 보여주고 있다. "나는 인애를 원하고 제사를 원치 아니하며 번제보다 하나님을 아는 것을 원하노라."(호세아 6:6, 마태복음 9:13, 12:7)는 말씀은 이것을 말한다. 구약성경의 제사인 번제와 화목제는 하나님을 위한 제사가 아니라 사람을 위한 제사였다. 이런 이유로 구약성경은 인신제사를 엄격히 금하고 있다.[61]

그런데 왜 본문에서는 하나님께서 아브라함에게 아들을 번제로 드리라고 말씀하실까?

본문 2절을 보면 문자적인 의미에서는 아들을 번제로 드리라고 기록되어 있다. 그런데 전체 내용을 보면 하나님께서 아브라함에게 요구하신 것은 아들 이삭을 바치는 번제가 아니라 아브라함의 마음을 확인하시는 데에 있음을 쉽게 알 수 있다. 1절의 '시험하시려고' 에서 하나님의 요청은 아브라함의 '마음' 을 확인해 보기 위함이지 문자대로 아들을 번제로 드리라는 뜻이 아니었음을 분명히 하고 있다. 이런 사실은 이삭을 대신할 번제물로 산양이 준비되어 있었다는 '여호와 이레' 에서도 잘 드러난다. 하나님 그분이 진정으로 원하시는 제물은 마음의 제물이다. 100살에 낳은 외아들을 제물로 바치라는 뜻은 늘그막에 낳은 외아들보다 하나님을 더 소중히 여기는 그런 마음을 바치라는 뜻이다.

---

61) 인신제사를 받는 신을 '몰렉' 이라고 하는데 이를 금하는 대표적인 구절은 다음과 같다.
너는 결단코 자녀를 몰렉에게 주어 불로 통과케 말아서 네 하나님의 이름을 욕되게 하지 말라 나는 여호와니라.(레위기 18:21)
너는 이스라엘 자손에게 또 이르라 무릇 그가 이스라엘 자손이든지 이스라엘에 우거한 타국인이든지 그 자식을 몰렉에게 주거든 반드시 죽이되 그 지방 사람이 돌로 칠 것이요, 나도 그 사람에게 진노하여 그를 그 백성 중에서 끊으리니 이는 그가 그 자식을 몰렉에게 주어서 내 성소를 더럽히고 내 성호를 욕되게 하였음이라. 그가 그 자식을 몰렉에게 주는 것을 그 지방 사람이 못 본 체하고 그를 죽이지 아니하면 내가 그 사람과 그 권속에게 진노하여 그와 무릇 그를 본받아 몰렉을 음란히 섬기는 모든 사람을 그 백성 중에서 끊으리라.(레위기 20:2-5)

2. 외아들보다 하나님을 더 사랑해야 하는가?

앞에서도 본 바와 같이 하나님께서 아브라함을 시험하신 이유는 아브라함이 아들보다 하나님을 더 귀하게 여기는가를 확인하시기 위해서였다. 그런데 여기서 또 의문이 든다. 100살에 낳은 외아들보다 하나님을 더 사랑해야 하는가? 과연 이것이 가능할까? 가족보다 하나님을 더 사랑한다면 이는 광신적인 신앙이 아닐까? 뭐라고 대답해야 하나?

이렇게 다시 물어보면 이 물음의 진의(眞意)를 알 수 있을 것이다. 참 하나님이시라면, 진리인 하나님이시라면 세상 그 무엇보다 자신만을 더 사랑하라는 이기적인 요청을 할까? 아니다. 인신제사를 요구하는 신은 결코 참 신이라 할 수 없다. 하나님을 염두에 두는 것이 어렵다면 부모의 심정을 생각해 보면 된다. 참 부모라면 자식이 잘 되는 것 보다 자신을 더 사랑하고 위하는 것을 원할까? 아니다. 최고의 효도는 자녀 본인들이 잘되는 것이다. 참 부모에게 있어서 자녀가 잘 되는 것을 보는 것보다 더 큰 기쁨은 없다. 부모는 결코 자신의 안위를 위하여 자식을 희생시키려 하지 않는다. 반대로 자신을 희생시켜서라도 자식이 행복해질 수만 있다면 언제든지 주저하지 않고 그 길을 선택한다.

그렇다면 다음의 12절은 어떻게 이해해야 하나?

> 네가 네 아들 네 독자까지도 내게 아끼지 아니하였으니 내가 이제야 네가 하나님을 경외하는 줄을 아노라.

도대체 아들보다, 가족보다 하나님을 더 사랑한다는 것이 무슨 뜻일까?[62] 효도의 진정한 의미에서 생각해 보면 된다. 부모는 자식이 도둑질이나 강도질, 사기를 쳐서라도 자신을 잘 부양해주기를 원치 않는다. 비록 가난하게 살아서 부모들을 제대로 부양하지 못하더라도 많은 사람들에게 존경받는 훌륭한 자식을 자랑스럽게 생각한다. 진정한 효도는 올바른 길을 가며 최선의 노력을 다하여 자기 자신을 완성시켜가는 데에 있다. "자식이나 가족보다, 또 자신보다 하나님을 더 사랑해야 한다."는 것은 일종의 역설적인 표현이다. 하나님을 '더 사랑하라'는 자식을, 가족을, 자신을 정말로, 똑바로, 올바르게 사랑하라는 의미이다. 역설적인 표현에서 '더'는 둘 중의 선택을 말하는 것이 아니라 둘 다의 완성을 말한다. 즉 하나님을 더 사랑하는 것이 참으로 자신을 사랑하는 것이며 자신을 진정으로 올바르게 사랑하여 완성에 이르는 것이 곧 하나님을 더 사랑하는 것이다.

성경의 구절을 문자적으로 받아들이다 보면 큰 모순에 빠질 수 있다. 그 문자가 말하려는 의미, 즉 하나님의 입장과 심정에서 해석해야 한다. 성경에서는 문자주의에 빠지지 말라는 경고를 누누이 강조하고 있다.[63]

---

62) 아비나 어미를 나보다 더 사랑하는 자는 내게 합당치 아니하고, 아들이나 딸을 나보다 더 사랑하는 자도 내게 합당치 아니하고, 또 자기 십자가를 지고 나를 좇지 않는 자도 내게 합당치 아니하니라.(마태복음 10:37-38)

63) 여호와께서 가라사대 가서 이 백성에게 이르기를 너희가 듣기는 들어도 깨닫지 못할 것이요 보기는 보아도 알지 못하리라 하여 이 백성의 마음으로 둔하게 하며 그 귀가 막히고 눈이 감기게 하라. 염려컨대 그들이 눈으로 보고 귀로 듣고 마음으로 깨닫고 다시 돌아와서 고침을 받을까 하노라.(이사야 6:9~10)
그러므로 내가 저희에게 비유로 말하기는 저희가 보아도 보지 못하며 들어도 듣지 못하며 깨닫지 못함이니라 이사야의 예언이 저희에게 이루었으니 일렀으되 너희가 듣기는 들어도 깨닫지 못할 것이요 보기는 보아도 알지 못하리라 이 백성들의 마음이 완악하여져서 그 귀는 듣기에 둔하고 눈은 감았으니 이는 눈으로 보고 귀로 듣고 마음으로 깨달아 돌이켜 내게 고침을 받을까 두려워함이라 하였느니라.(마태복음 13:13~15)
이는 저희로 보기는 보아도 알지 못하며 듣기는 들어도 깨닫지 못하게 하여 돌이켜 죄 사함을 얻지 못하게 하려 함이니라.(마가복음 4:12)
가라사대 하나님 나라의 비밀을 아는 것이 너희에게는 허락되었으나 다른 사람에게는 비유로 하나니 이는 저희로 보아도 보지 못하고 들어도 깨닫지 못하게 하려 함이니라 (누가복음 8:10)
서로 맞지 아니하여 흩어질 때에 바울이 한 말로 일러 가로되 성령이 선지자 이사야로 너희 조상들에게 말씀하신 것이 옳도다. 일렀으되 이 백성에게 가서 말하기를 너희가 듣기는 들어도 도무지 깨닫지 못하며 보기는 보아도 도무지 알지 못하는도다. 이 백성들의 마음이 완악하여져서 그 귀로는 둔하게 듣고 그 눈을 감았으니 이는 눈으로 보고 귀로 듣고 마음으로 깨달아 돌아와 나의 고침을 받을까 함이라 하였으니 그런즉 하나님의 이 구원을 이방인에게로 보내신 줄 알라 저희는 또한 들으리라 하더라.(사도행전 28:25~28)

3. 이삭, 왜 반항하지 않는가?

하나님의 말씀에 아브라함은 지체하지 않고 순종했을 뿐만 아니라 어린 이삭 역시 순종하고 있다. 어떻게 이런 순종이 가능했으며, 순종이란 무엇을 말하는가?

'순종'(順從)에 대한 문자적인 의미는 전혀 어렵지 않다. 문자 그대로 시키는 대로 따르는 것이 순종이다. 신앙생활에 있어서 순종이 차지하는 비중은 상당히 크며, 가장 큰 덕목이라고 할 수 있다. 사실 순종을 제외하면 신앙 그 자체의 성립이 불가능해진다. 신앙이란 하나님에 대한 절대적인 신뢰와 그분의 말씀을 따르는 순종이기 때문이며 이에 대하여서는 아무런 이의가 있을 수 없다.

이런 이해들은 순종에 대한 문자적인 의미이며 이해다. 그렇다면 이번에는 관점을 바꾸어서 하나님의 입장에서 접근해 볼 필요가 있다. 하나님께서 인간에게 기대하시는 것이 문자적인 순종일까? 아무런 이의를 달거나 의심하지 않고 무조건 시키는 대로 하는 것, 이런 기계적인 순종을 하나님은 기뻐하실까? 그럴 리가 없다. 전기 스위치를 올리면 불이 켜진다. 이것을 보고 전등이 나한테 순종하고 있다고 생각할 사람은 없다. 이는 인격의 관계가 아닌 기계적인 관계이기 때문이다. 순종이 가치가 있기 위해서는 인격이 만들어 낼 수 있는 최고의 덕목이어야 한다. 성경에서 순종을 강조하고 있는 이유는 여기에 있다.

최고의 덕목으로서의 순종에는 '판단'(判斷)과 '동의'(同意)가 포함되어 있다. 하나님에 대한 절대적인 신뢰란 그분의 말씀이 최고의 선택이며 그 이상의 것은 없다는 사실에 대한 이해와 판단과 동의에 기초한다. 하나님의 주요 속성은 사랑과 전지전능(全知全能)이다. 그분은 모든 것을 다 아시며 사랑이시기 때문에 우리에게 말씀하시는 것은 언제나 최선(最善)이다. 아브라함이 하나님이 대하여 신뢰하며 아들을 바친 결과는 '여호와 이레'였다. 이런 사실은 십계명에서도 잘 나타난다. 다른 신들을 섬기지 말라. 우상을 만들지 말라. 하나님의 이름을 망령되이 일컫지 말라. 안식일을 지키라는 등의 계명이 왜 요구되고 있는가? 이보다 더 나은 선택이 없기 때문이다.[64] 이스라엘 사람들이 가나안에 입주할 때 처음 만난 성읍인 여리고 성을 하루에 한 바퀴씩 일주일을 두고 돌라는 의미도 마찬가지다. 단순한 맹목적인 순종이 아니라 인간에게서는 불가능한 최선의 선택이며 방법이었다.[65] 아브라함이 아들을 바치라는 하나님의 말씀에 주저하지 않고 순종했다는 것은 평생 참 하나님을 찾았고 또 그 하나님을 경험해 보니 그분의 말씀은 사랑이며 현실적으로 최선의 선택이라는 결론에 도달했기 때문이다.

또 어린 아들 이삭이 자신을 번제로 드리라는 하나님의 말씀에 아무런 저항도 하지 않은 이유는 어릴 때부터 아버지에게서 이런 신앙을 전수받았다는 것을 보여주고 있다. 부모는 누구나 자신이 터득한 가장 귀한 것을 자식에게 물려주려고 한다. 아브라함은 아들 이삭에게 이런 순종의 신앙을 물려주었다.

본문은 지금 우리에게 이렇게 묻고 있다.

나는 하나님을 절대 신뢰하고 있는가?
나는 하나님에게 절대 순종하고 있는가?
나는 이것을 대를 이어 물려주고 있는가?

64) 이에 대한 자세한 내용은 졸저 「하비루의 길」 물음 30~31번(pp. 104~148)에서 다루고 있음.

65) 「하비루의 길」 물음 34~35번, pp. 154~164.

물음

22 리브가, 어떤 여자인가?

본문 : 〈 24장 〉

1 아브라함이 나이가 많아 늙었고 여호와께서 그에게 범사에 복을 주셨더라
2 아브라함이 자기 집 모든 소유를 맡은 늙은 종에게 이르되 청하건대 내 허벅지 밑에
네 손을 넣으라
3 내가 너에게 하늘의 하나님, 땅의 하나님이신 여호와를 가리켜 맹세하게 하노니 너는
내가 거주하는 이 지방 가나안 족속의 딸 중에서 내 아들을 위하여 아내를 택하지 말고
4 내 고향 내 족속에게로 가서 내 아들 이삭을 위하여 아내를 택하라
5 종이 이르되 여자가 나를 따라 이 땅으로 오려고 하지 아니하거든 내가 주인의 아들을
주인이 나오신 땅으로 인도하여 돌아가리이까
6 아브라함이 그에게 이르되 내 아들을 그리로 데리고 돌아가지 아니하도록 하라
7 하늘의 하나님 여호와께서 나를 내 아버지의 집과 내 고향 땅에서 떠나게 하시고 내게
말씀하시며 내게 맹세하여 이르시기를 이 땅을 네 씨에게 주리라 하셨으니 그가 그 사자
를 너보다 앞서 보내실지라 네가 거기서 내 아들을 위하여 아내를 택할지니라
8 만일 여자가 너를 따라 오려고 하지 아니하면 나의 이 맹세가 너와 상관이 없나니 오
직 내 아들을 데리고 그리로 가지 말지니라
9 그 종이 이에 그의 주인 아브라함의 허벅지 아래에 손을 넣고 이 일에 대하여 그에게
맹세하였더라
10 이에 종이 그 주인의 낙타 중 열 필을 끌고 떠났는데 곧 그의 주인의 모든 좋은 것을
가지고 떠나 메소보다미아로 가서 나홀의 성에 이르러
11 그 낙타를 성 밖 우물곁에 꿇렸으니 저녁 때라 여인들이 물을 길으러 나올 때였더라
12 그가 이르되 우리 주인 아브라함의 하나님 여호와여 원하건대 오늘 나에게 순조롭게
만나게 하사 내 주인 아브라함에게 은혜를 베푸시옵소서
13 성 중 사람의 딸들이 물길으러 나오겠사오니 내가 우물 곁에 서 있다가
14 한 소녀에게 이르기를 청하건대 너는 물동이를 기울여 나로 마시게 하라 하리니 그의
대답이 마시라 내가 당신의 낙타에게도 마시게 하리라 하면 그는 주께서 주의 종 이삭을
위하여 정하신 자라 이로 말미암아 주께서 내 주인에게 은혜 베푸심을 내가 알겠나이다
15 말을 마치기도 전에 리브가가 물동이를 어깨에 메고 나오니 그는 아브라함의 동생 나
홀의 아내 밀가의 아들 브두엘의 소생이라
16 그 소녀는 보기에 심히 아리땁고 지금까지 남자가 가까이 하지 아니한 처녀더라 그가
우물로 내려가서 물을 그 물동이에 채워 가지고 올라오는지라
17 종이 마주 달려가서 이르되 청하건대 네 물동이의 물을 내게 조금 마시게 하라
18 그가 이르되 내 주여 마시소서 하며 급히 그 물동이를 손에 내려 마시게 하고
19 마시게 하기를 다하고 이르되 당신의 낙타를 위하여서도 물을 길어 그것들도 배불리

마시게 하리이다 하고
20 급히 물동이의 물을 구유에 붓고 다시 길으려고 우물로 달려가서 모든 낙타를 위하여
긷는지라
21 그 사람이 그를 묵묵히 주목하며 여호와께서 과연 평탄한 길을 주신 여부를 알고자
하더니
22 낙타가 마시기를 다하매 그가 반 세겔 무게의 금 손목고리 한 쌍을 그에게 주며
23 이르되 네가 누구의 딸이냐 청하건대 내게 말하라 네 아버지의 집에 우리가 유숙할
곳이 있느냐
24 그 여자가 그에게 이르되 나는 밀가가 나홀에게서 낳은 아들 브두엘의 딸이니이다
25 또 이르되 우리에게 짚과 사료가 족하며 유숙할 곳도 있나이다
26 이에 그 사람이 머리를 숙여 여호와께 경배하고
27 이르되 **나의 주인 아브라함의 하나님 여호와를 찬송하나이다 나의 주인에게 주의 사
랑과 성실을 그치지 아니하셨사오며 여호와께서 길에서 나를 인도하사 내 주인의 동생
집에 이르게 하셨나이다** 하니라
28 소녀가 달려가서 이 일을 어머니 집에 알렸더니
29 리브가에게 오라버니가 있어 그의 이름은 라반이라 그가 우물로 달려가 그 사람에게
이르러
30 그의 누이의 코걸이와 그 손의 손목고리를 보고 또 그의 누이 리브가가 그 사람이 자
기에게 이같이 말하더라 함을 듣고 그 사람에게로 나아감이라 그 때에 그가 우물가 낙타
곁에 서 있더라
31 라반이 이르되 여호와께 복을 받은 자여 들어오소서 어찌 밖에 서 있나이까 내가 방
과 낙타의 처소를 준비하였나이다
32 그 사람이 그 집으로 들어가매 라반이 낙타의 짐을 부리고 짚과 사료를 낙타에게 주
고 그 사람의 발과 그의 동행자들의 발 씻을 물을 주고
33 그 앞에 음식을 베푸니 그 사람이 이르되 내가 내 일을 진술하기 전에는 먹지 아니하
겠나이다 라반이 이르되 말하소서
34 그가 이르되 나는 아브라함의 종이니이다
35 여호와께서 나의 주인에게 크게 복을 주시어 창성하게 하시되 소와 양과 은금과 종들
과 낙타와 나귀를 그에게 주셨고
36 나의 주인의 아내 사라가 노년에 나의 주인에게 아들을 낳으매 주인이 그의 모든 소
유를 그 아들에게 주었나이다
37 나의 주인이 나에게 맹세하게 하여 이르되 너는 내 아들을 위하여 내가 사는 땅 가나
안 족속의 딸들 중에서 아내를 택하지 말고
38 내 아버지의 집, 내 족속에게로 가서 내 아들을 위하여 아내를 택하라 하시기로
39 내가 내 주인에게 여쭈되 혹 여자가 나를 따르지 아니하면 어찌 하리이까 한즉
40 주인이 내게 이르되 내가 섬기는 여호와께서 그의 사자를 너와 함께 보내어 네게 평
탄한 길을 주시리니 너는 내 족속 중 내 아버지 집에서 내 아들을 위하여 아내를 택할 것
이니라

41 네가 내 족속에게 이를 때에는 네가 내 맹세와 상관이 없으리라 만일 그들이 네게 주
지 아니할지라도 네가 내 맹세와 상관이 없으리라 하시기로
42 내가 오늘 우물에 이르러 말하기를 내 주인 아브라함의 하나님 여호와여 만일 내가
행하는 길에 형통함을 주실진대
43 내가 이 우물 곁에 서 있다가 젊은 여자가 물을 길으러 오거든 내가 그에게 청하기를
너는 물동이의 물을 내게 조금 마시게 하라 하여
44 그의 대답이 당신은 마시라 내가 또 당신의 낙타를 위하여도 길으리라 하면 그 여자
는 여호와께서 내 주인의 아들을 위하여 정하여 주신 자가 되리이다 하며
45 내가 마음속으로 말하기를 마치기도 전에 리브가가 물동이를 어깨에 메고 나와서 우
물로 내려와 긷기로 내가 그에게 이르기를 청하건대 내게 마시게 하라 한즉
46 그가 급히 물동이를 어깨에서 내리며 이르되 마시라 내가 당신의 낙타에게도 마시게
하리라 하기로 내가 마시매 그가 또 낙타에게도 마시게 한지라
47 내가 그에게 묻기를 네가 뉘 딸이냐 한즉 이르되 밀가가 나홀에게서 낳은 브두엘의 딸
이라 하기로 내가 코걸이를 그 코에 꿰고 손목고리를 그 손에 끼우고
48 내 주인 아브라함의 하나님 여호와께서 나를 바른 길로 인도하사 나의 주인의 동생의
딸을 그의 아들을 위하여 택하게 하셨으므로 내가 머리를 숙여 그에게 경배하고 찬송하
였나이다
49 이제 당신들이 인자함과 진실함으로 내 주인을 대접하려거든 내게 알게 해 주시고 그
렇지 아니할지라도 내게 알게 해 주셔서 내가 우로든지 좌로든지 행하게 하소서
50 라반과 브두엘이 대답하여 이르되 이 일이 여호와께로 말미암았으니 우리는 가부를
말할 수 없노라
51 리브가가 당신 앞에 있으니 데리고 가서 여호와의 명령대로 그를 당신의 주인의 아들
의 아내가 되게 하라
52 아브라함의 종이 그들의 말을 듣고 땅에 엎드려 여호와께 절하고
53 은금 패물과 의복을 꺼내어 리브가에게 주고 그의 오라버니와 어머니에게도 보물을
주니라
54 이에 그들 곧 종과 동행자들이 먹고 마시고 유숙하고 아침에 일어나서 그가 이르되
나를 보내어 내 주인에게로 돌아가게 하소서
55 리브가의 오라버니와 그의 어머니가 이르되 이 아이로 하여금 며칠 또는 열흘을 우리
와 함께 머물게 하라 그 후에 그가 갈 것이니라
56 그 사람이 그들에게 이르되 나를 만류하지 마소서 여호와께서 내게 형통한 길을 주셨
으니 나를 보내어 내 주인에게로 돌아가게 하소서
57 그들이 이르되 우리가 소녀를 불러 그에게 물으리라 하고
58 리브가를 불러 그에게 이르되 네가 이 사람과 함께 가려느냐 그가 대답하되 가겠나이
다
59 그들이 그 누이 리브가와 그의 유모와 아브라함의 종과 그 동행자들을 보내며
60 리브가에게 축복하여 이르되 우리 누이여 너는 천만인의 어머니가 될지어다 네 씨로
그 원수의 성 문을 얻게 할지어다

61 리브가가 일어나 여자 종들과 함께 낙타를 타고 그 사람을 따라가니 그 종이 리브가를 데리고 가니라
62 그 때에 이삭이 브엘라해로이에서 왔으니 그가 네게브 지역에 거주하였음이라
63 이삭이 저물 때에 들에 나가 묵상하다가 눈을 들어보매 낙타들이 오는지라
64 리브가가 눈을 들어 이삭을 바라보고 낙타에서 내려
65 종에게 말하되 들에서 배회하다가 우리에게로 마주 오는 자가 누구냐 종이 이르되 이는 내 주인이니이다 리브가가 너울을 가지고 자기의 얼굴을 가리더라
66 종이 그 행한 일을 다 이삭에게 아뢰매
67 이삭이 리브가를 인도하여 그의 어머니 사라의 장막으로 들이고 그를 맞이하여 아내로 삼고 사랑하였으니 이삭이 그의 어머니를 장례한 후에 위로를 얻었더라

말년의 아브라함에게 마지막 남은 가장 큰 고민이 있었다. 100살이 되어서야 낳은 아들 이삭이 결혼 적령기를 넘어 40살이 되었으므로 결혼을 시키는 문제였다. 가나안에 와서 정착한 아브라함은 문화와 풍속, 신앙이 전혀 다른 가나안 여인을 며느리로 맞고 싶지 않아 미루고 있었으나 아내 사라도 이미 죽었고 자신도 하루가 다르게 늙어가므로 더 이상 미룰 수가 없었다. 아브라함은 충직한 종을 불러 자신의 고향으로 가서 같은 풍속을 지닌 여인 중에서 며느리감을 찾아오게 했다. 그러나 이런 부탁을 받은 종은 난감했다. 가나안보다 훨씬 잘 사는 곳인 메소포타미아에서 먼 타국의 열악한 가나안으로 시집올 여자를 찾는다는 것은 사실상 어려웠기 때문이다. 종은 이렇게 말했다. "시집올 여자가 없을 것 같은데 아드님을 메소포타미아로 데려가야 하지 않겠습니까?" 아브라함은 대답했다. "하나님께서 이 땅을 나와 내 후손에게 주겠다고 약속하셨으니 틀림없이 며느리를 준비해 놓으셨을 것이다. 만일 시집오려는 여자가 없다면 이는 네 책임이 아니다. 어떤 경우에도 이삭을 메소포타미아로 데려가서는 안된다. 이삭은 반드시 여기서 살아야 한다."

이에 아브라함의 종은 아브라함이 머물던 하란으로 갔지만 어떻게 해야 할지 막연했다. 달리 방법이 없으므로 우물가에서 처녀들이 물

길러올 저녁 시간을 기다리며 이렇게 기도했다. "물을 길러오는 처녀 가운데 목마른 나그네는 물론 짐승까지 불쌍히 여기고 기꺼이 물을 길어다 줄 착한 마음을 가진 처녀를 골라 주십시오." 왜 이런 식으로 기도했을까? 아브라함과 오랜 시간을 보낸 종은 불쌍히 여기는 마음이 얼마나 중요한가를 잘 알고 있었다는 이야기다.

그런데 아브라함의 믿음과 종의 기도대로 그런 처녀 리브가를 만날 수 있었다. 당시의 우물은 매우 깊었고 물 한 동이를 긷는 것은 대단히 힘든 일이었으나 리브가는 목마른 나그네와 짐승들에게 물을 길어다 먹이는 수고를 아끼지 않는 불쌍히 여기는 마음의 소유자였다. 리브가는 마침 아브라함의 동생 나홀의 손녀였다. 청혼을 받은 리브가는 주저하지 않고 불원천리 가나안으로 낯선 남자에게 시집가겠다고 나섰다.

이렇게 하여 아브라함에 대한 하나님의 약속은 성취되었다. 하나님은 당신의 약속을 반드시 지키시는 분이시다.

앞으로 전개될 이야기를 위해서 여기서 리브가의 성격을 잠시 살펴볼 필요가 있다. 앞에서 살펴본 대로 리브가는 성격이 대단히 헌신적이면서 동시에 모험심이 강하며 자신의 삶을 개척해 나가는 여인임을 알 수 있다. 이에 반하여 이삭은 소심하며 조용하고 꼼꼼했다. 이삭과 리브가의 이런 대조적인 성격은 그들의 생애는 물론 두 아들 에서와 야곱에게 그대로 이어져 많은 갈등을 빚으며 한편의 드라마를 연출하게 된다.

너와 네 자손으로 말미암아 천하 만민이 복을 받으리라

물음 23

이삭에게 주어진 약속, 무엇인가?

본문 : 〈 26장 〉

1 아브라함 때에 첫 흉년이 들었더니 그 땅에 또 흉년이 들매 이삭이 그랄로 가서 블레셋
왕 아비멜렉에게 이르렀더니
2 여호와께서 이삭에게 나타나 이르시되 애굽으로 내려가지 말고 내가 네게 지시하는 땅
에 거주하라
3 이 땅에 거류하면 내가 너와 함께 있어 네게 복을 주고 내가 이 모든 땅을 너와 네 자
손에게 주리라 내가 네 아버지 아브라함에게 맹세한 것을 이루어
4 네 자손을 하늘의 별과 같이 번성하게 하며 이 모든 땅을 **네 자손에게 주리니 네 자손
으로 말미암아 천하 만민이 복을 받으리라**
5 이는 아브라함이 내 말을 순종하고 내 명령과 내 계명과 내 율례와 내 법도를 지켰음
이라 하시니라

우상장사의 아들로 태어나 우상 숭배를 지켜보면서 참 하나님을 찾기 시작하다 75세에 하나님을 만났고 본토와 친척, 아비의 집을 떠나 가나안으로 이주하여 파란만장한 대장정을 펼쳤던 아브라함, 그의 생애는 175세에 죽어 아내 사라가 묻힌 막벨라 굴에 안장됨으로 막을 내리고, 이제 그의 유업은 아들 이삭에게로 이어진다. 아브라함이 죽고 난 후 이삭에게 하나님께서 하신 약속은 무엇인가? 본문에 의하면 아브라함에게 주어졌던 약속의 연속이다.

이 약속은 아브라함에게서 이삭으로 이어졌으며 다시 야곱에게로, 그리고 먼 훗날 탄생되는 이스라엘 신앙공동체로 이어진다. 이 약속은 어느 특정한 사람에게만 주어지는 것이 아니라 여호와, 그분을 하나님으로 모시는 사람들 모두에게 주어지는 약속이다.

여호와 하나님에 대한 온전한 믿음을 가지는 사람을 통하여 하나님께서는 세상 모든 사람들에게 복을 내리시기를 원하신다. 바꾸어 말하면 하나님께서는 당신의 복을 만민에게 전달할 만한 사람, 그런 준비

가 된 사람을 찾고 계신다는 뜻이다. 믿음의 조상, 즉 믿음의 모형이 될 만한 사람, 그 사람으로 하여금 불행해지고 가난해진 사람들에게 하나님의 복을 전해 주는 복의 근원이 되게 하신다. 성경은 가난을 감내하거나 초월하는 무소유를 지향하지 않는다. 오히려 반대로 가난을 극복하여 모든 사람이 정신적으로는 물론 물질적으로도 건강해지기를 추구한다. 올바른 기독교 신앙은 이를 가로막는 문제를 해결하는 역할을 해야 한다.

믿음의 조상과 복의 근원, 이는 성경 전체를 꿰뚫고 흐르는 큰 물줄기이다.

물음 24 하나님의 약속, 어떻게 성취되었나?

본문 : 〈 26장 〉

6 이삭이 그랄에 거주하였더니
7 그 곳 사람들이 그의 아내에 대하여 물으매 그가 말하기를 그는 내 누이라 하였으니
리브가는 보기에 아리따우므로 그 곳 백성이 리브가로 말미암아 자기를 죽일까 하여 그
는 내 아내라 하기를 두려워함이었더라
8 이삭이 거기 오래 거주하였더니 이삭이 그 아내 리브가를 껴안은 것을 블레셋 왕 아비
멜렉이 창으로 내다본지라
9 이에 아비멜렉이 이삭을 불러 이르되 그가 분명히 네 아내거늘 어찌 네 누이라 하였느
냐 이삭이 그에게 대답하되 내 생각에 그로 말미암아 내가 죽게 될까 두려워하였음이로
라
10 아비멜렉이 이르되 네가 어찌 우리에게 이렇게 행하였느냐 백성 중 하나가 네 아내와
동침할 뻔 하였도다 네가 죄를 우리에게 입혔으리라
11 아비멜렉이 이에 모든 백성에게 명하여 이르되 이 사람이나 그의 아내를 범하는 자는
죽이리라 하였더라
12 이삭이 그 땅에서 농사하여 그 해에 백 배나 얻었고 여호와께서 복을 주시므로
13 그 사람이 창대하고 왕성하여 마침내 거부가 되어

14 양과 소가 떼를 이루고 종이 심히 많으므로 블레셋 사람이 그를 시기하여
15 그 아버지 아브라함 때에 그 아버지의 종들이 판 모든 **우물을 막고 흙으로 메웠더라**
16 아비멜렉이 이삭에게 이르되 네가 우리보다 크게 강성한즉 우리를 떠나라
17 이삭이 그 곳을 떠나 그랄 골짜기에 장막을 치고 거기 거류하며
18 그 아버지 아브라함 때에 팠던 **우물들을 다시 팠으니** 이는 아브라함이 죽은 후에 블
레셋 사람이 **그 우물들을 메웠음이라** 이삭이 그 우물들의 이름을 그의 아버지가 부르던
이름으로 불렀더라
19 이삭의 종들이 **골짜기를 파서 샘 근원을 얻었더니**
20 그랄 목자들이 이삭의 목자와 다투어 이르되 이 물은 우리의 것이라 하매 이삭이 그
다툼으로 말미암아 그 우물 이름을 에섹이라 하였으며
21 **또 다른 우물을 팠더니** 그들이 또 다투므로 그 이름을 싯나라 하였으며
22 이삭이 거기서 옮겨 **다른 우물을 팠더니** 그들이 다투지 아니하였으므로 그 이름을 르
호봇이라 하여 이르되 이제는 여호와께서 우리를 위하여 넓게 하셨으니 이 땅에서 우리
가 번성하리로다 하였더라
23 이삭이 거기서부터 브엘세바로 올라갔더니
24 그 밤에 여호와께서 그에게 나타나 이르시되 나는 네 아버지 아브라함의 하나님이니
두려워하지 말라 내 종 아브라함을 위하여 내가 너와 함께 있어 네게 복을 주어 네 자손
이 번성하게 하리라 하신지라
25 이삭이 그곳에 제단을 쌓고, 여호와의 이름을 부르며 거기 장막을 쳤더니 이삭의 종
들이 거기서도 **우물을 팠더라**
26 아비멜렉이 그 친구 아훗삿과 군대 장관 비골과 더불어 그랄에서부터 이삭에게로 온
지라
27 이삭이 그들에게 이르되 너희가 나를 미워하여 나에게 너희를 떠나게 하였거늘 어찌
하여 내게 왔느냐
28 그들이 이르되 여호와께서 너와 함께 계심을 우리가 분명히 보았으므로 우리의 사이
곧 우리와 너 사이에 맹세하여 너와 계약을 맺으리라 말하였노라
29 너는 우리를 해하지 말라 이는 우리가 너를 범하지 아니하고 선한 일만 네게 행하여
네가 평안히 가게 하였음이니라 이제 너는 여호와께 복을 받은 자니라
30 이삭이 그들을 위하여 잔치를 베풀매 그들이 먹고 마시고
31 아침에 일찍이 일어나 서로 맹세한 후에 이삭이 그들을 보내매 그들이 평안히 갔더라
32 그 날에 이삭의 종들이 자기들이 판 우물에 대하여 이삭에게 와서 알리어 이르되 **우
리가 물을 얻었나이다** 하매
33 그가 그 이름을 세바라 한지라 그러므로 그 성읍 이름이 오늘까지 브엘세바더라

아브라함에게 함께하셨던 하나님께서 이제는 이삭에게 함께하시겠다고 약속하셨다.(창세기 26:3~4) 그런데 이삭이 어떠한 삶을 살았는

지에 대해서는 성경에 별로 기록이 없다. 위에 인용한 본문이 전부라고 할 수 있다. 27장이 있기는 하지만 야곱과 에서에게 축복해 주는 이야기가 중심이기 때문에 이삭의 생애를 살펴볼 만한 내용은 별로 없다. 이삭은 어떤 삶을 살았으며 "너와 네 자손을 통하여 모든 민족이 복을 받으리라."는 약속은 어떻게 이루어 졌을까? 본문의 내용을 분석해보면 다음과 같다.

1. 우물을 팠다.

먼저, 그랄 지역에 거주하면서 아내를 누이라고 하는 이야기는 이미 앞의 〈물음 7〉에서 설명했으므로 생략하기로 한다. 본문에 나타난 이삭의 생애는 주로 우물 파는 이야기와 우물 소유권을 놓고 다투는 이야기로 이어지고 있다. 본문에 의하면 여섯 번이나 우물을 팠다. 왜 이렇게 우물과 관계된 이야기를 길게 기록하고 있을까?

그 이유는 이삭이 살던 지역의 특징 때문이다. 이삭이 살던 브엘세바 주변은 가나안 최남단인데 이곳은 메마른 황무지여서 물이 귀했기 때문에 사람이 살 수가 없었다. 가나안에 도착한 아브라함이 점점 남방으로 내려와서 브엘세바에 온 이유는 물이 있는 지역은 이미 사람들이 땅을 차지하고 있어서 사람이 없는 지역에 정착할 수밖에 없었기 때문이었다. 이삭은 이 땅을 물려받아 살면서 자신의 땅을 확보하기 위하여 우물을 파야했다. 그러나 이곳은 물이 귀한 지역이어서 물을 얻으려면 대단히 깊이 파야 했기 때문에 이는 쉬운 일이 아니었으며 당시에는 대단히 큰 토목공사에 해당되었다. 또 깊이 판다고 물이 나온다는 보장도 없었다. 우물을 파도 물이 나올 확률은 극히 적었다.

그런데 본문에 의하면 이삭이 우물을 팔 때마다 물이 나왔다고 기록되어 있다. 물을 얻었다는 이야기가 반복되는 이유는 이런 일은 사실상 불가능했기 때문이다. 다시 말하면 하나님께서 이삭에게 함께하시는 증거는 그가 이곳저곳을 옮겨 다니며 우물을 팔 때마다 물이 나왔다는 사실에서 입증된다. 물의 확보는 양식과 더불어 곧 생존과 직결되는 중요한 문제였다. 그런데 이삭, 그는 가는 곳마다 물 문제를 해결해주는 사람이 되었다. 이런 이유로 본문에서는 우물 파는 이야기를 소중하게 다루고 있다.

2. 바보가 되었다.

본문에 의하면 이삭이 물을 얻을 때 마다 소유권 분쟁에 휘말리는 것을 볼 수 있다. 그 이유는 브엘세바 인근에 먼저 정착한 그랄인들이 있었기 때문이다. 그들은 물이 없어서 사람이 살 수 없는 지역에 이삭이 거주할 때에는 아무런 관심을 보이지 않다가 이삭이 물을 얻어 사람이 살 수 있게 되자 욕심이 생겨서 그 지역에 대한 소유권을 주장하고 나왔다. 조상 대대로 자신들이 먼저 살던 곳이라는 얘기다. 이삭은 속수무책으로 우물을 내어주고 다른 지역으로 옮겨갈 수밖에 없었고 그곳에서 살아남자면 또 우물을 파야했다. 그런데 물이 없을 때에는 잠잠하다가 물을 얻으면 그랄인들이 또다시 몰려와서 소유권 주장을 했다. 이런 일이 몇 차례 반복되었다. 그럴 때 마다 이삭은 아무런 저항 없이 바보처럼 우물을 내어 주었다. 이삭이 이렇게 하는 데에는 그의 조용하고 소심한 성격도 한몫했다. 그러나 결과적으로 이런 바보 같은 행동은 물이 없어 사람이 살 수 없는 지역에 물이 나오게 하는 역할을 하고 있다. 이삭이 바보가 되어 쫓겨 가는 곳에서 우물을 팔 때 마다 물이 나온 이유는 그를 통하여 복이 전달되기 때문이라고 할 수 있다. 힘들여 판 우물을 내어주고 허탈한 마음으로 다시 황무지로 밀려나는 이삭에게 하나님께서는 "두려워하지 말아라. 내가 너와 함께하며 네게 복을 주리라."고 약속하셨고 이삭은 이에 힘입어 하나님께 감사를 드리며 다시 우물을 팠고 그때마다 물이 나왔다.(창세기 26:24~25)

3. 바보가 이겼다.

"오른편 뺨을 치면 왼편을 내어주어라."
"속옷을 가지고자 하는 자에게 겉옷까지 가지게 하라."

실천 불가능하게 느껴지는 이 말씀을 실천에 옮기면 무슨 일이 일어날까? 이 험악한 세상에서 그렇게 살다가는 틀림없이 망하리라고 생각된다. 그런데 본문에 의하면 그 반대의 현상이 벌어졌다. 바보처럼 우물을 내어주기만 하는 이삭은 점점 더 성공을 거두었다. 그 이유는 어디에 있을까? 하나님의 살아계심에 해답이 있다. 하나님께서 복을 주셔서 이삭은 농사를 지어 100배의 수확을 거두었고, 주변 사람들이 두려워하고 시기할 만큼 큰 부자가 되었다. 약삭빠르게 이권을 챙기던 그랄인의 수장 아비멜렉은 결국 이삭에게 하나님이 함께하시며 복을 주신다는 사실을 인정하지 않을 수 없었고, 바보처럼 보이던 이삭이 두려워진 나머지 친구 아훗삿과 휘하 장군 비골을 데리고 이삭을 찾아와 불가침 조약을 맺자고 요청하기에 이르렀다. 이로서 이삭은 자신이 거주할 땅을 확보하게 되었다.

결국 똑똑한 자와 바보가 싸워서 바보가 이겼다. 그것도 완승을 거두었다. 바보처럼 보였던 이삭의 행동들은 아직 하나님을 알지 못하는 사람들에게 하나님을 증거해 보이는 기회였다. "오른쪽 뺨을 치면 왼쪽 뺨을 내어주어라." "속옷을 가지고자 하는 자에게 겉옷까지 가지게 하라." "오 리를 가자고 하면 십 리를 가주어라." 등의 말씀은 "보이지 않는 하나님의 보이는 형상이 되어라."라는 말씀과 같다.

칼을 쓰는 자는 칼로 망하고, 약삭빠르게 머리를 이용하는 자는 자기 꾀에 망한다. 작은 이해관계에 연연하지 않고 묵묵히 바보처럼 황소걸음으로 걸어가는 사람이 최종적으로 승리하게 되어있다. 하나님께서 만드신 세상의 이치가 그러하다.

하나님 그분은 누구의 하나님이신가? 바보의 하나님이시다. 하나님의 자녀라고 불리는 사람들은 '거룩한 바보'를 말한다. 하나님은 지금 이렇게 말씀하신다.

거룩한 바보가 되어라.

물음 25 이삭의 가정, 어떤 모습이었나?

본문 : 〈 25장 〉

19 아브라함의 아들 이삭의 족보는 이러하니라 아브라함이 이삭을 낳았고
20 이삭은 사십 세에 리브가를 맞이하여 아내를 삼았으니 리브가는 밧단 아람의 아람 족
속 중 브두엘의 딸이요 아람 족속 중 라반의 누이였더라
21 이삭이 그의 아내가 임신하지 못하므로 그를 위하여 여호와께 간구하매 여호와께서
그의 간구를 들으셨으므로 그의 아내 리브가가 임신하였더니
22 그 아들들이 그의 태 속에서 서로 싸우는지라 그가 이르되 이럴 경우에는 내가 어찌
할꼬 하고 가서 여호와께 묻자온대
23 여호와께서 그에게 이르시되 두 국민이 네 태중에 있구나 두 민족이 네 복중에서부터
나누이리라 이 족속이 저 족속보다 강하겠고 큰 자가 어린 자를 섬기리라 하셨더라
24 그 해산 기한이 찬즉 태에 쌍둥이가 있었는데
25 먼저 나온 자는 붉고 전신이 털 옷 같아서 이름을 에서라 하였고
26 후에 나온 아우는 손으로 에서의 발꿈치를 잡았으므로 그 이름을 야곱이라 하였으며
리브가가 그들을 낳을 때에 이삭이 육십 세였더라
27 그 아이들이 장성하매 에서는 익숙한 사냥꾼이었으므로 들사람이 되고 야곱은 조용한
사람이었으므로 장막에 거주하니
28 이삭은 에서가 사냥한 고기를 좋아하므로 그를 사랑하고 리브가는 야곱을 사랑하였더
라
29 야곱이 죽을 쑤었더니 에서가 들에서 돌아와서 심히 피곤하여
30 야곱에게 이르되 내가 피곤하니 그 붉은 것을 내가 먹게 하라 한지라 그러므로 에서
의 별명은 에돔이더라
31 야곱이 이르되 형의 장자의 명분을 오늘 내게 팔라
32 에서가 이르되 내가 죽게 되었으니 이 장자의 명분이 내게 무엇이 유익하리요
33 야곱이 이르되 오늘 내게 맹세하라 에서가 맹세하고 장자의 명분을 야곱에게 판지라

34 야곱이 떡과 팥죽을 에서에게 주매 에서가 먹으며 마시고 일어나 갔으니 에서가 장자의 명분을 가볍게 여김이었더라

40세에 리브가와 결혼한 이삭에게는 큰 근심이 있었는데 결혼한 지 20년이 되도록 아이가 없었기 때문이었다. 이에 이삭은 하나님께 특별히 기도하여 리브가가 임신을 하였는데 쌍둥이였다. 그런데 두 아이가 어미의 태 속에서 너무 심하게 다투어 리브가가 견디지 못하므로 또 이 문제를 위하여 기도해야 했다.

상반된 성격으로 태어난 쌍둥이 에서와 야곱은 성장 과정에서도 늘 다툼이 끊이질 않았다. 더 흥미로운 것은 두 아들에 대한 이삭과 리브가의 편애였다. 이삭은 큰 아들 에서를 사랑했고 리브가는 작은 아들 야곱을 좋아했다. 이런 지나친 편애는 훗날 가정불화의 원인을 제공했다. 왜 이런 일이 벌어졌을까?

이 일의 발단은 이삭과 리브가의 판이한 성격의 차이에서부터 출발되었다. 앞에서 지적한 바와 같이 이삭은 조용하고 소심하며 꼼꼼한 반면 아내 리브가는 정반대였다. 리브가는 나이 어린 처녀의 몸으로 낯선 이방인 나그네에게 선뜻 물을 내어주는가 하면 먼 길을 오느라 목말라 있는 낙타 여러 마리에게 손수 물을 길어다 먹이는 수고를 아끼지 않는 적극적이며 활발한 성격이었고, 메소포타미아의 하란으로부터 환경이 훨씬 열악한 먼 이국으로 시집가는 일을 전혀 주저하지 않는 모험심과 개척정신의 소유자였다.

이들에게서 태어난 에서는 엄마의 성격을 닮았고 야곱은 아빠 이삭의 성격을 물려받았다. 이삭과 리브가는 서로 자신을 닮은 아들을 사랑할 것 같지만 결과는 정반대였다. 왜 그랬을까? 평소에 자신의 성격에 대해서 만족하지 못했기 때문이다. 성격이 소심하고 조용했던 이삭은 자신의 성격의 단점을 잘 알기 때문에 어려서부터 사냥을 일삼는

활발하고 용감한 성격을 지닌 에서가 맘에 들었고, 반면에 여자이면서 지나치게 남성적이었던 리브가는 늘 자신의 옆에서 부엌일을 도와주는 여성적인 야곱이 더 좋았다.

왜 이렇게 서로 반대의 성격을 선호할까? 창조주 하나님의 섭리이다. 하나님께서 만드신 모든 만물에는 천적이 있게 마련이고 혼자서는 완성을 이루지 못한다. 남자와 여자는 서로 반대의 성과 합하여져서 한 몸을 이루며, 피조물들은 서로 상반된 것들과 어우러져서 조화의 미를 만들어 낸다. 하늘과 땅, 태양과 구름, 육지와 바다, 산과 계곡, 온갖 산천초목과 바위들이 서로 어울려 있을 때 감탄을 자아내는 기막힌 장면이 연출된다. 같은 것끼리만 모여 있으면 더 좋을 것 같지만 전혀 그렇지 않다. 농사를 지을 때에 나타나는 연작(連作)의 피해라는 것이 있다. 같은 땅에서 한 가지 종류를 계속 재배하면 농작물이 제대로 자라지 못하는 현상이다. 땅에는 그 식물이 필요로 하는 영양분이 고갈되고 식물에서 배출되는 독성이 땅에 축적되기 때문이다. 산이나 들에는 상반된 여러 종류의 초목이 서로 어울려 살아가기 때문에 이런 연작의 피해라는 것이 없다.

나의 성격 등 여러 가지 면에서 대조적인 사람을 만나는 것은 결코 불행의 조건이 아니다. 절묘한 조화와 균형을 만들어 낼 수 있는 절호의 기회다. 나와 맞지 않고 나를 힘들게 하는 것처럼 느껴지는 '너'는 사실은 나를 살게 하는 '생명'이다. '너' 없이는 '나'란 있을 수 없기 때문이다. 타락한 인간을 지배하는 죄는 '너'를 죽이고 '나' 혼자 살려는 마음을 가지게 한다. 살생(殺生)이 아닌 상생(相生)이 창조의 원리이며 이치다. 이것을 저버리고 살아남을 수 있는 개체란 있을 수 없다.

물음

26 에서와 야곱, 왜 원수가 되었나?

본문 : 〈 27장 〉

1 이삭이 나이가 많아 눈이 어두워 잘 보지 못하더니 맏아들 에서를 불러 이르되 내 아들
아 하매 그가 이르되 내가 여기 있나이다 하니
2 이삭이 이르되 내가 이제 늙어 어느 날 죽을는지 알지 못하니
3 그런즉 네 기구 곧 화살통과 활을 가지고 들에 가서 나를 위하여 사냥하여
4 내가 즐기는 별미를 만들어 내게로 가져와서 먹게 하여 내가 죽기 전에 내 마음껏 네
게 축복하게 하라
5 이삭이 그의 아들 에서에게 말할 때에 리브가가 들었더니 에서가 사냥하여 오려고 들
로 나가매
6 리브가가 그의 아들 야곱에게 말하여 이르되 네 아버지가 네 형 에서에게 말씀하시는
것을 내가 들으니 이르시기를
7 나를 위하여 사냥하여 가져다가 별미를 만들어 내가 먹게 하여 죽기 전에 여호와 앞에
서 네게 축복하게 하라 하셨으니
8 그런즉 내 아들아 내 말을 따라 내가 네게 명하는 대로
9 염소 떼에 가서 거기서 좋은 염소 새끼 두 마리를 내게로 가져오면 내가 그것으로 네
아버지를 위하여 그가 즐기시는 별미를 만들리니
10 네가 그것을 네 아버지께 가져다 드려서 그가 죽기 전에 네게 축복하기 위하여 잡수
시게 하라
11 야곱이 그 어머니 리브가에게 이르되 내 형 에서는 털이 많은 사람이요 나는 매끈매끈
한 사람인즉
12 아버지께서 나를 만지실진대 내가 아버지의 눈에 속이는 자로 보일지라 복은 고사하
고 저주를 받을까 하나이다
13 어머니가 그에게 이르되 내 아들아 너의 저주는 내게로 돌리리니 내 말만 따르고 가
서 가져오라
14 그가 가서 끌어다가 어머니에게로 가져왔더니 그의 어머니가 그의 아버지가 즐기는
별미를 만들었더라
15 리브가가 집 자기에게 있는 그의 맏아들 에서의 좋은 의복을 가져다가 그의 작은아들
야곱에게 입히고
16 또 염소 새끼의 가죽을 그의 손과 목의 매끈매끈한 곳에 입히고
17 자기가 만든 별미와 떡을 자기 아들 야곱의 손에 주니
18 야곱이 아버지에게 나아가서 내 아버지여 하고 부르니 이르되 내가 여기 있노라 내
아들아 네가 누구냐
19 야곱이 아버지에게 대답하되 나는 아버지의 맏아들 에서로소이다 아버지께서 내게 명

하신 대로 내가 하였사오니 원하건대 일어나 앉아서 내가 사냥한 고기를 잡수시고 아버
지 마음껏 내게 축복하소서
20 이삭이 그의 아들에게 이르되 내 아들아 네가 어떻게 이같이 속히 잡았느냐 그가 이
르되 아버지의 하나님 여호와께서 나로 순조롭게 만나게 하셨음이니이다
21 이삭이 야곱에게 이르되 내 아들아 가까이 오라 네가 과연 내 아들 에서인지 아닌지
내가 너를 만져보려 하노라
22 야곱이 그 아버지 이삭에게 가까이 가니 이삭이 만지며 이르되 음성은 야곱의 음성이
나 손은 에서의 손이로다 하며
23 그의 손이 형 에서의 손과 같이 털이 있으므로 분별하지 못하고 축복하였더라
24 이삭이 이르되 네가 참 내 아들 에서냐 그가 대답하되 그러하니이다
25 이삭이 이르되 내게로 가져오라 내 아들이 사냥한 고기를 먹고 내 마음껏 네게 축복
하리라 야곱이 그에게로 가져가매 그가 먹고 또 포도주를 가져가매 그가 마시고
26 그의 아버지 이삭이 그에게 이르되 내 아들아 가까이 와서 내게 입맞추라
27 그가 가까이 가서 그에게 입맞추니 아버지가 그의 옷의 향취를 맡고 그에게 축복하여
이르되 내 아들의 향취는 여호와께서 복 주신 밭의 향취로다
28 하나님은 하늘의 이슬과 땅의 기름짐이며 풍성한 곡식과 포도주를 네게 주시기를 원
하노라
29 만민이 너를 섬기고 열국이 네게 굴복하리니 네가 형제들의 주가 되고 네 어머니의
아들들이 네게 굴복하며 너를 저주하는 자는 저주를 받고 너를 축복하는 자는 복을 받기
를 원하노라
30 이삭이 야곱에게 축복하기를 마치매 야곱이 그의 아버지 이삭 앞에서 나가자 곧 그의
형 에서가 사냥하여 돌아온지라
31 그가 별미를 만들어 아버지에게로 가지고 가서 이르되 아버지여 일어나서 아들이 사
냥한 고기를 잡수시고 마음껏 내게 축복하소서
32 그의 아버지 이삭이 그에게 이르되 너는 누구냐 그가 대답하되 나는 아버지의 아들
곧 아버지의 맏아들 에서로소이다
33 이삭이 심히 크게 떨며 이르되 그러면 사냥한 고기를 내게 가져온 자가 누구냐 네가
오기 전에 내가 다 먹고 그를 위하여 축복하였은즉 그가 반드시 복을 받을 것이니라
34 에서가 그의 아버지의 말을 듣고 소리 내어 울며 아버지에게 이르되 내 아버지여 내
게 축복하소서 내게도 그리하소서
35 이삭이 이르되 네 아우가 와서 속여 네 복을 빼앗았도다
36 에서가 이르되 그의 이름을 야곱이라 함이 합당하지 아니하니이까 그가 나를 속임이
이것이 두 번째니이다 전에는 나의 장자의 명분을 빼앗고 이제는 내 복을 빼앗았나이다
또 이르되 아버지께서 나를 위하여 빌 복을 남기지 아니하셨나이까
37 이삭이 에서에게 대답하여 이르되 내가 그를 너의 주로 세우고 그의 모든 형제를 내
가 그에게 종으로 주었으며 곡식과 포도주를 그에게 주었으니 내 아들아 내가 네게 무엇
을 할 수 있으랴
38 에서가 아버지에게 이르되 내 아버지여 아버지가 빌 복이 이 하나 뿐이리이까 내 아

버지여 내게 축복하소서 내게도 그리하소서 하고 소리를 높여 우니
39 그 아버지 이삭이 그에게 대답하여 이르되 네 주소는 땅의 기름짐에서 멀고 내리는
하늘 이슬에서 멀 것이며
40 너는 칼을 믿고 생활하겠고 네 아우를 섬길 것이며 네가 매임을 벗을 때에는 그 멍에
를 네 목에서 떨쳐버리리라 하였더라
41 그의 아버지가 야곱에게 축복한 그 축복으로 말미암아 에서가 야곱을 미워하여 심중
에 이르기를 아버지를 곡할 때가 가까웠은즉 내가 내 아우 야곱을 죽이리라 하였더니
42 맏아들 에서의 이 말이 리브가에게 들리매 이에 사람을 보내어 작은아들 야곱을 불러
그에게 이르되 네 형 에서가 너를 죽여 그 한을 풀려 하니
43 내 아들아 내 말을 따라 일어나 하란으로 가서 내 오라버니 라반에게로 피신하여
44 네 형의 노가 풀리기까지 몇 날 동안 그와 함께 거주하라
45 네 형의 분노가 풀려 네가 자기에게 행한 것을 잊어버리거든 내가 곧 사람을 보내어
너를 거기서 불러오리라 어찌 하루에 너희 둘을 잃으랴
46 리브가가 이삭에게 이르되 내가 헷 사람의 딸들로 말미암아 내 삶이 싫어졌거늘 야곱
이 만일 이 땅의 딸들 중에서 아내를 맞이하면 내 삶이 내게 무슨 재미가 있으리이까

에서와 야곱의 다툼은 늘 야곱에게서 시작되었다. 에서는 남성적이고 호방한 성격이어서 작은 일에는 연연하지 않았지만 야곱은 그렇지 못했다. 신체적인 조건과 힘에서 형에게 뒤져 있어서 늘 열등감에 시달렸고, 꼼꼼한 성격이어서 조그만 일도 그냥 넘어갈 수가 없었다. 특히 자신이 쌍둥이이면서 동생이라는 사실을 늘 억울해 하며 형의 신분에 집요한 집착을 보였다. 태어날 때 형의 뒤꿈치를 잡고 늘어졌다는 이야기와 팥죽과 형의 신분을 바꾸자고 요구하는 행동은 그가 얼마나 '장자' 대하여 집착했는가를 잘 설명해 준다.

장자에 대한 야곱의 이러한 집착은 집안을 파탄으로 몰고 가는 비극을 초래했다. 당시에는 아버지가 죽기 전에 자식들에게 축복을 빌어주는 전통이 있었다. 이삭은 나이가 많아 죽을 때가 가까워지자 에서를 불러 별미를 만들어 와서 축복기도를 받으라고 말했다. 그런데 이런 사실을 알게 된 리브가는 야곱을 불러 이 사실을 알리고 아버지를 속여 대신 축복기도를 받으라고 했으나 야곱은 주저했다. 이 대목에서도 리브가와 야곱의 성격은 잘 나타나고 있다. 리브가는 모험적이고 대담

한 반면 야곱은 소심했다. 리브가는 자신의 성격대로, 주저하는 야곱을 강권하여 에서로 변장시키고 별미를 만들어 준 후 이삭 앞에서 에서 행세를 하게 했다. 이 작전은 성공하여 야곱은 눈이 어두운 아버지를 속이고 축복기도를 대신 받을 수 있었다.

그러나 뒤늦게 이 사실을 알게 된 이삭과 에서는 대경실색(大驚失色)했고, 이 사건으로 말미암아 호방한 성격의 에서는 야곱에 대하여 원한을 품고 야곱을 죽이려고 이를 갈며 기회를 노리고 있었다. 상황이 심각해지자 다시 리브가가 나서서 이삭에게는 적당히 둘러대고 야곱을 자신의 친정으로 피신시켜 형제간의 칼부림을 막았다. 에서, 그는 호방하고 도량이 넓어서 웬만한 일에는 원한을 품지 않았으나 이번에는 달랐다. 이때 에서가 받은 상처는 20여년이 지나도록 풀리지 않을 만큼 골이 깊었다.(창세기 32~33장)

이 일로 말미암아 에서와 야곱은 영원한 원수가 되고 말았다.

물음 27 아버지의 축복, 왜 중요한가?

앞의 이야기를 읽다보면 아버지의 축복기도를 받는 것이 무엇이기에 이토록 중요하게 여기고 있는가 하는 의문이 든다. 재산을 나누어 주는 상속도 아니고 문자 그대로 '축복기도' 인데 이삭과 리브가, 에서와 야곱은 왜 여기에다 사활을 걸었고 또 평생 원수가 되었을까? 도대체 아버지의 축복기도, 왜 그렇게 중요한가?

창세기에서는 야곱과 에서의 이야기 이외에도 아버지의 축복기도가 대단히 중요하게 다루어지고 있다. 9장을 보면 노아가 죽기 전에 아들들(셈, 함, 야벳)에게 축복기도를 해주는 이야기가 나오고 있다.[66] 노아의 이 기도로 말미암아 세 아들은 각기 황인종(셈), 백인종(야벳), 흑인종(함)이 되었으며, 특히 둘째 아들 함은 아버지의 기도대로 흑인종의 조상이 되어 노예가 되었다는 이야기가 생겨났다. 특히 48~49장은 야곱이 죽기 전에 요셉의 두 아들 에브라임과 므낫세를 축복해 주는 이야기와 야곱의 열 두 아들을 축복하는 이야기로 채워져 있다. 왜 아버지의 축복을 이토록 길고 장황하게 두 장이나 중요하게 기록을 하고 있을까? 이런 이야기들을 통하여 이스라엘에는 아버지가 죽기 전에 자식들에게 축복을 빌어주고 또 그 축복을 대단히 중요하게 여기는 전통이 생겨났음을 알 수 있다. 이제 그 이유를 살펴보면 다음과 같다.

1. 창조의 원리

하나님께서 만들어 놓으신 창조세계의 동식물들이 사는 것을 보면 부모를 통해서 자식에게로 생명을 비롯하여 개체의 형질들이 이어지도록 하셨다. 이를 우리는 유전(遺傳)이라 부른다. 유전은 생명체 전반에 나타나는 생명 전달의 원리이며 자식들은 그 유전적인 특징이 부모를 닮게 되어 있다.

2. 창조의 위임

창조주 하나님은 만물을 만드셨을 뿐만 아니라 지금도 만물의 생사

---

66) 노아가 농사를 시작하여 포도나무를 심었더니 포도주를 마시고 취하여 그 장막 안에서 벌거벗은지라 가나안의 아버지 함이 그의 아버지의 하체를 보고 밖으로 나가서 그의 두 형제에게 알리매 셈과 야벳이 옷을 가져다가 자기들의 어깨에 메고 뒷걸음쳐 들어가서 그들의 아버지의 하체를 덮었으며 그들이 얼굴을 돌이키고 그들의 아버지의 하체를 보지 아니하였더라 노아가 술이 깨어 그의 작은 아들이 자기에게 행한 일을 알고 이에 이르되 가나안은 저주를 받아 그의 형제의 종들의 종이 되기를 원하노라 하고 또 이르되 셈의 하나님 여호와를 찬송하리로다 가나안은 셈의 종이 되고 하나님이 야벳을 창대하게 하사 셈의 장막에 거하게 하시고 가나안은 그의 종이 되게 하시기를 원하노라 하였더라 홍수 후에 노아가 삼백오십 년을 살았고 그의 나이가 구백오십 세가 되어 죽었더라 (창세기 9:20~29)

화복(生死禍福)을 지배하신다. 특히 온갖 동식물의 생명을 창조하신다. 그러면 하나님께서는 지금 어떻게 생명을 창조하시나? 창세기 1장에 기록된 바와 같이 말씀으로 명령을 하실까? 아니다. 남성과 여성으로 구성된 부모를 통하여 새로운 생명들이 태어나고 또 대를 이어가게 하신다. 새로운 생명을 창조하시는 하나님께서는 그 창조의 막중한 임무를 부모에게 위임하셨다. 동식물의 생명체 속에 들어 있는 가장 뚜렷한 본능은 모성애/부성애라고 할 수 있다. 어떻게 하든지 살아남아서 다음 대를 이어가려는 강한 욕구와 자식에 대해 생명을 아끼지 않는 희생정신은 창조의 위임을 잘 반영하고 있다. 부모의 심정은 곧 하나님의 심정과 유사하다.

3. 가정

하나님께서 에덴동산을 만드시고 아담과 하와를 살게 하셨다는 창세기의 이야기는 결국 한 가정을 만드셨다는 이야기가 되며, 만물의 창조는 곧 가정을 위해서였다고 말할 수 있다. 즉 가정이 창조의 중심인 셈이다. 예수님께서 복음 사역을 전개하실 때 처음으로 행하신 이적은 갈릴리 가나의 혼인 잔치에 참여하셔서 물로 포도주를 만드는 사건이었다. 왜 이 일을 처음 표적으로 하셨을까? '처음 표적' 이라는 설명은 예수님께서 혼인 잔치에 참여하신 것이 우연이 아니었음을 암시하고 있다. 또 메시아로서의 첫 행보를 아무런 생각과 계획 없이 하셨을 리가 없다. 따라서 혼인 잔치에서 물로 포도주를 만드시는 사건은 대단히 중요하다. 왜 예수님께서는 혼인 잔치에 참여하시는 것으로 메시아의 공식일정을 시작하셨을까?

가정이 무엇보다도 중요하기 때문이다. 세상을 만드신 하나님께서는 부모에게 창조를 위임하셨고 가정은 그 창조의 현장이다. 창조 못지않게 중요한 것은 새로 태어난 생명의 양육이다. 모든 생명체는 가정에서 탄생되고 가정에서 양육되어 진다. 이런 이유로 성경에서는 가정이 가장 중요한 기관으로 다뤄진다. 뒤에서 다루게 될 시내산 계약법은 가정을 위한 법이라고도 할 수 있다.

4. 부모의 역할 – 하나님의 대행자

가정에서 생명이 태어나고 성장되고 교육되기 때문에 부모의 위치와 역할은 그만큼 중요하다. 가정에서의 부모의 역할은 하나님의 역할의 대행인 셈이다. 이런 이유로 성경에서는 부모를 공경하라는 명령은 물론이고 부모를 우습게 여기는 자, 저주하는 자, 부모의 말을 듣지 않는 자는 돌로 쳐 죽이라고 말한다.[67]

5. 축복의 통로

한 생명은 가정을 통해서 탄생하고 성장하고 양육되며, 자식은 부모의 외모, 성격, 신체적인 특징 등을 닮는다. 이는 하나님께서 만드신 창조의 원리이며 이치다. 자녀의 모든 것을 부모를 통하여 주시는 것이 하나님의 법이라면 하나님께서 주시는 복 역시 부모를 통해서 주어져야 이치에 맞는다.

---

67) 그 아비나 어미를 저주하는 자는 반드시 죽일지니라 (출애굽기 21:17)
그의 부모를 경홀히 여기는 자는 저주를 받을 것이라 할 것이요 모든 백성은 아멘 할지니라 (신명기 27:16)
사람에게 완악하고 패역한 아들이 있어 그 아비의 말이나 그 어미의 말을 순종치 아니하고 부모가 징책하여도 듣지 아니하거든 그 부모가 그를 잡아가지고 성문에 이르러 그 성읍 장로들에게 나아가서 그 성읍 장로들에게 말하기를 우리의 이 자식은 완악하고 패역하여 우리 말을 순종치 아니하고 방탕하며 술에 잠긴 자라 하거든 그 성읍의 모든 사람들이 그를 돌로 쳐 죽일지니 이같이 네가 너의 중에 악을 제하라 그리하면 온 이스라엘이 듣고 두려워하리라 (신명기 21:18~21)
자기의 아비나 어미를 저주하는 자는 그 등불이 유암 중에 꺼짐을 당하리라(잠언 20:20)
아비를 조롱하며 어미 순종하기를 싫어하는 자의 눈은 골짜기의 까마귀에게 쪼이고 독수리 새끼에게 먹히리라 (잠언 30:17)
하나님이 이르셨으되 네 부모를 공경하라 하시고 또 아비나 어미를 훼방하는 자는 반드시 죽으리라 하셨거늘 (마태복음 15:4)

따라서 부모를 공경하는 것이 복을 받는 길이라는 성경의 말씀은[68] 창조의 법인 셈이다. 부모를 업신여기거나 불순종하는 자를 죽이라는 무서운 말씀은 죽이라는 데에 초점이 있는 것이 아니라 창조의 법을 어기지 말고 지켜서 복받는 자가 되라는 하나님의 간곡한 말씀이다. 이렇게 본다면 기독교는 효를 근간으로 하는 유교 이상으로 효를 중요시하는 종교라고 할 수 있다.

이와 같은 이유로 성경에서는 아버지의 축복을 그토록 귀중하게 여겼고, 에서와 야곱은 아버지의 축복기도 문제로 불구대천(不俱戴天)의 원수가 되어야 했다.

물음 28 야곱은 사랑하고 에서는 미워하였나?

본문 : 〈 25장 〉

21 이삭이 그의 아내가 임신하지 못하므로 그를 위하여 여호와께 간구하매 여호와께서 그의 간구를 들으셨으므로 그의 아내 리브가가 임신하였더니

22 그 아들들이 그의 태 속에서 서로 싸우는지라 그가 이르되 이럴 경우에는 내가 어찌 할꼬 하고 가서 여호와께 묻자온대

23 여호와께서 그에게 이르시되 두 국민이 네 태중에 있구나 두 민족이 네 복중에서부터 나누이리라 **이 족속이 저 족속보다 강하겠고 큰 자가 어린 자를 섬기리라** 하셨더라

24 그 해산 기한이 찬즉 태에 쌍둥이가 있었는데

25 먼저 나온 자는 붉고 전신이 털 옷 같아서 이름을 에서라 하였고

26 후에 나온 아우는 손으로 에서의 발꿈치를 잡았으므로 그 이름을 야곱이라 하였으며 리브가가 그들을 낳을 때에 이삭이 육십 세였더라

---

68) 네 부모를 공경하라 그리하면 너의 하나님 나 여호와가 네게 준 땅에서 네 생명이 길리라 (출애굽기 20:12)
너는 너의 하나님 여호와의 명한 대로 네 부모를 공경하라 그리하면 너의 하나님 여호와가 네게 준 땅에서 네가 생명이 길고 복을 누리리라 (신명기 5:16)
자녀들아 주 안에서 너희 부모에게 순종하라 이것이 옳으니라. 네 아버지와 어머니를 공경하라 이것은 약속이 있는 첫 계명이니 이로써 네가 잘되고 땅에서 장수하리라 (에베소서 6:1~3)

〈 말라기 1장 〉

1 여호와께서 말라기를 통하여 이스라엘에게 말씀하신 경고라
2 여호와께서 이르시되 내가 너희를 사랑하였노라 하나 너희는 이르기를 주께서 어떻게
우리를 사랑하셨나이까 하는도다 나 여호와가 말하노라 에서는 야곱의 형이 아니냐 그러
나 내가 **야곱을 사랑하였고**
3 **에서는 미워하였으며 그의 산들을 황폐하게 하였고 그의 산업을 광야의 이리들에게 넘
겼느니라**

〈 로마서 9장 〉

12 리브가에게 이르시되 큰 자가 어린 자를 섬기리라 하셨나니
13 기록된 바 **내가 야곱은 사랑하고 에서는 미워하였다** 하심과 같으니라

결혼한 지 20여년 만에 쌍둥이를 임신한 리브가는 두 아이가 태속에서 서로 싸우는 바람에 견딜 수가 없었고 이삭은 이를 위해서 특별히 기도를 했다. 그랬더니 하나님께서 "큰 자가 작은 자를 섬기리라." 즉 "에서의 후손이 야곱의 후손을 섬기게 되리라."라고 말씀하셨다. 이에 근거하여 말라기와 로마서에서는 "하나님께서 야곱은 사랑하셨지만 에서는 미워하셨다."라고 본문을 인용하고 있다. 이 본문에 의하면 에서와 야곱이 어미 태속에서부터 시작하여 사사건건 다투다가 야곱이 아버지와 에서를 속이고 축복기도를 받았고 또 축복기도의 내용대로 형을 제치고 이삭의 계보를 이었는데 이런 것들은 미리 정해져 있었다. 이를 가리켜 예정론(豫定論)이라고 한다. 이 예정론을 확대하여 구원의 문제에 적용시켜 사람이 구원에 이르느냐 멸망에 이르느냐의 문제도 미리 결정되어 있다는 이중 예정론을 주장하기도 한다. 이 예정론은 생각보다 많은 사람들이 받아들이고 있으며 늘 논란의 대상이 되어 왔다.

이런 예정론을 어떻게 이해해야 하나? 이론으로 논쟁을 하려면 끝이 없지만 창조의 원리와 이치에서 생각하면 결론이 단순해진다. 부모와 자식의 관계에서 생각을 해보자. 정상적인 부모라면 두 아이를 나아서 하나는 사랑하고 하나는 미워할까? 더 나아가서 하나는 축복을 받기를 바라고 하나는 저주와 멸망받기를 바랄까? 또 하나는 축복받도록 정해

놓고 하나는 멸망받도록 정해놓을까? 그럴 리가 없다. 그런 부모가 있다면 부모로서의 자격이 없을 뿐만 아니라, 자식을 저주와 멸망받도록 만들어 놓았다면 책임을 물어야 한다. 하나님께서 만들어 놓으신 창조의 원리에 의하면 부모는 모든 자식이 다 잘되기를 바라게 되어있다. 이것이 하나님께서 주신 부모의 마음이다. 부모는 자식을 위하여 평생을 헌신하며 생명을 아끼지 않게 마련이다.

그렇다면 하나님께서 "야곱은 사랑하시고 에서는 미워하셨다."라는 성경의 구절은 무엇을 말하는가? 하나님께서 한 형제 중에 동생은 사랑하고 형은 미워하실 리가 있을까? 아니다. 이는 진리이신 하나님의 속성에 맞지 않는다. 그러면 도대체 본문은 무엇을 말하는가?

성경에는 이 문제뿐만 아니라 얼핏 볼 때에 모순처럼 보이는 이야기들이 많이 있다. 이런 문제를 해결하려면 먼저 성경이 어떤 책인지를 이해해야 한다. 성경의 이야기들은 수천 년 전에 다른 문화에서 다른 언어로 쓰여졌다. 이런 성경을 해석하는 것은 생각보다 쉽지 않다. 당시의 역사적인 배경, 언어와 표현의 특징, 본문과 기록자의 의도 등이 우선적으로 파악되어야 한다.

이런 것들을 염두에 두고 다시 본문을 본다면 에서를 미워하였다는 표현은 일종의 반어법이다. 속 썩이는 자식을 아무리 타일러도, 매를 들어도 듣지 않으면 "나가 죽어라!", "넌 내 자식이 아니야!", "왜 너 같은 놈을 낳았는지 모르겠다!", "꼴 보기 싫다!" 등의 험한 말을 한다. 그러나 이런 표현들은 직설적인 의미를 담고 있지 않다. 오히려 그 반대다. 나가 죽으라는 말이 진짜 나가 죽으라는 말이 아니며, 너는 내 자식이 아니라는 것도 마찬가지다. 이런 표현에는 문자적인 의미와는 정반대의 뜻이 담겨있다.

다시 본문으로 돌아가서 생각해본다면 하나님께서 에서를 미워하셨다는 뜻은 정말로 에서를 미워해서 미리 결정해 놓으셨다는 말이 아니다. 그 반대로 하나님께서는 에서가 여러 가지로 야곱보다 유리했음에도 불구하고 자신을 과신함으로서 신앙을 등한히 하여 결국 패망에 이르게 되어서 이것이 견딜 수 없이 가슴 아프다는 뜻이다. 야곱을 사랑하셨다는 의미는 야곱은 형보다 신체적인 조건도 약하고 성격도 소심하며 모가 나는 등 약점이 많았지만 자신보다는 하나님을 의지하며 열심히 살아서 아브라함, 이삭에서 야곱으로 신앙의 계보를 이어가게 되어서 너무나 기쁘다는 뜻이다. 하나님께서 정말로 바라신 것은 에서와 야곱 모두가 다 잘되는 것이었다.

성경의 이야기에는 문자적/표면적인 의미가 있고 그 문자가 말하려는 정신적/이면적 의미가 있으며, 많은 경우에 함축/암시/은폐의 방식으로 표현하고 있으므로 이런 것들을 염두에 두면서 읽어야 한다. 이를 무시하고 문자에 매이면 혼동과 오류를 피할 길이 없다.

성경에는 "에서를 미워하였다."라는 표현 외에도 "물로 심판하셨다.", "불로 심판하신다.", "전염병을 보내서 죽게 하셨다.", "불 뱀을 보내서 물려 죽게 하셨다." 등의 독특한 표현이 많이 있다. 하나님께서 이 모든 것을 하셨다는 이런 표현들은 하나님이 모든 만물의 근원이시며 모든 것을 주관하신다는 신앙고백의 의미를 가지고 있다. 예정론, 결정론, 섭리 등은 하나님의 절대적인 주권에 대한 인정과 고백을 말하는 것이지 하나님께서 악이나 심판을 행하신다는 뜻이 결코 아니다. 앞에서 이미 본 바대로 '심판'은 하나님께서 정해놓으신 법의 집행을 말한다. 하나님은 심판하시는 분이 아니라 법을 어기고 죽어가는 인간을 살리기 위하여 법의 형벌을 대신 받으시는 구원의 하나님이시다.

"에서를 미워하였다!"라는 문자적인 표현은 무엇을 말하는가?

내가 너를 얼마나 사랑하는 줄 아느냐?
너 없인 내가 살 수가 없다.

제발 행복하게 살아다오!

물음 29 왜 돌베개를 베고 잤나?

본문 : 〈 28장 〉

10 야곱이 **브엘세바에서 떠나 하란으로 향하여 가더니**
11 한 곳에 이르러는 해가 진지라 거기서 유숙하려고 그 곳의 **한 돌을 가져다가 베개로
삼고 거기 누워 자더니**
12 **꿈에 본즉** 사닥다리가 땅 위에 서 있는데 그 꼭대기가 하늘에 닿았고 또 본즉 하나님
의 사자들이 그 위에서 오르락내리락 하고
13 **또 본즉** 여호와께서 그 위에 서서 이르시되 **나는 여호와니 너의 조부 아브라함의 하
나님이요 이삭의 하나님이라** 네가 누워 있는 땅을 내가 너와 네 자손에게 주리니
14 네 자손이 땅의 티끌 같이 되어 네가 서쪽과 동쪽과 북쪽과 남쪽으로 퍼져나갈지며
땅의 모든 족속이 너와 네 자손으로 말미암아 복을 받으리라
15 내가 너와 함께 있어 **네가 어디로 가든지 너를 지키며 너를 이끌어 이 땅으로 돌아오
게 할지라** 내가 네게 허락한 것을 다 이루기까지 너를 떠나지 아니하리라 하신지라
16 야곱이 잠이 깨어 이르되 여호와께서 과연 여기 계시거늘 내가 알지 못하였도다
17 이에 두려워하여 이르되 두렵도다 이 곳이여 이것은 다름 아닌 하나님의 집이요 이는
하늘의 문이로다 하고
18 야곱이 아침에 일찍이 일어나 베개로 삼았던 돌을 가져다가 기둥으로 세우고 그 위에
기름을 붓고
19 그 곳 이름을 벧엘이라 하였더라 이 성의 옛 이름은 루스더라
20 야곱이 서원하여 이르되 하나님이 나와 함께 계셔서 내가 가는 이 길에서 나를 지키
시고 먹을 떡과 입을 옷을 주시어
21 내가 평안히 아버지 집으로 돌아가게 하시오면 여호와께서 나의 하나님이 되실 것이요
22 내가 기둥으로 세운 이 돌이 하나님의 집이 될 것이요 하나님께서 내게 주신 모든 것
에서 십분의 일을 내가 반드시 하나님께 드리겠나이다 하였더라

형 에서와의 불화 때문에 브엘세바의 집에서 쫓겨난 야곱은 메소포타미아의 하란으로 도피의 길을 떠나야 했다. 본문은 벧엘이라는 곳에 이르러 하루 저녁을 지내는 내용인데 이 이야기는 야곱을 이해하는데 있어서는 물론이고 성경에서 말하는 신앙을 이해하는 면에서도 대단

히 중요하다.

1. 돌을 가져다가 베개로 삼고 누워 자더니

날이 어두워져서 잠을 자는데 돌을 베개로 삼았다고 기록되어 있다. 왜 돌을 베고 잠을 잤을까? 또 돌을 베고 잤다는 이야기를 왜 기록하고 있을까? 마땅히 베고 잘만한 것이 없어서 돌을 베고 잤다는 것일까? 돌을 베고 잔 것이 중요하다는 뜻일까? 여기에서 초점에 맞추어야 할 것은 '돌베개' 일까? 아니면 다른 무엇일까?

이 이야기를 이해하려면 지금으로부터 약 4천여 년 전의 사회상을 알아야 한다. 이 시대는 족장시대로 각 마을은 씨족, 부족의 형태를 이루고 살았다. 이 시대의 가장 큰 과제는 양식의 확보였다. 늘 식량이 모자라던 시대였기 때문에 양식의 확보 여부는 생사를 결정짓는 중대한 문제였다. 농사로 양식을 확보하지 못하면 약탈이라는 방법을 동원하는 것이 다반사였다. 그리고 농업이나 목축업으로 양식을 확보하는 것도 중요하지만 그 못지않게 중요한 것은 확보한 식량을 안전하게 지키는 일이었다. 아직 사회법이나 국가의 법이 없던 시기였으므로 씨족이나 부족 자체의 방어에 의지해야 했다. 이러던 시기에 낯선 사람이 마을 주변에 나타나면 여간 신경 쓰이는 일이 아니었다. 약탈을 위한 정탐이 성행했기 때문이다. 따라서 당시에 혼자서 먼 길을 간다는 것은 정탐꾼으로 오해받을 수밖에 없으므로 위험천만한 일이었다.

"야곱이 브엘세바에서 떠나 하란을 향하여 가더니"라는 구절은 이런 상황을 반영하고 있고 많은 것을 함축하고 있다. 아버지를 속여서 아버지에게는 실망을 안겨주고 형의 축복기도를 가로채서 형과는 불구대천의 원수가 되어 집에서는 살 수 없어 쫓겨난 비참한 신세, 마을을 지날 때마다 정탐꾼으로 몰릴까봐 마음을 졸이며 눈에 띄지 않게 숨어서 가야하는 불안한 마음, 이런 것들이 "브엘세바에서 하란을 향하여 가더니"라는 구절 속에 담겨있다. 벧엘은 브엘세바에서 약 90km 정도 떨어진 곳에 있는데 야곱은 마을에 들어가지도 못하고 빈들에서 혼자 잠을 자야 했다. 밤에는 숨어 지내는 형편이니 불을 피울 수도 없으므로 추위와 들짐승의 위협에 시달려야 하는 비참한 신세, 이런 것들을 설명하는 구절이 '돌을 베고 자더니' 이다.

2. 꿈에 본즉, 또 본즉

나이 40에 이르러 가장 큰 위기에 처한 야곱, 이런 위급한 상황에서 야곱은 무슨 생각을 하며 어떻게 대처했을까? 본문은 이에 대해 침묵하고 있는 것처럼 보인다. 이에 대해서는 아무런 언급이 없기 때문이다. 그럴까? 아니다. 언급하고 있다. 단지 언급하는 방법이 달라서 잘 보이지 않을 뿐이다. 그렇다면 어디에서 어떻게 야곱의 심리상태를 말해주고 있는가? 여기에서도 인과율을 적용해 보면 함축, 암시, 은폐되어 보이지 않던 내용들이 드러나게 된다. 인과율 해석에 의하면 야곱의 생각들과 마음 상태들은 12~15절에 들어있다. 이 구절들을 인과율로 분석해보면 다음과 같다.

> 꿈에 본즉 사닥다리가 땅 위에 서 있는데 그 꼭대기가 하늘에 닿았고 또 본즉 하나님의 사자들이 그 위에서 오르락내리락 하고

야곱에게 하나님께서 나타나셨다. 왜 나타나셨을까? 우연일까? 예정일까? 인과율에 의하면 하나님께서 마음을 졸이며 불안한 마음으로 빈들에서 돌을 베고 자고 있는 야곱의 꿈속에 나타나신 것은 우연도 예정도 아니다. 하나님께서 야곱에게 나타나셨다는 것은 야곱이 절박하게 하나님을 찾고 있었다는 뜻이다. 사면초가(四面楚歌)에 빠진 야곱은 정처 없는 길을 가면서 하나님만을 의지하고 찾고 있었음을 암시한다.

진리이신 하나님은 찾고 구하는 자에게 당신을 드러내신다. 구하라. 그리하면 너희에게 주실 것이요, 찾으라. 그리하면 찾아낼 것이요, 문을 두드리라. 그리하면 너희에게 열릴 것이니, 구하는 이마다 받을 것이요, 찾는 이는 찾아낼 것이요, 두드리는 이에게는 열릴 것이니라.(마태복음 7:7~8)는 말씀은 하나님께서 만드신 세상을 지배하는 인과율을 의미한다.

> 나는 여호와니 너의 조부 아브라함의 하나님이요 이삭의 하나님이라 네가 누워 있는 땅을 내가 너와 네 자손에게 주리니 네 자손이 땅의 티끌같이 되어 네가 서쪽과 동쪽과 북쪽과 남쪽으로 퍼져나갈지며 땅의 모든 족속이 너와 네 자손으로 말미암아 복을 받으리라 내가 너와 함께 있어 네가 어디로 가든지 너를 지키며 너를 이끌어 이 땅으로 돌아오게 할지라 내가 네게 허락한 것을 다 이루기까지 너를 떠나지 아니하리라.(창세기 28:13-15)

이 본문은 하나님께서 야곱에게 하신 말씀이다. 이 말씀을 인과율로 본다면 야곱이 무엇을 구하고 찾고 있었는지가 드러난다. 대화는 서로 말을 주고받는 것이다. 동문서답, 일방적인 선언은 대화라고 할 수 없다. 인격을 지니신 하나님은 모든 사람을 인격으로 대하시며 상대방의 의사를 무시하지 않으시고 진지한 대화의 자세로 다가오신다. 본문은 야곱의 물음과 찾음에 대한 하나님의 대답이므로 이 대답에 야곱의 물음과 상황이 들어있다. 이를 살펴보면 다음과 같다.

❶ 철저한 회개

야곱, 그는 왜 이런 비참한 상황에 내몰렸는가? 자기 잘못 때문이다. 아버지를 속이고 형의 축복을 가로채는 비열한 행동이라는 원인 때문에 자신은 물론 가정까지 불행해지는 결과를 초래했다. 그런데 하나님께서 말씀하시는 내용을 보면 불행의 원인인 야곱의 잘못에 대하여 아무런 언급이 없이 축복에 대한 약속만이 주어지고 있다. 인과율에 의하면 야곱에게 축복이라는 결과가 주어지기 위해서는 먼저 원인인 잘못이 해결되어야 한다. 본문에서 결과인 축복이 선언되고 있다는 것은 원인이 해결되었음을 암시한다. 어떻게 해서 원인이 해결되었는가에 대해서는 은폐하고 있다. 그러나 그 은폐를 찾아내는 것은 어렵지 않다. 죄라는 원인을 해결하는 유일한 방법은 회개이기 때문이다.

따라서 본문의 10~11절에는 야곱의 심리적인 상태가 함축, 은폐라는 방식으로 암시되어 있는데, 야곱은 죽음의 고비들을 넘기면서 많은 생각을 하게 되고, 비열하기 짝이 없는 자기 자신에 대하여 한없는 실망을 하면서 철저히 뉘우치고 있었다는 뜻이다. "한 곳 즉 벧엘에 이르러 돌을 베고 자더니"라는 구절은 그곳에 이르렀을 때에, 그 밤에 돌을 베고 잘 때에 야곱의 회개와 뉘우침은 절정에 이르렀음을 암시한다. 물극필반(物極必反)은 인과율의 원리이다. 죄가 극에 달하면 파탄에 이르고 회개가 극에 달하면 용서라는 반전이 일어난다.

❷ 도우심

인과론에 의하면 철저한 회개로 용서가 주어지며, 이 회개와 사죄는 실천으로 이어져야 한다. 당연한 이치이다. 그러나 이 논리를 끝까지 고집하면 난관에 봉착한다. 왜냐하면 타락한 인간, 죄의 지배를 받는 인간은 이런 사실을 잘 알지만 실천으로 옮기지 못한다. 실행하는 사람이 있다하더라도 소수에 불과하다. 그렇다면 나머지 다수는 어떻게 해야 하나? 이런 인간을 잘 아시는 하나님께서는 모순에 빠져있는 인간에게 그냥 먼저 다가오셔서 무조건 받아주시고 이해해 주시고 용서해 주신다.

이런 무조건의 은혜는 무슨 역할을 하는가? 완악해진 인간의 마음을 녹이고 돌이키며 회개하도록 돕는다. '회개'는 인간의 몫이며 당연히 인간이 해내야 하지만 타락으로 선행에 무능력해진 인간은 이를 행할 능력이 없다. 따라서 모든 인간은 하나님의 조건없이 도우시는 은혜가 필요하다. 이 은혜를 가리켜 십자가, 대속, 예수님이라고 말한다. 하나님의 은혜는 인과율에 매이지 않는다. 그렇다면 인과율을 파괴하는가? 아니다. 먼저 도우시는 은혜를 부어주심으로 철저하게 회개하게 하고 그 회개가 용서에 이르게 한다. 이는 인과율의 파괴가 아니라 완성이며, 비논리(非論理)가 아니라 초논리(超論理)라고 할 수 있다. 하나님의 이런 초논리가 철저한 회개를 가능하게 하며 공의와 인과율을 완성한다.

야곱이 스스로 회개하고 뉘우쳤다는 구절이 없는 것을 보면 야곱이 회개하지 않았는데도 하나님께서 나타나셨다는 뜻이 아니다. 그렇게 되면 인과율에 어긋난다. 조건없이 나타나시고 받아주시는 사랑이 야곱을 회개로 이끌었다는 뜻이라고 할 수 있다.

❸ 약속

회개하는 야곱에게 찾아오신 하나님은 야곱에게 약속하신다. 이 약속이 주어졌다는 것은 곧 야곱이 철저하게 회개하면서 하나님의 도우심을 구했고 또 올바르게 살겠다는 약속을 했다는 것을 암시한다. 이 역시 인과율의 이치다. 아무런 다짐도 하지 않았는데 축복의 약속이 주어진다는 것은 이율배반(二律背反)이다. "내가 너와 함께 있어 네가 어디로 가든지 너를 지키며 너를 이끌어 이 땅으로 돌아오게 할지라. 내가 네게 허락한 것을 다 이루기까지 너를 떠나지 아니하리라."라는 구절은 야곱이 얼마나 자신의 정처 없는 행보에 대하여 불안해하며 하나님의 도우심을 구했는가를 잘 반영하고 있다.

3. 너와 네 자손으로 말미암아

본문에 의하면 아브라함과 이삭에게 하셨던 하나님의 약속의 말씀이 야곱에게로 이어짐을 알 수 있다. 이 약속이 왜 에서가 아닌 야곱에게로 이어졌을까? 하나님의 선택과 예정 때문일까? 이렇게 말하면 인과율과 어긋난다. 〈물음 28〉에서 지적한 것처럼 예정론은 하나님의 주권을 강조하는 것이지 인간의 차별을 말하는 것이 아니다. 그러면 에서를 대신해서 축복을 받았기 때문에 그 축복의 결과로 야곱이 에서를 대신해서 계보를 이어간 것일까? 그럴 수 없다. 사기치고 도둑질한 축복기도대로 하나님께서 복을 내리셨다는 것은 이치에 맞지 않으며 말이 되지 않는다. 그러면 왜 하나님께서는 야곱에게 "땅의 모든 족속이 너와 네 자손으로 말미암아 복을 받으리라."라고 말씀하셨을까?

하나님은 공의이시며 원리와 이치, 법이시다. 공의와 사랑은 모순되지 않는다. 공의의 실현이 사랑이다. 하나님은 모든 사람을 공평하게 사랑하신다. 즉 아브라함, 이삭에게 하신 약속인 "네가 누워 있는 땅을 내가 너와 네 자손에게 주리니, 네 자손이 땅의 티끌 같이 되어 네가 서쪽과 동쪽과 북쪽과 남쪽으로 퍼져 나갈지며, 땅의 모든 족속이 너**와 네 자손으로 말미암아** 복을 받으리라."라는 말씀은 아브라함과 이삭, 야곱에게만 하시는 말씀이 아니다. 하나님을 올바르게 믿고자 하는 모든 사람에게 주어지는 약속이다. 이런 사실은 구약의 율법서, 예언서는 물론 신약성경을 관통하는 동일한 약속이다.

하나님은 성경을 읽고 있는 모든 사람에게 이렇게 약속하신다.

땅의 모든 족속이 너와 네 자손으로 말미암아 복을 받으리라!
제발 네가 그런 사람이 되어다오!

물음

30 '한 달' 무엇을 말하나?

본문 : 〈 29장 〉

1 야곱이 길을 떠나 동방 사람의 땅에 이르러
2 본즉 들에 우물이 있고 그 곁에 양 세 떼가 누워 있으니 이는 목자들이 그 우물에서
양 떼에게 물을 먹임이라 큰 돌로 우물 아귀를 덮었다가
3 모든 떼가 모이면 그들이 우물 아귀에서 돌을 옮기고 그 양 떼에게 물을 먹이고는 우
물 아귀 그 자리에 다시 그 돌을 덮더라
4 야곱이 그들에게 이르되 내 형제여 어디서 왔느냐 그들이 이르되 하란에서 왔노라
5 야곱이 그들에게 이르되 너희가 나홀의 손자 라반을 아느냐 그들이 이르되 아노라
6 야곱이 그들에게 이르되 그가 평안하냐 이르되 평안하니라 그의 딸 라헬이 지금 양을
몰고 오느니라
7 야곱이 이르되 해가 아직 높은즉 가축 모일 때가 아니니 양에게 물을 먹이고 가서 풀
을 뜯게 하라
8 그들이 이르되 우리가 그리하지 못하겠노라 떼가 다 모이고 목자들이 우물 아귀에서
돌을 옮겨야 우리가 양에게 물을 먹이느니라
9 야곱이 그들과 말하는 동안에 라헬이 그의 아버지의 양과 함께 오니 그가 그의 양들을
치고 있었기 때문이더라
10 야곱이 그의 외삼촌 라반의 딸 라헬과 그의 외삼촌의 양을 보고 나아가 우물 아귀에
서 돌을 옮기고 외삼촌 라반의 양 떼에게 물을 먹이고
11 그가 라헬에게 입맞추고 소리 내어 울며
12 그에게 자기가 그의 아버지의 생질이요 리브가의 아들 됨을 말하였더니 라헬이 달려
가서 그 아버지에게 알리매
13 라반이 그의 생질 야곱의 소식을 듣고 달려와서 그를 영접하여 안고 입맞추며 자기
집으로 인도하여 들이니 야곱이 자기의 모든 일을 라반에게 말하매
14 라반이 이르되 너는 참으로 내 혈육이로다 하였더라 **야곱이 한 달을 그와 함께 거주
하더니**
15 라반이 야곱에게 이르되 **네가 비록 내 생질이나 어찌 그저 내 일을 하겠느냐 네 품삯
을 어떻게 할지 내게 말하라**
16 라반에게 두 딸이 있으니 언니의 이름은 레아요 아우의 이름은 라헬이라
17 레아는 시력이 약하고 라헬은 곱고 아리따우니
18 야곱이 라헬을 더 사랑하므로 대답하되 내가 외삼촌의 작은 딸 라헬을 위하여 외삼촌
에게 칠 년을 섬기리이다
19 라반이 이르되 그를 네게 주는 것이 타인에게 주는 것보다 나으니 나와 함께 있으라
20 야곱이 라헬을 위하여 칠 년 동안 라반을 섬겼으나 그를 사랑하는 까닭에 칠 년을 며

칠 같이 여겼더라
21 야곱이 라반에게 이르되 내 기한이 찼으니 내 아내를 내게 주소서 내가 그에게 들어
가겠나이다
22 라반이 그 곳 사람을 다 모아 잔치하고
23 저녁에 그의 딸 레아를 야곱에게로 데려가매 야곱이 그에게로 들어가니라
24 라반이 또 그의 여종 실바를 그의 딸 레아에게 시녀로 주었더라
25 야곱이 아침에 보니 레아라 라반에게 이르되 외삼촌이 어찌하여 내게 이같이 행하셨
나이까 내가 라헬을 위하여 외삼촌을 섬기지 아니하였나이까 외삼촌이 나를 속이심은 어
찌됨이니이까
26 라반이 이르되 언니보다 아우를 먼저 주는 것은 우리 지방에서 하지 아니하는 바이라
27 이를 위하여 칠 일을 채우라 우리가 그도 네게 주리니 네가 또 나를 칠 년 동안 섬길
지니라
28 야곱이 그대로 하여 그 칠 일을 채우매 라반이 딸 라헬도 그에게 아내로 주고
29 라반이 또 그의 여종 빌하를 그의 딸 라헬에게 주어 시녀가 되게 하매
30 야곱이 또한 라헬에게로 들어갔고 그가 레아보다 라헬을 더 사랑하여 다시 칠 년 동
안 라반을 섬겼더라

외삼촌의 집에서 지낸지 한 달, 야곱의 신변에 무슨 일이 일어났을까? 놀라운 변화가 일어났다. 외삼촌 라반이 야곱에게 매료된 나머지 어떻게 해서든지 야곱을 자기 집에 붙들어 두려고 수단 방법을 가리지 않았다. 이런 사실은 라반이 야곱에게 딸을 주는 대신 품삯으로 7년을 머물게 하는 데에서 잘 나타나며, 특히 그 일을 위해 두 딸을 내어주는 속임수를 쓰는 데에서 절정에 이른다. 하란에서의 야곱의 이런 모습은 그가 브엘세바의 자기 집에서 보여준 것과는 너무나 다르며 야곱은 전혀 다른 사람이 되어있었다. 자기 집에서는 문제아였던 야곱은 이제 남의 집에서 모범생중의 모범생이 되어 있었다. 무엇이 야곱을 이렇게 바꾸어 놓았을까?

1. 고난

세상에서 가장 귀하게 대접받는 금강석(다이아몬드)은 고열과 고압이라는 가장 큰 시련과 고난을 통해서 만들어진다. 가장 단단한 돌,

쇠, 나무 등은 다 이런 과정을 거친다. 물질 뿐만 아니라 사람에게 가장 큰 감동을 주는 문학, 예술 등은 역시 남달리 시련과 고난을 겪은 사람을 통해서 탄생된다. 이런 사실은 하나님께서 만드신 세상을 지배하는 법을 반영한다. 시련과 고난은 결코 재앙이나 저주가 아니다. 이를 잘 극복하는 사람에게는 오히려 큰 축복의 기회가 될 수 있다.[69] '위기'(危機)라는 용어는 위험과 기회가 같이 온다는 뜻이다. 단지 어려움을 겪고 있을 때에는 너무 힘들게 느껴진 나머지 이렇게 생각할 여유가 없을 뿐이다.

"야곱이 길을 떠나 동방 사람의 땅에 이르러"에는 야곱의 심경(心境)이 그대로 담겨져 있다. 위험한 순간을 수없이 넘겼고, 자신의 성격과 처지에 대해서 수많은 생각을 했고, 하나님을 찾고 구하면서 처절하게 반성하고 회개하며 달라져야 된다는 것을 다짐했다. 이런 경험은 야곱을 완전히 다른 사람으로 만들어 놓았다.

2. 벧엘

긴 인생길을 가다보면 삶의 굽이굽이에서 누구나 돌이키며 여러 다짐을 한다. 새해가 되고, 학년이 바뀌거나 진학을 하고, 취직을 하고, 결혼을 하고…… 그런데 늘 작심삼일(作心三日)로 끝나고 만다. 도대체 이런 악순환의 고리를 어떻게 끊어야 하나? 야곱의 이야기는 이에 대한 해답을 준다. 야곱의 이야기는 지금으로부터 수천 년 전의 누구의 이야기가 아니라 지금 나의 이야기이다.

야곱은 동방(메소포타미아)에 이르러 한 우물가에서 외삼촌 라반의 딸을 만났다. 그러나 우물가에서 라반의 딸만을 만난 것이 아니다. 벧엘에서 꿈으로 만났던 하나님을 이제는 삶 속에서 경험으로 다시 만났

69) 고난 당한 것이 내게 유익이라. 이로 말미암아 내가 주의 율례들을 배우게 되었나이다.(시편 119:71)

다. 고난은 누구나 겪는다. 그러나 고난을 겪는다고 다 변화되는 것은 아니다. 고난 속에서, 고난을 통하여 하나님을 만나야 한다. 힘들고 어려울 때에 찾아오시는 하나님, 약속해 주시는 하나님, 인도해 주시는 하나님을 작심삼일의 고비, 고비에서 만나야 작심삼일의 한계를 벗어난다. 이 만남이 철저한 회개를 가능하게 하며 절망적인 상황에서 새로운 소망을 준다.

야곱에게는 벧엘에서 하나님을 만나는 경험이 생의 전환점이 되었다. '벧엘' (בֵּית־אֵל)은 '하나님의 집' 이라는 뜻이다. 벧엘은 누구에게나 필요하며 일회적인 사건이 아니라 계속 이어지는 사건이다. 야곱의 벧엘 이야기는 우리 모두에게 이렇게 말한다.

너의 벧엘은 어디냐?
벧엘로 올라가라!

물음 31 하나님의 계획. 어떻게 성취되나?

본문 : 〈 29장 〉

31 여호와께서 레아가 사랑 받지 못함을 보시고 그의 태를 여셨으나 라헬은 자녀가 없었더라
32 레아가 임신하여 아들을 낳고 그 이름을 르우벤이라 하여 이르되 여호와께서 나의 괴로움을 돌보셨으니 이제는 내 남편이 나를 사랑하리로다 하였더라
33 그가 다시 임신하여 아들을 낳고 이르되 여호와께서 내가 사랑 받지 못함을 들으셨으므로 내게 이 아들도 주셨도다 하고 그의 이름을 **시므온**이라 하였으며
34 그가 또 임신하여 아들을 낳고 이르되 내가 그에게 세 아들을 낳았으니 내 남편이 지금부터 나와 연합하리로다 하고 그의 이름을 **레위**라 하였으며
35 그가 또 임신하여 아들을 낳고 이르되 내가 이제는 여호와를 찬송하리로다 하고 이로 말미암아 그가 그의 이름을 **유다**라 하였고 그의 출산이 멈추었더라

본문 : 〈 30장 〉

1 라헬이 자기가 야곱에게서 아들을 낳지 못함을 보고 그의 언니를 시기하여 야곱에게
이르되 내게 자식을 낳게 하라 그렇지 아니하면 내가 죽겠노라
2 야곱이 라헬에게 성을 내어 이르되 그대를 임신하지 못하게 하시는 이는 하나님이시니
내가 하나님을 대신하겠느냐
3 라헬이 이르되 내 여종 빌하에게로 들어가라 그가 아들을 낳아 내 무릎에 두리니 그러
면 나도 그로 말미암아 자식을 얻겠노라 하고
4 그의 시녀 빌하를 남편에게 아내로 주매 야곱이 그에게로 들어갔더니
5 빌하가 임신하여 야곱에게 아들을 낳은지라
6 라헬이 이르되 하나님이 내 억울함을 푸시려고 내 호소를 들으사 내게 아들을 주셨다
하고 이로 말미암아 그의 이름을 **단**이라 하였으며
7 라헬의 시녀 빌하가 다시 임신하여 둘째 아들을 야곱에게 낳으매
8 라헬이 이르되 내가 언니와 크게 경쟁하여 이겼다 하고 그의 이름을 **납달리**라 하였더라
9 레아가 자기의 출산이 멈춤을 보고 그의 시녀 실바를 데려다가 야곱에게 주어 아내로
삼게 하였더니
10 레아의 시녀 실바가 야곱에게서 아들을 낳으매
11 레아가 이르되 **복되도다** 하고 그의 이름을 **갓**이라 하였으며
12 레아의 시녀 실바가 둘째 아들을 야곱에게 낳으매
13 레아가 이르되 기쁘도다 모든 딸들이 나를 기쁜 자라 하리로다 하고 그의 이름을 **아
셀**이라 하였더라
14 밀 거둘 때 르우벤이 나가서 들에서 합환채를 얻어 그의 어머니 레아에게 드렸더니
라헬이 레아에게 이르되 언니의 아들의 합환채를 청구하노라
15 레아가 그에게 이르되 네가 내 남편을 빼앗은 것이 작은 일이냐 그런데 네가 내 아들
의 합환채도 빼앗고자 하느냐 라헬이 이르되 그러면 언니의 아들의 합환채 대신에 오늘
밤에 내 남편이 언니와 동침하리라 하니라
16 저물 때에 야곱이 들에서 돌아오매 레아가 나와서 그를 영접하며 이르되 내게로 들어
오라 내가 내 아들의 합환채로 당신을 샀노라 그 밤에 야곱이 그와 동침하였더라
17 하나님이 레아의 소원을 들으셨으므로 그가 임신하여 다섯째 아들을 야곱에게 낳은지라
18 레아가 이르되 내가 내 시녀를 내 남편에게 주었으므로 하나님이 내게 그 값을 주셨
다 하고 그의 이름을 **잇사갈**이라 하였으며
19 레아가 다시 임신하여 여섯째 아들을 야곱에게 낳은지라
20 레아가 이르되 하나님이 내게 후한 선물을 주시도다 내가 남편에게 여섯 아들을 낳았
으니 이제는 그가 나와 함께 살리라 하고 그의 이름을 **스불론**이라 하였으며
21 그 후에 그가 딸을 낳고 그의 이름을 디나라 하였더라
22 하나님이 라헬을 생각하신지라 하나님이 그의 소원을 들으시고 그의 태를 여셨으므로
23 그가 임신하여 아들을 낳고 이르되 하나님이 내 부끄러움을 씻으셨다 하고
24 그 이름을 **요셉**이라 하니 여호와는 다시 다른 아들을 내게 더하시기를 원하노라 하였
더라

야곱은 천성이 소심하고 한 사람, 한 가지 일에 몰두하는 사람이었다. 본문에는 야곱의 이런 성격이 잘 반영되어있다. 본래 야곱은 여러 여자를 거느릴 생각이 없었다. 처음부터 라반의 둘째 딸 라헬을 좋아했고 초지일관했다. 큰 딸 레아와 결혼한 것은 외삼촌의 술수 때문이었고 소심한 야곱은 이를 받아들였다. 레아와 라헬은 서로 남편의 사랑을 독차지 하려고 자신들의 몸종까지 씨받이로 동원했고 야곱은 시키는 대로 받아들였다. 아이들의 이름을 짓는 과정을 보면 태어난 아이의 이름을 짓는 것은 의당 야곱의 몫이었으나 야곱의 역할은 완전히 배제되어 있다. 야곱의 가정에서는 주도권을 아내들이 쥐고 있었고 여자들 사이의 시기와 다툼은 끊이지 않았다.

그런데 야곱의 이런 소심한 성격 때문에 네 아내를 두게 되었고, 네 아내 덕분에 열 두 아들을 낳았다. 야곱의 가정에서 일어나고 있는 일은 누구에게 있을 수 있는 지극히 평범한 이야기이다. 지극히 인간적인 이런 모습들은 어떤 의미를 지니는가? 보는 사람에 따라서 그 평가는 달라질 것이다.

그러면 성경은 이런 이야기를 어떻게 다룰까? 사소하게 다루지 않고 대단히 귀중하게 다룬다. 본문에서 이런 이야기를 길고 자세하게 기록하고 있는 이유가 여기에 있다. 왜 이런 지극히 평범한 이야기를 귀중하게 다룰까? 이유는 단순하다. 하나님은 모든 사람을 똑같이 사랑하시기 때문이다. 하나님은 높은 지위에 있는 사람들, 그들의 큰 영향력 있는 사건들을 더 특별하게 대하지 않으신다. 지극히 비천한 사람들의 작은 일상을 똑같은 비중으로 다루신다. 두 자매가 서로 시기하여 경쟁적으로 아이를 낳는 사건을 통하여 하나님의 큰 계획이 이루어지고 있다. 이스라엘의 열 두 지파제도는 후일 이스라엘 체제의 중심을 이루는데 그 놀라운 일이 이런 평범한 사람들의 평범한 삶을 통해서 이루어졌다.

하나님의 섭리, 계획, 뜻, 언제 어디서 어떻게 누구를 통해서 이루어질까? 지금 여기서 나의 보잘 것 없어 보이는 일들을 통해서 하나님의 놀라운 계획들이 진행되어진다. 미생물을 비롯한 곤충, 잡초 등이 창조의 질서에서 없어서는 안 될 중요한 역할을 하듯이, 가장 작은 사람들의 가장 작은 일들은 모두 가장 중요한 가치를 가지고 있다. 이런 이야기들은 지금 나에게 이렇게 말한다.

작은 일에 충성하라. 그러면 큰 일을 네게 맡기리라.[70)]

물음 32 야곱, 무슨 역할을 했나?

〈 30장 〉
25 라헬이 요셉을 낳았을 때에 야곱이 라반에게 이르되 나를 보내어 내 고향 나의 땅으로 가게 하시되
26 내가 외삼촌에게서 일하고 얻은 처자를 내게 주시어 나로 가게 하소서 내가 외삼촌에게 한 일은 외삼촌이 아시나이다
27 라반이 그에게 이르되 **여호와께서 너로 말미암아 내게 복 주신 줄을 내가 깨달았노니** 네가 나를 사랑스럽게 여기거든 그대로 있으라
28 또 이르되 네 품삯을 정하라 내가 그것을 주리라
29 야곱이 그에게 이르되 내가 어떻게 외삼촌을 섬겼는지, 어떻게 외삼촌의 가축을 쳤는지 외삼촌이 아시나이다
30 내가 오기 전에는 외삼촌의 소유가 적더니 번성하여 떼를 이루었으니 **내 발이 이르는 곳마다 여호와께서 외삼촌에게 복을 주셨나이다** 그러나 나는 언제나 내 집을 세우리이까

브엘세바에서 형과의 불화 때문에 하란의 외삼촌 라반의 집으로 도피한 야곱은 그곳에서 20년을 머물렀다. 14년은 라반의 두 딸과 결혼했으므로 그에 대한 몸값(신부값)의 명목이었고, 나머지 6년은 품삯을

70) 그 주인이 이르되 "잘 하였도다. 착하고 충성된 종아, 네가 적은 일에 충성하였으매 내가 많은 것을 네게 맡기리니, 네 주인의 즐거움에 참여할지어다." (마태복음 25:21)

받고 일하기로 한 기간이었다. 야곱이 라반의 집에 20년 머무는 동안 라반의 집에는 무슨 일이 일어났는가?

너로 말미암아 복을 받으리니

야곱이 라반의 집에 머무는 동안 야곱은 주로 라반의 가축을 돌보는 일을 했다. 그런데 야곱이 가축을 돌보는 동안 라반의 가축들은 크게 불어나서 재산이 크게 증가했다. 이런 사실은 라반이 야곱에게 하는 말인 "여호와께서 너로 말미암아 내게 복 주신 줄을 내가 깨달았노니"와 야곱이 라반에게 하는 말 "내가 오기 전에는 외삼촌의 소유가 적더니 번성하여 떼를 이루었으니 내 발이 이르는 곳마다 여호와께서 외삼촌에게 복을 주셨나이다."에서 확인할 수가 있다.

이런 일은 무엇을 말하고 있는가? 하나님께서 아브라함, 이삭, 야곱에게 거듭 말씀하시는, "모든 민족이 너와 네 후손을 통하여 복을 받으리라!"는 약속의 말씀이 성취되고 있음을 의미한다. 아브라함은 가나안 전쟁에 참전함으로써, 전쟁의 참화와 메소포타미아의 식민지배로 말미암아 비참해진 가나안 사람들에게 복을 받게 하는 역할을 했다. 이삭은 황무지의 이곳저곳을 쫓겨 다니면서 우물을 파서 사람이 살 수 있는 지역으로 바꾸어 놓음으로써 복을 받게 했다. 그런데 이제 야곱은 라반의 집에서 그의 재산을 늘리는 일을 함으로써 복을 받게 했다. 아브라함의 하나님, 이삭의 하나님, 야곱의 하나님이라는 독특한 표현이 지니는 의미 중의 하나는 이들을 통하여 세상 만민에게 복을 주시는 하나님이라는 뜻이다.

이런 일은 아브라함, 이삭, 야곱에게만 제한되지 않는다. 여호와, 그분을 하나님으로 믿는 사람들 모두에게 해당된다. 역사의 주관자이시며 만물의 생사화복을 주관하시는 하나님께서는 지금도 당신을 믿는 사람을 통하여 이런 일을 행하신다. '통해서 일하시는 하나님' 그분은 지금도 통해서 일할 사람을 찾고 계신다. 성경은 읽는 사람에게 이렇게 말한다.

제발 네가 그 사람이 되어다오!

물음 33 기회, 어떻게 찾아오나?

본문 : 〈 30장 〉

31 라반이 이르되 내가 무엇으로 네게 주랴 야곱이 이르되 외삼촌께서 내게 아무 것도
주시지 않아도 나를 위하여 이 일을 행하시면 내가 다시 외삼촌의 양 떼를 먹이고 지키
리이다
32 오늘 내가 외삼촌의 양 떼에 두루 다니며 그 양 중에 아롱진 것과 점 있는 것과 검은
것을 가려내며 또 염소 중에 점 있는 것과 아롱진 것을 가려내리니 이같은 것이 내 품삯
이 되리이다
33 후일에 외삼촌께서 오셔서 내 품삯을 조사하실 때에 나의 공의가 내 대답이 되리이다
내게 혹시 염소 중 아롱지지 아니한 것이나 점이 없는 것이나 양 중에 검지 아니한 것이
있거든 다 도둑질한 것으로 인정하소서
34 라반이 이르되 내가 네 말대로 하리라 하고
35 그 날에 그가 숫염소 중 얼룩무늬 있는 것과 점 있는 것을 가리고 암염소 중 흰 바탕에
아롱진 것과 점 있는 것을 가리고 양 중의 검은 것들을 가려 자기 아들들의 손에 맡기고
36 자기와 야곱의 사이를 사흘 길이 뜨게 하였고 야곱은 라반의 남은 양 떼를 치니라
37 야곱이 버드나무와 살구나무와 신풍나무의 푸른 가지를 가져다가 그것들의 껍질을 벗
겨 흰 무늬를 내고
38 그 껍질 벗긴 가지를 양 떼가 와서 먹는 개천의 물 구유에 세워 양 떼를 향하게 하매
그 떼가 물을 먹으러 올 때에 새끼를 배니
39 가지 앞에서 새끼를 배므로 얼룩얼룩한 것과 점이 있고 아롱진 것을 낳은지라
40 야곱이 새끼 양을 구분하고 그 얼룩무늬와 검은 빛 있는 것을 라반의 양과 서로 마주
보게 하며 자기 양을 따로 두어 라반의 양과 섞이지 않게 하며
41 튼튼한 양이 새끼 밸 때에는 야곱이 개천에다가 양 떼의 눈 앞에 그 가지를 두어 양
이 그 가지 곁에서 새끼를 배게 하고
42 약한 양이면 그 가지를 두지 아니하니 그렇게 함으로 약한 것은 라반의 것이 되고 튼
튼한 것은 야곱의 것이 된지라
43 이에 그 사람이 매우 번창하여 양 떼와 노비와 낙타와 나귀가 많았더라

본문 : 〈 31장 〉

1 야곱이 라반의 아들들이 하는 말을 들은즉 야곱이 우리 아버지의 소유를 다 빼앗고 우
리 아버지의 소유로 말미암아 이 모든 재물을 모았다 하는지라
2 야곱이 라반의 안색을 본즉 자기에게 대하여 전과 같지 아니하더라
3 여호와께서 야곱에게 이르시되 네 조상의 땅 네 족속에게로 돌아가라 내가 너와 함께
있으리라 하신지라
4 야곱이 사람을 보내어 라헬과 레아를 자기 양 떼가 있는 들로 불러다가
5 그들에게 이르되 내가 그대들의 아버지의 안색을 본즉 내게 대하여 전과 같지 아니하
도다 그러할 지라도 내 아버지의 하나님은 나와 함께 계셨느니라
6 그대들도 알거니와 내가 힘을 다하여 그대들의 아버지를 섬겼거늘
7 그대들의 아버지가 나를 속여 품삯을 열 번이나 변경하였느니라 그러나 하나님이 그를
막으사 나를 해치지 못하게 하셨으며
8 그가 이르기를 점 있는 것이 네 삯이 되리라 하면 온 양 떼가 낳은 것이 점 있는 것이
요 또 얼룩무늬 있는 것이 네 삯이 되리라 하면 온 양 떼가 낳은 것이 얼룩무늬 있는 것
이니
9 하나님이 이같이 그대들의 아버지의 가축을 빼앗아 내게 주셨느니라
10 그 양 떼가 새끼 밸 때에 내가 꿈에 눈을 들어보니 양 떼를 탄 숫양은 다 얼룩무늬
있는 것과 점 있는 것과 아롱진 것이었더라
11 꿈에 하나님의 사자가 내게 말씀하시기를 야곱아 하기로 내가 대답하기를 여기 있나
이다 하매
12 이르시되 네 눈을 들어 보라 양 떼를 탄 숫양은 다 얼룩무늬 있는 것, 점 있는 것과
아롱진 것이니라 라반이 네게 행한 모든 것을 내가 보았노라
13 나는 벧엘의 하나님이라 네가 거기서 기둥에 기름을 붓고 거기서 내게 서원하였으니
지금 일어나 이 곳을 떠나서 네 출생지로 돌아가라 하셨느니라
14 라헬과 레아가 그에게 대답하여 이르되 우리가 우리 아버지 집에서 무슨 분깃이나 유
산이 있으리요
15 아버지가 우리를 팔고 우리의 돈을 다 먹어버렸으니 아버지가 우리를 외국인처럼 여
기는 것이 아닌가
16 하나님이 우리 아버지에게서 취하여 가신 재물은 우리와 우리 자식의 것이니 이제 하
나님이 당신에게 이르신 일을 다 준행하라

야곱의 생애를 말하면서 야곱이 외삼촌의 집에 머물렀던 20년을 빼놓을 수가 없다. 이 시간이 야곱에게는 가장 중요한 시간들이었다. 이 시기에 야곱에게 가장 큰 영향을 주는 사람은 외삼촌이자 장인인 라반이다. 라반에 대하여 좀 더 자세히 살펴볼 필요가 있다.

1. 라반, 어떤 사람이었는가?

야곱과의 관계에서 살펴본 라반은 어떤 사람이었을까? 실리를 챙기는 데에 민감했으며 자기 이익을 위해서는 딸들이나 사위까지도 얼마든지 이용할 수 있는 그런 사람이었다. 우선 그는 자신의 집에서 머물고 있는 야곱을 지켜보면서 이용가치가 충분히 있다고 판단했다. 마침 결혼 적령기를 넘긴 야곱(당시 40세)이 자신의 둘째 딸 라헬을 좋아하는 것을 알고는 이것을 이용하여 자기 집에 장기간 머물게 하려는 시도를 하였다. 당시에는 결혼할 때 신랑이 신부에게 몸값을 지불하게 되어있었는데 야곱은 가진 것이 없으므로 노동력을 제공할 수밖에 없으리라는 것을 알고 라반은 이를 이용하여 야곱을 자신의 집에 묶어둘 속셈이었다. 라반은 야곱을 가능한 한 오래 머물게 하려고 속임수를 써서 큰 딸 레아도 야곱에게 주어 14년의 노동력을 확보해 두었다. 야곱을 혹사시키며 돈을 챙기는 라반의 이런 행동은 그의 딸들인 레아와 라헬까지도 분개하게 했다.(창세기 31:14~16)

14년의 계약 기간이 끝난 후에도 라반은 야곱을 보내주려고 하지 않았다. 더 붙들어 두기 위해서 야곱으로 하여금 스스로 품삯을 정하도록 했다. 야곱과 협의하여 정한 품삯은 야곱이 돌보는 짐승들 중에서 흰색은 라반이 갖고 점이나 얼룩이 있는 것은 야곱의 것으로 하기로 했다. 그런 후 라반은 그날 중으로 자신의 염소 중에서 쓸만한 점박이들은 골라서 멀리 있는 자기 아들들에게 보냈다. 그러나 시간이 지나면서 야곱이 맡아 기르는 가축 중에서 야곱의 몫으로 돌아갈 점박이들의 숫자가 늘어나자 이번에는 계약 변경을 요구하여 반대로 점박이가 자신의 몫으로 하자고 했다. 이런 식의 계약 변경이 6년 동안 10차례나 반복되었다는 사실은(창세기 31:7, 41) 라반이 재산에 얼마나 집착하며 야곱을 이용하려 했는가를 잘 보여주고 있다.

2. 야곱의 현실

창세기 30:37~42를 보면 물가에서 짐승들이 물을 먹을 때, 야곱은 나무껍질을 벗겨 물속에 깔아서 얼룩얼룩하게 만들어 놓았다. 그리고 양과 염소들은 그 얼룩을 보고 물을 먹은 후 교미를 해서 점박이들이 태어났다고 말하고 있다. 정말로 이런 방법이 효과가 있었을까? 아니다. 그러면 이 구절은 무엇을 말하는가?

라반의 일방적인 횡포에 속수무책으로 당할 수밖에 없는 야곱, 그가 의지할 수 있는 유일한 것은 태어난 양들이 자신의 몫으로 정해진 점박이들이 되는 것 이외에는 달리 없었다. 이런 내용은 야곱의 마음이 얼마나 힘들었고 그의 염원이 어떠했는가를 보여주고 있다. 야곱은 이런 마음으로 양을 돌보았다. 이는 야곱은 자신이 할 수 있는 범위 내에서 최선을 다했다는 사실을 보여주는 이야기이다.

3. 기회

야곱에게 주어진 이런 힘든 상황은 결국 무엇이었는가? 기회는 이렇게 위기와 함께 다가온다. 위기의 동행자는 기회요, 기회의 친구는 위기이다. 야곱에게는 무슨 기회였는가? 하나님께서 자신과 함께하신다는 것을 확인하는 기회였다.

> 그 양 떼가 새끼 밸 때에 내가 꿈에 눈을 들어보니 양 떼를 탄 숫양은 다 얼룩무늬 있는 것과 점 있는 것과 아롱진 것이었더라 꿈에 하나님의 사자가 내게 말씀하시기를 야곱아 하기로 내가 대답하기를 여기 있나이다 하매 이르시되 네 눈을 들어 보라 양 떼를 탄 숫양은 다 얼룩무늬 있는 것, 점 있는 것과 아롱진 것이니라. 라반이 네게 행한 모든 것을 내가 보았노라.(창세기 31:10~12)

야곱에게 주어진 기회는 이것으로 끝나지 않았다. 그의 재산이 크게 늘어났다. 라반이 횡포를 부리면 부릴수록 그에 비례하여 재산이 더 늘어났다. 야곱에게 찾아온 위기는 임마누엘의 하나님을 경험하며 재산이 늘어나는 기회였다.

자신에게 유리하도록 일방적으로 수없이 계약을 변경하는 라반, 약자이기에 속수무책으로 당하는 야곱, 이런 상황에서 결과는 누가 이길까? 당연히 라반이 이겼을 것 같은데 야곱이 승리했다. 시간이 지나면서 야곱 몫의 가축들이 계속 늘어났기 때문이다. 아무리 수단과 방법을 다 동원해도 자신의 뜻대로 되지 않자 라반은 결국 인정하지 않을 수 없었다.

> 라반이 그에게 이르되 **여호와께서 너로 말미암아 내게 복 주신 줄을 내가 깨달았노니** 네가 나를 사랑스럽게 여기거든 그대로 있으라. (창세기 30:27)

가해자인 라반으로 말미암아 조성된 위기, 이런 위기는 피해자인 야곱에게만 기회였는가? 아니다. 라반에게도 기회였다. 하나님은 야곱만의 하나님이 아니다. 아직 하나님을 모르고 있고 또 온갖 불법을 행하고 있을지라도 라반 역시 하나님의 사랑에서 제외되지 않는다. 라반도 참 하나님이 어떤 분인지를 경험하고 자신을 돌아보는 기회였다. 성경의 하나님은 불의를 묵과하시지 않고 개입하셔서 도우시는데 불의로 말미암은 시련과 고통을 기회가 되게 하신다.

여러 가지 난관 속에서 힘들어하는 이들에게 본문은 말한다.

기회를 잃지 말라.

물음

라반, 왜 할 말이 없었나? 34

본문 : 〈 31장 〉

17 야곱이 일어나 자식들과 아내들을 낙타들에게 태우고
18 그 모은 바 모든 가축과 모든 소유물 곧 그가 밧단아람에서 모은 가축을 이끌고 가나
안 땅에 있는 그의 아버지 이삭에게로 가려 할새
19 그 때에 라반이 양털을 깎으러 갔으므로 라헬은 그의 아버지의 드라빔을 도둑질하고
20 야곱은 그 거취를 아람 사람 라반에게 말하지 아니하고 가만히 떠났더라
21 그가 그의 모든 소유를 이끌고 강을 건너 길르앗 산을 향하여 도망한 지
22 삼 일 만에 야곱이 도망한 것이 라반에게 들린지라
23 라반이 그의 형제를 거느리고 칠 일 길을 쫓아가 길르앗 산에서 그에게 이르렀더니
24 밤에 하나님이 아람 사람 라반에게 현몽하여 이르시되 너는 삼가 야곱에게 선악간에
말하지 말라 하셨더라
25 라반이 야곱을 뒤쫓아 이르렀으니 야곱이 그 산에 장막을 친지라 라반이 그 형제와
더불어 길르앗 산에 장막을 치고
26 라반이 야곱에게 이르되 네가 나를 속이고 내 딸들을 칼에 사로잡힌 자 같이 끌고 갔
으니 어찌 이같이 하였느냐
27 내가 즐거움과 노래와 북과 수금으로 너를 보내겠거늘 어찌하여 네가 나를 속이고 가
만히 도망하고 내게 알리지 아니하였으며
28 내가 내 손자들과 딸들에게 입맞추지 못하게 하였으니 네 행위가 참으로 어리석도다
29 너를 해할 만한 능력이 내 손에 있으나 너희 아버지의 하나님이 어제 밤에 내게 말씀
하시기를 너는 삼가 야곱에게 선악간에 말하지 말라 하셨느니라
30 이제 네가 네 아버지 집을 사모하여 돌아가려는 것은 옳거니와 어찌 내 신을 도둑질
하였느냐
31 야곱이 라반에게 대답하여 이르되 내가 생각하기를 외삼촌이 외삼촌의 딸들을 내게서
억지로 빼앗으리라 하여 두려워하였음이니이다
32 외삼촌의 신을 누구에게서 찾든지 그는 살지 못할 것이요 우리 형제들 앞에서 무엇이
든지 외삼촌의 것이 발견되거든 외삼촌에게로 가져가소서 하니 야곱은 라헬이 그것을 도
둑질한 줄을 알지 못함이었더라
33 라반이 야곱의 장막에 들어가고 레아의 장막에 들어가고 두 여종의 장막에 들어갔으
나 찾지 못하고 레아의 장막에서 나와 라헬의 장막에 들어가매
34 라헬이 그 드라빔을 가져 낙타 안장 아래에 넣고 그 위에 앉은 지라 라반이 그 장막
에서 찾다가 찾아내지 못하매
35 라헬이 그의 아버지에게 이르되 마침 생리가 있어 일어나서 영접할 수 없사오니 내
주는 노하지 마소서 하니라 라반이 그 드라빔을 두루 찾다가 찾아내지 못한지라

36 야곱이 노하여 라반을 책망할새 야곱이 라반에게 대답하여 이르되 내 허물이 무엇이
니이까 무슨 죄가 있기에 외삼촌께서 내 뒤를 급히 추격하나이까
37 외삼촌께서 내 물건을 다 뒤져보셨으니 외삼촌의 집안 물건 중에서 무엇을 찾아내었나
이까 여기 내 형제와 외삼촌의 형제 앞에 그것을 두고 우리 둘 사이에 판단하게 하소서
38 **내가 이 이십 년을 외삼촌과 함께 하였거니와 외삼촌의 암양들이나 암염소들이 낙태
하지 아니하였고 또 외삼촌의 양 떼의 숫양을 내가 먹지 아니하였으며**
39 **물려 찢긴 것은 내가 외삼촌에게로 가져가지 아니하고 낮에 도둑을 맞았든지 밤에 도
둑을 맞았든지 외삼촌이 그것을 내 손에서 찾았으므로 내가 스스로 그것을 보충하였으며**
40 **내가 이와 같이 낮에는 더위와 밤에는 추위를 무릅쓰고 눈 붙일 겨를도 없이 지냈나
이다**
41 내가 외삼촌의 집에 있는 이 이십 년 동안 외삼촌의 두 딸을 위하여 십사 년, 외삼촌
의 양 떼를 위하여 육 년을 외삼촌에게 봉사하였거니와 외삼촌께서 내 품삯을 열 번이나
바꾸셨으며
42 우리 아버지의 하나님, 아브라함의 하나님 곧 이삭이 경외하는 이가 나와 함께 계시
지 아니하셨더라면 외삼촌께서 이제 나를 빈손으로 돌려보내셨으리이다마는 하나님이 내
고난과 내 손의 수고를 보시고 어제 밤에 외삼촌을 책망하셨나이다
43 라반이 야곱에게 대답하여 이르되 딸들은 내 딸이요 자식들은 내 자식이요 양 떼는
내 양 떼요 네가 보는 것은 다 내 것이라 내가 오늘 내 딸들과 그들이 낳은 자식들에게
무엇을 하겠느냐
44 이제 오라 나와 네가 언약을 맺고 그것으로 너와 나 사이에 증거를 삼을 것이니라
45 이에 야곱이 돌을 가져다가 기둥으로 세우고
46 또 그 형제들에게 돌을 모으라 하니 그들이 돌을 가져다가 무더기를 이루매 무리가
거기 무더기 곁에서 먹고
47 라반은 그것을 여갈사하두다라 불렀고 야곱은 그것을 갈르엣이라 불렀으니
48 라반의 말에 오늘 이 무더기가 너와 나 사이에 증거가 된다 하였으므로 그 이름을 갈
르엣이라 불렀으며
49 또 미스바라 하였으니 이는 그의 말에 우리가 서로 떠나 있을 때에 여호와께서 나와
너 사이를 살피시옵소서 함이라
50 만일 네가 내 딸을 박대하거나 내 딸들 외에 다른 아내들을 맞이하면 우리와 함께 할
사람은 없어도 보라 하나님이 나와 너 사이에 증인이 되시느니라 함이었더라
51 라반이 또 야곱에게 이르되 내가 나와 너 사이에 둔 이 무더기를 보라 또 이 기둥을
보라
52 이 무더기가 증거가 되고 이 기둥이 증거가 되나니 내가 이 무더기를 넘어 네게로 가서
해하지 않을 것이요 네가 이 무더기, 이 기둥을 넘어 내게로 와서 해하지 아니할 것이라
53 아브라함의 하나님, 나홀의 하나님, 그들의 조상의 하나님은 우리 사이에 판단하옵소
서 하매 야곱이 그의 아버지 이삭이 경외하는 이를 가리켜 맹세하고
54 야곱이 또 산에서 제사를 드리고 형제들을 불러 떡을 먹이니 그들이 떡을 먹고 산에
서 밤을 지내고

55 라반이 아침에 일찍이 일어나 손자들과 딸들에게 입맞추며 그들에게 축복하고 떠나 고향으로 돌아갔더라

처가살이 20년, 수많은 악조건 속에서도 야곱의 재산은 크게 늘어났다. 야곱의 재산이 늘어나자 라반의 아들들이 야곱을 대하는 태도가 싸늘해져서 더이상 같이 있을 수가 없게 되었다. 이제 독립하여 귀향할 때가 된 것이다. 야곱이 아내들에게 귀향의사를 밝히자 아버지의 지나친 욕심에 분개해있던 아내들은 전적으로 동의했다. 하지만 라반은 야곱을 붙잡아 두는 것이 곧 자신의 재산을 늘리는 길이라는 것을 잘 알기에 놓아주려고 하지 않았다. 이에 야곱은 하는 수 없이 라반이 없는 틈을 타서 몰래 귀향길에 올랐다.

그러나 이런 소식이 라반에게 전해지자마자 라반은 강제력을 사용해서라도 야곱을 다시 데려가기 위하여 일행을 데리고 쫓아 왔다. 야곱은 또 한 번 위기를 겪어야 했다. 그런데 야곱이 라반에게 한 마디 하자 라반은 할 말이 없어졌고 야곱에게 사과하며 하나님의 이름으로 축복하여 보낼 수밖에 없었다.

야곱이 무슨 말을 했기에 위기가 축복을 빌어주는 기회로 바뀌었을까? 다음과 같이 말했기 때문이다.

> 내가 이 이십 년을 외삼촌과 함께 하였거니와 외삼촌의 암양들이나 암염소들이 낙태하지 아니하였고, 또 외삼촌의 양 떼의 숫양을 내가 먹지 아니하였으며, 물려 찢긴 것은 내가 외삼촌에게로 가져가지 아니하고 낮에 도둑을 맞았든지 밤에 도둑을 맞았든지 외삼촌이 그것을 내 손에서 찾았으므로 내가 스스로 그것을 보충하였으며, 내가 이와 같이 낮에는 더위와 밤에는 추위를 무릅쓰고 눈 붙일 겨를도 없이 지냈나이다. 내가 외삼촌의 집에 있는 이 이십 년 동안 외삼촌의 두 딸을 위하여 십사 년, 외삼촌의 양 떼를 위하여 육 년을 외삼촌에게 봉사하였거니와 외삼촌께서 내 품삯을 열 번이나 바꾸셨으며(창세기 31:38~41)

이 말은 무엇을 의미하는가? 왜 라반은 이 말에 할 말을 잃었을까? 자세히 살펴보면 다음과 같다.

내가 이 이십 년을 외삼촌과 함께 하였거니와

야곱은 라반에게 당당히 자신이 삶으로 보여준 것들을 말하고 있다. 20년 동안 야곱이 라반의 집에서 어떻게 살았는가?

외삼촌의 암양들이나 암염소들이 낙태하지 아니하였고

야곱은 왜 자신이 돌보던 암양과 암염소들이 낙태하지 않았다는 것을 말하고 있을까? 이 말은 야곱이 돌보던 라반의 양과 염소들은 라반의 아들들이 돌보던 것보다 낙태율이 훨씬 적었음을 비교해서 하는 말이다. 왜 야곱이 돌보던 양과 염소는 낙태하지 않았을까? 야곱이 돌보던 짐승들은 더 튼튼해서 일까? 하나님께서 낙태하지 않도록 지켜주셨기 때문일까? 물론 하나님께서 지켜주셨다고 말할 수 있다. 그러면 하나님께서 어떻게 지켜주셨는가? 왜 라반의 아들들이 돌보는 짐승들은 지켜주시지 않았는가?

야곱이 자신이 돌보던 짐승들이 낙태하지 않았다고 주장하는 것은 자신이 양과 염소 한 마리, 한 마리를 험하게 다루지 않고 정말로 소중하게 지극정성으로 다뤘다는 얘기다. 라반의 아들들은 자기 양을 돌보았고 야곱은 처가살이 하면서 장인의 양을 돌보았다. 그런데도 야곱은 자기 양을 돌보는 라반이나 라반의 아들들보다 양을 더 귀하게 여기며 사랑으로 돌보았고, 라반도 이를 인정하지 않을 수 없었다.

사랑이신 하나님께서 만드신 세상 모든 만물은 사랑으로 살아가게 되어있다. 어린 생명들은 부모의 사랑으로 크며, 들판의 곡식들은 농부의 사랑으로 자라난다. 사랑을 쏟은 만큼 결실이 맺혀지게 되어있다. 심는 대로 거두는 것, 이는 하나님의 법이다. 복은 하나님께서 내려 주신다. 그러나 그 복은 원인 없는 결과로 주어지지 않는다. 원인 없는 결과란 있을 수 없다. 복을 받고 못 받고는 이제 내 손에 달려있다. 하나님께서는 내 손이 하는 일에, 내 손이 하는 만큼 복을 내려주신다.

또 외삼촌의 양 떼의 숫양을 내가 먹지 아니하였으며

당시 이스라엘의 목축은 집 옆에 목장을 만들어 놓고 돌보는 방식이 아니라 양떼를 이끌고 이곳저곳으로 목초지를 찾아다니는 유목(遊牧)이었다. 이런 방식으로 남의 양떼를 돌보는 목동들은 주인이 늘 옆에서 지켜보는 것이 아니므로 양이나 염소를 잡아먹는 일이 허다했다.

야곱은 장인에게 다른 사람들이 양을 돌보는 것과 자신이 양을 돌본 것을 비교하면서 자신이 얼마나 정직하고 성실하게 양을 돌보았는지를 말하고 있다. 자신은 양 한 마리 몰래 잡아먹지 않았다고 주장했다. 야곱이 돌보는 가축들은 저절로 잘 자란 것이 아니다. 하나님의 복은 저절로 오지 않는다. 이는 인과론과 맞지 않기 때문이다. 심는 대로 거두기 마련이다. 게으르고 나태한 사람들은 항상 원인을 남에게 돌리거나 시대를 탓하거나 하늘을 원망한다. 문제의 원인은 내 밖에 있지 않고 내 안에 있다.

물려 찢긴 것은 내가 외삼촌에게로 가져가지 아니하고 낮에 도둑을 맞았든지 밤에 도둑을 맞았든지 외삼촌이 그것을 내 손에서 찾았으므로 내가 스스로 그것을 보충하였으며

가축들을 데리고 산과 들을 돌아다니며 지내다보면 불가항력적인 일이 생긴다. 사자나 곰과 같은 짐승들이 가축을 물어가거나 또는 도둑이 훔쳐가는 경우다. 이런 경우 남의 양을 돌보는 목동들은 확보한 증거를 바탕으로 주인에게 보고를 해야 했고, 그 경우 목동들은 자신의 책임을 면제 받았다. 그런데 야곱은 이런 경우도 자신의 책임으로

생각하여 스스로 그 피해를 물어냈다고 말하고 있다.

이 본문은 야곱이 남의 짐승을 맡아서 돌보면서 어떤 자세를 가졌는지를 잘 말해주고 있다. 남의 탓, 환경 탓 하지 않고 전적으로 자신의 탓으로 돌리며 손실의 경우 자신이 책임을 졌다. 야곱의 축복은 그냥 주어지지 않았다. 심은 만큼 거둔 것이다.

> 내가 이와 같이 낮에는 더위와 밤에는 추위를 무릅쓰고 눈 붙일 겨를도 없이 지냈나이다.

야곱이 양을 치던 지역은 일교차가 심하다. 낮에는 섭씨 40도 이상 올라가는가 하면 밤에는 섭씨 5도 이하로 떨어진다. 이런 환경에서 유목을 한다는 것은 많은 어려움이 있다. 뜨거운 한 낮에는 그늘에서 쉬며 낮잠을 자는 것이 일상사이며 추운 밤에는 불을 피워놓고 잔다. 그런데 야곱은 라반의 양떼를 돌보는 20년 동안 뜨거운 낮에 쉬어 본적이 없어 수없이 더위를 먹었고, 밤에는 양을 지키느라 추위에 떨어야 했으며 편하게 잠을 잔 적이 없었다고 말한다. 이쯤 되면 라반이 왜 야곱을 보고 그토록 반했는지를 알 수가 있다. 하나님의 복은 어디에 임하는가? 최선을 다하는 곳에 임한다. 이는 하나님의 법, 곧 인과론의 결과다.

야곱, 그는 단점이 많은 사람이었다. 집에서도 이런 단점은 가정불화의 원인이 되어 외가로 피신해야 했다. 그런데 숱한 고난과 하나님을 만나는 경험을 통하여 그는 새로운 사람이 되었다. 물론 야곱이 완전한 사람이 되었다는 뜻은 아니다. 그러나 하나님께서는 각 사람이 가지고 있는 단점은 감추어 주시고 장점이 드러나게 하신다. 야곱의 소심함, 모난 성격들은 가려지고 그의 집요함이 최선의 노력을 다하는 쪽으로 쓰이도록 도우셨고 야곱의 이런 장점은 그 자신은 물론 라반에게 복이 임하게 했다.

하나님께서 만드신 모든 피조물들 하나하나에는 그것만이 가진 특징이 있어서 다른 것으로는 대신할 수 없다. 사람도 마찬가지다. 모든 사람에게 그 사람만이 가지고 있는, 그 사람만이 할 수 있는 재능과 장점을 주셨다. 그리고 그 장점이 최대한 발휘될 수 있도록 도우신다.

너 자신을 누구와 비교하려고 하지 마라.
너만 할 수 있는 일, 너만 해야 할 일이 있다.
너는 할 수 있다.

물음 35

형을 맞을 준비, 어떻게 했나?

본문 : 〈 32장 〉

3 야곱이 세일 땅 에돔 들에 있는 형 에서에게로 자기보다 앞서 사자들을 보내며
4 그들에게 명령하여 이르되 너희는 내 주 에서에게 이같이 말하라 주의 종 야곱이 이같
이 말하기를 내가 라반과 함께 거류하며 지금까지 머물러 있었사오며
5 내게 소와 나귀와 양 떼와 노비가 있으므로 사람을 보내어 내 주께 알리고 내 주께 은
혜 받기를 원하나이다 하라 하였더니
6 사자들이 야곱에게 돌아와 이르되 우리가 주인의 형 에서에게 이른즉 그가 사백 명을
거느리고 주인을 만나려고 오더이다
7 야곱이 심히 두렵고 답답하여 자기와 함께 한 동행자와 양과 소와 낙타를 두 떼로 나
누고
8 이르되 에서가 와서 한 떼를 치면 남은 한 떼는 피하리라 하고
9 야곱이 또 이르되 내 조부 아브라함의 하나님, 내 아버지 이삭의 하나님 여호와여 주
께서 전에 내게 명하시기를 네 고향, 네 족속에게로 돌아가라 내가 네게 은혜를 베풀리라
하셨나이다
10 나는 주께서 주의 종에게 베푸신 모든 은총과 모든 진실하심을 조금도 감당할 수 없
사오나 내가 내 지팡이만 가지고 이 요단을 건넜더니 지금은 두 떼나 이루었나이다
11 내가 주께 간구하오니 내 형의 손에서, 에서의 손에서 나를 건져내시옵소서 내가 그를
두려워함은 그가 와서 나와 내 처자들을 칠까 겁이 나기 때문이니이다
12 주께서 말씀하시기를 내가 반드시 네게 은혜를 베풀어 네 씨로 바다의 셀 수 없는 모
래와 같이 많게 하리라 하셨나이다

13 야곱이 거기서 밤을 지내고 그 소유 중에서 형 에서를 위하여 예물을 택하니
14 암염소가 이백이요 숫염소가 이십이요 암양이 이백이요 숫양이 이십이요
15 젖 나는 낙타 삼십과 그 새끼요 암소가 사십이요 황소가 열이요 암나귀가 이십이요
그 새끼 나귀가 열이라
16 그것을 각각 떼로 나누어 종들의 손에 맡기고 그의 종에게 이르되 나보다 앞서 건너
가서 각 떼로 거리를 두게 하라 하고
17 그가 또 앞선 자에게 명령하여 이르되 내 형 에서가 너를 만나 묻기를 네가 누구의 사
람이며 어디로 가느냐 네 앞의 것은 누구의 것이냐 하거든
18 대답하기를 주의 종 야곱의 것이요 자기 주 에서에게로 보내는 예물이오며 야곱도 우
리 뒤에 있나이다 하라 하고
19 그 둘째와 셋째와 각 떼를 따라가는 자에게 명령하여 이르되 너희도 에서를 만나거든
곧 이같이 그에게 말하고
20 또 너희는 말하기를 주의 종 야곱이 우리 뒤에 있다 하라 하니 이는 야곱이 말하기를
내가 내 앞에 보내는 예물로 형의 감정을 푼 후에 대면하면 형이 혹시 나를 받아 주리라
함이었더라

처가살이 20년.

20년 만에 라반의 손아귀에서 벗어난 야곱은 이제 귀향길에 올랐다. 그런데 고향이 가까워질수록 야곱에게는 걱정이 다가왔다. 형 에서와 원수가 되어 헤어진 지 20년, 에서가 받았던 상처가 아직 지워졌을 것 같지 않아서 점점 더 마음이 불안해 졌다. 야곱이 20년 전의 일을 생각하면서 에서의 복수를 두려워한 것을 보면 헤어질 때의 상황이 얼마나 심각했었는지를 알 수 있다.

20년 전의 원한.

야곱의 걱정은 결코 기우가 아니었다. 형 에서의 동정을 살펴보기 위하여 선발대를 보냈는데 그들의 보고에 의하면 형 에서가 이미 야곱의 귀향 소식을 듣고 400인을 거느리고 야곱을 향하여 오고 있는 중이라고 했다. 이 소식을 들은 야곱은 대경실색했다. 400인을 데리고 오는 것을 보면 아직 화가 풀리지 않아서 원수를 갚으러 온다고 판단되었기 때문이다. 에서가 공격할 경우 절반이라도 건질 셈으로 일행과 가축들을 두 떼로 나누어 놓고, 또 에서의 마음을 누그러뜨려 볼 심산으로 선

물 공세를 준비했다. 짐승 중에서 암염소 200마리, 숫염소 20마리, 암양 200마리, 숫양이 20마리, 젖내는 어미 낙타 30마리와 그 새끼들, 암소 40마리, 황소 10마리, 암나귀 20마리, 그 새끼나귀 10마리를 골라낸 후 이를 셋으로 나누어 일정한 간격을 두고 에서에게 선물로 보냈다. 선물을 가지고 가는 사람들에게는 "이 가축은 어르신의 아우인 야곱의 재산으로서 어르신께 보내는 선물입니다. 우리 주인이신 야곱은 우리 뒤에 따라오고 계십니다."라고 정중하게 아뢰도록 신신당부 했다.

본문을 보면 야곱의 성격이 잘 나타나는데 그는 언제나 자신이 할 수 있는 모든 방법을 다 동원하며 최선을 다했다. 그런데 야곱은 이것으로 만족하지 않았다. 야곱은 이보다 더 중요한 방법이 있음을 알고 있었다. 무엇이었을까? 다음의 물음에 대답이 들어있다.

물음 36
최선의 방법, 무엇인가?

본문 : 〈 32장 〉

21 그 예물은 그에 앞서 보내고 그는 무리 가운데서 밤을 지내다가
22 밤에 일어나 두 아내와 두 여종과 열한 아들을 인도하여 얍복 나루를 건널새
23 그들을 인도하여 시내를 건너가게 하며 그의 소유도 건너가게 하고
24 야곱은 홀로 남았더니 어떤 사람이 날이 새도록 야곱과 씨름하다가
25 자기가 야곱을 이기지 못함을 보고 그가 야곱의 허벅지 관절을 치매 야곱의 허벅지
관절이 그 사람과 씨름할 때에 어긋났더라
26 그가 이르되 날이 새려하니 나로 가게 하라 야곱이 이르되 당신이 내게 축복하지 아
니하면 가게 하지 아니하겠나이다
27 그 사람이 그에게 이르되 네 이름이 무엇이냐 그가 이르되 야곱이니이다
28 그가 이르되 네 이름을 다시는 야곱이라 부를 것이 아니요 이스라엘이라 부를 것이니
이는 네가 하나님과 및 사람들과 겨루어 이겼음이니라
29 야곱이 청하여 이르되 당신의 이름을 알려주소서 그 사람이 이르되 어찌하여 내 이름
을 묻느냐 하고 거기서 야곱에게 축복한지라
30 그러므로 야곱이 그 곳 이름을 브니엘이라 하였으니 그가 이르기를 내가 하나님과 대

면하여 보았으나 내 생명이 보전되었다 함이더라
31 그가 브니엘을 지날 때에 해가 돋았고 그의 허벅다리로 말미암아 절었더라
32 그 사람이 야곱의 허벅지 관절에 있는 둔부의 힘줄을 쳤으므로 이스라엘 사람들이 지
금까지 허벅지 관절에 있는 둔부의 힘줄을 먹지 아니하더라

얍복강 기도.

에서를 만나기 전날 밤, 이제 마지막으로 야곱이 동원한 방법이다. 야곱은 알고 있었다. 자신이 생각해낸 방법들의 한계를. 그래서 그는 하나님의 도우심을 요청했다. 얍복강가의 기도는 이것을 말한다. 이 기도는 야곱에게 뿐만 아니라 기도를 이해하는 데에 있어서 대단히 중요하다.

1. 절대 신뢰

어려운 고비마다 하나님의 도우심을 경험했던 야곱은 어려운 일이 생기면 자기 자신보다도 하나님을 의지하는 데에 더 큰 비중을 두었다. 야곱이 결과적으로 승리의 삶을 살 수 있었던 것은 이런 하나님에 대한 절대 신뢰의 신앙 때문이었다. 일행들과 모든 소유물을 다 강 건너로 보낸 후 야곱은 홀로 남아서 하나님과의 시간을 가졌다.

2. 필사의 기도

야곱은 성격이 소심하면서도 끈질긴 데가 있었다. 기도할 때의 야곱의 자세는 '해결될 때까지' 였다. 본문에 의하면 야곱의 기도는 하나님의 천사와 밤이 새도록 씨름하는 형식으로 진행되었는데 야곱은 "당신이 내게 축복하지 아니하면 가게 하지 아니하겠나이다."라는 자세로 엉덩이 관절이 탈골되었으면서도 놓아주지 않았다. 해결될 때까지 포기하지 않는 자세, 이는 기도의 기본이다.

본문에는 천사와의 씨름으로 나와 있지만 사실 기도는 자기 자신과

의 씨름이다. 기도하면서 부딪히는 첫 번째 어려움은 온갖 잡념과 포기하고 싶은 갈등이다. "기도한다고 무슨 수가 날까?", "언제까지 이렇게 기도나 하고 있어야 하나?" 등의 갈등과 더불어 온갖 잡념에 시달려야 한다. 졸저 「비움의 길」에 수록된 기도의 길을 가면서도 매일 이런 생각과 싸워야 했다. 그 때 가졌던 다짐은 '죽을 때까지', '끝을 볼 때까지' 였다. 그런데 40개월에 끝이 났다. 기도하는 사람들, 특히 목회자들은 자기만의 얍복강 경험이 한번은 있어야 한다. 이 경험은 평생 그를 지탱해주는 신앙적인 힘이 된다.

3. 이스라엘

진지하게 하나님을 찾는 사람들에게 틀림없이 하나님은 응답하신다. 야곱에게는 그 응답이 "너를 더 이상 '야곱' 이라 하지 말고 '이스라엘' 이라고 하라!"는 말씀으로 주어졌다. 이스라엘, 무엇을 뜻하는 것일까?

4. 져 주시는 하나님

'이스라엘' 이라는 단어의 의미는 "하나님과 겨뤄서 이겼다."라는 뜻이다. 하나님과 싸워서 이긴다는 말이 도대체 무엇을 의미할까? 사람이 어떻게 하나님을 이길 수 있나? 도무지 있을 수 없는 일이다. 그러면 무엇을 말하나? 하나님께서 야곱에게 지신 것이 아니라 져 주신 것이다. 왜 하나님께서 져 주셨을까?

'야곱' 이라는 이름의 뜻은 '간사하다.', '발뒤꿈치를 잡다.' 라는 뜻인데 이는 야곱의 성격을 잘 드러내준다. 야곱은 동생이 되지 않으려고 태어날 때 형의 발목을 잡고 나왔으며, 형을 시기하여 온갖 간사한 일을 서슴지 않았다. 형 에서에게 지지 않으려고 안간힘을 쓰다가 결국 형과 불구대천의 원수가 되고 말았다.

이런 야곱을 너무나 잘 아시는 하나님, 야곱을 어떻게 대하실까? 져 주신다. 왜 져 주시나? 하나님은 사람의 근원을 아시기 때문이다. 타고난 성품, 이것을 고친다는 것은 쉽지 않다. 아니 어쩌면 불가능할지도 모른다. 이런 사람의 성격을 고치시기 위하여 하나님께서는 그냥 있는 그대로를 받아주신다. 무조건 이해, 무조건 용서, 무조건 사랑, 이것이 하나님의 방법이다. 예수님께서 간음하다가 현장에서 잡혀 온 여인, 여리고의 세리장 삭개오, 당신을 부인하고 저주하며 떠나버린 제자들을 다 이런 방법으로 고치셨다. 이 이야기들의 공통점은 아무런 책망의 말씀이 없으셨다는 점이다.

이스라엘.

필사적인 기도를 통하여 야곱이 얻은 응답이었다. 져 주시는 하나님을 경험한 야곱, 무엇이 어떻게 되었는가? 다음의 물음과 같이 되었다.

물음 37 이스라엘, 무엇을 말하는가?

본문 : 〈 33장 〉

1 야곱이 눈을 들어보니 에서가 사백 명의 장정을 거느리고 오고 있는지라 그의 자식들을 나누어 레아와 라헬과 두 여종에게 맡기고
2 여종들과 그들의 자식들은 앞에 두고 레아와 그의 자식들은 다음에 두고 라헬과 요셉은 뒤에 두고
3 자기는 그들 앞에서 나아가되 몸을 일곱 번 땅에 굽히며 그의 형 에서에게 가까이 가니
4 에서가 달려와서 그를 맞이하여 안고 목을 어긋맞추어 그와 입맞추고 서로 우니라
5 에서가 눈을 들어 여인들과 자식들을 보고 묻되 너와 함께 한 이들은 누구냐 야곱이 이르되 하나님이 주의 종에게 은혜로 주신 자식들이니이다.
6 그 때에 여종들이 그의 자식들과 더불어 나아와 절하고
7 레아도 그의 자식들과 더불어 나아와 절하고 그 후에 요셉이 라헬과 더불어 나아와 절

하니
8 에서가 또 이르되 내가 만난 바 이 모든 떼는 무슨 까닭이냐 야곱이 이르되 내 주께
은혜를 입으려 함이니이다
9 에서가 이르되 내 동생아 내게 있는 것이 족하니 네 소유는 네게 두라
10 야곱이 이르되 그렇지 아니하니이다 내가 형님의 눈앞에서 은혜를 입었사오면 청하건
대 내 손에서 이 예물을 받으소서 내가 형님의 얼굴을 뵈온즉 하나님의 얼굴을 본 것 같
사오며 형님도 나를 기뻐하심이니이다
11 하나님이 내게 은혜를 베푸셨고 내 소유도 족하오니 청하건대 내가 형님께 드리는 예
물을 받으소서 하고 그에게 강권하매 받으니라
12 에서가 이르되 우리가 떠나자 내가 너와 동행하리라
13 야곱이 그에게 이르되 내 주도 아시거니와 자식들은 연약하고 내게 있는 양 떼와 소
가 새끼를 데리고 있은즉 하루만 지나치게 몰면 모든 떼가 죽으리니
14 청하건대 내 주는 종보다 앞서 가소서 나는 앞에 가는 가축과 자식들의 걸음대로 천
천히 인도하여 세일로 가서 내 주께 나아가리이다
15 에서가 이르되 내가 내 종 몇 사람을 네게 머물게 하리라 야곱이 이르되 어찌하여 그
리하리이까 나로 내 주께 은혜를 얻게 하소서 하매
16 이 날에 에서는 세일로 돌아가고
17 야곱은 숙곳에 이르러 자기를 위하여 집을 짓고 그의 가축을 위하여 우릿간을 지었으
므로 그 땅 이름을 숙곳이라 부르더라.
18 야곱이 밧단아람에서부터 평안히 가나안 땅 세겜 성읍에 이르러 그 성읍 앞에 장막을
치고
19 그가 장막을 친 밭을 세겜의 아버지 하몰의 아들들의 손에서 백 크시타에 샀으며
20 거기에 제단을 쌓고 그 이름을 엘엘로헤이스라엘이라 불렀더라.

져 주시는 하나님.

얍복강 기도를 통하여 하나님을 '이스라엘' 로 경험한 야곱, 그는 이제 비로소 자기자리로 돌아갈 수 있었다. 지금까지 그는 '형의 자리' 라는 허상에 사로잡혀 있었고 이것은 그에게 닥쳐온 불행의 근원이었다. 그런데 그는 허상에서 벗어나 '동생의 자리' 라는 자기 자리로 내려갔다.

비로소 자기 자리로 돌아온 야곱은 일행을 둘로 나누어 하나라도 건지려던 방법, 에서에게 선물을 보내어 환심을 사려던 얄팍한 '야곱식' 의 방법을 버리고 '이스라엘' 이라는 하나님의 방법을 받아들였다. 아

내와 자식들을 서열의 순서대로 세우고 자신이 맨 앞에 나서서 에서를 맞았다. 에서를 맞되 일곱 번 엎드려 절하며 에서를 '주님' 으로 부르며 맞이했다. 엎드려 절하는 것과 '주' 라는 칭호는 것은 당시에는 군신(君臣)의 관계에서 행하여지는 예의였다.

"형님, 이 못난 동생을 용서하십시오."
"동생으로 태어나서 형님을 형님으로 대접하지 않으면서 속이고 기만하고 괴롭힌 죄를 용서해 주십시오."

일곱 번 엎드릴 때마다 진심이 배어 있었다. 뉘우침의 눈물과 용서를 비는 통곡, 이런 눈물과 통곡은 그동안 원한에 사로잡혀 있던 에서의 마음을 녹였고 형제는 서로 부둥켜안고 대성통곡을 하며 화해를 했다. 수십 년의 원한이 한 순간에 해결되고 말았다. 무엇이 야곱을 이렇게 만들었을까? '져 주시는 하나님' 경험이었다. 야곱은 하나님을 경험하되 져 주시는 하나님으로 경험했다. 그리고 형을 이기려 하지 않았다. 진심이 사람의 마음을 움직인다.

이스라엘.

이 이름은 이후 야곱을 대신하는 이름이었을 뿐만 아니라 후일 민족 공동체, 국가의 이름이 되었다. 이스라엘 역사에서 경험하는 하나님은 '져 주시는 하나님' 이시다. 이는 짐으로써 이김을 말한다. 구약에서는 지는 것이 이기는 것이라고 말한다. 신약으로 넘어오면 져 주시는 하나님은 이제 십자가의 하나님, 즉 '대신 죽어주시는 하나님' 으로 다시 다가 오신다. 이는 죽음으로써 삶을 말한다. 예수 그리스도, 십자가는 죽음으로써 사는 길이다.

물음 38

세겜의 위기, 무엇을 말하나?

〈 34장 〉

1 레아가 야곱에게 낳은 딸 디나가 그 땅의 딸들을 보러 나갔더니
2 히위 족속 중 하몰의 아들 그 땅의 추장 세겜이 그를 보고 끌어들여 강간하여 욕되게
하고
3 그 마음이 깊이 야곱의 딸 디나에게 연연하며 그 소녀를 사랑하여 그의 마음을 말로
위로하고
4 그의 아버지 하몰에게 청하여 이르되 이 소녀를 내 아내로 얻게 하여 주소서 하였더라
5 야곱이 그 딸 디나를 그가 더럽혔다 함을 들었으나 자기의 아들들이 들에서 목축하므
로 그들이 돌아오기까지 잠잠하였고
6 세겜의 아버지 하몰은 야곱에게 말하러 왔으며
7 야곱의 아들들은 들에서 이를 듣고 돌아와서 그들 모두가 근심하고 심히 노하였으니
이는 세겜이 야곱의 딸을 강간하여 이스라엘에게 부끄러운 일 곧 행하지 못할 일을 행하
였음이더라
8 하몰이 그들에게 이르되 내 아들 세겜이 마음으로 너희 딸을 연연하여 하니 원하건대
그를 세겜에게 주어 아내로 삼게 하라
9 너희가 우리와 통혼하여 너희 딸을 우리에게 주며 우리 딸을 너희가 데려가고
10 너희가 우리와 함께 거주하되 땅이 너희 앞에 있으니 여기 머물러 매매하며 여기서
기업을 얻으라 하고
11 세겜도 디나의 아버지와 그의 남자 형제들에게 이르되 나로 너희에게 은혜를 입게 하
라 너희가 내게 말하는 것은 내가 다 주리니
12 이 소녀만 내게 주어 아내가 되게 하라 아무리 큰 혼수와 예물을 청할지라도 너희가
내게 말한 대로 주리라
13 야곱의 아들들이 세겜과 그의 아버지 하몰에게 속여 대답하였으니 이는 세겜이 그 누
이 디나를 더럽혔음이라
14 야곱의 아들들이 그들에게 말하되 우리는 그리하지 못하겠노라 할례 받지 아니한 사
람에게 우리 누이를 줄 수 없노니 이는 우리의 수치가 됨이니라
15 그런즉 이같이 하면 너희에게 허락하리라 만일 너희 중 남자가 다 할례를 받고 우리
같이 되면
16 우리 딸을 너희에게 주며 너희 딸을 우리가 데려오며 너희와 함께 거주하여 한 민족
이 되려니와
17 너희가 만일 우리 말을 듣지 아니하고 할례를 받지 아니하면 우리는 곧 우리 딸을 데
리고 가리라
18 그들의 말을 하몰과 그의 아들 세겜이 좋게 여기므로

19 이 소년이 그 일 행하기를 지체하지 아니하였으니 그가 야곱의 딸을 사랑함이며 그는
그의 아버지 집에서 가장 존귀하였더라
20 하몰과 그의 아들 세겜이 그들의 성읍 문에 이르러 그들의 성읍 사람들에게 말하여
이르되
21 이 사람들은 우리와 친목하고 이 땅은 넓어 그들을 용납할 만하니 그들이 여기서 거
주하며 매매하게 하고 우리가 그들의 딸들을 아내로 데려오고 우리 딸들도 그들에게 주
자
22 그러나 우리 중의 모든 남자가 그들이 할례를 받음 같이 할례를 받아야 그 사람들이
우리와 함께 거주하여 한 민족 되기를 허락할 것이라
23 그러면 그들의 가축과 재산과 그들의 모든 짐승이 우리의 소유가 되지 않겠느냐 다만
그들의 말대로 하자 그러면 그들이 우리와 함께 거주하리라
24 성문으로 출입하는 모든 자가 하몰과 그의 아들 세겜의 말을 듣고 성문으로 출입하는
그 모든 남자가 할례를 받으니라
25 제삼일에 아직 그들이 아파할 때에 야곱의 두 아들 디나의 오라버니 시므온과 레위가
각기 칼을 가지고 가서 몰래 그 성읍을 기습하여 그 모든 남자를 죽이고
26 칼로 하몰과 그의 아들 세겜을 죽이고 디나를 세겜의 집에서 데려오고
27 야곱의 여러 아들이 그 시체 있는 성읍으로 가서 노략하였으니 이는 그들이 그들의
누이를 더럽힌 까닭이라
28 그들이 양과 소와 나귀와 그 성읍에 있는 것과 들에 있는 것과
29 그들의 모든 재물을 빼앗으며 그들의 자녀와 그들의 아내들을 사로잡고 집 속의 물건
을 다 노략한지라
30 야곱이 시므온과 레위에게 이르되 너희가 내게 화를 끼쳐 나로 하여금 이 땅의 주민
곧 가나안 족속과 브리스 족속에게 악취를 내게 하였도다 나는 수가 적은즉 그들이 모여
나를 치고 나를 죽이리니 그러면 나와 내 집이 멸망하리라
31 그들이 이르되 그가 우리 누이를 창녀 같이 대우함이 옳으니이까

원한을 갚기 위하여 400여 명을 데리고 왔던 에서는 야곱의 진심을 발견하고는 동생의 호위병을 자청했다. 그러나 야곱은 형의 호의를 거절하고 혼자 남아서 천천히 돌아가다가 세겜에 이르러 잠시 머물게 되었다. 가나안 중심부에 위치한 세겜은 산으로 둘러싸인 비옥한 계곡이며 여러 샘들이 있을 뿐만 아니라 동서를 잇는 교통의 중심지여서 고대로부터 중요한 비중을 차지하는 도시였다.

야곱에게는 레아가 낳은 디나라는 딸이 있었다. 디나는 큰 성읍 세겜에 머물게 되자 호기심에서 그 지역을 구경나갔다가 세겜성의 추장

세겜에게 겁탈을 당하였다. 이런 사건은 오늘의 강간사건과는 그 성격이 다르다. 아브라함이나 이삭이 낯선 곳에 갔을 때에 아내를 누이라고 하던 이야기에서 보듯이 당시는 족장시대로서 어느 지역에 머물려면 부족의 허락을 받아야 했다. 그 부족에 받아들여지게 되면 새로 들어온 여인들은 족장에게 바쳐지는데 이는 부족의 일원이 되는 일종의 의식과도 같았다.

족장시대의 가장 큰 과제는 부족의 인구를 늘리는 것이다. 당시에는 인구 숫자가 곧 힘이었기 때문이다. 야곱의 일행이 세겜 인근에 머무는 것을 지켜본 추장은 야곱의 일행이 수십여 명에 이르고 그들이 거느리는 가축들이 적지 않으므로 이들을 부족에 편입시키려고 했다. 추장 세겜은 디나가 마음에 들기도 했지만 더 중요한 것은 부족의 힘을 키우는 기회로 활용하려는 속셈이었다. 이런 사실은 야곱의 아들들이 제시한 조건인 할례를 받아들이기 위하여 부족원들을 설득하는 말과 부족원들이 이 조건을 기꺼이 받아들이는 데서 잘 나타난다.

야곱은 세겜에 눌러앉을 생각이 아니었다. 고향을 향해 가면서 잠시 머물 생각이었기 때문에 세겜의 제안을 받아들일 수 없었다. 그런데 젊은 나이이며 아직 타향살이를 해보지 않은 야곱의 아들들은 자신들의 누이 디나가 세겜에게 당한 일과 세겜의 제안을 대단히 불쾌하게 여긴 나머지 복수할 계획을 세웠다. 그들은 세겜의 요청을 받아들이는 척하면서 조건으로 할례(포경수술)를 받을 것을 요구했다. 세겜사람들은 자신들의 부족의 숫자와 재산을 늘릴 기회라고 생각하여 이 요청을 선뜻 받아들였다. 할례를 받은 후 3일, 세겜의 남자들이 통증으로 무력해져 있을 때 야곱의 아들들은 세겜 남자들을 다 죽이고 약탈을 했다. 그들은 이런 무서운 일을 아버지 몰래 했다. 야곱이 알면 반대할 것이 틀림없었기 때문이다. 사후에 이 일을 알게 된 야곱은 사색이 되었다. 이제는 살아날 가능성이 전혀 없었기 때문이다. 야곱은 이제 꼼

짝없이 죽을 수밖에 없는 최대의 위기를 맞게 되었다.

부족시대의 최대 과제는 양식 확보와 외부 침략으로부터의 보호였다. 안전을 유지하기 위해서 인근 부족끼리 동맹을 맺어서 서로 불가침조약과 연합전선을 구축하여 어느 한 쪽이 불의의 습격을 당하면 공동으로 대응하게 되어 있었다. 비록 세겜 부족의 남자들은 괴멸되었더라도 인근 동맹부족들이 이를 그냥 둘 리가 없었다. 야곱은 이런 사실을 잘 알기 때문에 철모르는 자기 아들들이 저지른 일을 알고는 두려움에 몸을 떨었다.

야곱의 얍복강, 세겜 이야기는 한 평생을 살다보면 누구나 겪을 수 있는 일이다. 사고, 질병, 실직, 파산, 사별 등은 누구에게나 찾아온다. 이런 위기 어떻게 극복해야 하나? 야곱의 다음 이야기는 이에 대한 구체적인 방법을 제시해 준다. 야곱은 이 위기를 극복했을 뿐만 아니라 더 좋은 기회가 되게 하였다.

야곱, 어떻게 이 위기를 헤쳐 나갔나?

물음

39 위기, 어떻게 기회가 되었나?

본문 : 〈 35장 〉

1 하나님이 야곱에게 이르시되 일어나 벧엘로 올라가서 거기 거주하며 네가 네 형 에서
의 낯을 피하여 도망하던 때에 네게 나타났던 하나님께 거기서 제단을 쌓으라 하신지라
2 야곱이 이에 자기 집과 사람과 자기와 함께 한 모든 자에게 이르되 너희 중에 있는 이
방 신상들을 버리고 자신을 정결하게 하고 너희들의 의복을 바꾸어 입으라
3 우리가 일어나 벧엘로 올라가자 내 환난 날에 내게 응답하시며 내가 가는 길에서 나와
함께 하신 하나님께 내가 거기서 제단을 쌓으려 하노라 하매
4 그들이 자기 손에 있는 모든 이방 신상들과 자기 귀에 있는 귀고리들을 야곱에게 주는

지라 야곱이 그것들을 세겜 근처 상수리 나무 아래에 묻고
5 그들이 떠났으나 하나님이 그 사면 고을들로 크게 두려워하게 하셨으므로 야곱의 아들
들을 추격하는 자가 없었더라
6 야곱과 그와 함께 한 모든 사람이 가나안 땅 루스 곧 벧엘에 이르고
7 그가 거기서 제단을 쌓고 그 곳을 엘벧엘이라 불렀으니 이는 그의 형의 낯을 피할 때
에 하나님이 거기서 그에게 나타나셨음이더라
8 리브가의 유모 드보라가 죽으매 그를 벧엘 아래에 있는 상수리나무 밑에 장사하고 그
나무 이름을 알론바굿이라 불렀더라
9 야곱이 밧단아람에서 돌아오매 하나님이 다시 야곱에게 나타나사 그에게 복을 주시고
10 하나님이 그에게 이르시되 네 이름이 야곱이지마는 네 이름을 다시는 야곱이라 부르
지 않겠고 이스라엘이 네 이름이 되리라 하시고 그가 그의 이름을 이스라엘이라 부르시
고
11 하나님이 그에게 이르시되 나는 전능한 하나님이라 생육하며 번성하라 한 백성과 백
성들의 총회가 네게서 나오고 왕들이 네 허리에서 나오리라
12 내가 아브라함과 이삭에게 준 땅을 네게 주고 내가 네 후손에게도 그 땅을 주리라 하
시고
13 하나님이 그와 말씀하시던 곳에서 그를 떠나 올라가시는지라
14 야곱이 하나님이 자기와 말씀하시던 곳에 기둥 곧 돌기둥을 세우고 그 위에 전제물을
붓고 또 그 위에 기름을 붓고
15 하나님이 자기와 말씀하시던 곳의 이름을 벧엘이라 불렀더라

짤막한 이 이야기 속에 인생의 막다른 골목에서 헤쳐 나갈 돌파구를 찾아내는 방법이 들어있다.

1. 길은 있다.

"하늘이 무너져도 솟아날 구멍은 있다.", "호랑이에게 물려가도 정신만 차리면 산다."

이런 속담들은 무엇을 말하는가? 그 어떤 절망의 상태에서도 아직 희망은 있다는 말이다. 어두움(밤)이 깊다는 것은 빛(새벽)이 가까웠다는 뜻이다. 어두움이 짙을수록 빛의 밝기가 더 드러난다. 인류역사의 오랜 경험을 통해서 만들어지는 속담과 격언은 하나님께서 만드신 세상 만물의 원리와 이치를 반영하고 있다. 아직 절망할 때가 아니다. 길은 있기 때문이며 길은 있게 마련이다. 이제 그 길을 찾아야 한다.

2. 위기(危機)

우리가 흔히 쓰는 말 가운데 '위기'(危機)라는 단어가 있다. 이 단어는 무엇을 말하는가? '위'는 위험(危險)을 의미하며 '기'는 기회(機會)를 뜻한다. 다시 정리하면 위험, 시련, 고통, 어려움 등의 고난은 기회라는 말이다. 위험은 혼자 오지 않는다. 기회와 더불어 같이 온다. 고난의 가장 가까운 친구는 기회다. 바꾸어 말하면 기회는 혼자 오지 않고 위험과 같이 찾아온다. 따라서 큰 위기는 큰 기회라는 말과 같다. 금강석(다이아몬드)의 재료는 놀랍게도 흑연이다. 흑연이 어떻게 다이아몬드가 될 수 있는가? 고압과 고열이라는 가장 큰 고통이 최고의 보석을 만들어 낸다. 강철이 담금질을 통해서 만들어지고, 진주도 마찬가지로 조개의 살을 찢는 아픔을 통해서 만들어진다.

세상을 살면서 무언가를 일구어낸 위인들은 하나같이 난관을 헤쳐나간 인간승리의 사람들이며, 대작이라 불리는 작품들 역시 시련을 통해서 탄생된다. 이런 과정을 거치지 않은 위인, 대작은 있을 수 없다. "전쟁이 영웅을 만든다."라는 말이 있다. 전쟁영웅이란 유리한 전쟁을 승리로 이끈 사람을 말하지 않는다. 도무지 이기지 못할 불리한 여건에서, 상황에 대한 남다른 분석과 예리한 통찰력, 판단과 더불어 지형지물, 기상상태 등을 종합적으로 이용하여 승리를 이끌어낸 사람, 자신의 공명심이 아니라 백성과 나라를 지켜내기 위하여 기꺼이 자신을 헌신한 사람을 전쟁영웅이라고 한다. 우리나라의 이순신 장군이 대표적인 전쟁영웅이다. 이들은 위기를 기회로 만들어 냈다.

3. 바른 길(正道)

야곱의 얍복강의 기도에서 보았던 것처럼 위기가 기회가 되기 위해서는 야곱식의 간사한 술책을 버려야 한다. 대부분의 경우 어려운 일이 생기면 이런 저런 간사한 방법들을 동원하여 모면하려고 한다. 이런 것들은 임시방편은 될 지 몰라도 기회가 되지 못할 뿐만 아니라 시간이 지나가면서 오히려 자신을 옭아매는 자충수가 되고 만다. 어려울수록 정도(正道)를 걸어야 한다. 정도가 보기에는 돌아가는 것 같지만 가장 빠른 지름길이다. 사도(邪道)는 그 길이 넓어 보여도 그 끝은 험난하고 좁은 길, 패망의 길이요, 정도(正道)는 그 입구가 좁아 보여도 갈수록 길이 넓어지며 구원으로 인도한다. 간사한 길은 갈수록 사람을 잃고 바른 길은 갈수록 사람을 얻기 때문이다.

인사(人事)가 만사(萬事)다. 이는 하나님께서 만드신 세상의 원리와 이치다. 창조의 원리는 혼자 사는 독존(獨存)이 아니라 같이 어울려 사는 상존(相存)이다. 자연을 보고 감탄하는 이유는 자연에는 만물의 어울림과 그 조화가 있기 때문이다. 아름다움은 조화에서 나온다.

4. 하늘 길

사방(四方)이 다 막혀있는 사면초가(四面楚歌)라는 말은 있지만 하늘과 땅까지 가로막히는 육면초가(六面楚歌)라는 말은 없다. 땅을 차지하는 사람은 있지만 하늘을 차지하는 사람은 있을 수 없기 때문이다. 하늘은 한없이 넓고 언제나 누구에게나 열려 있다. 사면이 막힌 막다른 골목에서 길을 어디서 찾아야 하나? 하늘에서 찾아야 한다.

기도.

무엇을 말하는가? 땅의 길이 아니라 하늘의 길을 말한다. 이 길을 얻으려면 땅의 길에 대한 미련을 버리고 하늘의 뜻과 섭리를 받아들일 준비를 해야 한다. 땅에서 버리지 못한 미련을 하늘 즉 기도를 통하여 성취하려고 한다면 이는 이치에 어긋난다. 땅의 방법, 즉 인간의 술수와 지혜의 방법을 버리고 오직 하늘의 하나님의 지혜와 방법을 구하는 것이 기도다. 기도란 자신의 계획과 뜻을 하나님의 도우심을 받아서 성취하자는 것이 아니다. 이는 참된 기도와 가장 역행하는 것이다. 이런 기도는 자칫 기도를 많이 하는 것 같지만 오히려 바른 기도에서 가장 멀어질 수 있다.

그런데 기도의 실상이란 어떤가? 바른 기도가 얼마나 있는가? 놀라울 정도로 적다. 기도하는 사람들의 대부분의 기도의 내용을 보면 자기 뜻을 하나님의 도우심으로 성취해 보려는 부르짖음에 불과한 경우가 허다하다. 그러면 어떻게 해야 하나? 기도하기를 그만두어야 하나? 아니다. 자비하신 하나님 앞에 기도하다보면 성령을 보내주셔서 깨닫게 하시며 바르게 구하도록 인도하신다. 처음부터 바른 기도를 하는 사람은 거의 없다. 신앙생활과 기도생활은 이기심에서 출발하기 마련이다. 인간이 원래 이기적이기 때문이다. 하나님은 오래 참고 기다리시는 분이시기 때문에 이런 이기적인 인간들이 당신 앞에 나와서 스스로 깨달아 바른 길로 가도록 인도해 주신다.

야곱, 그는 모든 이기적인 인간의 한 표상이다. 야곱의 본래 뜻은 '간사함' 이기 때문이다. 그런 야곱, 얍복강 기도를 통하여 져 주시는 하나님, 즉 이타적인 하나님을 경험하면서 자기실상을 보고 허상에서 깨어나 실상으로 돌아갔다. 처음부터 올바른 기도를 한 것이 아니다. 기도를 마친 야곱은 간사한 방법으로 형을 또 속이려 하지 않고 그 앞에 일곱 번 무릎을 꿇고 대성통곡으로 용서를 빌었고 진심 앞에서 완고했던 형의 마음은 녹아 내렸다.

하늘의 길은 기도하는 사람에게 이렇게 열려진다.

5. 벧엘로 올라가라.

절체절명(絕體絕命)의 위기 앞에서 야곱은 무엇을 했는가? 하늘에서 길을 찾았다. 다시 말하면 기도했다. 왜 기도를 했는가? 기도 이외에는 달리 방법이 없었기 때문이다. 이기적인 인간은 스스로 해결할 수 있다고 생각될 때는 기도에 의지하지 않는다. 기도를 한다고 해도 아직 전심전력이 아니다. 겨우 형식을 갖추고 있을 뿐이다. 언제 진짜 기도를 하는가? 얍복강의 상황, 세겜의 상황에 이르렀을 때다. 신앙, 종교, 하나님, 기도에 전혀 관심이 없던 사람들, 형식적으로 겨우 교회를 오가던 사람들이 언제 하나님을 만나고 언제 신앙생활에 변화가 오는가? 죽게 될 지경에 이르렀을 때다. 신앙생활, 기도생활을 똑바로 해야 한다고 아무리 들어도 머리로 수긍만 할 뿐 실행에 옮겨지지 않는다. 사면에서 길이 보이면 하늘의 길을 찾을 생각을 하지 않는 것이 인간이다. 인간을 지배하는 죄의 실상은 이와 같다.

위기가 기회가 되는 이유는 이런 인간은 위기가 와야 즉 사면의 길이 막혀야 하늘의 길을 찾으려고 한다. 하늘에서 길을 찾으려는 사람에게 언제나 그 길은 열려있다. 야곱이 하늘에서 길을 찾자 하늘이 열렸다. 즉 하늘에서 음성이 들려 왔다.

벧엘로 올라가라.

6. 벧엘로 올라가자.

기도하면서 하늘의 음성을 들은 야곱은 그 말씀대로 준행하여 벧엘로 올라갔다. "벧엘로 올라간다."는 것은 무엇을 말하는가? 벧엘이라는 '장소' 로 향하는 것을 말하는가? 물론 벧엘이라는 장소로 가야한다. 그러면 벧엘에 가기만 하면 문제가 저절로 해결되는가? 그렇게 말한다면 벧엘이라는 장소에 특별한 무슨 효험이 있다는 뜻이 된다. 벧엘이라는 장소가 특별한 것일까? 아니다. 벧엘은 그냥 벧엘일 뿐이다. 벧엘에 간다고하여 저절로 무슨 수가 나는 것이 아니다. 그렇게 생각하면 이는 상식에 벗어나는 것이며 미신이 된다.

벧엘로 올라간다는 것은 하나님께로 간다는 뜻이다. '벧엘' (בֵּית־אֵל) 이라는 단어가 '하나님의 집' 이라는 뜻이다. 하나님의 집으로, 하나님께로 간다는 것은 무엇을 말하는가? 하나님은 어디에 계시는가? 벧엘이라는 특정한 장소, 즉 성소(聖所)에만 계시는가? 그럴 리가 없다. 하나님은 어디에 갇혀 계실 수가 없기 때문이다. 성경의 어느 구절을 인용하기에 앞서 온 세상이 다 그분이 계시는 곳이어야 상식에 맞다. 그렇다면 하나님께로 나아간다는 것은 무엇을 어떻게 한다는 뜻일까?

삶의 자세와 태도를 바꾸는 것이다. 그래야 이치와 상식에 맞는다. 아무리 벧엘로 올라가서 단을 쌓는다고해도, 아무리 교회를 다니고 예배를 드린다고 해도 삶의 자세가 바뀌지 않는 한 달라지는 것은 아무것도 없고 달라질 수도 없다. 본문은 야곱이 이런 사실을 잘 알고 있었음을 말해주고 있다. 야곱은 벧엘로 올라가기에 앞서 가족은 물론 일행들에게 다음의 사항들을 요구하고 있다.

너희 중에 있는 이방 신상들을 버리고

당시에는 신상(神像)이 일종의 수호신이어서 모두가 신상들을 지니고 있었다. 이방 신상을 지니고 그 신상을 섬긴다는 것은 온갖 미신과 기복적인 신앙생활을 한다는 것을 말한다. 이방 신상을 버리라는 야곱의 요구는 단순한 신상 제거만을 의미하지 않는다. 비록 신상을 지니고 있지 않아도 이기적인 신앙, 미신적인 요행을 바라는 마음은 얼마든지 있을 수 있기 때문이다. 벧엘로 올라간다는 것, 즉 하나님께 나아간다는 것, 그분을 섬긴다는 것은 이런 신상, 우상(偶像) 신앙의 어리석음을 청산하고 정도(正道)를 걷는 것을 말한다.

자신을 정결하게 하고

우상, 신상 신앙의 배후에는 사탄이 인간을 죄악에 빠뜨리기 위하여 온갖 신의 형태로 자신을 등장시키며, 교묘한 제의로 인간의 타락을 부채질한다. 고대의 자연종교, 우상종교들은 신을 남신과 여신으로 분류하여 제의를 발전시킨다. 그 신학에서는 농경과 동식물의 생산은 남신 여신의 성적인 관계의 결과라고 말하며, 남신과 여신을 섬기기 위해서는 그 신들에게 성을 바치는 의식을 발전시키는데 이는 곧 제의에 참여한 자들의 혼음으로 이어진다. 이런 신앙에서는 성윤리가 설 자리가 없으며 오히려 퇴폐를 조장한다. '자신을 정결하게 하고'는 이런 비윤리적인 몰상식한 삶을 청산하는 것을 말한다.

너희들의 의복을 바꾸어 입으라.

고대의 미신적인 신앙은 생활 곳곳에 스며들지 않은 곳이 없었다. 옛날 우리의 토정비결, 사주-궁합, 고수레 등과 같은 전통신앙에서도 이런 흔적은 얼마든지 찾아볼 수 있으며 지금도 결혼 등의 대사에는 '궁합'(宮合), '길일'(吉日) 등이 남아 있다. 고대에는 의복 역시 이런 미신신앙에서 자유롭지 못했다. 의복을 바꾼다는 것은 이런 악습을 다 벗어버린다는 뜻이다.

야곱은 벧엘로 올라갔다. 그러나 이는 무슨 특정한 장소, 즉 어떤 성소(聖所) 신앙을 말하지 않는다. 삶의 자세와 태도를 바꾸는 마음의 신앙이었다. 여호와 하나님께서 요구하시는 것은 성소신앙이 아니라 마음의 신앙이다.

7. 결단

야곱의 이런 요청에 온 가족과 일행들은 동의하여 모든 신상은 물론이고 신상이 그려진 귀고리와 같은 패물들을 야곱에게 내어 놓았다. 이는 쉽지 않은 일이다. 왜냐하면 이는 단순히 옛 신앙의 포기뿐만 아니라 엄청난 재산의 손실을 말하기 때문이다. 귀고리와 같은 패물은 물론 신상들은 대부분 금이나 은과 같은 귀금속으로 만들어진다. 그런데 이런 것들을 다 내어놓았다. 또 야곱은 이런 거액의 귀중품들을 모아두었다가 매각할 생각을 하지 않고 아예 땅에 파묻어 버렸다.

이는 큰 결단을 말한다. 신앙을 바꾸는 것, 하나님 앞에 나아가는 것은 일생일대의 큰 결단이다. 이 결단이 없이는 벧엘에, 즉 하나님 앞에 나아갈 수도 없고 나아가도 곧 실망하여 돌아서고 만다. 일생일대의 큰 결실은 큰 결단을 할 때 맺혀진다.

8. 신앙의 승리

죽을 고비를 만나면 누구나 두렵기 마련이다. 도무지 승산이 없다고 생각될 경우 등을 보이고 도망을 치거나 투항하여 살려달라고 애걸하기 십상이다. 이렇게 되면 상대방에게 완전히 제압당하고 만다.

세겜 주변의 여러 성읍들은 비상상황이므로 문자 그대로 야곱의 일거수일투족(一擧手一投足)을 지켜보고 있었을 것이다. 그런데 야곱과 그 일행이 하고 있는 일이 이들에게 어떻게 비쳐졌을까? 허둥대지 않고 침착하게 신상을 바꾸고 의복을 갈아입고 당당하게 벧엘을 향하여 출발하는 모습, 죽음의 공포 앞에서 이런 모습은 죽음을 초월하고 또 무언가 승리를 확신하지 않고서는 있을 수 없는 태도다. 야곱 일행이 보여주고 있는 전혀 예상 밖의 이런 모습에 상대방은 당황했다. 섣불리 덤벼들었다가는 큰 화를 당할 것 같은 분위기였다. 상대방이 세겜의 당사자들이었다면 원한 때문에 원수를 갚기 위해서 앞뒤 가리지 않고 달려들었겠지만 세겜 주변 성읍 사람들은 야곱과 직접 원한관계에 있지 않았으므로 주저하고 망설이다 보니 공포심은 더 커졌고 감히 공격할 생각을 하지 못하고 말았다.

흔히 이야기하는 기 싸움에서 야곱은 신앙으로 승리했다. 하나님의 도우심은 현실과 무관한 비현실적인 방법이 아니다. 지극히 현실적으로 가능한, 누구도 예상치 못한 지혜가 하나님의 방법이다. 이런 사실을 본문은 다음과 같이 기록하고 있다.

그들이 떠났으나 하나님이 그 사면 고을들로 크게 두려워하게 하셨으므로 야곱의 아들들을 추격하는 자가 없었더라

9. 기회

세겜에서 야곱이 겪은 일은 큰 위기였다. 딸 디나가 겁탈을 당하고 철없는 아들들이 저지른 복수 때문에 몰살당할 수밖에 없는 상황에 몰렸다. 이런 사면초가에서 땅의 방법이 아닌 하늘의 방법으로 위기를 벗어났다. 그런데 이는 단순히 위기를 벗어난 것으로 그치지 않고 이런 위기가 아니면 얻을 수 없는 큰 수확을 얻었다. 바로 가족의 신앙적인 일치가 그것이다.

20년 전 야곱은 단신으로 외삼촌의 집에 와서 데릴사위가 되어 지내왔다. 처가살이는 자신의 뜻대로 가정을 이끌어가는 것이 아니라 처가의 삶의 문화에 자신을 맞추어야 했다. 게다가 야곱 자신의 성격이 소심하다 보니 집안의 주도권은 모두 장인과 아내들에게 넘어갔다. 본래 그는 라헬과 결혼하려고 했으나 장인의 뜻에 의해 레아까지 아내로 맞았고, 두 아내의 의지대로 그녀들의 몸종 둘을 아내로 삼았다. 29~30장을 보면 태어난 아이들의 이름을 짓는 이야기가 길게 나오는데 이름을 모두 아내들이 제멋대로 짓고 있다. 신앙에서도 마찬가지였다. 하나님은 아직 야곱 혼자 믿고 있었을 뿐 아내들과 일행들은 서로 제각기 다른 신앙을 가지고 자신들의 신상을 소유하고 있었다. 라헬은 집에서 나올 때 아버지의 신상 드라빔을 훔쳐가지고 나왔다.

그런데 세겜의 위기 앞에서 야곱은 강력하게 이방신상을 척결할 것을 요구했고 모두가 순종했다. 자신이 하란을 향하여 올 때 벧엘에서 하나님을 만난 경험과 그 하나님이 양을 기르는 동안 지켜주셔서 큰 집안과 재물을 얻게 하신 것들을 이야기하자 가족들이 야곱의 하나님을 인정하게 되었다. 공포와 위기의 분위기가 그것을 가능하게 했다.

이로서 야곱은 가정의 화합과 신앙의 일치를 얻어낼 수 있었고 이런 일치는 그 아들들이 이스라엘 신앙공동체의 선조가 되는 데에 결정적인 역할을 했다.

하나님, 그분에 대한 올바른 신앙은 위험을 기회로 만들어가게 한다. 하나님의 도우심은 자신의 실수, 불운 등 여러 가지 요인들이 합쳐져서 큰 기회가 되게 하신다. 큰 위험이 온 것은 큰 기회가 온 것이다. 위험의 짝은 기회이며 기회는 위험과 더불어 온다. 위험과 기회는 서로 좋은 동반자이다.

> 우리가 알거니와 하나님을 사랑하는 자 곧 그의 뜻대로 부르심을 입은 자들에게는 모든 것이 합력하여 선을 이루느니라.(로마서 8:28)

야곱은 이런 우여곡절을 겪으면서 20년 만에 고향 브엘세바로 돌아와서 아직 생존해 계시는 아버지를 뵈었으며, 돌아가신 후에는 형 에서와 장례를 치렀다.

물음 40 요셉 이야기 무엇을 말하는가?

성경의 첫 번째 책이며 성경전체의 개론적인 역할을 하는 창세기는 50장으로 구성되어 있다. 앞에서 설명한 바와 같이 창세기는 원역사(1~11장)와 족장사(12~50장)로 크게 나뉘는데 원역사에서는 창조의 원리와 이치, 법을 다루고 있으며, 족장사에서는 그 법대로 사는 사람들 네 사람을 모형으로 그려놓고 있다. 아브라함, 이삭, 야곱, 요셉이 그들인데 그 중에서 요셉은 맨 나중에 등장하며 또 가장 길게 다루고 있다. 이런 사실은 창세기에서 요셉을 매우 중요하게 다루고 있다는 뜻이다. 창세기에서는 요셉을 왜 이토록 중요하게 다루고 있을까?

그 이유는 요셉의 이야기가 창세기에서 뿐만 아니라 성경전체, 기독교 신앙의 이해에서 결정적인 역할을 하기 때문이다. 이제 이런 사실을 주목하면서 요셉의 이야기에 접근해 보고자 한다.

물음 41

야곱, 왜 요셉을 편애했나?

본문 : 〈 37장 〉

1 야곱이 가나안 땅 곧 그의 아버지가 거류하던 땅에 거주하였으니
2 야곱의 족보는 이러하니라 요셉이 십칠 세의 소년으로서 그의 형들과 함께 양을 칠 때
에 그의 아버지의 아내들 빌하와 실바의 아들들과 더불어 함께 있었더니 그가 그들의 잘
못을 아버지에게 말하더라
3 요셉은 노년에 얻은 아들이므로 이스라엘이 여러 아들들보다 그를 더 사랑하므로 그를
위하여 채색옷을 지었더니
4 그의 형들이 아버지가 형들보다 그를 더 사랑함을 보고 그를 미워하여 그에게 편안하
게 말할 수 없었더라

요셉, 그는 도대체 어떤 사람이었을까? 특히 어릴 때의 모습은 어떠했을까? 성경은 이에 대하여 침묵하고 있는 것처럼 보인다. 명시적인 설명에서 보면 그렇다. 그러나 성경의 기록방식인 암시적 설명을 염두에 두면서 보면 본문에 요셉의 면면을 추정해 볼 수 있는 충분한 단서가 드러나 있다. 이를 기초로 요셉의 10대 중반의 모습을 그려보면 다음과 같다.

야곱은 요셉을 특별히 사랑했다.

야곱에게는 네 아내에게서 얻은 열 두 아들이 있었다. 그런데 본문에 의하면 야곱은 요셉에게 채색옷을 입히는 등 그를 특별히 사랑하였는데 그 이유는 노년에 얻은 아들이었기 때문이라고 말하고 있다. 하

지만 본문을 비롯하여 그 이후의 이야기들을 읽어보면 야곱이 요셉을 편애한 이유는 늦게 얻은 아들, 또는 그가 사랑했던 여인인 라헬의 아들이라는 이유만은 아니라는 것을 알 수 있다. 요셉은 가장 늦게 얻은 아들이 아니었다. 라헬에게서 요셉 다음으로 막내 베냐민을 낳았기 때문이다. 여러 아들을 키우면서 자신이 더 좋아했던 아내가 낳은 아들, 늦게 얻은 아들이라는 사실 하나만으로 일시적이면 몰라도 계속하여 특별히 사랑한다는 것은 사실상 불가능하다. 요셉에게 무언가 남달리 사랑받을 만한 이유가 있었을 것이다. 요셉이 특별히 사랑받을 만한 이유가 무엇이었을까?

요셉은 형들의 잘못을 아버지에게 알렸다.

성경은 요셉이 형들과 양을 치다가 형들의 잘못을 아버지에게 알려주었다는 이야기로 요셉의 이야기를 시작하고 있다. 다른 것이 아닌 이것으로 요셉의 이야기를 시작하는 이유는 무엇일까? 그 이유는 이 이야기가 요셉의 특징을 가장 잘 나타내주며 또 중요하기 때문이다. 도대체 이 이야기가 왜 그토록 중요할까?

요셉이 형들의 잘못을 아버지에게 알렸다는 것은 무엇을 말하려고 하는 것일까? 요셉이 단순히 형들을 헐뜯기 위하여 고자질을 했고 이것 때문에 아버지의 사랑을 받았고 형들에게는 미움을 받았다는 것을 말하고 있을까? 아니다. 고자질을 일삼는 것은 결코 아버지의 사랑을 받을 만한 일이 아니다. 그러면 무엇을 말하고 있을까? 요셉이 아버지에게 알린 형들의 잘못은 양을 칠 때에 있었던 일이었다. 이 부분에 초점을 맞추어 볼 필요가 있다.

고향으로 돌아온 야곱, 노년에 접어들자 양치는 일을 장성한 아들들에게 맡겼다. 목축은 결코 수월한 일이 아니다. 특히 야곱이 살던 가나안 남부는 목축을 하기에는 열악한 지역이다. 이런 곳에서 가축을 키워서 재산을 늘린다는 것은 여간 어려운 일이 아니다. 최선을 다하지 않으면 현상유지도 쉽지 않은 환경이다. 이런 상황에서 형들과 같이 양을 치던 요셉은 형들의 무슨 잘못을 아버지에게 알렸을까? 또 왜 요셉은 형들의 잘못을 아버지에게 알리고 있을까? 또 왜 형들은 이런 요셉을 미워한 나머지 후일 죽이려고까지 했을까?

야곱은 목축으로 성공한 사람이기 때문에 목축에 대해서는 누구보다도 잘 알고 있었다. 그가 하란의 처가에서 양을 기를 때에 야곱의 양떼들은 유독 잘 자랐다. 그 이유는 그가 양 한 마리 한 마리를 애지중지하며 정성으로 돌보았기 때문이었다. 이제 그 양들을 자식에게 맡긴 야곱은 아들들이 양을 어떻게 돌보기를 주문하며 기대했을까? 당연히 자기처럼 양을 기르도록 요구했을 것이다. 야곱은 빈손으로 출발하여 목축으로 큰 성공을 거둔 사람이다. 이렇게 자수성가(自手成家)한 사람들은 일에 있어서는 대단히 엄격하다. 야곱이 여러 아들들에게 양을 나누어 맡겼는데 그 아들들 중에서 야곱의 기대를 저버리지 않는 아들이 누구였을까? 요셉이었다. 그는 비록 나이가 10대 중반으로 형들보다는 어렸지만 양을 돌보는 데에 있어서는 아버지 야곱 수준으로 지극정성을 다했다. 이런 요셉은 양을 돌보면서 최선을 다하지 않고 빈둥거리는 형들의 모습이 못마땅했고 시정을 요구했으나 듣지 않자 이런 사실들을 아버지에게 있는 그대로 전했다.

노년의 야곱, 그는 산전수전(山戰水戰)을 다 겪으면서 재산을 일군 사람이다. 그런 그가 자식들에게 기대하는 것은 자기가 평생 일군 재산을 맡아서 잘 관리하며 더 늘려가는 것이었다. 그런데 그의 기대에 부응하는 아들이 하나 있었다. 요셉이 바로 그였다. 본문은 간접표현인 암시, 함축의 방식으로 이것을 말하고 있다. 야곱이 요셉을 특별히 사랑한 이유는 여기에 있다. 그래야 앞뒤 정황에 맞다.

원인없는 결과는 있을 수 없다. 요셉이 특별히 사랑받은 이유는 그와 상관없는 탄생의 사유만이 아니다. 요셉 자신에게 사랑받을 만한 이유가 있었다. 자신이 맡은 일에 최선을 다하는 삶이 그것이었다.

물음 42 요셉의 꿈, 무엇을 말하고 있나?

본문 : 〈 37장 〉

5 요셉이 꿈을 꾸고 자기 형들에게 말하매 그들이 그를 더욱 미워하였더라.
6 요셉이 그들에게 이르되 청하건대 내가 꾼 꿈을 들으시오
7 우리가 밭에서 곡식 단을 묶더니 내 단은 일어서고 당신들의 단은 내 단을 둘러서서
절하더이다.
8 그의 형들이 그에게 이르되 네가 참으로 우리의 왕이 되겠느냐 참으로 우리를 다스리
게 되겠느냐 하고 그의 꿈과 그의 말로 말미암아 그를 더욱 미워하더니,
9 요셉이 다시 꿈을 꾸고 그의 형들에게 말하여 이르되 "내가 또 꿈을 꾼즉 해와 달과
열한 별이 내게 절하더이다." 하니라.
10 그가 그의 꿈을 아버지와 형들에게 말하매 아버지가 그를 꾸짖고 그에게 이르되 네가
꾼 꿈이 무엇이냐 나와 네 어머니와 네 형들이 참으로 가서 땅에 엎드려 네게 절하겠느냐?
11 그의 형들은 시기하되 그의 아버지는 그 말을 간직해 두었더라.

요셉의 꿈 이야기, 너무나 잘 알려져 있어서 새삼스러운 게 아니다. 이제 다시 물어볼 필요가 있다. 그런데 요셉의 꿈은 무엇을 말하고 있을까? 그 대답을 찾는 것은 별로 어려워 보이지 않는다. 형들의 곡식단이 요셉의 곡식단에게 절을 하고 또 열 한 별이 요셉에게 절했다는 것에서, 후일 요셉이 총리가 된 후 요셉에게 형들이 엎드려 절하는 것을 쉽게 연상(聯想)할 수 있기 때문이다. 그러나 이렇게 정리하고 넘어가기에는 석연치 않은 부분이 너무 많다. 성경에서 요셉을 말하고자 하는 것이 겨우 요셉이 형들보다 출세하여 총리가 되었고 그래서 형들에게 절을 받게 되었다는 것에 불과할까? 요셉은 무슨 이유로 이런 꿈을 꾸고 있을까? 어떻게 하면 이런 꿈을 꿀 수 있을까? 이런 꿈을 꾸고 싶

다고 되는가? 단순히 하나님의 선택과 예정 때문일까? 하나님은 왜 요셉을 선택하시는가?

결론부터 말하자면 요셉의 꿈 이야기는 대단히 중요하다. 어린 요셉의 꿈은 단순히 그가 총리가 되고 또 형들에게 절을 받는 것을 예고하려는 데에 있지 않다. 이 이야기에는 창세기, 더 나아가 성경의 결론부분에 해당될 만큼 중요한 내용이 감추어져 있다. 다시 말하지만 성경의 많은 부분은 직접, 명시적 설명이 아닌 간접, 암시적 표현방식으로 기록되어 있다. 함축, 암시, 은폐된 내용을 찾아내는 것은 읽는 사람, 해석자의 몫이다.

요셉의 꿈이 무엇을 말하고 있는지는 요셉의 이야기 마지막 결론 부분에 가서 알게 될 것이다.

물음 43

요셉, 무슨 일을 겪고 있나?

본문 : 〈 37장 〉

12 그의 형들이 세겜에 가서 아버지의 양 떼를 칠 때에
13 이스라엘이 요셉에게 이르되 네 형들이 세겜에서 양을 치지 아니하느냐 너를 그들에
게로 보내리라 요셉이 아버지에게 대답하되 내가 그리하겠나이다
14 이스라엘이 그에게 이르되 가서 네 형들과 양 떼가 다 잘 있는지를 보고 돌아와 내게
말하라 하고 그를 헤브론 골짜기에서 보내니 그가 세겜으로 가니라
15 어떤 사람이 그를 만난즉 그가 들에서 방황하는지라 그 사람이 그에게 물어 이르되
네가 무엇을 찾느냐
16 그가 이르되 내가 내 형들을 찾으오니 청하건대 그들이 양치는 곳을 내게 가르쳐 주
소서
17 그 사람이 이르되 그들이 여기서 떠났느니라 내가 그들의 말을 들으니 도단으로 가자
하더라 하니라 요셉이 그의 형들의 뒤를 따라 가서 도단에서 그들을 만나니라
18 요셉이 그들에게 가까이 오기 전에 그들이 요셉을 멀리서 보고 죽이기를 꾀하여
19 서로 이르되 꿈꾸는 자가 오는 도다
20 자, 그를 죽여 한 구덩이에 던지고 우리가 말하기를 악한 짐승이 그를 잡아먹었다 하

자 그의 꿈이 어떻게 되는지를 우리가 볼 것이니라 하는지라
21 르우벤이 듣고 요셉을 그들의 손에서 구원하려 하여 이르되 우리가 그의 생명은 해치
지 말자
22 르우벤이 또 그들에게 이르되 피를 흘리지 말라 그를 광야 그 구덩이에 던지고 손을
그에게 대지 말라 하니 이는 그가 요셉을 그들의 손에서 구출하여 그의 아버지에게로 돌
려보내려 함이었더라
23 요셉이 형들에게 이르매 그의 형들이 요셉의 옷 곧 그가 입은 채색옷을 벗기고
24 그를 잡아 구덩이에 던지니 그 구덩이는 빈 것이라 그 속에 물이 없었더라
25 그들이 앉아 음식을 먹다가 눈을 들어본즉 한 무리의 이스마엘 사람들이 길르앗에서
오는데 그 낙타들에 향품과 유향과 몰약을 싣고 애굽으로 내려가는지라
26 유다가 자기 형제에게 이르되 우리가 우리 동생을 죽이고 그의 피를 덮어둔들 무엇이
유익할까
27 자 그를 이스마엘 사람들에게 팔고 그에게 우리 손을 대지 말자 그는 우리의 동생이
요 우리의 혈육이니라 하매 그의 형들이 청종하였더라
28 그 때에 미디안 사람 상인들이 지나가고 있는지라 형들이 요셉을 구덩이에서 끌어올리
고 은 이십에 그를 이스마엘 사람들에게 팔매 그 상인들이 요셉을 데리고 애굽으로 갔더라
29 르우벤이 돌아와 구덩이에 이르러 본즉 거기 요셉이 없는지라 옷을 찢고
30 아우들에게로 되돌아와서 이르되 아이가 없도다 나는 어디로 갈까
31 그들이 요셉의 옷을 가져다가 숫염소를 죽여 그 옷을 피에 적시고
32 그의 채색옷을 보내어 그의 아버지에게로 가지고 가서 이르기를 우리가 이것을 발견
하였으니 아버지 아들의 옷인가 보소서 하매
33 아버지가 그것을 알아보고 이르되 내 아들의 옷이라 악한 짐승이 그를 잡아 먹었도다
요셉이 분명히 찢겼도다 하고
34 자기 옷을 찢고 굵은 베로 허리를 묶고 오래도록 그의 아들을 위하여 애통하니
35 그의 모든 자녀가 위로하되 그가 그 위로를 받지 아니하여 이르되 내가 슬퍼하며 스
올로 내려가 아들에게로 가리라 하고 그의 아버지가 그를 위하여 울었더라
36 그 미디안 사람들은 그를 애굽에서 바로의 신하 친위대장 보디발에게 팔았더라

요셉이 펼쳐 나갈 대장정(大長征)의 막이 올랐다. 요셉의 꿈이 이루어지는 과정에서 빠져서는 안될 중요한 사건들이 있었다. 이것들을 짚어보고자 한다.

1. 야곱의 고민

본문 12~14절을 보면 아들들에게 양떼를 맡긴 야곱의 고민이 그대로 드러나 있다. 자식들에게 양떼를 맡겨 놓았는데 영 마음이 놓이질

않아 불안했다. 생각다 못한 야곱은 마침 집에 있던 요셉을 불러 형들이 양을 치는 곳으로 보내야 했다. 이는 평소 아들들이 양을 치는 모습이 야곱의 마음에 들지 않았음을 암시하고 있다. 이런 사실은 동시에 왜 야곱이 요셉을 그토록 사랑했는지를 잘 보여주고 있다. 중요한 일을 처리하는 사람에게 있어서는 일을 믿고 맡길 수 있는 사람, 맡겨놓고도 마음이 놓이는 사람이 무엇보다도 필요하다.

어린 요셉, 그는 아버지가 걱정하지 않을 만큼 일을 확실하게 하는 그런 사람이었다.

2. 형들의 미움

요셉의 이런 행동이 얻은 결과는 무엇이었는가? 아버지로부터는 신뢰와 사랑을 받았지만 그 반대로 형들에게는 죽이고 싶을 만큼의 미움과 증오를 받았다. 요셉이 무엇을 잘못했는가? 아니다. 요셉이 옳았다. 그러나 죄악이 지배하는 세상에서 옳은 일이란 종종 그 대접을 제대로 받지 못하고 만다. 어린 동생의 성실성과 진실은 형들의 뉘우침을 얻어내기 보다는 시기와 질투, 증오심을 촉발시켰다. 그러면 어떻게 해야 하나? 적당히 타협하여 눈감아 주어야 하나? 아니다. 계속 올곧음을 고집해야 한다. 그러나 그 결과는 참혹하다. 요셉에게는 어떤 결과가 왔는가?

증오심이 극에 달한 형들은 자신들이 양치는 모습을 감시하기 위해 오고 있는 요셉을 보자 이번에는 아예 죽여 없애버릴 모의를 했다. 요셉은 형들에게 죽임을 당할 위기에 처하였다가 유다의 제안에 의해 먼 타국으로 팔려가서 노예의 삶이 시작되었다. 형들은 요셉의 옷자락을 찢어 피를 묻힌 후 아버지에게 보여주며 요셉이 맹수에게 잡혀먹은 것 같다고 전해 주었다. 야곱은 요셉이 죽은 줄만 알고 큰 슬픔에 잠겨 지내야 했다.

죄악이 지배하는 타락한 세상에서는 의로움이 종종 잔혹한 취급을 당한다. 이런 현실 때문에 대부분의 사람들은 청년기에 가졌던 의분을 포기한다. 그러나 의로움이 맺는 큰 열매는 이것을 이겨내는 사람에게 돌아간다. 바른 길을 가려는 사람에게는 늘 적이 생기게 마련이므로 욕먹을 각오를 해야 한다. 결코 칭찬만 돌아오지 않는다. 다음의 구절은 이런 사람들에게 주시는 위로의 말씀이다.

> 의를 위하여 핍박을 받은 자는 복이 있나니 천국이 그들의 것임이라 나로 말미암아 너희를 욕하고 박해하고 거짓으로 너희를 거슬러 모든 악한 말을 할 때에는 너희에게 복이 있나니 기뻐하고 즐거워하라 하늘에서 너희의 상이 큼이라 너희 전에 있던 선지자들도 이같이 박해하였느니라 (마태복음 5:10~12)

3. 기회

창조주 하나님께서 이렇게 죄악이 지배하는 현실 속에서 역사를 주관하신다는 증거는 어디에 있을까? 고난당하는 의인을 통하여 당신의 뜻을 실현하는 데에 있다. 하나님은 의인의 고난을 결코 묵과하지 않으시고 반드시 열매가 맺히게 하신다. 이는 인과론의 당연한 귀결이다.

요셉이 당하는 어려움은 결코 헛되지 않았다. 그가 후일 애굽의 총리가 되는 데에 일등공신은 형들의 미움으로 말미암은 시련이었다. 이는 요셉이 후일 형들을 만난 자리에서 하는 고백이기도 하다.[71] 바꾸어

---

71) 요셉이 형들에게 이르되 내게로 가까이 오소서. 그들이 가까이 가니 이르되 나는 당신들의 아우 요셉이니 당신들이 애굽에 판 자라 당신들이 나를 이 곳에 팔았다고 해서 근심하지 마소서. 한탄하지 마소서. 하나님이 생명을 구원하시려고 나를 당신들보다 먼저 보내셨나이다. 이 땅에 이 년 동안 흉년이 들었으나 아직 오 년은 밭갈이도 못하고 추수도 못할지라 하나님이 큰 구원으로 당신들의 생명을 보존하고 당신들의 후손을 세상에 두시려고 나를 당신들보다 먼저 보내셨나니, 그런즉 **나를 이리로 보낸 이는 당신들이 아니요 하나님이시라.** 하나님이 나를 바로에게 아버지로 삼으시고 그 온 집의 주로 삼으시며 애굽 온 땅의 통치자로 삼으셨나이다.(창세기 45:4~8)

말하면 요셉을 미워하여 죽이려고 하다가 돈을 받고 동생을 종으로 팔아먹은 형들은 요셉에게 가장 큰 기회를 만들어 준 셈이다. 고난, 무엇을 말하는가?

고난은 재앙이 아니라 기회이다.

물음 44

유다와 다말 이야기, 왜 성경에 들어있나?

본문 : 〈 38장 〉

1 그 후에 유다가 자기 형제들로부터 떠나 내려가서 아둘람 사람 히라와 가까이 하니라
2 유다가 거기서 가나안 사람 수아라 하는 자의 딸을 보고 그를 데리고 동침하니
3 그가 임신하여 아들을 낳으매 유다가 그의 이름을 엘이라 하니라
4 그가 다시 임신하여 아들을 낳고 그의 이름을 오난이라 하고
5 그가 또 다시 아들을 낳고 그의 이름을 셀라라 하니라 그가 셀라를 낳을 때에 유다는
거십에 있었더라
6 유다가 장자 엘을 위하여 아내를 데려오니 그의 이름은 다말이더라
7 유다의 장자 엘이 여호와가 보시기에 악하므로 여호와께서 그를 죽이신지라
8 유다가 오난에게 이르되 네 형수에게로 들어가서 남편의 아우 된 본분을 행하여 네 형
을 위하여 씨가 있게 하라
9 오난이 그 씨가 자기 것이 되지 않을 줄 알므로 형수에게 들어갔을 때에 그의 형에게
씨를 주지 아니하려고 땅에 설정하매
10 그 일이 여호와가 보시기에 악하므로 여호와께서 그도 죽이시니
11 유다가 그의 며느리 다말에게 이르되 수절하고 네 아버지 집에 있어 내 아들 셀라가
장성하기를 기다리라 하니 셀라도 그 형들 같이 죽을까 염려함이라 다말이 가서 그의 아
버지 집에 있으니라
12 얼마 후에 유다의 아내 수아의 딸이 죽은지라 유다가 위로를 받은 후에 그의 친구 아
둘람 사람 히라와 함께 딤나로 올라가서 자기의 양털 깎는 자에게 이르렀더니
13 어떤 사람이 다말에게 말하되 네 시아버지가 자기의 양털을 깎으려고 딤나에 올라왔
다 한지라
14 그가 그 과부의 의복을 벗고 너울로 얼굴을 가리고 몸을 휩싸고 딤나 길 곁 에나임
문에 앉으니 이는 셀라가 장성함을 보았어도 자기를 그의 아내로 주지 않음으로 말미암
음이라
15 그가 얼굴을 가리었으므로 유다가 그를 보고 창녀로 여겨

16 길 곁으로 그에게 나아가 이르되 청하건대 나로 네게 들어가게 하라 하니 그의 며느
리인 줄을 알지 못하였음이라 그가 이르되 당신이 무엇을 주고 내게 들어오려느냐
17 유다가 이르되 내가 내 떼에서 염소 새끼를 주리라 그가 이르되 당신이 그것을 줄 때
까지 담보물을 주겠느냐
18 유다가 이르되 무슨 담보물을 네게 주랴 그가 이르되 당신의 도장과 그 끈과 당신의
손에 있는 지팡이로 하라 유다가 그것들을 그에게 주고 그에게로 들어갔더니 그가 유다
로 말미암아 임신하였더라
19 그가 일어나 떠나가서 그 너울을 벗고 과부의 의복을 도로 입으니라
20 유다가 그 친구 아둘람 사람의 손에 부탁하여 염소 새끼를 보내고 그 여인의 손에서
담보물을 찾으려 하였으나 그가 그 여인을 찾지 못한지라
21 그가 그 곳 사람에게 물어 이르되 길 곁 에나임에 있던 창녀가 어디 있느냐 그들이
이르되 여기는 창녀가 없느니라
22 그가 유다에게로 돌아와 이르되 내가 그를 찾지 못하였고 그 곳 사람도 이르기를 거
기에는 창녀가 없다 하더이다 하더라
23 유다가 이르되 그로 그것을 가지게 두라 우리가 부끄러움을 당할까 하노라 내가 이
염소 새끼를 보냈으나 그대가 그를 찾지 못하였느니라
24 석 달쯤 후에 어떤 사람이 유다에게 일러 말하되 네 며느리 다말이 행음하였고 그 행
음함으로 말미암아 임신하였느니라 유다가 이르되 그를 끌어내어 불사르라
25 여인이 끌려나갈 때에 사람을 보내어 시아버지에게 이르되 이 물건 임자로 말미암아
임신하였나이다 청하건대 보소서 이 도장과 그 끈과 지팡이가 누구의 것이니이까 한지라
26 유다가 그것들을 알아보고 이르되 그는 나보다 옳도다 내가 그를 내 아들 셀라에게
주지 아니 하였음이로다 하고 다시는 그를 가까이 하지 아니하였더라
27 해산할 때에 보니 쌍태라
28 해산할 때에 손이 나오는지라 산파가 이르되 이는 먼저 나온 자라하고 홍색 실을 가
져다가 그 손에 매었더니
29 그 손을 도로 들이며 그의 아우가 나오는지라 산파가 이르되 네가 어찌하여 터뜨리고
나오느냐 하였으므로 그 이름을 베레스라 불렀고
30 그의 형 곧 손에 홍색 실 있는 자가 뒤에 나오니 그의 이름을 세라라 불렀더라

성경을 읽어 내려가다 보면 "도대체 이런 이야기는 왜 쓰여 있을까?"라는 생각이 드는 경우가 종종 있다. 창세기 38장이 그런 내용 중의 하나다. 변장한 며느리가 시아버지를 유혹하여 성관계를 맺어서 쌍둥이를 낳았다는 이야기를 무엇 때문에 이렇게 자세하게, 사실적으로 한 장씩이나 기록하고 있을까? 일단 본문의 내용부터 파악해 본 후에 이 문제에 대하여 언급해 보고자 한다.

1. 삽입

유다와 다말의 이야기는 요셉의 이야기 중간에 삽입되어 있다. 요셉이 종으로 팔려가는 이야기가 진행되다가 갑자기 유다와 다말의 이야기가 한 장이나 전개되고 또 다시 요셉의 이야기로 돌아가서 연결된다. 왜 이 이야기가 요셉의 이야기 중간에 들어있을까? 그 이유는 무엇일까? 이유는 여러 가지로 추정할 수 있는데, 성경에는 종종 이런 경우가 있다.[72] 분명한 것은 이렇게 삽입된 이야기는 중요하게 다루어진다는 점이다. 즉 삽입은 특별히 강조하는 방법이다.

유다와 다말의 이야기를 창세기에서는 대단히 중요하게 다루고 있다. 전혀 떳떳하지 않은 유다와 다말의 이야기, 성경에서 하나님의 말씀 듣기를 기대하며 읽고 있는 사람들을 당황하게 하는 이런 이야기, 그런데 성경은 이런 민망한 이야기들을 대단히 중요하게 취급하고 있다. 유다와 다말의 이야기뿐 아니라, 아버지에게 술을 먹이고 잠자리를 같이하여 아이를 낳는 롯과 두 딸의 이야기도 마찬가지다.

이런 이야기가 왜 그렇게 중요할까? 이를 다루기 전에 먼저 본문의 내용을 파악할 필요가 있다.

2. 형사취수(兄死取嫂)제도

고대에는 가문의 대를 이어가는 것을 대단히 중요하게 생각해서 각 지역마다 독특한 전통이 생겨났다. 그 중의 하나가 형이 자식이 없이 죽으면 동생이 형수와 결혼하여 형의 대를 이어주는 형사취수제도다. 본문에서 유다의 큰 아들 엘이 다말과 결혼했으나 자식없이 죽자 동생 오난이 형수와 결혼하는 이유는 여기에 있다. 이렇게 태어난 아이는

72) 예를 들자면 회당장 야이로의 딸이 죽어가므로 예수님께서 야이로의 집으로 가시는 이야기가 나오다가 갑자기 열 두 해 혈루병으로 앓던 여자 이야기가 나오고 있다.(마태복음 9:18~, 마가복음 5:22~, 누가복음 8:40~)

법적으로 형의 아들이 된다. 동생은 다른 여자와 결혼하여 자신의 아들을 낳을 수 있다.

3. 유다의 고민

유다의 큰 아들 엘이 죽어서 둘째 오난을 형수와 결혼시키자, 오난은 아이를 낳아도 자신의 아이가 아니고 부양의 의무만 생기므로 아이를 낳지 않으려고 피임을 했다. 본문에서 "그 일이 여호와가 보시기에 악하므로 여호와께서 그도 죽이시니"라는 표현은 이런 일은 당시의 풍습에서는 용납될 수 없는 죄악, 즉 죽음에 해당된다는 뜻이다. 문자 그대로 하나님께서 그를 죽이셨다는 뜻이 아니다. 하나님은 오래 참고 기다리시는 분이시지 죄 지을 때마다 징계하여 죽이시는 분이 아니다. 그렇게 한다면 살아남을 사람은 아무도 없다.

큰 아들과 둘째 아들이 죽자 아들 하나 남은 유다는 셋째 아들 셀라와 며느리 다말을 결혼시키는 것이 내키지 않았다. 다말과 결혼하는 아들마다 죽어버리기 때문이었다. 그러자 유다는 막내 아들이 아직 어려 결혼할 수가 없으니 막내 아들이 클 때까지 기다리라고 다말을 친정으로 돌려보냈다. 그러나 이는 핑계일 뿐 사실상 다말을 포기한 것이었고 다말도 이 사실을 잘 알고 있었다.

4. 다말의 음모

다말은 생각보다 영리한 여자였다. 자신의 처지를 팔자려니 하고 받아들이기 보다는 상황을 명확히 파악하고 적극적으로 대처했는데 누구도 생각지 못할 방법을 동원했다. 시아버지 유다가 어떤 사람인지를 훤히 꿰뚫어보고 있는 다말은 유다가 양을 돌보기 위해서 머물고 있는 지역에 가서 길목을 지키고 있다가 창녀행세를 하며 시아버지를 유인했다.

여기서 말하는 창녀는 지금과 같은 창녀가 아니라 이방종교의 신전 창녀를 말한다. 당시의 이방종교의 신들은 남신과 여신으로 구성되었으며 신을 섬기는 행위는 그 신에게 성을 상납하는 성격을 가지고 있어서 신전에는 남자 제사장은 물론 여자 제사장들이 있었다. 이들의 의무는 예배를 드리러 오는 사람들과 성관계를 가지는 것이었다. 특히 여자 제사장들에게는 신전 밖으로 나가 남자들을 유인하여 성관계를 맺는 것이 종교적인 의무로 부과되었다. 이를 '성창'(聖娼)이라고 한다. 유다는 변복을 한 다말을 이런 성창인줄 알고 관계를 맺었다.

임신주기를 맞추어 시아버지로 말미암아 임신을 하게 된 다말은 소문을 흘려서 시아버지의 귀에 자신의 임신 사실을 알렸다. 영문을 모르는 유다는 진노하여 당시의 법대로 다말을 화형에 처하려고 했다. 그러나 치밀하게 계획을 세운 다말이 이럴 경우를 대비하여 유다에게서 증거물로 받아놓았던 도장과 지팡이를 내놓자 속수무책으로 당한 유다는 다말을 용서하지 않을 수 없었다.

이런 과정을 통해서 태어난 쌍둥이가 베레스와 세라다.

5. 왜 중요할까?

유다와 다말의 이야기를 왜 성경에 기록했을까? 또 왜 이런 것들을 그렇게 중요하게 다루고 있을까? 이 물음에 답하기 위해서는 이스라엘 역사와 성경의 기록 과정에 대한 이해가 있어야 한다.

이스라엘로 이름이 바뀐 야곱의 후손들은 요셉이 이집트의 총리가 된 연고로 이집트로 이주하여 살아가다가 노예로 전락한다. 400여년의 노예생활은 모세가 등장하여 그들을 해방시키면서 마치게 되고, 광야의 시내산에서 하나님과 계약을 맺고 가나안에 들어가 계약서인 율법을 중심으로 살아가게 된다. 그러나 율법 즉 계약대로 살지 못했고, 하나님께서는 예언자들을 보내어 하나님의 말씀인 율법을 지키라고 수없이 권고했지만 듣지 않았다. 결국 나라가 이스라엘과 유다로 분열되었다가 메소포타미아 지역에서 등장한 대국 앗수르, 바벨론에게 이스라엘과 유다가 차례로 멸망당한다. 특히 유다는 바벨론에게 멸망당한 후 전쟁포로로 끌려가서 노예생활을 하게 된다. 이 시기를 바벨론 포로기라고 한다. 민족멸절의 위기에 처한 유대인들은 예언자들이 전하는 설교를 들으면서 기사회생(起死回生)한다. 이 과정에서 그들은 율법대로 살지 못한 것을 철저히 회개하는 운동이 일어나면서 신앙의 일대 혁신을 경험한다. 이 시기에 성경에 대한 지대한 관심을 가지고 마지막 마무리 편집 작업을 한다. 지금의 구약 성경에는 이 시기의 철저한 참회의 흔적들이 많이 남아 있다.

유다와 다말의 이야기는 이런 참회의 결과다. 이 이야기는 단순히 유다 개인의 치부를 말하는 것이 아니다. '유다'라는 이름은 이 당시에는 이들의 나라의 이름이며 유대인의 대명사였다. 즉 유다의 이야기는 남왕국 유다의 백성들이 자신들이 하나님의 말씀대로 살지 못했음을 고백하는 참회록이다. 유대인의 특징 중의 하나가 선민의식인데 이들은 자신들만이 하나님의 율법을 받은 사람이라는 우월감에서 이방인들을 지극히 천시했다. 창세기 19:30~38의 롯과 두 딸의 이야기 역시 단순히 롯의 이야기를 말하는 것이 아니라 모압과 암몬인들에 대한 유대인들의 우월감을 반영하고 있다. 유대인들은 롯과 두 딸의 이야기를 통하여 모압과 암몬인과 같은 이방인들을 부도덕한 사람들로 매도하며 천시했다.

자신들만이 율법을 받은 유일한 민족이라는 우월감에서 율법이 없는 이방인들을 천시하던 유대인들은 유다와 다말의 이야기를 통하여 자신들도 더 나은 것이 없을 뿐만 아니라 사실상 더 악한 삶을 살아왔음을 참회하고 있다. 본문의 유다는 일반 창기가 아닌 이방인 신전의 여사제 성창과 성관계를 맺고 있는데 이는 유대인으로서는 단순한 성적인 문제이기 이전에 신앙적인 문제이며 치욕스러운 행위이다.

성경에서 유다와 다말의 이야기를 중요하게 다루는 이유는 여기에 있다. '참회'는 신앙의 중심에 해당되며 그 중요성은 아무리 강조해도 지나치지 않다. 유다와 다말의 이야기를 읽으면서 어리둥절해지는 이유는 그 본문 배경에 대한 이해가 없기 때문이다.

본문(text)은 반드시 그 배경(context)에서 해석되어야 한다.

물음 45

보여주는 선교, 무엇을 말하나?

본문 : 〈 39장 〉

1 요셉이 이끌려 애굽에 내려가매 바로의 신하 친위대장 애굽 사람 보디발이 그를 그리로 데려간 이스마엘 사람의 손에서 요셉을 사니라.
2 여호와께서 요셉과 함께 하시므로 그가 형통한 자가 되어 그의 주인 애굽 사람의 집에 있으니
3 그의 주인이 여호와께서 그와 함께 하심을 보며 또 여호와께서 그의 범사에 형통하게 하심을 보았더라.
4 요셉이 그의 주인에게 은혜를 입어 섬기매 그가 요셉을 가정 총무로 삼고 자기의 소유를 다 그의 손에 위탁하니
5 그가 요셉에게 자기의 집과 그의 모든 소유물을 주관하게 한 때부터 여호와께서 요셉을 위하여 그 애굽 사람의 집에 복을 내리시므로 여호와의 복이 그의 집과 밭에 있는 모든 소유에 미친지라.
6 주인이 그의 소유를 다 요셉의 손에 위탁하고 자기가 먹는 음식 외에는 간섭하지 아니하였더라 요셉은 용모가 빼어나고 아름다웠더라.

다시 요셉의 이야기로 돌아왔다. 그런데 본문의 짧은 몇 구절 속에 참으로 많은 내용이 함축, 암시, 은폐되어 있다. 본문에서 반복되는 단어는 '형통', '복', '위탁' 등이다. 이 용어들을 중심으로 본문에 함축, 암시, 은폐되어 있는 내용을 찾아보고자 한다.

1. 형통

열일곱 살에 형들에 의해 아라비아 상인에게 노예로 팔린 요셉은 애굽(이집트)의 노예 시장에서 보디발이라는 사람의 집에 팔려갔다. 언어와 문화와 풍습이 다른 나라에 종으로 팔려간다는 것은 당시에 가장 비참한 사람이 되었다는 뜻이다. 그런데 성경은 아무런 설명 없이 요셉이 형통한 자가 되었다고 거듭 말하고 있다. '형통', 무엇을 말하는가? 형통에 대한 사전적인 의미를 파악하는 것은 전혀 어렵지 않다. "모든 일이 마음먹은 대로 잘 되어감"이 형통의 의미이다. 누구나 이런 형통을 꿈꾸지만 현실은 전혀 그렇지 않다. 그런데 요셉은 어떻게 매사에 형통했을까?

하나님께서 함께 하셨기 때문이라고 말하고 있다. 하나님께서 왜 요셉에게 함께 하셔서 형통하게 하시는가? 요셉이 특별히 어려움을 당하고 있기 때문일까? 그렇지 않다. 이런 어려움을 당하는 사람은 얼마든지 있기 때문이다. 요셉을 예정하고 선택하셨기 때문일까? 만일 그렇다면 왜 요셉만 선택하시는가? 그냥 하나님께서 요셉을 선택하시고 함께하셔서 요셉이 저절로 잘되었다고 말하는 것은 이치에 맞지 않다. 이렇게 되면 형통은 단지 '요행'에 불과하다. 하나님은 고작 당신의 사람들에게 행운을 주시는 분일까? 아니다. 미신적인 신앙의 신이라면 몰라도 천지를 만드시고 역사를 주관하시는 진리이신 하나님께서 세상을 행운으로 지배하신다면 말이 되지 않는다. 말이 되게 해야 한다. 말이 되려면 어떻게 말해야 하나? 요셉에게 형통할 만한 이유가 있었다고 말해야 한다. 하나님께서 만드신 세상 만물에는 인과론이라는 원리가 들어있다. 모든 결과에는 그 결과에 해당되는 이유가 있게 마련이다. 이것을 간과하면 말이 되지 않는다.

그렇다면 요셉이 형통한 이유는 무엇일까? 왜 성경은 이에 대하여 아무런 설명이 없는가? 설명이 없는데 어떻게 알 수 있는가? 꼭 설명이 있어야만 알 수 있는 것은 아니다. 모든 만물에 들어있는 단순한 이치와 원리로 생각해 보면 된다. 성경이 구체적인 설명의 방식으로 기록되어 있지 않은 이유는 여기에 있다. 하나님께서 만드신 세상의 만물 속에 들어있는 단순한 원리와 이치를 깨달아 알라는 것이다. 이런 이유로 요한복음에서는 성령을 '진리의 영', 깨닫도록 도우시는 '보혜사' (保惠師)라고 말한다. 성경해석자의 역할은 깨달아 알게 하시는 성령님의 도우심으로 은폐, 함축, 암시되어있는 것을 찾아내는 데에 있다. 요셉은 어떻게 형통했을까?

❶ 심는 대로 거둔다.

만물의 이치는 심는 대로 거두는 데에 있다. 요셉은 무언가 심은 것이 있기 때문에 형통했다. 야곱의 양이 저절로 잘 큰 것이 아니라 야곱이 불철주야 애쓰며 양을 애지중지(愛之重之)했기 때문이던 이유와 같다. 하나님의 법이 지배하는 세상에는 저절로 쉽게 잘 되는 것은 없다. 이는 사기꾼들이나 늘어놓는 속임수일 뿐이다. 구체적으로 요셉은 무엇을 심었을까? 이를 위해서는 요셉이 종으로 팔려간 현장의 상황을 염두에 두어볼 필요가 있다. 항상 본문(text)을 그 배경(context)에서 보아야 한다.

요셉은 17세에 보디발의 집으로 팔려갔다. 보디발은 친위대장, 즉 이집트 왕의 경호실장이었다. 고대의 절대왕권 시절에 왕 다음의 권세를 가진 사람이 왕 옆에 칼을 차고 서 있다가 필요한 경우 왕의 침실에 칼을 차고 들어갈 수 있는 사람이다. 보디발은 이집트에서 왕 다음가는 권세를 가진 사람이었다. 이 사람의 집에는 종이 한 둘이 아니다. 이 사람의 집에 왕의 정치범을 가두는 감옥이 있을 정도의 권세를 지녔으니.(창세기 40:3, 41:10) 그 집안에는 수백 명, 아니 수천여 명의 사람들이 있었을 것이다. 이런 집에 소년에 불과한 요셉이 노예로 들어왔다. 아직 말도 통하지 않았다. 그런데 몇 년 후 요셉이 보디발의 집안의 모든 일을 책임지는 위치에 올랐을 뿐만 아니라 보디발이 먹는 음식을 제외한 모든 일을 전결(專決)로 처리할 만큼 신임을 얻었다. 이런 일이 동화의 세계라면 몰라도 현실 속에서 일어난다는 것은 거의 불가능하다. 요셉의 이야기는 동화일까? 아니다. 고작 동화를 말하고 있다면 성경이라고 할 수가 없다. 성경은 결코 동화나 신화가 아닌 실화, 더 나아가 하나님의 말씀이다. 성경을 해석하는 사람은 성경이 동화나 신화가 아닌 하나님의 말씀이 되도록 해야 한다. 이는 성경해석자의 의무다.

요셉과 같이 완전 밑바닥 처지에서 집안의 모든 일을 관장하는 최고의 위치에 오르려면 단 한 가지 방법밖에 없다.

❷ 감동

바로 이것이다. 감동이 진정으로 사람을 움직인다. 돈이나 힘 있는 사람의 도움이 어느 정도 통하기는 하지만 오래가지 못한다. 이는 반드시 부작용을 낳기 때문이다. 완전 밑바닥에서 순수하게 혼자 일어서서 최고의 자리에 올라가면서도 주변 사람들의 저항과 반발, 시기심을 사지 않을 뿐만 아니라, 그들이 적극적으로 도와주어야 그 자리에서 추진하는 일이 잘 되어갈 수가 있다. 강제력과 명령에 의해 마지못해 하는 일은 결코 형통할 수가 없다. 요셉이 하는 일마다 형통했다는 것은 그 집안의 사람들이 요셉이 하는 일을 적극적으로 도와주었다는 뜻이다. 나이 어린 요셉이, 수많은 사람들 사이에서 어떻게 그들을 자신의 지지자로 바꾸어 놓을 수 있었을까? 더구나 주인 보디발까지도 요셉 편에 서게 한 것은 무엇 때문이었을까? 요셉의 삶에서 받은 감동이다. 감동 이외에 다른 방법은 없었다.

❸ 보여주는 선교

아브라함, 이삭, 야곱과 비교해 볼 때 요셉 이야기의 특징 중의 하나는 요셉의 신앙생활에 대한 언급이 거의 없다는 점이다. 요셉이 어떤 제사를 드리거나 기도한 이야기, 하나님께서 요셉에게 무슨 말씀을 하셨다는 이야기 등에 대하여 침묵하고 있다. 단지 하나님께서 요셉에게 함께하셔서 요셉이 형통했다는 설명과 요셉의 대화 가운데서 하나님에 대한 언급이 몇 차례 나올 뿐이다. 그런데 "하나님께서 함께하셨다.", "하나님께서 범사에 형통하게 하셨다."라고 말한다. 하나님의 동행과 형통하게 하심은 하나님과의 관계에 있어서 절정의 상태에 있을 때 나타나는 현상이다. 즉 요셉은 인간의 신앙이 도달할 수 있는 최고의 상태에 있었다는 뜻이다. 그런데 왜 제사, 기도, 하나님의 음성 등과 같은 요셉의 신앙생활에 대한 언급은 없을까?

하나님과의 관계에 있어서 제사(예배), 기도 등과 같은 의식(儀式)은 형식이요 그 내용은 삶이기 때문이다. 요셉에게 있어서 예배의식과 삶은 하나였기 때문에 형식에 대한 언급이 아닌 그 내용을 말하고 있다. 바꾸어 말하면 삶의 신앙생활이란 '하나님' 이라는 단어를 사용하지 않고 하나님을 말하고, 기도라는 형식을 취하지 않고 기도하며, 예배의식 없이 예배드리는 것을 말한다. 이것이 산제사며 살아있는 신앙이다. 살아계신 하나님은 살아있는 삶의 신앙으로 섬겨야 한다. 요셉의 이야기는 이와 같은 신앙 즉 보여주는 선교를 말하고 있다. 말이 아닌 삶으로 보여주는 선교는 사람들에게 감동으로 다가가게 되어있다. 하나님의 의도는 당신을 믿는 사람들을 통하여 당신을 보여주시려는, 보여주는 선교에 있다. 보여주는 선교는 보이지 않는 하나님의 보이는 형상이 되는 것이다. 요셉의 이야기는 보여주는 선교의 표본이다.

어떻게 이런 보여주는 선교가 가능할까?

❹ 관심의 일치

누군가와 무슨 일을 하려면 서로 마음이 맞아야 한다. 마찬가지로 하나님의 일을 하는 사람은 먼저 하나님과 마음이 일치되어야 한다. 이 마음의 일치는 같은 관심사에서 출발한다. 하나님의 일을 하려는 사람은 하나님과 관심의 일치가 되어야 한다. 하나님의 최대 관심사는 무엇일까? 그 하나님과 어떻게 관심의 일치가 일어날 수 있을까? 요셉의 애굽 생활로 돌아가서 살펴보자.

애굽에 종으로 팔려간 요셉의 주변에 있는 사람들은 하나같이 비슷한 처지에 놓인 사람들이었다. 요셉처럼 돈에 팔려서 노예로 전락한 사람들, 전쟁포로로 노예가 된 사람들, 태어날 때부터 신분이 노예인 사람들과 가난과 생활고, 질병 등에 시달리고 있는 밑바닥 계층의 사람들, 이들을 가리켜 그 당시에는 '하비루'(Habiru, 또는 Apiru)라고 불렀다. '히브리'(Hebrew)와 동의어인 하비루는 종족의 개념이 아니라 사회 계층의 개념이다. 요셉이 이런 하비루들에 대하여 불쌍한 마음을 가지고 있었음은 요셉의 총리사역 결론에 해당되는 창세기 47:23~24에 잘 나타난다.[73] 하나님의 일을 하는 데에 있어서 불쌍히 여기는 마음은 대단히 중요하다. 왜냐하면 죄에 지배받으며 비참하게 죽어가는 인간을 향한 하나님의 마음이 곧 불쌍히 여기는 마음이며, '여호와'라는 이름의 뜻이 곧 "불쌍한 사람을 한없이 측은히 여기며 가난한 사람을 보면 가슴 아파 견디지 못하는 하나님"이기 때문이다.[74]

---

73) 요셉이 백성에게 이르되 오늘 내가 바로를 위하여 너희 몸과 너희 토지를 샀노라 여기 종자가 있으니 너희는 그 땅에 뿌리라. 추수의 오분의 일을 바로에게 상납하고 오분의 사는 너희가 가져서 토지의 종자로도 삼고 너희의 양식으로도 삼고 **너희 가족과 어린 아이의 양식으로도 삼으라.**(창세기 47:23~24)

74) 곧 여호와께서 모세 앞으로 지나가면서 이렇게 외치셨다. **나는 여호와, 여호와이다. 불쌍한 이들을 한없이 측은히 여기며 가난한 이들을 바라보면 가슴 아파 견디지 못하는 하나님이다.**(출애굽기 34:6, 현대어역)

❺ 불쌍히 여기는 마음

하나님과의 관심의 일치는 불쌍히 여기는 마음(惻隱之心)에 있다. 그런데 이 마음은 특별한 마음이 아니다. 누구에게나 있는 마음이다. 단지 이 마음을 얼마나 지속적으로 가지며 행동으로 옮기느냐에 차이가 있을 뿐이다. 하나님의 일을 하는 하나님의 사람은 누구나 이러한 마음을 품을 수 있다. 진리가 진리이기 위해서는 누구에게나 해당되어야 한다. 하나님의 일은 특별한 사람의 전유물이 결코 아니다.

하나님의 일은 불쌍히 여기는 마음에서 출발한다. 애굽에서 종살이를 시작한 요셉, 그의 주변에는 온통 불쌍한 사람들뿐이었다. 그러면 이런 불쌍한 사람들을 위하여 요셉은 무엇을 할 수 있었을까? 사실 할 수 있는 게 별로 없었을 것이다. 이 역시 누구나 경험하는 일이다. 언제나 현실의 벽은 높고 두텁기 때문이다. 가난은 나라도 구제할 수 없는 불가능의 영역이다. 대부분의 경우 이런 현실의 벽 앞에서 불쌍한 마음은 절망하게 된다. 또 삶의 현실이란 고달픔의 연속이므로 한가하게 남을 향한 불쌍한 마음이나 품고 있을 여유가 없다. 이런 이유로 누구에게나 있는 불쌍히 여기는 마음은 잠시 스쳐가는 생각에 그치고 만다.

그런데 간혹 이 마음을 식히지 않고 끝까지 간직하는 사람들이 있다. 어떻게 이 마음을 지속시킬 수 있을까? 또 힘없는 사람이 불쌍한 마음만으로 도대체 무슨 일을 할 수 있을까?

❻ 이해의 일치

불쌍히 여기는 마음은 안타까움으로 이어지며 이는 다시 기도로 승화된다. 왜냐하면 기도 이외에는 할 수 있는 것이 없기 때문이다. 이 기도는 하나님에 대한 철저한 신앙에 기초한다. 하나님은 살아계시며 역사를 주관하신다는 확신이 없으면 기도하지 못한다. 요셉에게는 이런 신앙이 있었다.

기도하면 무엇이 어떻게 달라질까? 불쌍히 여기는 마음이 더 불타오른다. 기도는 불쌍히 여기는 마음의 불을 지피는 기름과 같다. 계속 기도할 때 이 마음이 지속되며 더 강해진다. 이 불에 불붙은 사람은 가장 가까이에 있는 불쌍한 사람에게 헌신으로 표현되며, 이 헌신은 감동으로 전달되며 존경과 협력으로 돌아온다. 요셉이 하는 일마다 형통했다는 말 속에는 그가 이런 신앙을 가지고 계속 기도했음이 암시되어 있다. 요셉이 하는 일이 그냥 저절로 잘 되었다는 것이 아니라 요셉이 하는 일을 보는 사람, 듣는 사람들이 감동을 받고 요셉이 하는 일에 절대적으로 따라주었다는 뜻이다.

기도. 기도에는 세상을 변화시키는 능력이 있다. 그런데 그 능력은 기도하는 사람의 마음의 변화에서부터 시작되어 세상을 바꾸는데 까지 나아간다.

❼ 기도

하나님과의 관심이 일치되어 불쌍한 마음으로 섬김을 지속하는 사람은 그 섬김을 심은 결과로 말미암아 형통을 거두게 된다. 본문에서 요셉은 보디발의 집에서 이렇게 해서 형통했다. 여기에서 기도와 헌신이 지속되면 그 관심은 점점 확대되어 그 시대의 문제에까지 이어진다. 여기에 이르면 이제 관심의 일치에서 그 다음 단계인 '이해의 일치' 로 나아간다. 세상의 창조자시요 역사의 주관자이신 하나님께서는 당신을 믿는 사람을 통하여 일하신다. 성경의 하나님은 '사람을 통해서 일하시는 하나님' 이시다. 통해서 일하시는 하나님께서는 지금도 통해서 일할 사람을 찾고 계신다. 이 사람을 통하여 그 시대의 가장 큰 문제, 어려운 문제를 해결하신다. 도무지 불가능해 보이는 이런 문제들을 해결하기 위하여 구체적인 방법을 동원하신다. 이 방법은 시대마다, 사건마다, 또 사용되는 사람에 따라 다양하게 나타나는데, 그 일을 해 내는 당사자인 하나님의 사람은 이것을 파악하게 된다. 즉 자신이 무슨 일을 어떻게 해야 하는 지를 명확하게 이해하는 단계에 이른다. 후일 요셉이 바로의 꿈을 해석하는 41장의 내용을 살펴보면 요셉은 이 일을 통하여 하나님께서 무슨 일을 어떻게 하시려는 지를 명확하게 이해하고 있음을 알 수 있다.

> 25 요셉이 바로에게 아뢰되 바로의 꿈은 하나라 **하나님이 그가 하실 일을 바로에게 보이심이니이다**
> 26 일곱 좋은 암소는 일곱 해요 일곱 좋은 이삭도 일곱 해니 그 꿈은 하나라
> 27 그 후에 올라온 파리하고 흉한 일곱 소는 칠 년이요 동풍에 말라 속이 빈 일곱 이삭도 일곱 해 흉년이니
> 28 내가 바로에게 이르기를 하나님이 **그가 하실 일을 바로에게 보이신다 함이 이것이라**
> 29 온 애굽 땅에 일곱 해 큰 풍년이 있겠고
> 30 후에 일곱 해 흉년이 들므로 애굽 땅에 있던 풍년을 다 잊어버리게 되고 이 땅이 그 기근으로 망하리니
> 31 후에 든 그 흉년이 너무 심하므로 이전 풍년을 이 땅에서 기억하지 못하게 되리이다
> 32 바로께서 꿈을 두 번 겹쳐 꾸신 것은 **하나님이 이 일을 정하셨음이라 하나님이 속히 행하시리니**

❽ 방법의 일치

즉 관심의 일치(불쌍히 여기는 마음)는 이해의 일치로 이어지고 다시 방법의 일치(꿈 해몽, 총리사역)로 진행된다. 성경에 등장하는 사람들에게서 이런 방법의 일치를 찾아보게 되는데 그들은 자신이 무슨 일을 하고 있는지를 알고 행하는데 요셉의 이야기는 그 대표적인 경우이다. 요셉의 이야기가 창세기에서 매우 중요하게 다루어지는 이유는 여기에 있다.

방법의 일치가 구체적으로 어떻게 현실 속에서 구현되는지는 이제부터 전개되는 요셉의 이야기에서 찾아볼 수 있다.

2. 복

본문에서는 복에 대하여 이렇게 기록하고 있다.

> 그(보디발)가 요셉에게 자기의 집과 그의 모든 소유물을 주관하게 한 때부터 **여호와께서 요셉을 위하여 그 애굽 사람의 집에 복을 내리시므로 여호와의 복이 그의 집과 밭에 있는 모든 소유에 미친지라.**
> (창세기 39:5)

그런데 이 본문을 문자대로 해석을 하면 요셉이 보디발의 집을 관리하게 되자, 하나님께서 요셉을 위하여 복을 내리셔서 보디발이 큰 축복을 받아서 요셉을 신뢰하게 되었다는 뜻이다. '요셉을 위하여' 라는 구절을 '요셉을 특별히 보살펴 주셔서' 로 해석하면 왜 요셉만을 그렇게 사랑하셨을까? 라는 의문이 든다. 이 경우 그 대답은 '선택', '예정' 등인데 또 다시 의문이 든다. 왜 요셉을 선택, 예정하셨을까? 이에 대한 대답은 '하나님의 주권' 즉 전지전능하신 하나님의 뜻이 된다. 왜 요셉을 특별히 사랑하시느냐고 더 따지고 물으면 이는 하나님께 항거하는 것이므로 묻지 말고 받아들여야 한다. 토기장이가 흙으로 무슨 그릇을 만들든 이는 토기장이의 뜻이기 때문에 만들어진 토기는 "나를 왜 이렇게 만들었느냐?"고 항거할 수 없는 것과 같다. 그동안 이런 예정론 해석은 성경해석의 주류를 이뤄왔다.

이에 대하여 반대로 접근해 볼 필요가 있다. 예정론과 반대적인 해석은 인과론이다. 인과론에 의하면 앞에서 본 바와 같이 요셉이 복을 받은 것은 복 받을 만한 행동을 했기 때문이다. 그냥 저절로 일이 잘 되어간 것이 아니라 불쌍히 여기는 마음으로 한 사람 한 사람에게 다가갔고, 그 결과 감동을 불러일으켜서 요셉이 맡은 일이 잘 풀려 갔다. 이 인과론은 하나님께서 만드신 만물에 들어있는 중심 원리이기 때문에 이를 부정하면 큰 모순에 빠진다. 하나님은 요셉만을 특별히 사랑하시는 것이 아니라 모든 사람들을 다 똑같이 특별히 사랑하신다. 하나님께서 요셉만을 특별히 사랑하셨다고 말하면 이는 말이 되지 않는다. 왜냐하면 이는 하나님의 기본개념에 맞지 않기 때문이다. 인과론 해석이어야 말이 된다.

그렇다면 예정론 해석이 틀리고 인과론 해석이 맞는 것일까? 예정론과 인과론은 서로 정반대인가? 결론부터 말한다면 아니다. 같은 것이다. 어떻게 예정론과 인과론이 같은 것일까? 인과론적 해석은 객관적 서술이고 예정론적 해석은 신앙고백적 서술이다. 예정론은 하나님의 은총을 강조하고 인과론은 인간의 책임을 강조한다. 이 둘은 서로 직조에 있어서 날줄과 씨줄의 관계와 같다. 결코 선택의 문제가 아니다. 둘 중 하나에만 치우치면 말이 되지 않는다.

이를 좀 더 이해하기 위해서는 요셉의 입장에서 생각해 볼 필요가 있다. 노예로 팔려가서 천신만고 끝에 보디발의 집을 맡아 관리하는 자리까지 올라간 요셉은 이것을 어떻게 받아들였을까? 내가 유능하고 지혜가 있어서 이런 자리까지 올라왔다고 생각했을까? 그렇게 생각할 수도 있었을 것이다. 그러나 요셉이 그렇게 공과(功課)를 자신에게 돌린다면 그는 치졸한 필부(匹夫)에 불과하다. 더구나 그는 하나님에 대한 신앙을 가졌던 사람이다. 신앙 즉 '종교'(宗敎)란 문자 그대로 인간이 도달할 수 있는 최고의 가르침을 말한다. 요셉은 공로를 자신에게 돌리지 않았다. 그러면 누구에게 돌렸을까? 요셉은 당연히 하나님께 돌렸다. 하나님께서 나를 지키고 보호하시며 복을 주셔서 이렇게 되었다라고 생각하며 하나님의 주권을 전적으로 인정했다. 본문의 기록은 하나님의 입장이 아닌 요셉의 입장에서 기록한 것이며, 요셉의 신앙고백에 해당된다. 이렇게 본다면 예정론과 인과론은 동전의 양면과 같다. 단지 어느 입장에서 보았느냐의 문제다. 예정론과 선택론이 말하려는 본래 취지는 하나님은 만물의 창조자, 근원이시며 다스리시는 분이라는 절대주권에 대한 신앙고백을 말한다. 하나님이 누구는 선택하고 누구는 선택하지 않았다는 식의 표현이 아니다.

본문의 '복'에 대한 표현뿐만 아니라 많은 경우 하나님의 절대주권에 대한 신앙고백이 들어있다. 이를 문자대로 표면적인 해석을 하면 모순에 빠진다. 본문이 말하려는 의도에서 이면적인 해석을 해야 한다.

하나님께서 요셉을 위하여 복을 내리셨다는 표현은 요셉이 복을 받을 만한 일을 했다는 뜻이다.

3. 위탁

본문에는 '위탁'이라는 단어가 두 번이나 반복되고 있다. 첫 번째 위탁에서는 보디발이 자신의 모든 소유를 요셉에게 관리하게 했다는 뜻이고 두 번째 위탁에서는 일 처리의 결정권 즉 보디발이 자신의 집에 관련된 모든 일들에 대한 결재권을 요셉에게 넘겨주었다는 것이다. 이 이야기는 보디발이 요셉을 신뢰한 정도를 잘 표현해주고 있다. 요셉은 이런 신뢰를 받았다.

이에 대하여 예정적인 측면과 인과적인 측면에서의 해석이 가능하다. 어느 해석을 해야 하는가? 어느 해석이 맞는가? 이렇게 묻는다면 질문이 잘못되어 있다. 어떤 사물 또는 문제를 해석할 때 어느 면에서 보아야 하는가? 어느 면에서 보는 것이 맞는가? 다 자기가 유리한 쪽에서 보이고 또 그렇게 보고 싶어 한다. 모든 면에서 다 보아야 한다. 그래야 균형을 이루고 실패하지 않는다. 객관성을 유지한다는 것은 모든 면에서 다 관찰한다는 뜻이다.

'하나님께서 보디발의 마음을 움직여 주셔서 요셉에게 위탁하게 하셨다' 라고 말하면 맞을 수도 있고 틀릴 수도 있다. 하나님의 입장에서 미리 결정해놓으신 것이라는 의미로 말하면 모순이 되고 요셉의 입장에서 신앙고백으로 하나님의 주권을 인정하는 것으로 보면 요셉의 인격과 신앙, 겸비의 모습을 말하는 것이 된다. 어느 측면에서 보았느냐가 중요한 것이 아니라 이 본문이 말하려는 것이 무엇이냐가 중요하다. 이 본문을 읽어나가면서는 요셉이 어떤 사람이었고 어떤 삶을 살았는가를 놓치면 안된다. 표면적인 문자에서는 요셉이 어떤 사람이었고 어떤 삶을 살았는지, 그의 신앙의 상태가 어떠했는지에 대해서 침묵하고 있는 것 같지만, 은폐, 함축, 암시의 방법으로 요셉을 말하고 있다. 성경을 해석하여 가르치려는 사람은 이것을 놓쳐서는 안된다. 이것을 찾아내어 읽는 사람, 듣는 사람의 머리뿐만 아니라 가슴속까지 전달해 주어야 한다. 이렇게 될 때 성경의 문자가 살아있는 하나님의 말씀이 된다.

요셉은 보디발이 전혀 간섭하지 않고 자기 집의 모든 일을 믿고 맡길만한 삶을 살았다. 마찬가지로 하나님께서는 지금도 복을 받을 사람, 형통할 사람, 하나님의 일을 대신 할 사람을 찾고 계신다.

물음

기회, 어떻게 찾아오나? 46

본문 : 〈 39장 〉

7 그 후에 그의 주인의 아내가 요셉에게 눈짓하다가 동침하기를 청하니
8 요셉이 거절하며 자기 주인의 아내에게 이르되 내 주인이 집안의 모든 소유를 간섭하지 아니하고 다 내 손에 위탁하였으니
9 이 집에는 나보다 큰 이가 없으며 주인이 아무 것도 내게 금하지 아니하였어도 금한 것은 당신뿐이니 당신은 그의 아내임이라 그런즉 내가 어찌 이 큰 악을 행하여 하나님께 죄를 지으리이까
10 여인이 날마다 요셉에게 청하였으나 요셉이 듣지 아니하여 동침하지 아니할뿐더러 함께 있지도 아니하니라
11 그러할 때에 요셉이 그의 일을 하러 그 집에 들어갔더니 그 집사람들은 하나도 거기에

없었더라
12 그 여인이 그의 옷을 잡고 이르되 나와 동침하자 그러나 요셉이 자기의 옷을 그 여인
의 손에 버려 두고 밖으로 나가매
13 그 여인이 요셉이 그의 옷을 자기 손에 버려 두고 도망하여 나감을 보고
14 그 여인의 집사람들을 불러서 그들에게 이르되 보라 주인이 히브리 사람을 우리에게
데려다가 우리를 희롱하게 하는도다 그가 나와 동침하고자 내게로 들어오므로 내가 크게
소리 질렀더니
15 그가 나의 소리 질러 부름을 듣고 그의 옷을 내게 버려두고 도망하여 나갔느니라 하고
16 그의 옷을 곁에 두고 자기 주인이 집으로 돌아오기를 기다려
17 이 말로 그에게 말하여 이르되 당신이 우리에게 데려온 히브리 종이 나를 희롱하려고
내게로 들어왔으므로
18 내가 소리 질러 불렀더니 그가 그의 옷을 내게 버려두고 밖으로 도망하여 나갔나이다
19 그의 주인이 자기 아내가 자기에게 이르기를 당신의 종이 내게 이같이 행하였다 하는
말을 듣고 심히 노한지라
20 이에 요셉의 주인이 그를 잡아 옥에 가두니 그 옥은 왕의 죄수를 가두는 곳이었더라
요셉이 옥에 갇혔으나
21 여호와께서 요셉과 함께 하시고 그에게 인자를 더하사 간수장에게 은혜를 받게 하시매
22 간수장이 옥중 죄수를 다 요셉의 손에 맡기므로 그 제반 사무를 요셉이 처리하고
23 간수장은 그의 손에 맡긴 것을 무엇이든지 살펴보지 아니하였으니 이는 여호와께서
요셉과 함께 하심이라 여호와께서 그를 범사에 형통하게 하셨더라

짧은 이 본문 속에 참으로 많은 것을 담고 있다. 특히 요셉에게 일어난 일에 대하여 본문을 문자대로만 해석하면 꼭 보아야 할 것을 놓친다. 앞의 물음에서 본 바와 같이 요셉 주변에서 일어나는 일들을 은폐, 함축, 암시의 방법으로 말하고 있다. 이제 이것을 풀어보고자 한다.

1. 보디발의 아내

요셉 주변의 사람들은 모두다 요셉에게 감동되어 반해버리고 말았는데, 보디발의 아내도 예외는 아니었다. 그런데 보디발의 아내의 경우는 요셉에게 화근을 불러오고 말았다. 이 여인은 요셉에게 노골적으로 동침을 요구하고 나섰기 때문이다. 이를 요셉은 거부했고 이에 화가 난 보디발의 아내는 요셉에게 강간 미수죄를 씌워 감옥에 갇히게 했다. 보디발의 아내는 왜 이렇게 악독한 일을 하고 있을까? 이를 이해

하기 위해서는 고대 귀부인들의 삶을 살펴볼 필요가 있다.

고대의 귀부인들은 지위는 높았지만 여자로서는 불행한 일생을 살아가는 경우가 허다했다. 왜냐하면 고위직의 남편들은 항상 공무로 바빠서 집에 있을 겨를이 없었고, 또 남편에게는 여러 여자들이 있었기 때문에 정실 귀부인들은 늘 무료하게 집을 지키고 있어야 했다. 이들에게 주어진 가장 큰 역할은 아이를 낳아 대를 이어주는 것이었다. 아이의 양육은 유모를 비롯한 하인들이 하니 더더욱 할 일이 없었다. 사정이 이렇다 보니 젊은 귀부인들의 탈선은 다반사였다. 중세기에 기사(騎士)라는 무인(武人)들이 있었다. 이들은 귀족 버금가는 지위를 차지했지만 신분자체가 귀족은 아니었다. 이들은 귀부인들과 밀접한 관계를 가졌는데 이들이 오랜 수습기간을 거쳐 기사로 임명되는 서약에는 귀부인에 대한 사랑의 맹약이 들어있었다. 이 사랑은 단순히 정신적인 경우에 머물지 않는 경우가 많았던 것은 공공연한 사실이다. 정조대(貞操帶)는 이런 현실의 산물이었다.

보디발의 아내가 특별히 사악했다고 보기는 어렵다. 당시 귀부인들의 숨겨진 삶의 한 모습일 뿐이다. 비록 요셉이 보디발의 신임을 얻어 집안의 대소사를 처리하는 위치에 있었지만 그의 신분은 여전히 노예에 불과했다. 그런데 노예인 요셉이 주인인 보디발의 아내의 명령을 거역했으니 보디발의 아내는 분노했다. 신분이 낮은 젊은이들 중에는 귀부인의 눈에 띄어 정부로 발탁되어 이를 출세의 기회로 삼으려고 혈안이 되어 있는 이들이 허다했다. 그런데 요셉은 이런 통속적인 삶을 거부했고, 그 결과 강간 미수범이 되어 감옥에 갇히는 참혹한 신세가 되고 말았다.

2. 보디발

아내가 요셉의 옷자락을 증거물로 제시하며 자신을 겁탈하려 했다고 고발하자 크게 분노한 보디발은 요셉을 감옥에 가두었다고 본문은 말하고 있다. 이 이야기가 실상 그대로일까? 이 부분에 대하여 좀 더 자세히 생각해볼 필요가 있다.

보디발, 그는 애굽의 2인자였다. 그 주변에는 수많은 사람들이 있었고, 온갖 부류의 사람들을 대해야 했다. 이런 자리에 있다 보면 자연스럽게 사람 보는 판단력이 생기게 마련이다. 이런 그가 자기 집안에서 일어나는 일의 실상을 전혀 몰랐을까? 요셉을 오랫동안 지켜보다가 집안의 모든 일을 전권으로 처리하게 한 보디발이 요셉의 사람 됨됨이를 그렇게 몰랐을까? 본문에 의하면 보디발이 아내의 말을 듣고 크게 진노하여 요셉을 감옥에 가두었다고 말하고 있다. 겉으로 보기에는 보디발이 아내의 말을 그대로 믿은 것 같다. 그러나 자세히 살펴보면 전혀 그렇지 않다. 다음의 두 가지 측면에서 그렇게 생각할 근거가 있다.

먼저 이는 그냥 감옥에 가두어야 할 사안이 아니다. 고대 신분사회에서 노예가 주인의 아내를 겁탈하려고 했다는 것은 죽어 마땅한 일이다. 노예시대에 고관의 집에는 수많은 노예들이 있었고 이들은 단순히 물건 취급을 받았다. 밥상을 들고 오다가 엎지르는 것과 같은 사소한 일에도 죽임을 당하는 경우도 흔히 있었다. 그런데 주인의 아내를 겁탈하려한 자를 살려둔다는 것은 있을 수 없는 일이다.

다른 또 하나는 요셉을 감옥에 가두되 왕의 죄수를 가두는 감옥에 가두었는데 그 감옥은 보디발의 집에 있었으며[75] 간수장은 요셉으로 하여금 감옥의 일을 돌보게 하되 전권을 맡기고 있다. 이 역시 있을 수 없는 일이다. 간수장은 보디발의 휘하에 있는 사람이다. 그런 간수장이 자신의 생사를 쥐고 있는 상관에게 거슬리는 일을 대놓고 한다는 것은 기대하기 어려운 일이다.

---

75) 그들을 친위대장의 집 안에 있는 옥에 가두니 곧 요셉이 갇힌 곳이라.(창세기 40:3)

이런 전후사정을 미루어 볼 때 보디발은 물론이고 간수장까지도 요셉의 무고함을 알고 있었다. 그러면 왜 보디발은 요셉에게 진노하며 그를 감옥에 가두었을까?

3. 요셉

요셉은 결백했다. 요셉이 그동안 보디발의 집에서 구축한 견고한 기반을 동원한다면 자신의 떳떳함을 입증하는 것은 별로 어렵지 않았을 것이다. 그런데 왜 그는 자신의 입장을 전혀 변호하지 않고 있을까? 그 이유는 어디에 있을까? 사실 이 부분은 대단히 중요하다. 물론 본문에서는 이 부분에 대하여 아무런 언급이 없다. 그러나 일이 어떻게 진행되었는지를 파악하기에 충분한 단서를 제공해주고 있다. 즉 은폐, 암시, 함축의 간접 방법으로 말하고 있다. 이제 그것을 찾아보고자 한다.

요셉 스스로가 강간 미수범으로 오해 받는 것을 거부하지 않았다. "이를 어떻게 알 수 있는가?"라는 의문이 들 것이다. 다음의 사실들이 이를 입증한다. 먼저, 요셉의 인격과 됨됨이다. 앞에서 살펴본 바와 같이 요셉이 형통했다는 것은 주변사람들을 감동시켰다는 이야기다. 감동은 자신을 희생하지 않고는 불가능하다. 매사에 요셉은 상대방의 입장에서 접근했고 그를 배려했다. 요셉은 보디발의 아내가 추파를 보내자 이를 단호하게 거부했다. 자신을 믿고 신뢰하여 집안의 대소사를 임의로 처리하게 한 보디발의 신임을 저버릴 수 없었기 때문이다. 그런데 보디발의 아내로 말미암아 불상사가 일어났다. 만일 요셉이 자신의 무죄를 입증한다면 어떻게 되었을까? 보디발의 아내가 무고죄로 걸리는 것은 물론이고 보디발의 명예에 치명적인 손상이 돌아가게 된다. 왕을 최측근에서 모시는 사람이 가정을 제대로 다스리지 못하여 아내가 노예와 불륜을 저지르려 했다는 것이 알려진다면 이는 보디발의 위치에도 영향을 줄 수 있는 일이다. 이런 사실을 잘 알고 있는 요셉은 자신을 믿어준 보디발의 은혜를 갚기 위하여 친히 강간 미수범의 누명을 뒤집어썼다. 이런 이유 때문에 보디발은 요셉을 자신의 집에 있는 정치범을 가두는 감옥에 들어가게 했지만 그곳에서 자유롭게 활동하며 감옥의 대소사를 임의로 처리하게 했다.[76] 요셉의 이런 감옥생활은 보디발의 지시가 아니고서는 불가능한 일이다.

이 뿐만 아니라 요셉이 스스로 누명을 썼다는 명백한 증거는 후일 바로가 요셉을 총리로 등용하여 왕의 권한을 맡기는 데에 있다. 왕권대행의 전제조건은 신뢰다. 신뢰할 수 없는 사람에게 왕권을 맡긴다는 것은 있을 수 없다. 바로는 요셉을 중용하기 전에 요셉의 과거 행적에 대하여 철저하게 조사했을 것이다. 강간 미수범으로 감옥에 갇혀 지내던 죄수를 중용한다는 것은 그의 무죄가 입증되지 않고는 있을 수 없다. 특히 실세인 경호실장의 집에서 노예생활을 오래 했으므로 보디발만큼 요셉을 잘 아는 사람이 없었다. 그리고 그의 적극적인 추천이 없었으면 요셉이 총리가 된다는 것은 불가능한 일이다. 바로는 요셉이 주인 보디발의 은혜를 갚기 위하여 스스로 누명을 썼다는 것을 확인하고서 요셉을 신뢰할 수가 있었다.

주인의 아내를 강간하려 했다는 누명을 쓴다는 것은 요셉에게 치명적인 일이었다. 그러나 요셉은 기꺼이 그 길을 선택했다. 그 결과는 강간 미수범이라는 오명과 감옥살이였다. 그러나 후일 그가 총리가 되는 데에 일등공신은 바로 이것이었다. 흔히 꿈 해몽 때문에 요셉이 총리가 되었다고 생각한다. 그러나 다시 생각해보면 꿈 해몽만으로 강간

76) 간수장이 옥중 죄수를 다 요셉의 손에 맡기므로 그 제반 사무를 요셉이 처리하고 간수장은 그에 손에 맡긴 것을 무엇이드니 살펴보지 아니하였으니 이는 여호와께서 요셉과 함께 하심이라. 여호와께서 그를 범사에 형통하게 하셨더라(창세기 39:22~23)
바로가 그 두 관원장 곧 술 맡은 관원장과 떡 굽는 관원장에게 노하여 그들을 친위대장의 집 안에 있는 옥에 가두니 곧 요셉이 갇힌 곳이라. 친위대장이 요셉에게 그들을 수종들게 하매 요셉이 그들을 섬겼더라.(창세기 40:2~4) 본문에 의하면 간수장이 요셉에게 제반 사무를 처리하게 하는데 이는 보디발의 묵인이 아니고는 불가능한 일이다.

미수범으로 감옥에 갇혀 지내던 죄수가 총리가 된다는 것은 동화의 세계에서는 몰라도 현실에서는 있을 수 없는 일이다. 총리가 될 만한 더 큰 무엇이 있어야 한다.

요셉이 총리가 되는 기회는 보디발의 아내의 모함과 함께 찾아왔다. 그런데 요셉은 그 기회를 누명을 뒤집어쓰는 것으로 활용했다. 물론 요셉은 자신이 누명을 쓰면 무슨 큰 보답이 있으리라고 기대하지는 않았을 것이다. 단지 보디발의 은혜를 갚을 기회로 여겼을 뿐이다. 그런데 그 결과는 요셉이 전혀 상상하지 못하던 놀라운 결과로 돌아왔다. 이런 사실을 본문에서는 "여호와께서 요셉과 함께 하시고 그에게 인자를 더하사"라고 표현하고 있다.

심는 대로 거두기 마련이다. 이는 하나님의 법이다.

물음

기회, 어떻게 만들어 가나? 47

본문 : 〈 40장 〉

1 그 후에 애굽 왕의 술 맡은 자와 떡 굽는 자가 그들의 주인 애굽 왕에게 범죄한지라
2 바로가 그 두 관원장 곧 술 맡은 관원장과 떡 굽는 관원장에게 노하여
3 그들을 친위대장의 집 안에 있는 옥에 가두니 곧 요셉이 갇힌 곳이라
4 친위대장이 요셉에게 그들을 수종들게 하매 요셉이 그들을 섬겼더라 그들이 갇힌 지 여러 날이라
5 옥에 갇힌 애굽 왕의 술 맡은 자와 떡 굽는 자 두 사람이 하룻밤에 꿈을 꾸니 각기 그 내용이 다르더라
6 아침에 요셉이 들어가 보니 그들에게 근심의 빛이 있는지라
7 요셉이 그 주인의 집에 자기와 함께 갇힌 바로의 신하들에게 묻되 어찌하여 오늘 당신들의 얼굴에 근심의 빛이 있나이까
8 그들이 그에게 이르되 우리가 꿈을 꾸었으나 이를 해석할 자가 없도다 요셉이 그들에게 이르되 해석은 하나님께 있지 아니하니이까 청하건대 내게 이르소서
9 술 맡은 관원장이 그의 꿈을 요셉에게 말하여 이르되 내가 꿈에 보니 내 앞에 포도나

무가 있는데
10 그 나무에 세 가지가 있고 싹이 나서 꽃이 피고 포도송이가 익었고
11 내 손에 바로의 잔이 있기로 내가 포도를 따서 그 즙을 바로의 잔에 짜서 그 잔을 바
로의 손에 드렸노라
12 요셉이 그에게 이르되 그 해석이 이러하니 세 가지는 사흘이라
13 지금부터 사흘 안에 바로가 당신의 머리를 들고 당신의 전직을 회복시키리니 당신이
그 전에 술 맡은 자가 되었을 때에 하던 것 같이 바로의 잔을 그의 손에 드리게 되리이다
14 당신 잘 되시거든 나를 생각하고 내게 은혜를 베풀어서 내 사정을 바로에게 아뢰어
이 집에서 나를 건져 주소서
15 나는 히브리 땅에서 끌려온 자요 여기서도 옥에 갇힐 일은 행하지 아니하였나이다
16 떡 굽는 관원장이 그 해석이 좋은 것을 보고 요셉에게 이르되 나도 꿈에 보니 흰 떡
세 광주리가 내 머리에 있고
17 맨 윗광주리에 바로를 위하여 만든 각종 구운 음식이 있는데 새들이 내 머리의 광주
리에서 그것을 먹더라
18 요셉이 대답하여 이르되 그 해석은 이러하니 세 광주리는 사흘이라
19 지금부터 사흘 안에 바로가 당신의 머리를 들고 당신을 나무에 달리니 새들이 당신의
고기를 뜯어 먹으리이다 하더니
20 제삼일은 바로의 생일이라 바로가 그의 모든 신하를 위하여 잔치를 베풀 때에 술 맡
은 관원장과 떡 굽는 관원장에게 그의 신하들 중에 머리를 들게 하니라
21 바로의 술 맡은 관원장은 전직을 회복하매 그가 잔을 바로의 손에 받들어 드렸고
22 떡 굽는 관원장은 매달리니 요셉이 그들에게 해석함과 같이 되었으나
23 술 맡은 관원장이 요셉을 기억하지 못하고 그를 잊었더라.

요셉의 꿈 해몽은 잘 알려져 있다. 그런데 요셉이 바로의 꿈을 해몽할 수 있는 기회는 어떻게 찾아 왔는가?

1. 불쌍히 여기는 마음

불쌍히 여기는 마음에서 시작되었다. 본문의 6~7절을 보면 요셉이 두 관원의 얼굴에 수심이 있는 것을 보고 위로의 말을 건네는 것을 볼 수가 있다. 두 관원이 쉽게 말할 수 없는 속마음을 털어 놓은 것을 보면 요셉의 위로가 빈 말이 아닌 진심이었음을 알 수 있다. 감옥에 갇힌 두 관원에 대하여 불쌍히 여기는 마음이 바로의 꿈을 해석할 기회로 가는 길잡이였다. 기회는 누구에게나 똑같이 찾아온다. 그래야 형평성

에 맞다. '불쌍히 여기는 마음', '누명' 등이 요셉에게 주어진 기회였다. 이런 기회는 누구에게나 다 주어지지만 기회가 그냥 결과로 이어지는 것은 아니다. 만들어 가야한다. 만들어가는 사람에게만 기회가 기회로 활용된다.

배신자, 강간 미수범이라는 치명적인 누명을 쓰고 감옥에 갇힌 죄수 요셉, 그의 심정은 어떠했을까? 자기 몸 하나 지탱하기도 힘겨웠으리라. 절망, 낙심, 분노, 만사 귀찮음, 뭐 이런 것들에 사로잡혀 지냈을 법하다. 그런데 본문은 전혀 다른 모습의 요셉을 말하고 있다. 섬김의 길, 그 길을 요셉은 가고 있다. 위에서 시켜서 마지못해서가 아니었다. 진심이었다. 이에 비해 두 관원은 정반대의 모습을 보이고 있다. 어쩌다 왕의 눈 밖에 났거나 오해를 받아 감옥에 들어왔는데 절망과 두려움에 사로잡혀 지냈다. 이런 모습이 요셉에게는 불쌍하게 느껴졌다. 요셉은 그들을 진심으로 섬겼고 또 적절한 위로의 말을 건넸다. 이에 감동을 받은 두 관원은 자신들의 속마음과 고민을 털어 놓았다.

여기에서 우리는 요셉이 보디발의 집에 팔려 왔을 때 어떻게 삶을 시작했을 지를 가늠해볼 수 있다. 보디발 집에서의 시작과 감옥에서의 시작은 출발이 서로 너무 유사하기 때문이다. 어느 날 갑자기 노예로, 죄수로 전락하여 절망의 구렁텅이에 내던져졌다. 그런데 그는 딛고 일어섰다. 무엇이 그것을 가능하게 했을까? 물론 신앙이다. 구체적으로 어떤 신앙인가? 불쌍히 여기는 마음이다. 불쌍히 여기는 마음, 이 마음이 신앙의 중심이다. 여호와 하나님 그분은 죄인을 정죄, 심판하시는 분이 아니라 불쌍히 여기는 분이시다. 그런 마음 때문에 친히 인간으로 오셔서 대신 죽으시고(외아들을 대신 내어주시고) 용서의 길을 열어 놓으셨다. 십자가가 보는 사람에게 감동으로 다가오는 이유는 인간을 불쌍히 여기는 마음이 십자가에 서려있기 때문이다. 여호와 하나님께 나아와 진심으로 기도하는 사람은 하나님께서 자신을 불쌍히 여기심을 알게 되고 그 마음으로 채워져서 다른 사람을 불쌍히 여기에 된다. 결코 정죄하지 않는다. 그리고 여기에서부터 자신의 길이 열려진다.

2. 지혜

요셉이 꿈을 해몽하는 이야기가 나오고 있다. 어떻게 요셉은 꿈을 해석할 수가 있었을까? 하나님께서 그런 지혜를 주셨기 때문이다. 왜 하나님께서는 요셉에게는 그런 지혜를 주셨을까? 왜 우리에게는 그런 지혜를 주지 않으실까? 또 그런 지혜는 어떻게 주어지는 것일까? 환상, 음성 등과 같은 어떤 신비한 계시로 올까? 많은 의문이 든다.

답은 이미 주어져 있다. '불쌍히 여기는 마음' 이 그 대답이다. 감옥에 갇힌 요셉은 죄수로 전락한 고관들을 보면서 불쌍한 마음이 들어서 무엇인가 돕고 싶었다. 이런 마음으로 요셉은 관리들을 정성을 다하여 섬겼고 그들은 누구에게도 말할 수 없는 속마음의 비밀을 털어 놓았다. 그리고 요셉은 그 꿈들이 무엇을 예고하는지 알게 되었고, 그것으로 그들을 섬겼다.

결국 요셉의 꿈 해석은 불쌍히 여기는 마음과 섬김에서 비롯되었다. 무슨 신통력이 아니다. 이런 것을 자연종교, 우상종교, 미신에서는 신비한 영적인 능력이라고 생각하며 술사들의 이런 영적인 능력을 숭상한다. 그러나 성경에서는 이런 것을 사랑의 힘으로 말하고 있다. 진심으로 사랑하는 사람은 상대방의 얼굴빛, 눈빛, 뒷모습만 보아도 어떤 느낌으로 그의 마음을 알게 된다. 사랑이 곧 아는 능력이며 하나님의 지혜다. 어느 분야를 정말로 좋아하고 사랑하면 그 분야에 대하여 해박해질 수밖에 없다. 하나님은 사랑하는 사람에게 알게 하신다. 영적인, 신비한 지식과 지혜는 사랑의 결과이며 사랑의 능력이다.

3. 기다림, 침묵, 때

관원들의 속마음을 들은 요셉은 자신도 속마음을 털어 놓았다. 그리고 바로(애굽에서는 왕을 바로라 칭함)에게 자신의 진퇴양난의 처지를 말하여 선처하도록 술 맡은 관원에게 말하고 있다. 왜 요셉은 이렇게 부탁하고 있을까? 요셉도 사람이기에 자신의 처지가 답답하고 암담했을 것이다. 노예, 죄수에서 벗어나는 유일한 길은 바로(왕)의 특별사면 이외에는 달리 길이 없음을 잘 알기 때문에 술 관원이 복직되면 그 사면의 길을 마련해 달라는 것이었다. 술 관원은 요즘은 요리사에 불과하지만 고대에는 고위직에 해당한다. 독살과 암살이 많았던 당시에는 왕의 경호, 음식을 맡은 사람들은 왕의 최측근으로 실세에 해당되었다.

요셉은 왜 보디발에게 자신의 사면을 부탁하지 않았을까? 또 보디발은 왜 요셉의 사면을 추진하지 않았을까? 보디발이 이런 일을 추진하면 요셉이 결백하며 자신의 아내가 부정했다는 것을 인정하는 결과가 되기 때문이다. 이런 사실을 잘 아는 요셉은 술 관원에게 부탁을 했다.

그런데 본문은 이렇게 마치고 있다.

> 술 맡은 관원장이 요셉을 기억하지 못하고 그를 잊었더라.

요셉의 부탁을 들어줄 마음이 없었다는 뜻이 아니라 이런 부탁을 받은 것을 깜박 잊고 있었다는 뜻이다. 그 기간은 41:1에 의하면 만 이 년이었다. 어떻게 2년 동안이나 이것을 잊고 있을 수가 있었을까? 뒤에 이어지는 이야기와 연결해 보면 이는 하나님의 뜻이었다. 2년 뒤에 그는 바로의 꿈을 해석하고 총리가 되었기 때문이다. 만일 요셉이 이전에 사면되었다면 그는 자유의 몸이 되어 어디론가 떠났을 것이고 바로의 꿈을 해석할 기회는 주어지지 않았을 것이다. 따라서 감옥에서 2년을 머무는 것은 요셉에게 꼭 필요했다. 이 꼭 필요한 감옥생활 2년은 우리에게 무엇을 말하고 있을까?

❶ 무자격자 의식

하나님의 일을 하려면 먼저 자신을 알아야 한다. 하나님을 안다는 것과 자신을 안다는 것은 사실 동일하다. 하나님을 아는 만큼 자신을 알고 자신을 아는 만큼 하나님을 안다. 여기에 하나 더 사탄 즉 죄악의 실체를 알아야 한다.[77] 하나님의 빛 앞에 드러나는 내 모습은 죄 그 자체다. 죄의 속성과 악마의 속성은 일치하며 그 속성이 곧 나의 속성으로 발견되어진다. 여기에서 얻어지는 것이 무자격자 의식이다. 하나님의 일을 하려면 무자격자 의식은 필요 불가결한 요소이다. 인간의 공로는 하나님 앞에서 설 자리가 없기 때문이다. 하나님의 은혜의식만이 있어야 하는데 그 의식은 자신에 대한 무자격자 의식으로 나타난다.

요셉, 그는 죄수의 길을 기꺼이 선택했지만 아직 무자격자 의식이 성숙해 있지 않았다. 죄수의 신분에서 벗어나고 싶어 했다. 하나님께서 쓰시는 사람에게는 이런 마음이 있는 한 아직 아니다. 더 내려가야 한다. 어떤 처지가 되었든 모든 것이 과분한 것으로 다가와야 한다. 사도바울은 선교를 하면서 늘 지병(간질, 안질 등)에 시달렸다. 견디다 못한 그는 하나님께 치료를 간절히 기도했다. 그런데 들려온 대답은 "내 은혜가 네게 족하도다."(고린도후서 12:9)였고 이후에 사도바울은 자신의 지병을 감사함으로 받아들였고 자신의 약함을 자랑스럽게 생각했다.

나의 영적인 위치는 어디인가? 어디쯤 와 있나? 언제나 이 과정을 마치나? 라는 생각에 시달리고 있는가? 그러면 아직 아니다. 나에게 주어진 환경이 아무런 조건없이 과분함으로 다가와야 한다. 그래야 '아직' 이 '이미', '이제' 가 된다.

❷ 침묵

77) 이 부분에서는 졸저 「비움의 길」에서 정화와 조명, 기도의 단계에 해당되어지는 부분을 참조하기 바랍니다.

신앙생활을 하면서 가장 힘든 것 중의 하나가 하나님의 침묵이다. 처지와 형편이 견딜 수 없어 절박한 심정으로 하나님께 호소하지만 도무지 반응이 없다. 이런 침묵은 무엇을 말하는가? 하나님의 침묵이 힘겹게 느껴지고 있는 한 아직 무자격자 의식, 과분한 의식이 아니라는 것을 반영하고 있다. 진정한 무자격자 의식, 과분함에 도달하면 매순간, 모든 일이 감격으로 다가와서 하나님의 침묵이 힘들게 느껴지지 않는다. 하나님의 침묵이 그냥 하나님의 은혜로 사랑으로 다가와야 한다. 하나님께서 나같이 하찮은 자에게 무슨 응답을 보이신다는 것은 당치않은 일이 되어야 한다. "지금 내게 주어진 것만 해도 너무 과분합니다."라는 생각이어야 한다. 생명이 있다는 것이, 이 세상을 살아갈 기회가 주어졌다는 것이, 본래 무(無)인데 유(有)가 되었다는 것이 그냥 감격이어야 한다.

누구나 다 이렇게 된다는 것이 쉽지는 않겠지만 하나님께서 쓰시는 사람이 되려면 이런 의식에 지배되어야 한다. 아직 침묵이 힘들게 느껴지면 그 침묵이 지금 나를 만들어가고 있음을 알아야 한다.

❸ 때

오랜 침묵의 시간 뒤에는 하나님께서 정해 놓으신 '때'가 있다. 이를 '카이로스'라고 설명하기도 한다. 하나님께서는 모든 사람에게 다 기회를 주신다. 물론 주어진 역할이 동일하다는 뜻은 아니다. 자신을 극대화 시킬 기회를 주신다는 의미다. 그런데 그런 기회는 정해진 때가 있다. 그 때란 정해놓으신 시간표일 수도 있지만 자신이 만들어져야 할 상태를 말하기도 한다. 또 이 둘은 서로 맞물려있다.

요셉에게 있어서 감옥생활의 이 년 연장은 하나님께서 정하신 때이기도 하지만 동시에 요셉이 만들어져야 할 때이다. 하나님께서는 놀랍게도 이 시기를 서로 맞추어 놓으신다.

하나님은 반드시 약속을 지키시는 분이시다. 그 약속이 성취되려면 그 약속을 성취할 '나'가 되어있어야 한다. 하나님의 침묵은 나의 만들어지는 시간이다. 침묵을 통해서 만들어 졌을때, 그 때 기회가 다가온다.

4. 기회의 창조

요셉에게 주어졌던 기회는 누구에게나 주어져 있다. 물론 이 말이 모든 사람이 요셉처럼 총리가 될 수 있다는 뜻은 아니다. 각자의 주어진 위치와 상황, 타고난 재능 등이 다르기 때문에 모두가 요셉처럼 될 수는 없다. 그러나 지금 여기서 자신에게 주어진 역량을 최대한 발휘할 수 있는 기회는 동일하게 주어져 있다. 이런 기회가 좋은 결실로 이어지느냐의 여부는 나에게 달려있다. 이런 의미에서 기회는 그냥 주어지는 것이 아니라 만들어 가는 것이다. 지금 내가 최선의 삶을 통해서 내게 주어지는 기회를 좋은 열매로 만들어 가야 한다. 기회는 그냥 다가오지 않는다. 준비된 사람 즉 만들어가는 사람에게 기회는 찾아온다.

물음 48 하나님의 방법, 어떤 것인가?

본문 : 〈 41장 〉

1 만 이 년 후에 바로가 꿈을 꾼즉 자기가 나일 강 가에 서 있는데
2 보니 아름답고 살진 일곱 암소가 강 가에서 올라와 갈밭에서 뜯어먹고
3 그 뒤에 또 흉하고 파리한 다른 일곱 암소가 나일 강 가에서 올라와 그 소와 함께 나일 강 가에 서 있더니
4 그 흉하고 파리한 소가 그 아름답고 살진 일곱 소를 먹은 지라 바로가 곧 깨었다가
5 다시 잠이 들어 꿈을 꾸니 한 줄기에 무성하고 충실한 일곱 이삭이 나오고
6 그 후에 또 가늘고 동풍에 마른 일곱 이삭이 나오더니
7 그 가는 일곱 이삭이 무성하고 충실한 일곱 이삭을 삼킨지라 바로가 깬즉 꿈이라.

8 아침에 그의 마음이 번민하여 사람을 보내어 애굽의 점술가와 현인들을 모두 불러 그들
에게 그의 꿈을 말하였으나 그것을 바로에게 해석하는 자가 없었더라.
9 술 맡은 관원장이 바로에게 말하여 이르되 내가 오늘 내 죄를 기억하나이다.
10 바로께서 종들에게 노하사 나와 떡 굽는 관원장을 친위대장의 집에 가두셨을 때에
11 나와 그가 하룻밤에 꿈을 꾼즉 각기 뜻이 있는 꿈이라.
12 그 곳에 친위대장의 종 된 히브리 청년이 우리와 함께 있기로 우리가 그에게 말하매
그가 우리의 꿈을 풀되 그 꿈대로 각 사람에게 해석하더니
13 그 해석한 대로 되어 나는 복직되고 그는 매달렸나이다.
14 이에 바로가 사람을 보내어 요셉을 부르매 그들이 급히 그를 옥에서 내 놓은지라 요
셉이 곧 수염을 깎고 그의 옷을 갈아 입고 바로에게 들어가니
15 바로가 요셉에게 이르되 내가 한 꿈을 꾸었으나 그것을 해석하는 자가 없더니 들은즉
너는 꿈을 들으면 능히 푼다 하더라.
16 요셉이 바로에게 대답하여 이르되 내가 아니라 하나님께서 바로에게 편안한 대답을
하시리이다.

드디어 오랜 침묵이 깨지고 요셉이 무대 위에 등장한다. 어떻게 등장할 수 있었나? 사람의 방법이 아닌 하나님의 방법으로 등장한다. 하나님의 방법은 어떤 것인가? 몇 가지 특징이 있다.

1. 물 흐르듯이

하나님께서 인도하시는 방법의 특징은 '자연스럽게', '물 흐르듯이'라고 할 수 있다. 억지로, 인위적인 수단과 방법이 동원되는 사람의 방법과는 그 성격이 전혀 다르다. 어느 날, 문득, 홀연히 어떤 일이 시작된다. 그리고 그 일들은 그 다음 과정으로 물 흐르듯이 자연스럽게 이어진다. 요셉에게 어느 날 바로 앞에 설 수 있는 기회가 찾아왔다. 그가 이런 기회를 찾아 구한 것이 아니라 그런 기회가 자연스럽게 주어졌다.

2. 극적으로

하나님의 방법으로 진행되는 일에 참여하는 사람들은 "이 일은 우연히 일어난 것이 아니라 하나님께서 하시는구나!"라는 것을 금방 알게 된다. 전혀 예상치 못하던 일이 전혀 예상치 못하던 때에 전혀 예상치

못하던 방법으로 진행되기 때문이다. 하나님께서 하시는 일에는 전혀 인위적인 냄새가 나지 않는다. 여러 가지 상황들이 어우러져서 기막힌 조화의 미를 창출하기 때문이다. 사람이 꾸며 놓은 정원과 자연이 만들어 놓은 환경의 차이와 같다. 인위적인 꾸밈이 아무리 뛰어나다 해도 자연의 미와 조화를 따라갈 수가 없다.

술 관원은 요셉을 잊어버린지 2년이나 지났고, 요셉은 감옥에서 나간다는 것이 현실적으로 멀어졌다고 느끼고 있을 때, 한걸음 더 나아가 잊고 있을 때, 어느 날 바로의 부르심이 전해졌다.

3. 때마침

하나님의 방법이 지니는 뚜렷한 특징 중의 하나는 '때마침' 이다. 술 관원의 투옥과 꿈, 요셉의 해몽과 복직, 바로의 꿈과 술사들의 무능, 술 관원의 요셉에 대한 기억 등이 복잡한 기계의 톱니바퀴처럼 한 치의 오차도 없이 맞물려 돌아가고 있다. 이와 같은 여러 정황들이 시기적절하게 맞아 돌아간다는 것은 인위적으로는 불가능하다. 역사의 주관자이신 하나님, 과거와 현재와 미래를 동시에 보시는 하나님, 그분의 지혜와 섭리에서만 가능해진다.

때마침, 극적으로 진행되는 일을 지켜보면서 이 일에 관련된 당사자는 하나님께서 하시는 일이라는 것을 확인하게 된다.

4. 하나님의 영광

하나님께서 하시는 일에는 하나님의 방법이 지니는 특징이 뚜렷하게 나타나기 때문에 인간의 공로는 설 자리가 없다. 이 일의 당사자는 "이 일은 내가 하는 것이 아니라 주님께서 하신 것이다."(not I but Christ)라고 매 순간마다 고백하게 된다. 다시 말하면 모든 영광을 오직 하나님께만 돌리게 되어있다. 구원에 이르는 것 뿐 아니라 하나님의 일을 하는 데에 있어서도 오직 하나님의 은혜만이 있을 뿐이다. 인간의 공로는 전적으로 배제된다. 바로가 요셉에게 "내 꿈을 푸는 자가 없는데 너는 꿈을 해석한다 하더라."라고 말하자 요셉은 "제가 아니라 하나님께서 하시리이다."라고 대답하고 있다.

하나님, 그분만이 전부이시다.
하나님, 그분만이 지금 나에게 전부여야 한다.

물음

요셉, 어떻게 해몽을 할 수 있었나? 49

〈 41장 〉

17 바로가 요셉에게 이르되 내가 꿈에 나일 강 가에 서서
18 보니 살지고 아름다운 일곱 암소가 나일 강 가에 올라와 갈밭에서 뜯어먹고
19 그 뒤에 또 약하고 심히 흉하고 파리한 일곱 암소가 올라오니 그 같이 흉한 것들은 애굽 땅에서 내가 아직 보지 못한 것이라
20 그 파리하고 흉한 소가 처음의 일곱 살진 소를 먹었으며
21 먹었으나 먹은 듯 하지 아니하고 여전히 흉하더라 내가 곧 깨었다가
22 다시 꿈에 보니 한 줄기에 무성하고 충실한 일곱 이삭이 나오고
23 그 후에 또 가늘고 동풍에 마른 일곱 이삭이 나더니
24 그 가는 이삭이 좋은 일곱 이삭을 삼키더라 내가 그 꿈을 점술가에게 말하였으나 그것을 내게 풀이해 주는 자가 없느니라

바로의 주변에는 수많은 참모와 현자들, 점성술, 해몽과 같은 일들을 담당하는 전문 술사(術士)들이 있었다. 그런데 왜 이들은 바로의 꿈을 해석하지 못했을까? 사실 바로의 꿈은 조금만 깊이 생각해 보면 해석할 수 있었을 것이다. 살찐 소와 살찐 이삭은 풍년을, 그것을 잡아먹고 있는 마른 소와 이삭은 극심한 흉년을 암시하고 있기 때문이다. 왜 이런 문제만 전담하는 술사들은 해석하지 못했고 노예와 죄수였던 요셉은 해석할 수 있었을까?

1. 관심과 사랑

어느 분야에서든지 그 일을 사랑하는 사람을 이길 사람은 없다. 축구에 재능이 있어서 축구로 성공하려고 하는 사람과 축구 자체가 너무 좋아서 축구를 즐기는 사람과는 경쟁의 대상이 아니다. 축구를 사랑하는 것 속에는 재능이 들어있지만 재능 속에 축구에 대한 사랑이 들어있지는 않다. 사랑하는 사람은 알게 되어있고 사랑하는 사람이 이기게 되어 있다.

풍년과 흉년은 백성들의 삶, 특히 가난한 사람들의 생계와 직결되어 있다. 평소에 하비루들의 애환에 아무런 관심이 없던 사람, 가난에 시달리며 굶주리는 사람들에 대하여 불쌍히 여기는 마음이 없던 사람들에게는 풍년과 흉년은 아무런 관심의 대상이 아니다. 현자와 술사들은 왕의 참모이며 고위직에 오른 사람들이다. 이들이 바로의 꿈을 해석하지 못했다는 것은 평소에 백성들의 애환과 직결되는 풍년과 흉년에는 별로 관심이 없었다는 뜻이다. 단지 정치적인 흐름에 편승하여 자기들의 지위를 지키는 데에 급급했음을 암시해주고 있다.

2. 바로

바로는 왜 이런 꿈을 꾸었을까? 꿈을 꾼 바로는 그 꿈이 무엇인가를 암시한다는 생각에서 꿈을 해석하고자 애썼지만 해석할 방법이 없어 고민했다. 바로는 왜 꿈을 꾸었고 꿈이 말하는 바를 알고 싶어 했을까? 사랑했기 때문이다. 그는 일국의 왕으로서 백성을 사랑했다. 자신의 정권을 지키고 유지하며 부귀영화를 누리는 데에만 급급하지 않았다. 자기 백성들 가운데에서 굶주리는 사람, 가난한 사람들을 불쌍히 여기며 어떻게 해서든지 그들의 문제를 해결하려고 애쓰고 있었다. 이는 왕으로서의 책임이며 본분이다.

"바로가 이런 사람이었다는 것을 어떻게 알 수 있는가?"라는 의문이 든다면 바로가 이 문제를 해결하기 위하여 요셉을 중용하는 데서 대답을 찾을 수 있다. 평소에 바로가 이런 문제에 관심이 없었다면 요셉에게 왕권을 위임하는 일은 하지 않았을 것이다. 아니 할 수가 없었을 것이다. 요셉을 왕권 대행자로 삼았다는 것은 오랜 시간동안 이 문제를 해결하기 위하여 고심하고 있었다는 것을 반영한다. 원인 없는 결과는 있을 수 없다.

성경은 많은 부분에서 명시적 설명의 방식이 아닌 암시적 방식으로 기록되어 있다.

3. 요셉

요셉은 어떻게 바로의 꿈을 해석할 수 있었을까? 백성을 사랑했기 때문이다. 관심이 있었기 때문이다. 관심과 사랑은 둘이 아니라 하나다. 그는 17세에 노예로 팔려와 애굽의 하비루들을 보면서 그들을 불쌍히 여겼다. 늘 그들의 문제에 관심을 가지고 지켜보면서 많은 생각을 했다. 저들의 문제를 해결하는 방법은 없을까? 그 방법은 쉽게 찾아지지 않았다. 아니 찾을 수가 없었다. 가난은 나라도 해결할 수 없는 문제였기 때문이다. 그러나 하비루들의 애환의 소리가 늘 그의 귓전을 울렸고 그들의 힘들어하는 모습이 눈앞에 어른거렸다. 그의 가슴 속에 자리 잡은 하비루들이 지워지지 않아서 가슴앓이를 해야 했다. 눈뜨고 차마 볼 수없는 불쌍한 현장, 그러나 해결할 방법이 없는 현실, 이럴 때 어떻게 해야 하나?

4. 하늘

이런 병에 걸린 사람은 하늘을 향한 눈물, 통곡, 탄식 이런 것들로 이어진다. 이를 가리켜 '기도' 라고 한다. 이런 기도는 어떤 역할을 하나? 하늘을 움직인다. 지성(至誠)이면 감천(感天)이란 이를 두고 하는 말이다. 하늘의 하나님은 어떤 분이실까? 세상을 만드신 분이시다. 세상의 역사, 인간의 생사화복(生死禍福)을 주관하시는 역사의 주인이시다. 그분은 이런 기도를 기다리신다. 그리고 그 기도를 통하여 세상의 역사를 이끌어 가신다. 기도가 세상을 바꾼다는 말은 이런 뜻이다.

하늘의 하나님, 그분은 응답하실만한 기도를 찾고 계신다. 세상역사를 뒤바꿀 사람을 찾고 계신다. 그분의 고민은 응답할 만한 기도, 역사의 주도권을 맡길 만한 사람이 없는 데에 있다.

5. 응답

산에 가서 큰 소리로 외치면 외친 자의 소리가 다시 들려온다. 아무도 없는데 누가 대답을 하나? 산천(山川)이 땅이 응답을 한다. 메아리는 하나님께서 만드신 세상의 이치를 반영한다. 허공을 향한 외침에는 메아리가 있듯이 모든 문제에는 해결의 방법이 있다. 병이 있으면 약이 있게 마련이고 하늘이 무너져도 솟아날 구멍은 있으며, 뜻이 있는 곳에는 길이 있다. 산을 향하여 소리 지르면 메아리가 들려오듯이, 하늘을 향하여 호소하면 응답이 있게 마련이다.

6. 꿈

요셉의 기도에 대한 하나님의 응답은 무엇이었을까? 바로의 꿈이었다. 따라서 요셉은 단순히 바로의 꿈을 해석하는 사람이 아니라 꿈을 꾸게 하는 자였다. 바로의 꿈은 요셉의 기도의 결과인 셈이다. 요셉은 바로의 꿈을 꾸게 한 자이기 때문에 단지 꿈을 해석하는 것으로 그치지 않고 꿈을 실현하는 역할을 하게 된다. 요셉은 오랫동안 하비루의 문제를 해결할 꿈을 꾸는 자였기 때문이다. 바로가 그 꿈을 꾸는 것은 왕으로서 백성의 굶주림을 해결하려는 간곡한 마음이 있었기 때문에 가능했다. 하나님께서는 합력하여 선을 이루게 하신다.

관심과 사랑은 꿈으로 이어지고, 꿈을 꾸게 하며, 꿈을 해석하고, 꿈을 실현시킨다.

물음

해몽, 무엇을 말하나? 50

본문 : 〈 41장 〉

25 요셉이 바로에게 아뢰되 바로의 꿈은 하나라 하나님이 그가 하실 일을 바로에게 보이
심이니이다
26 일곱 좋은 암소는 일곱 해요 일곱 좋은 이삭도 일곱 해니 그 꿈은 하나라
27 그 후에 올라온 파리하고 흉한 일곱 소는 칠 년이요 동풍에 말라 속이 빈 일곱 이삭
도 일곱 해 흉년이니
28 내가 바로에게 이르기를 하나님이 그가 하실 일을 바로에게 보이신다 함이 이것이라
29 온 애굽 땅에 일곱 해 큰 풍년이 있겠고
30 후에 일곱 해 흉년이 들므로 애굽 땅에 있던 풍년을 다 잊어버리게 되고 이 땅이 그
기근으로 망하리니
31 후에 든 그 흉년이 너무 심하므로 이전 풍년을 이 땅에서 기억하지 못하게 되리이다
32 바로께서 꿈을 두 번 겹쳐 꾸신 것은 하나님이 이 일을 정하셨음이라 하나님이 속히
행하시리니
33 이제 바로께서는 명철하고 지혜 있는 사람을 택하여 애굽 땅을 다스리게 하시고
34 바로께서는 또 이같이 행하사 나라 안에 감독관들을 두어 그 일곱 해 풍년에 애굽 땅
의 오분의 일을 거두되
35 그들로 장차 올 풍년의 모든 곡물을 거두고 그 곡물을 바로의 손에 돌려 양식을 위하
여 각 성읍에 쌓아 두게 하소서.
36 이와 같이 그 곡물을 이 땅에 저장하여 애굽 땅에 임할 일곱 해 흉년에 대비하시면
땅이 이 흉년으로 말미암아 망하지 아니하리이다.

요셉이 바로의 꿈을 해석한 것은 무엇이었을까? 단순히 꿈의 내용을 해석해준 것일까? 본문을 자세히 읽어보면 요셉은 꿈 해몽에 그치지 않았다는 것을 알 수 있다. 요셉은 꿈 해몽을 통하여 무엇을 말하고 있는가?

1. 심정의 일치

역사의 주관자이신 하나님은 그 시대의 문제를 안고 가슴 아파하며 기도하는 사람들을 통하여 그 문제를 해결하심으로써 역사를 이끌어 가신다. 사람을 통해서 일하시는 하나님의 일을 하려면 그 하나님과 일치가 되어야 하는데 먼저 마음이 하나가 되어야 한다. 하나님과 어떻게 마음이 하나가 되는가? 너무 어렵게 생각할 필요가 없다. 앞에서 이미 언급한 대로 불쌍히 여기는 마음을 가지는 것이다. 잠시가 아니라 지속해서 그 시대의 문제를 가지고 가슴 아파하며 불쌍히 여기는 마음을 가져야 한다.

어린 나이에 이집트에서 노예생활을 시작한 요셉은 그 시대의 문제 즉 가난과 굶주림, 신분의 격차에 시달리는 사람들에 대하여 불쌍히 여기는 마음으로 다가갔다.

2. 방법의 일치

하나님의 심정으로 그 시대의 문제를 가지고 기도하는 사람들에게, 그들을 통해서 그 시대의 문제를 해결하시는 하나님께서 그들에게 알게 하시는 게 하나 있다. '하나님의 방법' 에 대한 이해가 그것이다. 하나님의 일을 하려면 하나님을 알아야 하고 또 하나님께서 일하시는 방법을 알아야 한다. 하나님의 일을 사람의 방법으로 할 수는 없다. 하나님의 일은 하나님의 방법으로 해야 한다. 하나님은 하나님의 방법으로 일하신다. 그 방법은 사람의 방법과 전혀 다르다. 이에 대해서는 이미 〈물음 48〉에서 다루었다. 하나님의 일을 하는 사람은 하나님의 심정을 품고 하나님의 방법에 따라 움직인다.

3. 확신과 예상

요셉은 꿈을 해석하면서 이렇게 말하고 있다.

바로의 꿈은 하나라 하나님이 그가 하실 일을 바로에게 보이심이니이다.(창세기 41:25)
바로께서 꿈을 두 번 겹쳐 꾸신 것은 하나님이 이 일을 정하셨음이라 하나님이 속히 행하시리니(창세기 41:32)

요셉은 먼저 바로가 꾼 두 꿈은 하나이며 꿈을 꾼 이유, 그것도 거듭 반복된 이유는 하나님께서 당신의 계획을 바로에게 보여주신 것이라고 말하고 있다. 왜 이런 말을 하고 있을까? 또 해몽을 어떻게 하나님의 계획을 언급하는 것으로부터 시작할 수 있을까? 이런 일이 있으리라는 것을 예상했기 때문이다. 미리 예상하지 않고는 이런 말을 할 수가 없다. 어떻게 이런 것을 미리 예상하고 있었을까?

절대 다수의 백성들이 가난과 굶주림에 시달리는 것을 지켜보면서 오랜 동안 하늘을 향하여 탄식하며 호소하던 요셉, 그에게는 어떤 확신이 있었다. 하나님께서 반드시 이런 비극을 해결하시리라는 강한 느낌이 요셉에게는 주어졌다. 물론 구체적으로 바로가 이런 꿈을 꾸고 그가 해석하는 자가 되고 이로 말미암아 총리가 되리라는 식으로 알고 있었던 것은 아닐 것이다. 단지 아직 구체적으로 그 방법까지는 모르지만 하나님께서 반드시 응답하시리라는 정도의 확신이 미리 주어져 있었다. 구약의 예언자들은 이런 사람들이었다. 그들은 그 시대가 안고 있는 문제를 보면서 가슴아파하고 기도하던 사람들이었는데, 하나님으로부터 그 문제가 해결되리라는 확신을 받아서 그 말씀을 선포했다. 필요한 경우에는 엘리야처럼 구체적인 방법까지 미리 알고 있는 경우가 있다.[78] 역사의 주관자이신 하나님께서는 그 시대의 문제를 가지고 하나님의 심정으로 기도하는 사람들에게 그 해결에 대하여 미리

---

78) 길르앗에 우거하는 자 중에 디셉 사람 엘리야가 아합에게 말하되 내가 섬기는 이스라엘의 하나님 여호와께서 살아 계심을 두고 맹세하노니 내 말이 없으면 수 년 동안 비도 이슬도 있지 아니하리라 하니라.(열왕기상 17:1)

알게 하신다.

주 여호와께서는 자기의 비밀을 그 종 선지자들에게 보이지 아니 하시고는 결코 행하심이 없으시리라.(아모스 3:7)

4. 대안 제시

요셉은 바로의 꿈의 내용을 설명하는 것으로 그치지 않고 이렇게 말하고 있다.

> 이제 바로께서는 명철하고 지혜 있는 사람을 택하여 애굽 땅을 다스리게 하시고 바로께서는 또 이같이 행하사 나라 안에 감독관들을 두어 그 일곱 해 풍년에 애굽 땅의 오분의 일을 거두되 그들로 장차 올 풍년의 모든 곡물을 거두고 그 곡물을 바로의 손에 돌려 양식을 위하여 각 성읍에 쌓아 두게 하소서. 이와 같이 그 곡물을 이 땅에 저장하여 애굽 땅에 임할 일곱 해 흉년에 대비하시면 땅이 이 흉년으로 말미암아 망하지 아니하리이다.(창세기 41:33-36)

무엇을 말하는가? 7년 풍년에 이어 7년 흉년이 있으리라는 것만을 말하지 않고 이어서 그에 대한 대책을 제시하고 있다. 요셉의 꿈 해몽은 단순한 꿈 풀이가 아니다. 백성들의 기근을 해결할 방법과 국정의 방향에 대한 정책 제시를 말한다. 이런 대안은 하루 아침에 만들어지지 않는다. 요셉이 꿈을 해석하면서 대안을 제시하는 것을 보면 그는 오랫동안 해결방법에 대하여 고민하며 생각하고 있었음을 알 수 있다. 원인 없는 결과는 있을 수 없다. 평소에 요셉이 애굽의 기근과 가난에 대하여 아무런 생각이 없었는데 어느 날 꿈을 해석해서 총리가 되었다는 식의 해석은 이치에 맞지 않는다. 원인 즉 준비가 있는 곳에 기회가 주어진다. 준비 없이는 기회가 기회일 수가 없다.

물음

요셉, 어떻게 총리가 되었나? 51

본문 : 〈 41장 〉

37 바로와 그의 모든 신하가 이 일을 좋게 여긴지라
38 바로가 그의 신하들에게 이르되 이와 같이 하나님의 영에 감동된 사람을 우리가 어찌
찾을 수 있으리요 하고
39 요셉에게 이르되 하나님이 이 모든 것을 네게 보이셨으니 너와 같이 명철하고 지혜
있는 자가 없도다
40 너는 내 집을 다스리라 내 백성이 다 네 명령에 복종하리니 내가 너보다 높은 것은
내 왕좌뿐이니라
41 바로가 또 요셉에게 이르되 내가 너를 애굽 온 땅의 총리가 되게 하노라 하고
42 자기의 인장 반지를 빼어 요셉의 손에 끼우고 그에게 세마포 옷을 입히고 금 사슬을
목에 걸고
43 자기에게 있는 버금 수레에 그를 태우매 무리가 그의 앞에서 소리 지르기를 엎드리라
하더라 바로가 그에게 애굽 전국을 총리로 다스리게 하였더라
44 바로가 요셉에게 이르되 나는 바로라 애굽 온 땅에서 네 허락이 없이는 수족을 놀릴
자가 없으리라 하고
45 그가 요셉의 이름을 사브낫바네아라 하고 또 온의 제사장 보디베라의 딸 아스낫을 그
에게 주어 아내로 삼게 하니라 요셉이 나가 애굽 온 땅을 순찰하니라.
50 흉년이 들기 전에 요셉에게 두 아들이 나되 곧 온의 제사장 보디베라의 딸 아스낫이
그에게서 낳은지라.
51 요셉이 그의 장남의 이름을 므낫세라 하였으니 하나님이 내게 내 모든 고난과 내 아
버지의 온 집 일을 잊어버리게 하셨다 함이요
52 차남의 이름을 에브라임이라 하였으니 하나님이 나를 내가 수고한 땅에서 번성하게
하셨다 함이었더라.

요셉이 맡은 총리직은 어떤 직책일까? 지금 대통령제에서의 총리일까? 아니다. 본문을 읽어보면 총리직 자체가 이미 있던 제도가 아니라 요셉을 위하여 신설한 제도임을 알 수 있다. 바로는 요셉에게 왕권을 위임하고 있기 때문이다. 인장반지는 옥새를 말하며 세마포 옷, 금사슬, 버금수레를 내어주면서 바로가 요셉에게 말하기를 "너는 내 집을 다스리라. 내 백성이 다 네 명령에 복종하리니 내가 너보다 높은 것은

내 왕좌뿐이니라.", "내가 너를 애굽 온 땅의 총리가 되게 하노라.", "나는 바로라. 애굽 온 땅에서 네 허락 없이는 수족을 놀릴 자가 없으리라."고 했으며 요셉의 마차행렬이 지나갈 때면 경호원들이 앞서가면서 왕에게 하듯이 "물러서라!"라고 외쳤다. 이는 왕권의 일부분이 아닌 전체를 위임한 것이었다. 풍년과 흉년에 대비하여 양곡관리만을 맡긴 것이 아니다. 양곡관리만을 위함이라면 이렇게 왕권 전체를 위임할 필요가 없다. 이에 대하여 몇 가지 의문이 생긴다. 무슨 이유로 요셉에게 왕의 전권을 위임하고 있을까? 요셉이 한 일이 양곡관리만이 아니라면 요셉은 총리로 있으면서 왕권으로 한 일이 무엇이었을까? 바로는 어떻게 요셉을 믿고 왕권을 넘길 수 있었을까? 요셉이 총리가 되자마자 애굽 온 땅을 순찰했다는 것은 무엇을 말할까? 이런 물음들은 대단히 중요하므로 차근차근 접근해 보고자 한다.

1. 꿈 해몽

요셉이 어떻게 총리가 되었는가? 이에 대하여 "누구도 해몽하지 못하는 바로의 꿈을 해석했기 때문에 바로로부터 왕권을 대행하는 총리로 임명되었다."라고 대답한다면 말이 될까? 전혀 말이 안된다. 왜냐하면 이는 동화의 세계에서나 있을 수 있는 일이지 결코 현실에서는 가당치 않기 때문이다. 고대 왕국에서는 늘 권력다툼이 그치지 않았다. 형제간의 다툼은 말할 것도 없고 부부, 부자간에도 죽이고 죽는 일이 비일비재(非一非再)했다. 이런 이유로 왕위에 오른 사람은 늘 불안했고 또 고독했다. 누구도 믿을 수가 없고 항상 경계해야 했기 때문이다. 권력의 속성은 이와 같다. 그런데 요셉이 누구도 풀지 못하는 바로의 꿈을 해석했다고 해서 단지 그 이유만으로 요셉에게 왕권을 위임한다는 것은 전혀 있을 수 없는 일이다. 자고로 뛰어난 술사(점성술)들은 많이 있었지만 그들은 문자 그대로 술사였을 뿐이다. 그들에게 왕권을 넘겨준 예는 말할 것도 없고 고위직에 오른 경우도 거의 없다. 단지 필요할 때 점치는 자로 이용했을 뿐이다. 그렇다면 요셉은 어떻게 왕권을 위임받을 수 있었을까?

2. 정책제시

앞 물음에서 보았듯이 요셉의 꿈 해몽은 단지 꿈 해석에 그치지 않고 정책을 제시하는 것이었다. 그런데 그 정책은 또한 풍년에 양식을 모아두었다가 흉년에 나누어 주는 것만을 말하지 않는다. 왜냐하면 이를 위해서는 왕권 전체를 위임할 필요가 없기 때문이다. 요셉은 이보다 더 큰 어떤 정책을 제시했다. 그랬더니 바로와 그의 모든 신하가 이를 좋게 여겼다. 도대체 요셉이 제시한 정책이란 어떤 것이었을까? 이 부분에 대해서는 다음 물음에서 좀 더 자세히 살펴보게 될 것이다.

3. 불가능에 도전

요셉은 오랫동안 가슴 아파하며 생각한 문제가 있었다. 절대다수의 사람들이 가난에 시달리며 굶주리는 것을 근본적으로 해결할 방법은 없을까? 요셉이 이 문제를 가지고 씨름한 이유는 그들의 삶이 너무나 처참하고 불쌍해서 가슴속에서 지워지지 않았기 때문이다. 방법이 있었을까? 없었다. 있었다면 벌써 누군가가 실행했을 것이다. 해결 가능한 문제였을까? 아니다 전혀 가능하지 않았다. 그러면 어떻게 해야 하나? 불가능하므로 당연히 포기해야 한다. 그런데 요셉은 포기할 수가 없었다. 아니 포기되지가 않았다. 세상에는 포기할 수 있는 문제가 있고 포기되지 않는 일이 있다. 불치병에 걸린 자식을 둔 부모의 경우를 예로 들어보면 알 수 있다. 불치병에 시달리며 고통스럽게 죽어가는 자식을 지켜보는 부모는 자식의 생명을 포기할 수 있을까? 아니다. 치료방법이 없다는 것을 알지만 그래도 그는 일말의 희망을 버리지 않는다. 사실 버리지 않는게 아니라 버릴 수가 없고 버려지지 않는다. 자식이기 때문이다. 이런 자식을 둔 부모는 기도하지 않을 수 없다. 왜냐하면 땅에는 고칠 방법이 없기 때문에 하늘에 호소하는 것이다. 남의 자식은 포기가 되지만 내 자식은 포기가 되지 않는다.

요셉이 이와 같았다. 하나님의 일을 하려면 먼저 하나님과 심정이 일치되어야 한다는 것은 이런 상태를 말한다. 망해가는 세상을 향한 하나님의 심정이 이와 같다. 성경의 하나님의 사람들은 이런 심정을 가지고 하늘의 하나님을 향하여 울부짖던 사람들이다. 이런 심정으로 그들은 불가능에 도전했다. 모세가 미디안 광야에서 양을 치던 40년은 이런 시간이었고 그 결과 그는 떨기나무 불꽃 속에서 하나님을 만났으며, 애굽으로 내려가 바로와 맞섰으며 이스라엘을 이끌고 나오다가 홍해바다 앞에 버티고 서서 "바다야, 길을 내라!"고 외쳤다.(출애굽기 14장) 가나안 해방전쟁을 이끌던 여호수아는 전쟁 막바지에 날이 어두워지자 태양과 달을 향하여 "그 자리에 멈추어 서라!"고 외쳤다.(여호수아 10장) 예수님께서 제자들에게 "진실로 너희에게 이르노니 만일 너희에게 믿음이 겨자씨 한 알 만큼만 있어도 이 산을 명하여 여기서 저기로 옮겨지라 하면 옮겨질 것이요 또 너희가 못할 것이 없으리라."(마태복음 17:20)고 하신 말씀도 이와 같은 것이다.

하나님의 사람들은 현실과 이상의 괴리라는 현실 속에서 이상을 실현하려는 불가능에 도전하는 사람들이다. 계란으로 바위를 치는 사람들이다. 대부분의 사람들은 현실이라는 벽 앞에서 절망하고 포기하고 돌아선다. 그런데 포기되지 않는 사람들이 있어서 하늘을 향하여 평생을 두고 부르짖는다. 역사의 주관자이신 하나님은 이런 사람들을 통하여 그 시대의 역사를 주관하시며 역사의 흐름을 바꾸어 놓으신다.

요셉, 그는 포기하지 않는 사람, 불가능에 도전하는 사람이었다.

4. 인과(因果)

바로는 어떻게 요셉을 믿고 옥새를 내어줄 수가 있었을까? 무엇이 바로로 하여금 요셉을 절대 신뢰하게 했을까?

바로는 요셉을 중용(重用)하기 전에 먼저 요셉에 대하여 세밀하게 조사를 했을 것이다. 요셉에 대하여 알아보려면 보디발에게 묻지 않을 수 없었다. 왜냐하면 요셉의 애굽생활은 보디발의 집에서 시작했고 또 보디발의 집에 있는 감옥에 있었기 때문이다. 보디발은 바로에게 요셉에 대하여 무어라고 말했을까? "그 놈은 나를 배반하고 내 아내를 겁탈하려고 했던 파렴치한입니다."라고 했을까? 만일 보디발이 그렇게 말했다면 요셉은 중용은커녕 처벌을 받았을 것이다. 그런데 바로가 요셉을 절대신임하고 왕권을 맡겼다는 언급에는 무엇이 함축, 암시, 은폐되어 있는가?

앞에서 말했듯이 보디발은 요셉의 결백을 알고 있었으며, 요셉이 보디발을 지켜주기 위하여 자원하여 감옥에 갔다는 것을 암시하고 있다. 보디발은 바로의 경호실장이며 가장 큰 신임을 받고 있는 사람이다. 그는 왕에게 진실을 말하지 않을 수 없었다. 보디발이 요셉의 신상에 대하여 자세히 말하면서 그의 후견인, 보증인을 자처하고 나섰기 때문에 바로는 요셉을 믿을 수가 있었다. 바로는 보디발에게 요셉에 대하여 들으면서 그의 비범한 능력과 자질, 특히 의리와 신용, 남을 불쌍히 여기고 섬기는 모습에 대하여 크게 감동을 받았기 때문에 요셉에게 왕권을 내어줄 수가 있었다.

강간 미수죄라는 누명을 뒤집어쓰고 감옥에 가기를 자청했던 요셉, 바로 그것 때문에 그는 총리의 자리에 오를 수 있었다. 심은 대로 거둔 것이다.

5. 사브낫바네아

바로가 요셉을 얼마나 신뢰했는가는 그가 직접 요셉의 혼처를 마련해서 제사장의 딸을 주는 데에서도 찾아볼 수 있다. 아마 그에게 결혼 적령기의 딸이 있었더라면 딸을 주었을 것이다. 또 요셉에게 '사브낫바네아'라는 애굽 이름을 지어주었는데, 그 뜻이 "신이 말씀하신다. 지금도 말씀하신다."인 것을 보면 요셉에 대한 바로의 마음을 잘 알 수 있다. 바로는 요셉을 절대신뢰했다.

요셉이 지은 두 아들의 이름을 풀이해 보면 그간 얼마나 많은 고생을 했는지를 짐작하게 한다.[79] 그런 어려움 속에서도 요셉은 중심을 잃지 않고 진정한 인간승리의 모습을 보여주었다.

6. 준비

왕권을 대행한다는 것은 신용만으로 되지 않는다. 그만한 자질과 능력이 있어야 한다. 왕권대행이란 나라를 다스리는 것을 말한다. 애굽은 당시 오리엔트(근동)의 최대의 국가다. 그런데 요셉은 언제, 어디서, 어떻게 그런 자질을 닦을 수가 있었을까?

❶ 보디발의 집 총무

보디발은 애굽의 2인자였다. 그의 밑에는 수많은 수하들과 종들이 있었다. 그 집에 정치범을 가두는 감옥까지 있었다. 그런데 요셉이 보디발의 집 전체의 관리를 맡았다는 것은 이집트에서 국정 다음의 큰 일을 맡아 처리했다는 것을 말한다. 보디발의 집 총무자리는 결코 작은 자리가 아니다. 이미 그는 충분한 실무 경험을 익혔고 또 자질을 인정받았다. 그것도 주인의 결재를 받아 실행하는 총무가 아니라 결재권

---

79) 큰 아들의 이름을 '므낫세'라고 했는데 그뜻은 "하나님이 내게 내 모든 고난과 내 아버지의 온 집 일을 잊어버리게 하셨다"이고 둘째아들 '에브라임'은 "에브라임이라 하였으니 하나님이 나를 내가 수고한 땅에서 번성하게 하셨다"라는 뜻이다.(창세기 41:51~52)

을 가진, 즉 임의대로 보디발의 집을 운영하는 실질적인 경영자였다.

❷ 형통

앞에서 본 바와 같이 요셉이 보디발의 집에 들어가 늘 형통했다고 기록되어 있다. 이 말은 그가 맡은 일들을 성공적으로 잘 해냈다는 뜻이다. 즉 요셉은 일 처리에 있어서 대단히 유능했다. 보디발이 요셉에게 총무를 전결로 맡기고 간섭하지 않은 것은 요셉이 유능했기 때문에 가능했었다.

❸ 국정 파악

고대 왕국의 경호실장의 자리는 늘 왕 곁에 머물러야 한다. 따라서 경호실장인 보디발은 왕궁에 머무는 시간이 많을 수밖에 없었다. 보디발의 집 총무를 맡은 요셉은 주요 업무를 처리하기 위하여 보디발이 머무는 왕궁을 수시로 드나들어야 했고 또 보디발을 통하여 이집트 국정에 대하여 들을 기회가 많이 있었으므로 요셉은 이집트의 속사정에 대하여 누구보다도 정통했다고 할 수 있다.

이런 배경 속에서 요셉은 국가적인 차원에서 하비루의 문제 해결을 늘 고심하며 생각하고 있었다. 원인없는 결과가 있을 수 없고, 준비 없는 기회는 오지 않는다.

요셉, 그는 준비된 사람이었다.

물음 52 총리 요셉, 무슨 일을 했나?

본문 : 〈 41장 〉

32 바로께서 꿈을 두 번 겹쳐 꾸신 것은 하나님이 이 일을 정하셨음이라 하나님이 속히
행하시리니
33 이제 바로께서는 명철하고 지혜 있는 사람을 택하여 애굽 땅을 다스리게 하시고
34 바로께서는 또 이같이 행하사 나라 안에 감독관들을 두어 그 일곱 해 풍년에 애굽 땅
의 오분의 일을 거두되
35 그들로 장차 올 풍년의 모든 곡물을 거두고 그 곡물을 바로의 손에 돌려 양식을 위하
여 각 성읍에 쌓아 두게 하소서.
36 이와 같이 그 곡물을 이 땅에 저장하여 애굽 땅에 임할 일곱 해 흉년에 대비하시면
땅이 이 흉년으로 말미암아 망하지 아니하리이다.
37 **바로와 그의 모든 신하가 이 일을 좋게 여긴지라**
38 바로가 그의 신하들에게 이르되 이와 같이 하나님의 영에 감동된 사람을 우리가 어찌
찾을 수 있으리요 하고
39 요셉에게 이르되 하나님이 이 모든 것을 네게 보이셨으니 너와 같이 명철하고 지혜
있는 자가 없도다
40 너는 내 집을 다스리라 내 백성이 다 네 명령에 복종하리니 내가 너보다 높은 것은
내 왕좌뿐이니라
41 바로가 또 요셉에게 이르되 내가 너를 애굽 온 땅의 총리가 되게 하노라 하고
42 자기의 인장 반지를 빼어 요셉의 손에 끼우고 그에게 세마포 옷을 입히고 금 사슬을
목에 걸고
43 자기에게 있는 버금 수레에 그를 태우매 무리가 그의 앞에서 소리 지르기를 엎드리라
하더라 바로가 그에게 애굽 전국을 총리로 다스리게 하였더라
44 바로가 요셉에게 이르되 나는 바로라 애굽 온 땅에서 네 허락이 없이는 수족을 놀릴
자가 없으리라 하고
45 그가 요셉의 이름을 사브낫바네아라 하고 또 온의 제사장 보디베라의 딸 아스낫을 그
에게 주어 아내로 삼게 하니라 요셉이 나가 **애굽 온 땅을 순찰하니라.**
46 요셉이 애굽 왕 바로 앞에 설 때에 삼십 세라 그가 바로 앞을 떠나 **애굽 온 땅을 순
찰하니**
47 일곱 해 풍년에 토지 소출이 심히 많은지라.
48 요셉이 애굽 땅에 있는 그 칠 년 곡물을 거두어 각 성에 저장하되 각 성읍 주위의 밭
의 곡물을 그 성읍 중에 쌓아 두매
49 쌓아 둔 곡식이 바다 모래 같이 심히 많아 세기를 그쳤으니 그 수가 한이 없음이었더라.
53 애굽 땅에 일곱 해 풍년이 그치고
54 요셉의 말과 같이 일곱 해 흉년이 들기 시작하매 각국에는 기근이 있으나 애굽 온 땅
에는 먹을 것이 있더니
55 애굽 온 땅이 굶주리매 백성이 바로에게 부르짖어 양식을 구하는지라 바로가 애굽 모
든 백성에게 이르되 **요셉에게 가서 그가 너희에게 이르는 대로 하라** 하리라
56 온 지면에 기근이 있으매 요셉이 모든 창고를 열고 애굽 백성에게 팔새 애굽 땅에 기
근이 심하며

57 각국 백성도 양식을 사려고 애굽으로 들어와 요셉에게 이르렀으니 기근이 온 세상에 심함이었더라

본문 : 〈 47장 〉

13 기근이 더욱 심하여 사방에 먹을 것이 없고 애굽 땅과 가나안 땅이 기근으로 황폐하니
14 **요셉이 곡식을 팔아 애굽 땅과 가나안 땅에 있는 돈을 모두 거두어들이고** 그 돈을 모두 거두어들이고 그 돈을 바로의 궁으로 가져가니
15 애굽 땅과 가나안 땅에 돈이 떨어진지라 애굽 백성이 다 요셉에게 와서 이르되 돈이 떨어졌사오니 우리에게 먹을 거리를 주소서 어찌 주 앞에서 죽으리이까
16 요셉이 이르되 너희의 가축을 내라 돈이 떨어졌은즉 **내가 너희의 가축과 바꾸어 주리라**
17 그들이 그들의 가축을 요셉에게 끌어오는지라 요셉이 그 말과 양 떼와 소 떼와 나귀를 받고 그들에게 먹을 것을 주되 곧 그 모든 가축과 바꾸어서 그 해 동안에 먹을 것을 그들에게 주니라
18 그 해가 다 가고 새 해가 되매 무리가 요셉에게 와서 그에게 말하되 우리가 주께 숨기지 아니하나이다 우리의 돈이 다하였고 우리의 가축 떼가 주께로 돌아갔사오니 주께 낼 것이 아무 것도 남지 아니하고 우리의 몸과 토지뿐이라
19 우리가 어찌 우리의 토지와 함께 주의 목전에 죽으리이까 우리 몸과 **우리 토지를 먹을 것을 주고 사소서** 우리가 토지와 함께 바로의 종이 되리니 우리에게 종자를 주시면 우리가 살고 죽지 아니하며 토지도 황폐하게 되지 아니하리이다
20 그러므로 **요셉이 애굽의 모든 토지를 다 사서 바로에게 바치니** 애굽의 모든 사람들이 기근에 시달려 각기 토지를 팔았음이라 땅이 바로의 소유가 되니라
21 **요셉이 애굽 땅 이 끝에서 저 끝까지의 백성을 성읍들에 옮겼으나**
22 제사장들의 토지는 사지 아니하였으니 제사장들은 바로에게서 녹을 받음이라 바로가 주는 녹을 먹으므로 그들이 토지를 팔지 않음이었더라
23 요셉이 백성에게 이르되 오늘 **내가 바로를 위하여 너희 몸과 너희 토지를 샀노라 여기 종자가 있으니 너희는 그 땅에 뿌리라**
24 **추수의 오분의 일을 바로에게 상납하고 오분의 사는 너희가 가져서 토지의 종자로도 삼고 너희의 양식으로도 삼고 너희 가족과 어린 아이의 양식으로도 삼으라**
25 그들이 이르되 **주께서 우리를 살리셨사오니 우리가 주께 은혜를 입고 바로의 종이 되겠나이다**
26 **요셉이 애굽 토지법을 세우매 그 오분의 일이 바로에게 상납되나** 제사장의 토지는 바로의 소유가 되지 아니하여 **오늘날까지 이르니라.**

요셉이 총리로서 한 일에 대한 기록은 길지 않기 때문에 자칫 그 중요성을 놓칠 수가 있다. 이에 반해 형제들과의 재회와 야곱 가족의 애굽 이주에 대한 기록이 길게 나오고 있는데, 그 이유는 이스라엘 사람들에게 애굽 이주와 400년 종살이는 대단히 중요하기 때문이다. 여기

서는 이 부분에 대해서는 생략하고 요셉의 총리사역에 초점을 맞추어 총리가 된 요셉이 한 일에 대하여 자세하게 살피고자 한다.

1. 이 일

요셉이 꿈을 해몽한 후 풍년 후의 흉년에 대한 대비책을 이야기하자 "바로와 그의 모든 신하들이 이 일을 좋게 여긴지라."(창세기 41:37)라는 반응을 보였다. 41:32~36에 의하면 풍년과 흉년에 양곡을 관리할 사람을 두어 풍년에 곡식을 모아들여 흉년에 대비해야 한다고 말하고 있다. 그러나 본문에는 명시되어 있지 않지만 요셉이 이야기한 대책은 이것만이 아니었다. 왜냐하면 이 정도의 일만을 위해서는 왕권을 위임받은 총리가 아닌 단지 실무 총책임자 정도면 족하기 때문이다. 요셉의 정책에 대해서는 명시적인 기록이 아닌 암시, 함축, 은폐의 방식으로 기록되어 있다. 행간의 내용을 통해 이런 것들을 읽어내야 한다. 바로와 그 모든 신하가 좋게 여긴 '이 일' 이란 무엇을 말하는 것일까?

2. 버금수레

요셉은 바로의 꿈을 해몽하면서 이 일은 하나님의 특별한 계획이라고 거듭해서 말하고 있다.(창세기 41:25, 32) 요셉이 제시하는 정책은 하나님의 계획과 맞물려 있다. 그 계획은 무엇일까?

바로는 요셉을 총리로 임명하면서 왕권과 더불어 자신의 '버금수레' 즉 왕의 수레를 내어주고 있고 또 수레가 갈 때에 "엎드리라."고 외치게 했다. 요셉은 총리가 되자마자 그 수레를 타고 "애굽 온 땅을 순찰했다."고 거듭 반복해서 기록하고 있다.(창세기 41:43, 45, 46) 왜 수레에 특별한 비중을 두고 있고 요셉은 그 수레를 타고 전국을 순찰하고 있을까?

이에 대한 대답은 '하나님의 계획' 에 들어있다. 하나님은 아무런 이유 없이 7년 풍년과 7년 흉년을 내리신 것이 아니라 이 기간에 흉년에 대비한 대책을 세우라는 것이었다. 요셉은 오랜 동안 이를 위해 기도했고 또 많은 생각들을 했었다. 요셉은 바로의 꿈을 들으면서 하나님께서 이제 그 기회를 주시고 있다는 것을 간파했다. 그래서 그는 거듭 '하나님의 계획' 을 말하고 있으며, 이 계획을 들은 바로와 모든 신하들을 그 일을 옳게 여겼고 바로는 요셉의 이름을 "하나님이 말씀하신다. 지금도 말씀하신다."라는 의미의 사브낫바네아로 지어주었다.

3. 개발계획

왕의 수레를 타고 애굽으로 온 땅을 순찰하면서 요셉은 무엇을 했을까? 단순하게 애굽의 실정을 파악하는 것에 그쳤을까? 아니다. 순찰해야 할 분명한 이유가 있었다. 그 이유는 흉년과 하비루의 문제를 근본적으로 해결할 대책을 세우는 것, 즉 '국토 종합개발' 이었다. 요셉은 이 분야의 전문가들을 대동하고 전국을 돌아보며 계획을 수립했다. 이것 때문에 바로는 요셉에게 성능 좋은 왕의 버금수레를 내어주고 호위병들에게 그 길을 인도하게 했다. 요셉이 제시한 정책은 국토 종합개발이었다. 바로와 신하들이 이 일을 좋게 여겼다는 것은 바로 이 계획이었다. 이제부터 이것을 추진하는 요셉의 정책을 눈여겨 볼 필요가 있다.

4. 국유화

거듭된 흉년으로 양식이 떨어진 백성들은 바로에게 와서 양식을 달라고 아우성을 치자 바로는 "요셉에게 가서 그가 시키는 대로 하라." (창세기 41:55)고 말하고 있다. 이 구절을 보면 요셉은 미리 이런 일이 있으리라는 것을 예상하고 바로에게 정책을 충분히 설명했고 미리 합의했다는 것을 알 수 있다.

요셉은 양곡을 무상 분배하지 않고 팔면서 애굽의 모든 돈과 가축,

토지, 노동력들을 확보했다. 왜 이렇게 했을까? 어떤 특별한 목적이 있었기 때문이다. 단순히 독점과 전매를 위함이 아니었다. 요셉이 이런 일들을 추진하는 과정을 보면 오랫동안 대단히 치밀한 계획을 세우고 있었음을 알 수 있다. 단지 이에 대하여 자세히 설명하는 방식이 아닌 함축, 은폐, 암시의 방식으로 기록되어 있을 뿐이다.

요셉은 이를 추친하면서 백성들에게 결코 원망들을 일을 하지 않고 감동시키는 데에 중점을 두었다. 이는 앞의 '형통'에서 살펴본 바와 같다. 흉년이 계속되면 양식 값은 폭등하고 토지는 폭락을 한다. 요셉은 결코 양식을 비싸게 팔지 않고 평년가로 팔았으며 토지를 사들일 때도 헐값으로 사지 않았고, 또 노동력을 이용할 때도 일당과 양식으로 품삯을 줌으로써 민심을 얻는 데에 초점을 맞추었다. 그가 추진하는 국토 종합개발은 백성들의 기근을 근본적으로 해결하는 것이었기에 백성의 원성을 살 이유가 없었고, 또 백성들이 마음을 다하여 따라주어야 가능한 일이었다.

요셉이 모든 토지를 사서 바로에게 바쳤다는 구절은 토지의 공개념을 도입하여 국유화시켰다는 뜻이다. 토지의 국유화는 요셉이 추진하는 정책에 반드시 필요한 것이었다. 이는 결코 백성의 사유재산 강탈이 아니라 영구적인 재분배를 위한 정책이다. 토지의 공개념과 분배가 대지주의 등장과 빈민을 막는 즉 경제적인 양극화를 막는 안전장치이기 때문이다. 이에 대해서는 뒤에서 다시 살펴보게 될 것이다.

5. 종합개발

돈, 가축, 토지, 노동력을 확보한 요셉은 국토 종합개발을 구체적으로 추진해 나갔다. 이에 대해서 본문은 놀라울 정도로 짧게 언급하고 있다.

요셉이 애굽 땅 이 끝에서 저 끝까지의 백성을 성읍들에 옮겼으나 (창세기 47:21)

이 구절에 대하여 성경의 다른 사본에서는 "요셉이 백성을 강제노동에 징용하였다."라고 추가하고 있다.[80] 즉 이 구절을 종합하면 요셉은 흉년동안에 백성들을 강제노동에 징용하였으며 전국 각지에 이주시켰다는 뜻이다. 요셉은 전국민을 강제노역에 징용하여 무슨 일을 했을까? 이에 대하여 성경은 침묵하고 있다. 단지 함축, 은폐, 암시의 방식으로 말하고 있는데, 그 내용은 이 공사가 끝난 다음에 백성들이 요셉에게 "주께서 우리를 살리셨사오니"(창세기 47:25)라고 말하는 감사의 고백에 들어있다. 이를 구체적으로 살펴보고자 한다.

❶ 물막이 공사

요셉의 노동력 징용에 대하여 이해하려면 애굽의 지형과 기후의 특징을 알 필요가 있다. 애굽는 비가 내리지 않는다. 그런데 어떻게 사람들이 살 수 있을까? 나일강 때문이다. 나일강은 문자 그대로 애굽의 젖줄이다. 나일강의 발원지는 아프리카 대륙 중심부인데 적도인 이곳은 우기와 건기로 나누어진다. 우기에 많은 비가 오면 그 물들이 모여서 나일강으로 흘러내려간다. 이런 결과로 애굽에는 비가 내리지 않지만 나일강 상류지역에서 우기에 내린 비 때문에 일 년에 한번은 크게 범람한다. 오랜 시간이 지나면서 나일강과 바다가 만나는 지역에는 퇴적층이 쌓여서 평야지대인 삼각주를 형성했다. 삼각주에는 매년 홍수로 상류의 천연의 거름이 공급되었기 때문에 땅이 대단히 비옥해서 농사짓기에 알맞았다. 고대의 농사에서 가장 힘든 것은 거름의 문제였다.

80) 칠십인역과 사마리아 오경과 불가타역에 이런 설명이 있다. 특히 칠십인역과 사마리아 오경에 이런 부연 설명이 있는 것을 보면 이스라엘 사람들은 요셉의 사역이 어떤 것이었는지를 알고 있었다고 보인다.

그런데 나일강 하류는 이 문제가 저절로 해결되었다. 단지 비가 내리지 않는 것이 문제인데, 나일강이 매년 범람하므로 이 때 높은 곳에 물을 가두었다가 그 물로 농사를 지었다.

이런 사실을 알고 나면 요셉이 기근을 막기 위하여 무슨 계획을 세웠을지, 애굽 온 땅을 왜 순찰했는지, 왜 양식을 무상배급하지 않고 팔아서 재원을 확보했으며 가축, 토지, 노동력을 확보해 두었다가 기근에 어디에 어떻게 활용했는지를 짐작하는 것은 어렵지 않다. 본문을 그 배경에서 읽어야하는 이유는 여기에 있다.

요셉이 추진한 첫 번째 토목공사는 초대형 물막이 공사였다. 가뭄이 몇 년 계속되어도 농사를 짓는 데에 아무런 문제가 없을 만큼 공사를 진행했다. 요셉은 풍년에 단순히 남는 농산물만 모아다 저장한 것이 아니었다. 그동안에 전문가들을 대동하고 삼각주 전역을 돌아보면서 저수지를 만들 만한 지역을 물색해 두었다가 흉년이 계속되자 노동력을 동원하여 댐을 쌓았다. 이를 위해서 토지를 국유화하고 요셉은 물자와 노동력 등을 확보해 두었던 것이다.

❷ 경지(耕地)정리

저수지의 물을 농지로 흘러들어가게 하려면 반드시 수로가 있어야 한다. 요셉은 흉년에 놀고 있는 노동력을 이용하여 저수지 건설과 더불어 수로를 당연히 정비했을 것이다. 농지의 사방으로 수로를 내면 저절로 수로의 둑은 농로가 된다. 토지의 사방으로 농수로를 낸다는 것은 결국 경지정리에 해당된다. 농사짓기에 편리하도록 수로와 농로를 완비해 놓음으로써 생산성을 증대시킬 수 있었다. 요셉의 정책은 그 시대에 찾아볼 수 있는 대단히 합리적이고 과학적이며 현실적이었다. 이런 이유로 바로와 그 모든 신하들은 요셉의 정책을 좋게 여기고 받아들일 수 있었다. 고대로부터 치수는 정책자들이 추진해야 할 가장 중요한 국책사업에 해당되었는데, 요셉은 지금 그 일을 추진하고 있다. 단순히 꿈이나 해몽한 것이 아니다.

❸ 택지(宅地)정리

"요셉이 애굽 땅 이 끝에서 저 끝까지의 백성을 성읍들에 옮겼으나"라는 구절은 요셉이 추진한 토목공사 중에 택지 조성과 주택건설이 들어있음을 알 수 있다. 농지를 잃고 빈민으로 전락한 사람들은 살 곳이 마땅하지 않아 하천부지 등에 빈민촌을 형성하게 되어있다. 이러 현실을 안타깝게 여긴 요셉은 토지를 국유화한 후 노동력을 동원하여 사람 살기 알맞은 지역에 골고루 택지를 조성하고 집을 지어준 후 이주시켰다. 고대에 집을 짓는다는 것은 가난한 개인으로서는 어려운 일이다. 이에 요셉은 주택사업을 공동으로 추진하여 집없는 사람이 없게 했다.

요셉이 바로에게 꿈을 해몽하면서 말한 것은 이런 정책의 제시였다. 이 이야기를 들은 바로와 신하들은 이렇게 인정하지 않을 수 없었다.

> 바로와 그의 모든 신하가 **이 일을 좋게 여긴지라.** 바로가 그의 신하들에게 이르되 **이와 같이 하나님의 영에 감동된 사람을 우리가 어찌 찾을 수 있으리요** 하고 요셉에게 이르되 **하나님이 이 모든 것을 네게 보이셨으니 너와 같이 명철하고 지혜 있는 자가 없도다. 너는 내 집을 다스리라 내 백성이 다 네 명령에 복종하리니 내가 너보다 높은 것은 내 왕좌뿐이니라.**(창세기 41:37-40)

6. 준공식사

7년 흉년의 기간을 통한 국토종합개발이라는 대공사를 마친 요셉은 다음과 같이 말하고 있다.

> 오늘 내가 바로를 위하여 너희 몸과 너희 토지를 샀노라 여기 종자가 있으니 너희는 그 땅에 뿌리라. 추수의 오분의 일을 바로에게 상납하고, 오

분의 사는 너희가 가져서 토지의 종자로도 삼고, 너희의 양식으로도 삼고 너희 가족과 어린 아이의 양식으로도 삼으라.(창세기 47:23-24)

이것은 요셉의 준공식사라고 할 수 있는데 이 짧은 구절 속에 요셉이 풍년과 흉년 14년 동안 무슨 일을 추진했는지가 잘 나타나 있다. 이를 좀 더 자세히 살펴보면 다음과 같다.

❶ 분배

토지와 물자 등을 국유화시켰던 요셉은 경지 정리와 주택 공사들을 마친 다음에 다시 각 가정에 분배하고 있다. 바로에 돌렸다는 표현은 국유화시켰다는 이야기인데, 국유화시킨 이유는 대지주의 등장과 토지, 집이 없는 가난한 사람이 생기는 것을 막기 위함이다.

택지와 주택만을 분배한 것이 아니라 종자를 나누어 주고 있다. 종자를 나누어주고 있는 것을 보면 아마도 요셉은 전문가들에게 명하여 종자개량까지도 시도했던 것으로 보여 진다. 요셉이 얼마나 과학적이고 합리적이었는지를 잘 보여주는 대목이다.

❷ 노예제도 철폐

요셉은 "오늘 내가 바로를 위하여 너희 몸과 토지를 샀노라."라고 말하고 있다. 여기서 몸을 샀다는 것은 모든 사람들의 신분을 동일하게 했다는 뜻이다. 노예로 팔려온 요셉은 노예제도가 얼마나 사람을 비참하게 하는지를 몸으로 겪어서 잘 알고 있었다. 요셉이 흉년 기간 동안에 백성들의 몸을 사는 이유는 신분제토를 철폐하기 위함이었다.

고대국가는 어디나 신분제도에 묶여서 백성 대부분은 노예에 불과했다. 그런데 요셉은 이 문제를 근본적으로 해결해 놓았다. 인류역사에서 신분제도가 철폐된 것은 현대의 선진국가에서 였다. 그런데 요셉은 이미 고대에 이런 제도를 실천으로 옮겼다. 요셉의 이런 정신은 후일 모세를 통해서 시내산 계약법으로 다시 정리된다. 이 부분에 대해서는 출애굽기를 통해서 다시 자세하게 살펴보게 될 것이다.

❸ 토지법

요셉은 애굽의 새로운 토지법을 세웠다. 그 토지법의 내용을 보면 토지의 소유권이동을 막는 국유화가 첫째며, 그 다음은 5분의 1세라는 세금제도였다. 고대의 왕정 사회를 연구한 결과를 보면 세금이 75%~90%였다. 농사를 지어서 거의 전부를 세금으로 낸 셈이다. 요셉은 이에 반하여 파격적인 세제개혁인 오분의 일세(20%) 제도를 실시했다. 20% 세금으로 나라가 유지될 수 있었을까? 가능했다. 왜냐하면 노예들을 자유인으로 만들고 그 모든 가정에 주택과 토지를 분배했기 때문에 대지주와 귀족 등 중간계층이 사라져서 세금의 대상이 그만큼 늘어났으며, 저수지와 경지정리, 농지개발, 종자개량을 해놓았기 때문에 수확이 대폭 증대되어 세금을 줄여도 세수입 자체는 줄지 않고 오히려 늘었기 때문이다. 이는 또한 정부기구에 대한 혁명적인 개혁을 동반하여 대지주, 귀족층이 사라져서 왕권이 강화되고 백성의 인권은 향상되는 결과를 가져왔다. 세제의 개혁으로 요셉은 나라를 일신시켜 놓았다.

요셉의 이런 정책은 후일 모세가 세우는 율법의 정책과 일치한다. 율법의 토지 분배와 안식제도(안식일, 안식년, 희년)와 헌금(십일조, 만물) 등은 좀 더 발전된 형태의 법이었다. 이 부분에 대해서는 출애굽기의 계약법과 신명기법 등에서 자세히 보게 될 것이다.

❹ 불쌍히 여기는 마음

요셉은 왜 이런 국토 종합개발을 했는가? 헐벗고 굶주리는 사람들을 불쌍히 여겼기 때문이다. 요셉은 이렇게 말하고 있다.

너희의 양식으로도 삼고 너희 가족과 어린 아이의 양식으로도 삼으라.
(창세기 47:24)

특히 "어린 아이의 양식으로도 삼으라."는 구절을 읽다보면 당시의 상황을 너무나 잘 표현하고 있다. 먹을 것이 없어 굶주려 있는 아이들의 모습이 눈에 선하고 배고파 울며 보채는 울음소리가 들리는 듯하다. 요셉의 눈에는 헐벗고 굶주리며 학대받는 사람들이 늘 어른거렸고 그 귓가에는 늘 이들의 탄식소리와 배고파 울고 있는 아이들의 울음소리가 들려왔다. 요셉은 이런 가슴과 눈물로 여기까지 왔다. 이 가슴은 하나님의 가슴이었고 그 눈물은 하나님의 눈물이었다. 하나님의 사람은 하나님의 가슴으로 하나님의 눈물을 흘리는 사람들이다. 하나님은 그 가슴, 그 눈물을 통해서 그 시대의 문제를 해결하신다. 지금도 그 가슴과 그 눈물을 찾고 계신다. 온갖 문제가 산적한 지금 이 시대는 오늘의 요셉을 탄식하며 기다리고 있다.

이 시대의 요셉이여!
그대는 지금 어디 있는가?

7. 백성들의 반응

요셉이 추진하는 사업에 참여했던 사람들, 땅과 집을 분배받고 준공식에 참석했던 사람치고 요셉의 준공식사에 감격하여 울지 않은 사람이 있었을까? 그들은 이렇게 고백하고 있다.

주께서 우리를 살리셨사오니 우리가 주께 은혜를 입고 바로의 종이 되겠나이다.(창세기 47:25)

"주께서 우리를 살리셨으니, 우리가 주께 은혜를 입고"라는 구절이 백성들의 마음을 잘 표현하고 있다. 백성들은 요셉이 한 모든 일들이 무엇을 위함이었는지 너무나 잘 알고 있었다.

> 흉년에 양식 값이 폭등할 때 제 값에 양식을 판 것을!
> 거듭된 흉년에 땅값이 폭락하고 사는 사람이 없을 때에 제 값에 사 주었다는 것을!
> 요셉이 땅을 사들이는 것은 자기들에게 다시 분배하기 위함이었다는 것을!
> 자신들의 몸을 사는 것이 노예 신분인 자신들에게 자유를 주기 위함이었다는 것을!
> 일자리가 없어졌을 때 대규모 토목공사를 일으켜 일자리를 마련해 주었다는 것을!
> 대형 저수지를 건설하여 기근의 걱정을 없애 주었다는 것을!
> 토목공사가 자기들의 농사와 농토, 주택을 마련해 주기 위함이라는 것을!

이렇게 요셉에게 감동된 백성들이 토목공사에 동원되어 어떻게 일했을까? 더 물을 필요가 없다. 적당히 일하는 사람, 시간이나 때우려는 사람, 이런 사람은 아마도 단 한사람도 없었으리라.

요셉은 이렇게 형통했다. 성경에서 말하는 형통이란 이런 형통을 말한다.

물음 53 흉년, 왜 7년이나 계속되었나?

흉년이 왜 7년이나 계속되었나? 왜 이런 흉년이 하나님의 계획이었다고 말하고 있나?

1. 응답이었다.

창조주 하나님은 지금도 살아계시는 역사의 주관자이시다. 이 하나님은 요셉처럼 기도하는 사람을 통하여 일하신다. 그 기도에 응답하신다. 7년 풍년과 7년 흉년은 애굽의 비참한 문제들을 해결하기 위한 구체적인, 지극히 현실적인 응답이었다.

2. 기회였다.

자칫 대재앙으로 보이는 7년 흉년은 문제를 근본적으로 해결하기 위한 기회였다. 하나님께서 주시는 기회는 이렇게 다가온다. 역사의 주관자이신 하나님은 지금도 살아계셔서 이런 기회를 주신다. 불쌍히 여기며 기도하는 사람이게 그 기회가 주어진다.

풍년은 대비할 기회이고 흉년은 해결할 기회다.

물음 54 요셉의 꿈, 무엇을 말하나?

본문 : 〈 37장 〉

5 요셉이 꿈을 꾸고 자기 형들에게 말하매 그들이 그를 더욱 미워하였더라
6 요셉이 그들에게 이르되 청하건대 내가 꾼 꿈을 들으시오
7 **우리가 밭에서 곡식 단을 묶더니 내 단은 일어서고 당신들의 단은 내 단을 둘러서서 절하더이다**
8 그의 형들이 그에게 이르되 네가 참으로 우리의 왕이 되겠느냐 참으로 우리를 다스리게 되겠느냐 하고 그의 꿈과 그의 말로 말미암아 그를 더욱 미워하더니
9 요셉이 다시 꿈을 꾸고 그의 형들에게 말하여 이르되 내가 또 꿈을 꾼즉 **해와 달과 열한 별이 내게 절하더이다** 하니라
10 그가 그의 꿈을 아버지와 형들에게 말하매 아버지가 그를 꾸짖고 그에게 이르되 네가 꾼 꿈이 무엇이냐 나와 네 어머니와 네 형들이 참으로 가서 땅에 엎드려 네게 절하겠느냐
11 그의 형들은 시기하되 그의 아버지는 그 말을 간직해 두었더라

애굽으로 팔려오기 전 요셉은 집에서 형제들과 같이 지낼 때 두 차례 꿈을 꾸었던 이야기가 기록되어 있다. 이 시점에서 그 꿈의 내용을

다시 돌이켜 볼 필요가 있다. 성경은 함축, 암시, 은폐의 방식으로 기록되어 있다. 이 사실을 무시하고 그냥 읽어 내려가다 보면 요셉의 이 꿈은 후일 그가 총리가 되어 있을 때 양식을 사러온 형들에게 절을 받는 것으로 이루어졌다고 생각하게 된다. 문자, 표면의 의미로는 맞는 말이다. 그러나 이면, 정신의 의미에는 다가가지 못한다. 이제 이 부분에 대하여 생각해 보고자 한다.

요셉에게 곡식단이, 해와 달과 별이 엎드려 절했다는 것은 무엇을 말할까? 요셉의 총리사역에 대하여 지금까지 구체적으로 살펴보았기 때문에 요셉의 꿈에 대한 이면적인 해석이 어렵지 않을 것이다. 곡식단, 일월성신은 양식과 농사와 직결되어 있다. 그런데 이들이 요셉에게 절한다는 것은 요셉이 양식의 문제, 굶주림의 문제를 해결하는 사람이 되리라는 것을 암시한다. 요셉이 총리가 되어서 한 일은 곡식단과 하늘의 해와 달이 엎드려 절할 만한 일이었다. 요셉은 사람뿐만 아니라 산천초목(곡식단)과 하늘(일월성신)까지도 감동시키는 사람이었다. 지성이면 감천이라는 말은 이를 두고 하는 말이다.

창세기의 마지막 인물 요셉에 대해서 성경이 말하려는 의도는 무엇일까? 형들의 시기를 받아서 노예로 전락했으나 하나님께서 형통하게 하셔서 출세하여 총리가 되고 그로 말미암아 형들에게 절을 받음으로써 어릴 적 꿈이 성취되었고 요셉은 형들을 용서해 주었다는 것을 말하는 데에 있을까? 이것을 말하기 위하여 요셉의 이야기를 그렇게 길게 기록하고 있을까? 성경이 겨우 이런 것을 말하는 책일까? 하나님께서 주시는 꿈이 겨우 이런 꿈일까?

요셉이 어릴 때 이런 꿈을 꾸었다는 것은 자다가 꾸는 꿈만을 말하지 않는다. 그는 어릴 때부터 현실에서 꿈을 꾸는 사람이었다. 불가능해 보이는 이상을 현실에서 실현해 보려는 꿈, 그는 이런 꿈을 꾸는 꿈꾸는 사람이었다. 이를 가리켜 뜻이 있는 곳에는 길이 있다고 한다. 요셉처럼 큰 꿈, 큰 이상, 큰 뜻을 세우고 평생 그 길을 향하여 달려가는 사람에게 하나님은 함께하시며 그것을 성취하게 하신다.

요셉, 그는 단순히 바로의 꿈을 해몽하는 술사가 아니라 그 꿈을 꾸게 하는 꿈의 사람이었다. 요셉의 이야기는 이렇게 말하고 있다.

큰 꿈을 꾸는 사람이 되어라!

물음 55 애굽 400년, 왜 중요한가?

본문 : 〈 15장 〉

13 여호와께서 아브람에게 이르시되 **너는 반드시 알라 네 자손이 이방에서 객이 되어 그**
들을 섬기겠고 그들은 사백 년 동안 네 자손을 괴롭히리니
14 **그들이 섬기는 나라를 내가 징벌할지며 그 후에 네 자손이 큰 재물을 이끌고 나오리라.**

본문 : 〈 46장 〉

1 이스라엘이 모든 소유를 이끌고 떠나 브엘세바에 이르러 그의 아버지 이삭의 하나님께
희생제사를 드리니
2 그 밤에 하나님이 이상 중에 이스라엘에게 나타나 이르시되 야곱아 야곱아 하시는지라
야곱이 이르되 내가 여기 있나이다 하매
3 하나님이 이르시되 나는 하나님이라 네 아버지의 하나님이니 **애굽으로 내려가기를 두**
려워하지 말라 내가 거기서 너로 큰 민족을 이루게 하리라.
4 **내가 너와 함께 애굽으로 내려가겠고 반드시 너를 인도하여 다시 올라올 것이며** 요셉
이 그의 손으로 네 눈을 감기리라 하셨더라.
5 야곱이 브엘세바에서 떠날새 이스라엘의 아들들이 바로가 그를 태우려고 보낸 수레에
자기들의 아버지 야곱과 자기들의 처자들을 태우고
6 그들의 가축과 가나안 땅에서 얻은 재물을 이끌었으며 야곱과 그의 자손들이 다함께
애굽으로 갔더라.
7 **이와 같이 야곱이 그 아들들과 손자들과 딸들과 손녀들 곧 그의 모든 자손을 데리고 애**
굽으로 갔더라.
26 야곱과 함께 애굽에 들어간 자는 야곱의 며느리들 외에 육십육 명이니 이는 다 야곱
의 몸에서 태어난 자이며
27 애굽에서 요셉이 낳은 아들은 두 명이니 야곱의 집사람으로 애굽에 이른 자가 모두
칠십 명이었더라.
28 야곱이 유다를 요셉에게 미리 보내어 자기를 고센으로 인도하게 하고 다 고센 땅에

이르니
29 요셉이 그의 수레를 갖추고 고센으로 올라가서 그의 아버지 이스라엘을 맞으며 그에
게 보이고 그의 목을 어긋맞춰 안고 얼마 동안 울매
30 이스라엘이 요셉에게 이르되 네가 지금까지 살아 있고 내가 네 얼굴을 보았으니 지금
죽어도 족하도다.
31 요셉이 그의 형들과 아버지의 가족에게 이르되 내가 올라가서 바로에게 아뢰어 이르
기를 가나안 땅에 있던 내 형들과 내 아버지의 가족이 내게로 왔는데
32 그들은 목자들이라 목축하는 사람들이므로 그들의 양과 소와 모든 소유를 이끌고 왔
나이다 하리니
33 바로가 당신들을 불러서 너희의 직업이 무엇이냐 묻거든
34 당신들은 이르기를 주의 종들은 어렸을 때부터 지금까지 목축하는 자들이온데 우리와
우리 선조가 다 그러하니이다 하소서 애굽 사람은 다 목축을 가증히 여기나니 당신들이
고센 땅에 살게 되리이다.

본문 : 〈 48장 〉

21 이스라엘이 요셉에게 또 이르되 나는 죽으나 하나님이 너희와 함께 계시사 너희를 인
도하여 너희 조상의 땅으로 돌아가게 하시려니와
22 내가 네게 네 형제보다 세겜 땅을 더 주었나니 이는 내가 내 칼과 활로 아모리 족속
의 손에서 빼앗은 것이니라

본문 : 〈 50장 〉

24 요셉이 그의 형제들에게 이르되 **나는 죽을 것이나 하나님이 당신들을 돌보시고 당신**
들을 이 땅에서 인도하여 내사 아브라함과 이삭과 야곱에게 맹세하신 땅에 이르게 하시
리라 하고

구약성경과 이스라엘 역사에 대한 아무런 전이해(前理解) 없이 읽어 내려가면 창조사건이 구약성경의 중심처럼 여겨질 것이다. 그러나 실제로는 구약성경과 이스라엘 역사의 중심에는 출애굽사건이 들어있다. 이스라엘 사람들은 출애굽의 경험을 통하여 민족 공동체 차원에서 여호와 하나님에 대한 신앙을 정립했다. 이런 이유로 창세기에는 위에 인용한 바와 같이 이에 대한 언급이 여러 차례 나오고 있을 뿐만 아니라, 이스라엘 사람들이 애굽에 내려가 살게 된 경위를 42장에서 47장까지 자세하고 길게 다루고 있다.

여기서는 이 부분의 특징과 중요성을 언급하는 정도에서 그치고자 한다.

물음

56 야곱의 축복기도, 무엇을 말하는가?

본문 : 〈 48장 〉

1 이 일 후에 어떤 사람이 요셉에게 말하기를 네 아버지가 병들었다 하므로 그가 곧 두 아들 므낫세와 에브라임과 함께 이르니
2 어떤 사람이 야곱에게 말하되 네 아들 요셉이 네게 왔다 하매 이스라엘이 힘을 내어 침상에 앉아
3 요셉에게 이르되 이전에 가나안 땅 루스에서 전능하신 하나님이 내게 나타나사 복을 주시며
4 내게 이르시되 내가 너로 생육하고 번성하게 하여 네게서 많은 백성이 나게 하고 내가 이 땅을 네 후손에게 주어 영원한 소유가 되게 하리라 하셨느니라
5 내가 애굽으로 와서 네게 이르기 전에 애굽에서 네가 낳은 두 아들 에브라임과 므낫세는 내 것이라 르우벤과 시므온처럼 내 것이 될 것이요
6 이들 후의 네 소생은 네 것이 될 것이며 그들의 유산은 그들의 형의 이름으로 함께 받으리라.

본문 : 〈 49장 〉

1 야곱이 그 아들들을 불러 이르되 너희는 모이라 너희가 후일에 당할 일을 내가 너희에게 이르리라.
2 너희는 모여 들으라 야곱의 아들들아 너희 아버지 이스라엘에게 들을지어다.
3 르우벤아 너는 내 장자요 내 능력이요 내 기력의 시작이라 위풍이 월등하고 권능이 탁월하다마는
4 물의 끓음 같았은즉 너는 탁월하지 못하리니 네가 아버지의 침상에 올라 더럽혔음이로다 그가 내 침상에 올랐었도다.
27 베냐민은 물어뜯는 이리라 아침에는 빼앗은 것을 먹고 저녁에는 움킨 것을 나누리로다.
28 이들은 이스라엘의 열두 지파라 이와 같이 그들의 아버지가 그들에게 말하고 그들에게 축복하였으니 곧 그들 각 사람의 분량대로 축복하였더라.

48~49장은 야곱이 임종에 임박하여 요셉의 두 아들과 자신의 열 두 아들에게 축복기도해주는 내용이 길게 기록되어 있다. 이스라엘 사람들은 아버지의 축복기도를 대단히 중요하게 생각했다. 이런 이유로 여기에서도 두 장에 걸쳐 기도의 내용을 담고 있다. 이 부분에 대해서는 이미 〈물음 27〉에서 다루었으므로 여기서는 생략하기로 한다.

물음

요셉의 유언, 무엇인가? 57

본문 : 〈 50장 〉

22 요셉이 그의 아버지의 가족과 함께 애굽에 거주하여 백십 세를 살며
23 에브라임의 자손 삼대를 보았으며 므낫세의 아들 마길의 아들들도 요셉의 슬하에서
양육되었더라.
24 요셉이 그의 형제들에게 이르되 **나는 죽을 것이나 하나님이 당신들을 돌보시고 당신
들을 이 땅에서 인도하여 내사 아브라함과 이삭과 야곱에게 맹세하신 땅에 이르게 하시
리라** 하고
25 요셉이 또 이스라엘 자손에게 맹세시켜 이르기를 **하나님이 반드시 당신들을 돌보시리
니 당신들은 여기서 내 해골을 메고 올라가겠다 하라** 하였더라.
26 요셉이 백십 세에 죽으매 그들이 그의 몸에 향 재료를 넣고 애굽에서 입관하였더라.

창세기 마지막 이야기는 요셉의 유언으로 마치는데 그 유언이란 후일 이스라엘인들이 애굽에서 나갈 때 자신의 유골을 가지고 가달라는 것이었다. 도대체 요셉은 왜 이런 유언을 했을까?

우선 쉽게 생각할 수 있는 것은 요셉이 자신의 고향땅에 묻히고 싶어서 그랬다고 생각할 수 있다. 그러나 이런 이유 때문만은 아니었다. 만일 고향에 묻히고 싶다면 즉시 고향에 안장해 달라고 하면 되었을 일이다. 왜냐하면 야곱의 경우도 애굽에서 죽었지만 야곱의 유언대로 선조들이 묻혀있는 고향 막벨라 굴에 장례했기 때문이다.(창세기 49:29~50:14) 그렇다면 요셉의 유언은 무엇을 의도하는 것일까? 분명한 것은 요셉은 이런 유언을 결코 자신을 위해 하지 않았으리라는 점이다. 지금까지 살펴본 바와 같이 요셉은 결코 그런 사람이 아니었다. 요셉 자신을 위한 유언이 아니라면 결국 이스라엘을 위한 유언인 셈인데, 이 유언이 이스라엘에 무슨 도움이 될까?

요셉은 하나님을 알되 깊은 체험으로 알았던 사람, 영성의 사람이다. 하나님의 인도하심이 어떤 방식으로 진행되는지를 누구보다도 잘

알았기에 이런 유언을 했다. 요셉은 길고 멀리 내다보면서 하나님의 인도하심에 대하여 자신이 이스라엘을 위해 할 수 있는 일을 찾아냈다. 요셉의 유언은 그의 영성이 어떠했는지를 잘 보여주고 있다. 먼저 하나님의 인도하시는 방법의 특징을 다시 정리해 보고자 한다.

1. 고난

고난은 하나님께서 인도하실 때 두드러지게 나타나는 방식이다. 고난을 통하여 하나님께서는 당신의 사람들을 만드신다. 이 부분에 대해서는 구속사의 출발인 아브라함의 경우를 통해서 이미 살펴본 바와 같다. 갈대아 우르의 아브라함에게 본토와 친척과 아비집을 떠나 지시할 땅으로 가라고 요구하셨다. 당시에 나그네가 된다는 것은 가장 큰 고난의 길을 말한다. 또 지시할 땅은 가나안이었는데 가나안은 세계에서 다시 찾아볼 수 없는 가장 큰 고난의 땅이었다. 이런 고난의 이야기는 이삭, 야곱, 요셉으로 이어진다. 요셉은 종으로 팔려와 노예생활, 감옥생활 등을 겪은 경험을 통해서 하나님께서 사람을 어떻게 다루시며 만들어 가시는 지를 잘 알았다. 그래서 요셉은 죽어가면서 "하나님께서 반드시 당신들을 돌보시리니"라고 말하고 있다. 고난을 당하고 있는 순간에는 하나님께서 돌보시지 않고 버리셨다는 생각이 들면서 더 힘들어 지기 때문이다. 고난도 힘들지만 '버림받은 느낌' 은 더 힘들다. 요셉은 이것을 누구보다 잘 알고 있었다. 그의 유언이 그것을 말해주고 있다.

2. 침묵

고난이 더 힘든 것은 그 고난의 시간 동안 하나님은 침묵하고 계시기 때문이다. 고난의 이유, 기간 등에 대해 아무런 설명이나 위로의 말씀도 없으시다. 이 침묵은 거듭되는 고난 속에서 '버림받은 느낌' 으로

다가온다. "하나님께서 나를 버리셔서 내가 이런 어려움을 겪는구나!" 라는 생각에 시달리게 된다. 심해지는 고난과 하나님의 침묵은 서로 어우러져서 상승작용을 일으키며 더 힘들게 한다. 이런 긴 침묵의 시간은 자기발견의 시간인데 하나님 앞에서 나의 존재란 '나는 버림받아 마땅한 자' 가 발견되어져야 한다.

3. 긴 시간

고난과 침묵의 시간은 생각보다 길게 이어진다. 이 책을 쓰고 있는 내게는 그 시간이 20여 년이었다. 이런 과정을 거치면서 하나님께서 어떻게 인도하시는 지를 몸소 겪어 보았기에 지금 이렇게 쓸 수가 있다. 요셉은 이스라엘에게 그 시간이 수백여 년 걸리리라는 것을 알고 있었다. 그래서 그는 이렇게 말하고 있다. "나는 죽을 것이나 하나님이 당신들을 돌보시고 당신들을 이 땅에서 인도하여 내사 아브라함과 이삭과 야곱에게 맹세하신 땅에 이르게 하시리라."

이어서 요셉은 이스라엘 사람들에게 이렇게 맹세를 시켰다. "하나님이 반드시 당신들을 돌보시리니 당신들은 여기서 '내 해골을 메고 올라가겠다.' 하라." 요셉이 자신의 시신을 미라로 만들어 보관하다가 후일 애굽에서 나갈 때 가지고 가라고 말하는 이유는 자신의 시신을 일종의 약속 성취의 담보물로 내 놓겠다는 뜻이었다. 즉 힘들고 긴 고난의 시간과 하나님의 침묵의 시간들을 보내면서 하나님의 약속이 성취되리라는 소망마저 사라지고 방황과 갈등의 시간들이 이어질 때 자신의 시신을 보면서 하나님은 반드시 약속을 지키시는 분이라는 것을 기억하라는 뜻이었다.

요셉이 한 마지막 일은 무엇이었는가?

자신의 몸을 아끼지 않고 내어주었다.

물음 58 왜 요셉인가?

창세기에 그려진 하나님의 구원계획은 무엇이었는가? 한 사람을 선택해서 그 후손으로 한 민족을 만들고, 그들로 하나님 나라의 모형을 만들어 세상에 보여주고, 세상 모든 사람이 그 나라를 보고 구원받게 하는 보여주는 선교였다. 선택된 한 사람인 아브라함에게 "복의 근원이 되게 하리라. 세상 모든 민족이 너와 네 후손으로 말미암아 복을 받게 하리라"는 말씀은 이런 뜻이었다. 하나님께서는 이런 구원계획을 아브라함, 이삭, 야곱, 요셉의 이야기를 통하여 미리 보여주셨다. "아브라함의 하나님, 이삭의 하나님, 야곱의 하나님"이라는 표현은 이것을 말한다.

왜 요셉의 이야기가 창세기에서 맨 마지막에, 가장 길게 다루어지고 있는가? 도대체 요셉의 이야기는 무엇을 말하고 있는가? 이 이야기는 이 땅에 세우시려는 하나님 나라의 모형이 어떤 사람을 통해서 어떻게 이루어지는가를 잘 보여주고 있다. 이런 의미에서 요셉의 이야기는 이 땅에 세워질 하나님 나라의 한 모델이며 후일 모세에 의해서 시내산 율법으로 제정되어진다. 예언자들은 이스라엘의 사명이 율법을 지켜서 이 땅에 하나님 나라의 모델을 만들어 보여주어야 하는 본분을 잊지 말라고 촉구한 사람들이다. 결국 이스라엘이 실패하자 예수님은 율법과 예언자를 완성시키러 오셨다. 세례요한과 예수님께서 "회개하라. 천국이 가까이 왔느니라!"라고 선포하신 말씀은 종말에 대한 선언이 아니라 이 땅에 하나님 나라를 임하게 하시겠다는 말씀이다. 성경에서 말하는 구원은 이 세상에서 대충 살다가 죽은 후에 하나님 나라에 가는 것이 아니다. 그런 구원은 타종교의 내세 사상이다. 이런 사실은 예수님께서 가르쳐주신 기도문인 "나라이 임하옵시며, 뜻이 하늘에서 이루어진 것 같이 땅에서도 이루어지이다. 오늘날 우리에게 일용할 양식을 주옵시고…"에서도 잘 나타나 있다.

요셉의 이야기가 중요한 이유는 불의와 모순(이를 성경에서는 '죄'라고 함)이 지배하는 세상에서, 하나님께서는 당신을 믿는 사람들을 통하여 어떤 일을 하시기를 원하시는가, 즉 세상을 어떻게 구원하시는가, 구원받는다는 것이 도대체 무엇인가를 다루고 있기 때문이다. 따라서 요셉의 이야기는 오늘 여호와를 하나님으로 믿고 따르며 예수님의 구원의 복음을 전하는 성도들이 본받아야 할 영원한 표상(表象)이다.

물음 59 왜 창세기인가?

누구나 한번 들으면 잊혀지지 않을 만큼 흥미진진한 많은 이야기들이 들어있는 창세기, 그야말로 이야기책이라고 할 수 있다. 그러나 창세기의 이야기는 그냥 이야기가 아니다. 신학은 물론 철학, 문학 등의 분야에서 가장 중요하게 다루는 하나님, 인간, 죄, 심판, 구원 등의 주요 주제를 다루고 있다.

수천 년 전에 독특한 문화 환경에서 시작된 이런 이야기들을 해석없이 문자대로 말하면 동화가 되거나 또는 신화처럼 들리게 된다. 또 해석을 할 때에도 관점이 중요하다. 보는 각도에 따라 다양하게 해석될 수 있기 때문이다. 성경의 이야기들은 성경이 말하려는 의도에 맞추어 해석해야 한다. 성경의 의도를 어떻게 알 수 있는가? 성경을 '하나님의 말씀'이라고 한다. 즉 이는 성경이 사람을 통해서 기록되었지만 하나님의 영의 감동에 의한 기록이었다는 뜻이다. 그러므로 영감(靈感)에 의해 기록된 성경은 영감으로 해석해야 한다. 이 영감은 곧 하나님의 입장, 시각, 감정(마음)이다. 결국 성경은 하나님의 입장과 심정으로 해석을 해야 하나님의 말씀이 될 수 있다는 결론에 이르게 된다. 그렇다면 인간이 어떻게 하나님의 입장과 관점을 가질 수 있을까? 어렵게 느껴질 수 있지만 전혀 그렇지 않다. '부모의 심정'과 크게 다르지 않기 때문이다. 하나님의 심정은 인간에게 주로 자식을 사랑하는 '부모의 심정'과 자식이 고생할 때 느끼는 '불쌍히 여기는 마음' 등으로 경험되어진다. 이런 이유로 예수님께서는 하나님을 언제나 '하늘에 계신 너희 아버지'라고 말씀하셨다.

창세기에서는 두 하나님을 만나게 된다. 먼저는 원역사(1~11장)의 중심주제인 '창조주' 하나님이다. 창조이야기는 세상이란 우연히 또는 고대의 신화에서 말하는 것처럼 신들의 갈등으로 생겨난 것이 아니라 유일한 하나님에 의하여 창조되었다고 말하고 있다. 창조이야기가 오늘 우리에게는 신화처럼 느껴지지만 오히려 신화를 배격하는 위대한 선언이었다. 창세기의 창조주 하나님은 자식인 인간을 위하여 세상을 창조하신 아버지이시다.

다음으로는 '역사의 주관자' 하나님인데 족장사(12~50장)에서 만나게 된다. 하나님은 세상을 만드셨을 뿐만 아니라 세상의 역사를 이끌어 가시는 분이시다. 비록 세상이 죄의 지배를 받게 되었지만 하나님은 세상을 포기하지 않으시고 역사 속에서 당신의 뜻을 실현시키시는데, 그 방법이 '사람을 통해서'이다. 역사의 주관자 하나님은 당신을 섬기는 사람을 통해서 역사를 주관하신다. 즉 하나님을 믿는 사람이 역사의 주역이 되어야 한다. 성경에서 독특하게 사용되는 아브라함의 하나님, 이삭의 하나님, 야곱의 하나님은 이를 뜻한다. 아브라함과 요셉의 이야기는 이를 생생하게 보여주고 있다.

창조주 하나님께서는 당신을 믿는 사람을 통하여 역사 속에서 당신의 뜻을 실현시키신다. 하나님의 뜻이란 무엇인가? 창세기의 아브라함과 요셉의 이야기에서 잘 나타난다. 모든 사람들이 행복하게 잘 사는 것이다. 이는 세상의 모든 부모가 자식에게 바라는 바와 같다. 창세기에서 말하는 '구원'은 이런 개념이다. 이런 구원의 개념은 율법서와 예언서로 이어진다. 그렇다면 이런 구원의 개념은 신약에서 말하는 십자가를 통한 구원의 개념과 다른 것일까? 단지 육체, 물질의 구원만을 말하는 것일까? 아니다. 성경에서는 영혼과 육체를, 정신과 물질을 구분해서 다루지 않는다. 이들을 나누어 생각하는 것은 헬라의 사고방식이지 히브리(성경) 방식이 아니다. 신약에서 말하는 구원은 단지 내세에 가는 것만을 말하지 않는다. 부활이 기독교의 독특한 구원개념인데, 그 부활은 영혼만의 부활이 아니라 육체의 부활이다. 즉 영혼과 육체가 동시에 구원에 이르는 것이 부활이며 구원이다. 따라서 창세기와 구약에서 말하는 구원과 신약의 복음서와 바울서신에서 말하는 구원의 개념이 결코 다르지 않다. 예수님은 율법과 예언자를 완성시키러 오셨기 때문이다.

창세기에서 창조주, 역사의 주관자 하나님은 읽는 사람에게 이렇게 부탁하신다.

"나는 너를 통해서 네가 사는 시대의 역사를 이끌어 가려고 한다."
"네가 이 시대의 요셉이 되어다오!"
"제발, 제발, 제발,……"

케노시스 영성원 안내

새로운 패러다임을 요구하는 2천년대의 시대적 요청을 직시하면서 케노시스 영성원은 다음과 같은 목표를 추구합니다.

1. 영성의 경험과 이론의 겸비
2. 성경과 역사에 대한 재해석
3. 고대영성에 대한 재해석
4. 실천가능한 수련 및 적용

▶소재지 : 경기도 군포시 둔대동 433-2
▶전 화 : 0502-111-1937
▶Homepage : www.kenosis.or.kr
▶Email : kenosis@hanmail.net

케노시스 세미나 안내

• 2박3일 세미나 : 여름, 겨울방학
• 15주 세미나 : 매주 수요일

케노시스 영성원의 도서/DVD안내

• 1 부 하비루의 길
: 구약성경과 이스라엘 역사 재해석

• 2 부 죄인의 길
: 신약성경과 교회사 재해석

• 3 부 비움의 길
: 기독교 영성에 대한 재해석

DVD
• 자기비움의 길 : 1, 2, 3부 세미나 녹화, 녹음파일
• 율법서 : 세미나 녹화, 녹음파일
• 역사서 & 예언서 : 세미나 녹화, 녹음파일
• 복음서 재해석 : 복음서해석 녹화, 녹음파일
• 사도행전 & 바울서신 : 세미나 녹화 녹음파일

구입방법
• 홈페이지 구입안내 : www.kenosis.or.kr
• 전화 : 0502-111-1937 010-3311-1937
• 계좌 : 농협 211044-51-040266 케노시스영성원